Vorlesungen
über die
Sittenlehre.

Von
Dr. Wilhelm Martin Leberecht de Wette.

Zweyter Theil.
Die besondere Sittenlehre.

1. Band.

Berlin,
bey G. Reimer.
1824.

Inhalt.

Inhalt.

Erste Vorlesung.

Einleitung in die besondere Sittenlehre oder die Pflichtenlehre: Verhältniß derselben zur allgemeinen Sittenlehre; Uebersicht des Inhalts und Behandlungsart derselben.

Verehrteste Versammlung!

So ist mir denn zum zweyten Mal der schöne Beruf geworden, zu Ihnen über die wichtigsten Angelegenheiten des Lebens zu reden, die Stimme der Belehrung, Anregung und Ermahnung in einem Kreise zu erheben, welchen nicht das Bedürfniß des Berufs, nicht die Lebhaftigkeit und Beweglichkeit des jugendlichen Gemüths, sondern allein der Trieb ächter Wißbegierde, die reine Empfänglichkeit für höhere Erweckung und Ausbildung um mich versammelt; in welchem ein reifer, gebildeter Verstand durch selbstthätige Auffassung und Verarbeitung das Lehrgeschäft erleichtert und unterstützt, und schon jeder flüchtigen Andeutung, jedem Winke mit vorauseilender Ahnung entgegen kommt; in welchem offene, rührbare, zartgestimmte Gemüther jeder Anregung, jedem Anklang des Gefühls, jedem Pulsschlag der Empfindung, entgegenwallen; in welchem selbst die Einbildung ihr buntes Gefieder ausbreiten, den Flug nach oben versuchen, und hoffen darf, mit sich empor zu ziehen. In einem Kreise, welcher, verschiedene Geschlechter, Alter, Stände der Gesellschaft vereinigend, das Bild des Lebens selbst darstellt, und mannichfaltige Beziehungen erlaubt und veranlaßt, wie eines solchen gerade derjenige bedarf, der über das menschliche Leben und dessen verschiedene Verhältnisse reden soll, vergönnt mir, fodert mich ein ehrenvolles, ermunterndes Vertrauen auf, meine Ansicht von den Pflichten, Obliegenheiten und Aufgaben des Menschen in den verschiedenen Lagen des Lebens vorzutragen. Ich darf vor den Augen tugendhafter, vaterlandliebender Bürger, verständiger, erleuchteter Staatsmänner das Bild eines gerechten, friedlichen, von öffentlicher Tugend und Begeisterung gehobenen bürgerlichen Lebens, wie ich es in der Seele trage, hinstellen, und ihrer Aufmerksamkeit, Empfänglichkeit, Wißbegierde, in jedem Fall ihrer milden Prüfung gewiß seyn. Ich darf vor den Augen liebender Väter und Mütter, Söhne und Töchter, Gatten, Geschwister, Anverwandten, das Bild eines vom Hauch der Liebe durchdrungenen, durch Tugend und Frömmigkeit veredelten und geheiligten Familienlebens zeichnen. Indem ich selbst die schönsten Muster vor mir sehe, zu deren Betrachtung mich eine edle Gastfreundschaft führte, wird die durch die schönste Wirklichkeit belebte und genährte Begeisterung ersetzen, was die unsichere Hand in der Zeichnung fehlen läßt. Wenn anderswo das reichste, seelenvollste Gemälde die kalten Betrachter kalt läßt, weil sie das nicht in sich tragen, was ausser ihnen dargestellt ist: so wird hier ein Pinselstrich, ein schwacher Umriß, hinreichen, um die in der Seele liegenden schöneren, reicheren Bilder zu erwecken; und dem Zeichner wird die glückliche Täuschung werden, als habe seine Kunst geleistet, was er allein der hervorbringenden Kraft der Beschauer verdankt. Ich darf vor Männern verschiedenen Berufs, vor Staatsmännern, Gelehrten, Kaufleuten und Geschäfsmännern, meine Ansicht von den verschiedenen Berufsarten, den Zielen, welche denselben die Lebensweisheit aufstellt, den Gesinnungen, welche der edle, tugendhafte Mann darin beweist, darlegen: ich werde es mit der Bescheidenheit thun, welche der Unerfahrenheit, der Unbekanntschaft mit der Welt geziemt; aber ich darf hoffen, daß jeder Gedanke unbefangene, milde Prüfung finden, und jeder auch noch so le'se Wink verstanden werden wird. Vor einer Versammlung von gebildeten Männern und Frauen, welche durch den zum Theil beschränkten Kreis des Lebens, in welchen sie gestellt sind, sich nicht den Blick auf das freyere, höhere Gebiet edler menschlicher Bildung haben beschränken lassen, und deren Gegenwart an diesem Orte schon beweist, daß sie unabläßig für ihre Bildung bemüht sind; vor den Freunden und Besitzern alles dessen, was den Geist erleuchtet und erhebt, was das Herz läutert und veredelt, was einen großen, tugendhaften Charakter verherrlicht und eine schöne Seele verschönt, was des Lebens Glanz und Zierde ist und die edleren Freuden gewährt, vor Solchen darf ich die Musterbilder menschlicher Geistesbildung aufstellen; und das, was ich selbst nur erstrebe, was mir in ferner Dämmerung in ungewissem Licht erscheint, und was ich nicht denken, kaum fühlen, geschweige darstellen kann, wird in schwacher Andeutung verstanden werden, und in fruchtbaren Gemüthern Gestalt und Leben gewinnen. Ich darf von allem, was zum menschlichen Leben gehört, reden, und bin sicher, Aufmerksamkeit, Theilnahme und ergänzendes, selbstthätiges Verständniß zu finden. Ich werde mit Ihnen, Sie führend und von Ihnen geführt, Erklärung gebend und empfangend, durch den reichen, großen Bildersaal des Lebens wandeln; manches Bekannte wird Ihnen begegnen, manche Bilder der Erfahrung wird die Kunst in bestimmteren Umrissen, in hellerer Beleuchtung vorführen, und die schönere Seele wird, was in ihr lebt, im Spiegel der Betrachtung wieder finden. Die schönsten und größten Bilder, die Urbilder des Erhabenen und Schönen, faßt keine menschliche Darstellung in Umrissen und Farben, sie zu schauen gelingt nur der hochstrebenden Einbildung begeisterter Seelen; aber Begeisterung entzündet sich an Begeisterung, und ein Wort, in ächter Weihe gesprochen, fällt wie ein leuchtender Strahl in das empfängliche Gemüth.

Ja, ich erkenne ganz das Glück dieses schönen Lehrberufs, dieser Wirksamkeit, die mir als Lehrer in einem solchen Kreise wird, und ich erkenne darin einen Gewinn für mein Leben. — Es liegt im Menschen der Trieb, sich auszusprechen, sein Inneres darzustellen, was seine Brust erfüllt, mitzutheilen, und die innere Bewegung fortzuleiten. Dieser Trieb ist an sich unwillkürlich und unabsichtlich. Der fröhliche Mensch haucht in einem Liede seine Gefühle aus, wenn ihn auch niemand hört, und nur der Wiederhall der stummen Felsen ihm antwortet, gerade so, wie die Nachtigall, von ihrer Natur getrieben, sich in Tönen ergießt. Aber am mächtigsten äussert sich dieser Trieb der Darstellung in der Gesellschaft, und hier tritt zu ihm das Bestreben, die Theilnahme und das Mitgefühl Anderer zu erwecken, das eigene Leben durch das fremde zu verstärken, und in Erwiederung und Gegenwirkung das Mitgetheilte mit Gewinn zurückzuempfangen. So theilen die Menschen einander ihre Gefühle, ihre Freuden, ihren Schmerz, ihre Furcht, ihre Hoffnung, ihre Sorgen, Vorsätze und Plane mit, trösten, beruhigen, ermuntern einander, und gehen nach solchen Herzenserleichterungen erheitert von einander. In diesem Triebe der Aeusserung und Mittheilung liegt ein Ersatz für das, was dem Leben in der Wirklichkeit und That mangelt, und eine Erweiterung und Erhöhung desselben. Die Freude verdoppelt sich in der Mittheilung, die Hoffnung belebt und erhöht sich, und der Schmerz wird leichter in der Klage gegen den Freund, als im stummen, einsamen Kampfe, überwunden. Erhebt sich der Mensch über die Schranken der selbstischen Ansicht und Gefühlsstimmung zu dem Allgemeinen und Reinmenschlichen, so wird der Trieb der Aeusserung bildend, und es vereinigt sich damit der edle Eifer, das Leben der Andern zu erhöhen und zu erweitern, Wahrheit zu verbreiten, Tugend und Gerechtigkeit zu befördern, Begeisterung zu entzünden. So wirkt der Lehrer und Künstler; und glücklich, wem dieser Beruf geworden! Ein solcher eilt der Wirklichkeit voraus, welche ach! nur gar zu oft mangelhaft und unbefriedigend ist, und das Herz kalt läßt oder schmerzlich verwundet; er erhebt den ahnenden, weissagenden Geist über alle Unvollkommenheiten und Mängel hinweg in das Reich der urbildlichen Vollkommenheit, den hohen, ewigen Zielen entgegen, nach welchen das Streben edler Menschen gerichtet ist; und, allen Schmerz und alle Trauer hinter sich werfend, schwingt er fröhlich die Flügel im reinen Aether, im Glanze des ewigen Sonnenlichtes. Unterdessen müht sich der Andere, dem ein handelnder Beruf geworden ist, mit den Lasten und Schranken des Lebens, die ihn überall niederziehen und beengen; er kämpft und ringt, und kaum hat er einen Sieg errungen, so werden ihm die Früchte desselben wieder aus der Hand gewunden; er hat das hohe Ziel im Auge, aber oft führt ihn der Weg durch täuschende Nebel, die ihn verwirren, oder durch finstere Abgründe, in denen er sich verliert. Und Jener handelt auch, indem er den Samen einer schönern Zukunft ausstreut, welcher bald keimt und aufsproßt und fröhlich wächst und blüht. Die Kraft, mit welcher er wirkt, treibt und bildet im Verborgenen, tritt aber dann oft in überraschenden Erscheinungen hervor; wie mit Blitzeskraft schlägt ein Gedanke, der lange nur im Kreise der Schule von Mund zu Mund gegangen, zündend, zerstörend und schaffend in das Leben ein; wie von unterirdischen Flammen hervorgetrieben, tauchen neue Inseln aus dem Ocean empor, und bedecken sich bald mit einer fruchtbaren Pflanzenwelt. O was wäre das Leben, wenn uns diese vorauseilende, emporhebende, ahnende und weissagende Thätigkeit des Geistes genommen wäre! Ein Kerker wäre es, in welchen das Licht des Tages nicht dringt, von welchem der Blick in das reiche, frohe, sonnenhelle Gemälde der Landschaft versagt ist, in welchem der Gefangene an Leib und Geist verschmachtet, und alles Glück und alle Thätigkeit des Lebens vergißt.

Diese Thätigkeit des über dem Leben schwebenden, nach den höchsten Zielen hinweisenden, das Wahre, Gute und Schöne in seiner Reinheit erfassenden Geistes darf ich nun ganz in Ihrem Kreise entfalten. Was die strengere Lehrweise der Schule nicht faßt, weil sie in den reichen Gehalt des Lebens nicht eingehen kann; was vom heiligen Lehrstuhl der Kirche ausgeschlossen bleibt, weil die Stimmung der Andacht durch die ausführliche Betrachtung aller Angelegenheiten des Lebens gestört und herabgezogen werden würde: das alles ist mir hier erlaubt zu berühren und genauer zu erörtern. Ein weites Feld ist dem Lehrer in der schriftlichen Mittheilung eröffnet; was sein eigentlicher Lehrberuf nicht faßt, kann er der Schrift anvertrauen, und in ihr der Mit- und Nachwelt mittheilen. Aber es fehlt dieser Mittheilungsart der bestimmte Kreis, an welchen sie sich wenden, nach dessen Bedürfniß und Fassungskraft sie sich richten könne; und es mangelt ihr die Kraft der lebendigen Stimme, welche gerade da, wo Ueberzeugungen und Gesinnungen ausgesprochen werden, am wirksamsten ist, und welche oft die Kunst der schönen Darstellung, die Hülfsmittel der Beredtsamkeit ersetzt. Ich darf mich vor Ihnen über alle und jede Angelegenheiten des Lebens aussprechen; ich darf in alle Verhältnisse eingehen, welche edler Menschen würdig sind; ich darf in alle Gebiete des öffentlichen und häuslichen Lebens das Licht der Betrachtung tragen. Und wieder darf ich mich zu dem Höchsten aufschwingen und mich dem Fluge der Begeisterung und Andacht anvertrauen; denn der ganze Umfang des Lebens ist mir aufgethan. Und ich rede zu Ihnen, mit denen ich in Einer Stadt lebe, die ich großen Theils zu kennen das Glück habe, mit denen mich zum Theil die schönen Bande der Freundschaft verknüpfen. Ich spreche vor Ihnen aus, was mir in der Seele liegt; meine eigenthümlichsten Ansichten und Ueberzeugungen lege ich Ihnen frey und offen dar, und alle Sehnsucht und Hoffnung meines Herzens für die Vervollkommnung der Menschheit, alles, was meine Brust hebt und schwellt, darf sich ergiessen. Oft möchte man gegen Freunde seine innersten Ueberzeugungen über das, was uns allen das Wichtigste seyn muß, aussprechen; man möchte sie gewinnen für eine Ansicht und Richtung des Lebens, in welcher man noch allein steht; man möchte, daß sie mit uns einstimmten in die Klagen über die Gebrechen der Zeit oder in die Freude über aufgehende Hoffnungen: aber im Drange der Geschäfte, im Geräusch des zerstreuten geselligen Lebens, fehlt der ruhige, geweihte Augenblick; das Herz kann sich nicht ergießen, das Feuer der Begeisterung nicht aufflammen, die schon begonnene Rede stockt. Hier spreche ich auch vor Freunden, und ich darf zu Allen, wie zu Freunden, sprechen; aber man erwartet eine ernste Rede, und ist zu ernsten Betrachtungen gestimmt; ich fühle mich aufgeregt und gehoben durch den mir gewordenen Beruf, und mit gesammeltem Geist trete ich unter Ihnen auf. Hier, oder nirgends, kann ich mich aussprechen, mein ganzes Inneres aufthun, Alles, wofür sonst That und Rede versagt ist, ausströmen;

hier kann der Geist frey seine Flügel entfalten, und sich über alle Schranken erheben. — O wie klopft mir das Herz, wie drängt es mich, zu reden! Ich möchte mit dem heil. Dichter sagen:

> Siehe! mein Busen ist wie Wein, der nicht geöffnet,
> Wie neue Schläuche, die zerspringen.
> Ich will reden, und mir Luft machen,
> Meine Lippen aufthun, und anheben.

O möchte nur die Rede, dem Geiste gehorsam, in treuem Ausdruck hinstellen, was mir in der Seele liegt! Möchte sie dahin strömen in mächtiger Fülle, wie der große Strom, in welchen sich tausend Flüsse und Bäche ergießen! Möchte sie ergreifen und erschüttern, wie wenn er seine Wogen donnernd über die Felsen ergießt, daß sie in Schaum zerstieben, und der Erdboden bebt; möchte sie dann aber auch wieder bald in ruhiger und doch gewaltiger Fluth durch blühende Wiesen und Fluren hinströmen, und den Hörer mit stiller Gewalt anziehen und unwiderstehlich mit fortreissen; bald sich zum hellen Seespiegel ausbreiten, in welchem sich Erde und Himmel malt, und zur ruhigen, sinnigen Betrachtung stimmen; und sich endlich in den großen Ocean ergießen, wohin Alles zurückstrebt, und sich in die erhabene Beschauung des Ewigen, des Endziels alles Zeitlichen, verlieren!

Heute will ich Sie, Verehrteste, im Allgemeinen mit der mir gestellten Aufgabe bekannt machen, Ihnen einen Begriff von der Pflichtenlehre geben, welche ich Ihnen vorzutragen habe, das Verhältniß derselben zur allgemeinen Sittenlehre bestimmen, eine

Uebersicht ihres Inhalts geben, und mich über die Behandlungsart erklären, welche ich beym Vortrag derselben befolgen werde.

Indem wir kürzlich den Weg überblicken, den wir im vorigen Cursus durchgangen sind, werden wir von selbst zum Begriffe der Pflichtenlehre gelangen, welche wir übrigens schon in einem allgemeinen Abrisse aufgestellt haben. Wir haben zuerst die Triebe der sittlichen Natur des Menschen untersucht, und erforscht, was der Mensch vermöge seiner geistigen Beschaffenheit liebt und achtet, verabscheut und haßt, was er begehrt und erstrebt, meidet und fliehet. Wir sahen, daß er alles das, was sein Leben erhält, befördert, erhöht, erweitert, mit Liebe umfaßt und sucht, und dagegen alles, was sein Leben verletzt, stört, niederdrückt, beschränkt, als feindlich von sich stößt. Zugleich sahen wir, daß das menschliche Leben sich in verschiedenen Stufen entfaltet, theils an den Organismus und die Sinnlichkeit gebunden, theils in geistiger Freyheit und Selbstständigkeit, aber auch hier wieder theils im Unwandelbaren und Nothwendigen feststehend, theils in mannichfaltiger Entwickelung sich als irdisch geistige Erscheinung offenbarend. Hiernach unterschieden wir den sinnlichen Trieb, der nach sinnlichen, irdischen Zwecken und Gütern strebt, den sittlichen Trieb, der die unwandelbaren, ewigen Zwecke der Tugend und Frömmigkeit festhält und die innere Würde des Menschen schützt, und den Trieb der Vollkommenheit, der, gleichsam mitten inne stehend, alles dasjenige sucht, was das Leben des Geistes zur vollen, schönen, einstimmigen Erscheinung bringt, was den Menschen veredelt, und sein irdisches Daseyn ziert und verschönt. Wir zeigten, wie diese Triebe im Menschen zum Bewußtseyn kommen, wie sie oft halb verstanden, verkehrt und von der Natur abgewendet werden, woraus alle sittlichen Entartungen, Einseitigkeiten, Verirrungen, Laster und Thorheiten hervorgehen, wie dagegen die wahre Lebensweisheit einem jeden Triebe sein Recht zugesteht, sein Gebiet und seine Schranken anweist, alle mit einander in Uebereinstimmung bringt, aber doch die höheren, geistigen Zwecke mit reiner Liebe, mit heiliger Achtung zu oberst stellt, und, obschon die Erde und ihre Reize und Güter nicht verschmähend, nach dem, was oben ist, trachtet, und im zeitlichen Wechsel der Dinge, im Kreislauf des Bedürfnisses und Genusses, des Wachsens, Blühens und Verwelkens, den Zielpunkt der ewigen Bestimmung nicht aus den Augen läßt. In der Lebensansicht des Weisen, als dem Grundriß aller ächt sittlichen Denkart, vereinigten wir gleichsam alle Strahlen der rein menschlichen Liebe, die, von Selbstsucht befreyt, nur das sucht, was dem Leben der Menschheit, im Einzelnen, wie im Ganzen, angehört, von welcher erfüllt, der Einzelne Bild und Stellvertreter der ganzen Menschheit wird. Der Grundsatz, in welchen wir, wie in einen Brennpunkt, Alles sammelten, war der des reinen Lebens. Wir dachten uns den Weisen als denjenigen, der wahrhaft lebt, die ganze Tiefe und den ganzen Umfang des Lebens ausmißt; wir dachten ihn uns als denjenigen, der auch die äussere, sinnliche Erscheinung des Lebens schätzt, als den heitern Freund des unschuldigen, fröhlichen Lebensgenusses, dann als denjenigen, der alle Entfaltung geistiger

Thätigkeit, Kraft und Schönheit mit Begeisterung liebt und erstrebt, als den begeisterten Wettläufer auf der Bahn jeder menschlichen Vollkommenheit, als den liebenden Pfleger jeder Blume der Schönheit, die im Garten der Menschheit blüht, und als den warmen Bewunderer jeder menschlichen Vortrefflichkeit und Herrlichkeit, endlich als denjenigen, der im innersten Heiligthum des Lebens den heiligen Dienst verrichtet, der, Gott vor Augen und im Herzen habend, von ehrfurchtsvoller Achtung vor dem Ebenbild Gottes im Menschen und den Gesetzen des Reiches Gottes erfüllt, die Würde der Tugend, die Ruhe des guten Gewissens als die höchsten Kleinode des Lebens achtet, und dafür Alles zu opfern bereit ist.

Nachher gingen wir fort zur Betrachtung der Klugheit und deren vermittelnder Thätigkeit, wie sie durch Erkenntniß und Geschicklichkeit der Weisheit ihre Zwecke erreichen hilft, und, was das Herz begehrt und der Verstand billigt, herzustellen und zu verwirklichen weiß. Wenn wir in der Lebensansicht des Weisen das Leben so betrachteten, wie es sich in dem von reiner Liebe erfüllten Gemüth gleichsam als Grundstoff und Keim darstellt: so betrachten wir es hier in seiner äusseren Darstellung und Verwirklichung, wie jener Keim gleichsam sich zu Stamm, Aesten, Zweigen, Blättern, Blüthen und Früchten entwickelt, mächtig ausbreitet, und das Leben erfüllt. Die Klugheit hat es mit den Mitteln des sittlichen Handelns zu thun; sie bringt die Kräfte der Natur in den Dienst der Weisheit; sie lehrt den Menschen die Dinge beherrschen und gebrauchen; sie stiftet Ordnungen und Einrichtungen, welche ein geselliges Leben möglich machen; sie bereitet Bequemlichkeiten, leiht Stützen und Hülfsmittel. Und so wie sie im Ganzen und Großen das sittliche Leben vorbereitet, unterstützt und erleichtert, so gelingt es durch sie allein auch dem Einzelnen, handelnd, wirkend in die Natur einzugreifen. Wie sie die Sprache, Recht, Gesetz und Ordnung in die menschliche Gesellschaft eingeführt hat, so verdankt es ihr ein Jeder, daß er eine heilsame Wirksamkeit entfalten, daß er seine Gedanken aussprechen und Wahrheit verbreiten, daß er die Rechtssache der Wittwe oder der Waise führen, daß er für die Erhaltung des Friedens wirken kann. Wie wir es ihr überhaupt verdanken, daß wir in bequemen Häusern wohnen, so ist die schöne Pflicht der Gastfreundschaft auch nur mit ihrer Hülfe zu üben möglich; und wenn Jemand mit eigner Aufopferung und mit Hülfe fremder Großmuth eine Herberge für arme Pilgrime in der Wüste errichtet und mit allen nöthigen Hülfsmitteln versiehet: so gehört die wohlthätige Gesinnung, aus welcher er handelt, seinem edlen Herzen und seinem von der Weisheit erleuchteten Geiste, der Klugheit aber verdanken wir die Hülfsmittel, deren er sich zu dem Werke der Wohlthätigkeit bedienen kann, und die Ausführung seines Planes durch geschickte Benutzung der Umstände und vornehmlich dadurch, daß er die Theilnahme frommer, mitleidiger Herzen zu erwecken wußte.

Vorzüglich aber müssen wir hier diejenige Verrichtung der Klugheit ins Auge fassen, durch welche sie die Verhältnisse des menschlichen Verkehrs und eben dadurch auch die sittlichen Aufgaben und Obliegenheiten bestimmt.

Setzen wir den Fall, daß zwey Menschen, die mit vollkommener Reife des Geistes, mit zart und edel fühlendem Herzen, aus der Hand des Schöpfers hervorgegangen wären, aber noch aller Erfahrung und Klugheit entbehrten, einander begegneten: so würden beyde zwar einander mit Liebe entgegen kommen, und alles vermeiden, wodurch sie sich stören und verletzen könnten; aber ehe Erfahrung und Klugheit ihnen die Berührungspunkte ihres Lebens, in welchen sie sich freundlich oder feindlich begegnen können, kennen lehrte, würde ihr Verkehr noch schwankend und unsicher seyn. Es sey der Eine ein Hirt, der Andere ein Ackersmann: ehe nun ein Jeder den Geschäftskreis des Andern kennt, wird es nicht zu vermeiden seyn, daß sie sich störend und verwirrend begegnen; wissen sie aber, was der Ackerbau und die Viehzucht erfodern und daß sich beyde in demselben Kreise gegenseitig ausschliessen, neben einander aber mit Nutzen bestehen können: so werden sie einen Vertrag schliessen, in welchem sie das Land, das sie bewohnen, unter sich theilen, und sich einander versprechen, daß Keiner in das Gebiet des Andern einschreiten soll. Nun wird sich ihre gegenseitige Liebe sicherer und bestimmter äussern können, und sie werden viel leichter vermeiden, einander zu beleidigen; sie erfüllen ihre gegenseitigen Verpflichtungen pünktlich, bewegen sich ruhig ein Jeder in seiner Bahn, und da, wo sie zusammen treffen, weichen sie einander friedlich aus, oder reichen einander liebreich die Hände.

Die sittlichen Gesetze liegen so lange, bis die Klugheit die Verhältnisse des menschlichen Verkehrs festgestellt hat, in einem unbestimmten, allgemeinen Gefühl eingeschlossen. Man würde Alles in den Satz fassen können: Liebe deinen Nächsten, wie dich selbst! Aber es fragt sich, wie ich ihm diese Liebe beweisen soll. Will ich einer geliebten Person ein Geschenk machen, das ihr nützlich und erfreulich seyn soll: so ist durchaus nöthig, daß ich wisse, womit ich ihr dienen kann, welches Geräth, welches Buch und dergleichen ihr noch fehlt. Dieses zu erfahren ist in der That eine Aufgabe der Klugheit, zwar ein heiteres und angenehmes Geschäft, aber doch nothwendig, um den Wunsch des liebenden Herzens zu befriedigen. So muß die Klugheit im Allgemeinen näher bestimmen, wie und womit die Menschen einander ihre Liebe beweisen sollen; und sie findet diese Bestimmungen dadurch, daß sie die Beziehungen, in welchen die Menschen zu einander stehen, die Ansprüche, die sie an einander machen, die Erwartungen, die sie von einander hegen, die Bedürfnisse eines Jeden und seine Fähigkeit, sie selbst zu befriedigen und noch Andern zu dienen, gegen einander abwägt, ins Gleichgewicht bringt, und einem Jeden nach Verhältniß seiner Stellung seine Aufgabe bestimmt. Die Klugheit ist es daher, welche die einfache Allgemeinheit der sittlichen Gesetzgebung ins Besondere und Mannichfaltige entwickelt; sie ist es, welche das eine und gleiche Gefühl der Menschenliebe in die besondern Naturverhältnisse einführt.

Hierbey ist aber noch zu erwägen, daß die Weisheit, oder das deutliche und umfassende Bewußtseyn der sittlichen Gesetze, sich nur in dem Grade im menschlichen Leben entwickelt, als neben ihr die Klugheit, oder die Kenntniß der Mittel, sich entwickelt, und durch sie die sittlichen Verhältnisse bestimmt werden. Das Gefühl des wenn auch gutgearteten und edlen Herzens schwankt, wenn es sich nicht an eine bestimmte Sitte halten kann; es fehlt, und schlägt ins Unedle und Rohe über, wenn die Sitte unedel und roh ist. Der Mensch muß für Alles lernen, muß Alles an sich bilden. So wie der Geschmack für das Schöne sich an guten Mustern befestigt, und der Einzelne selten sich über den herrschenden Geschmack seines Volkes und seiner Zeit erhebt: so ist auch das sittliche Gefühl bildsam, und abhängig von der allgemeinen Bildung. Es liegt in der Natur der Liebe von Mann und Weib, daß sie zur Ehe führt, zum innigen Bunde des Lebens, zum gemeinschaftlichen Lebenswerke, dessen schönerer Theil die Erziehung der Kinder ist; die Ehe aber ist nur dann wahre Ehe, und der Lebensbund nur dann fest und innig, wenn zur Liebe die ausschliessende, unverbrüchliche Treue hinzutritt. Wer nun aber in einem Volke geboren und erzogen ist, in welchem die Vielweiberey herrscht, der wird, wenn er ein Weib nimmt, an die Verpflichtung, ihr ewige Treue zu bewahren, gar nicht denken, und wenn ihn späterhin die Begierde nach einer Jüngeren und Schöneren entflammt, nicht zu sündigen glauben, wenn er auch diese noch dazu ehelicht. Die erste Gattin wird sich zwar dadurch verletzt fühlen, aber über den Verlust der Liebe ihres Mannes nicht anders trauern, als wie man über den Verlust eines zufälligen, durch nichts verbürgten Gutes trauert, und ihn nicht der Treulosigkeit und Rechtsverletzung anklagen können. Beyder Gatten sittliches Gefühl ist in Absicht auf das, was sie gegenseitig zu empfangen und zu geben haben, noch nicht rein herausgebildet und festgestellt. Christliche Ehegatten hingegen, welche als Kinder schon das Bild eines durch die Treue geheiligten ehelichen Lebens in ihr Gemüth aufgenommen, und einem solchen ihre Erziehung verdanken, werden dem Bunde der Liebe, den sie mit einander schließen, das Siegel der Treue aufdrücken, und die übernommene Verpflichtung derselben wird das Herz des Mannes vor allen Begierden bewahren, die ihn zur Untreue verlocken könnten. Die Stiftung aber des ehelichen Lebens und die Ausbildung der Formen und Sitten derselben hängt von der im Dienste der Weisheit arbeitenden Klugheit ab; diese wird, als Gesetzgeberin und Sittenbildnerin, nach und nach Alles entfernen, was den Zwecken der Weisheit widerstreitet, und Alles einführen, was zur Verwirklichung derselben dient. Und so trägt die Klugheit dazu bey, die sittliche Gesetzgebung in bestimmterer Abgrenzung in das Bewußtseyn des Menschen und in den geselligen Verkehr einzuführen, und das Bild reiner Sittlichkeit immer reiner und zarter in edlen Sitten darzustellen.

Die Sittengesetze werden zu Pflichten dadurch, daß der Mensch die Aufgabe übernimmt, dieselben in Gesinnung und That zu befolgen. Durch den Trieb des Herzens, durch die im verständigen Bewußtseyn gefaßte Ueberzeugung und durch die Eindrücke der kirchlichen, bürgerlichen und häuslichen Erziehung, in welcher dem jungen Gemüth die Gebote der Natur und Vernunft in bestimmterem, lebendigerem Ausdruck, eingeprägt werden, wird der Mensch dazu getrieben, jenen Gesetzen gemäß zu handeln, oder zum Gehorsam gegen dieselben verpflichtet. In der Verpflichtung wird das, was Sache der Erkenntniß und des Gefühls war, zugleich Sache des Willens und der Thatkraft; und ist der Wille stark und fest in Ausübung der Pflicht, so wird das, was nur seyn sollte und bloß möglich war, wirklich; es tritt die edle, große Erscheinung der Tugend ins Leben, welche, treu der Stimme Gottes in der Natur und Offenbarung, für Wahrheit und Gerechtigkeit kämpfend, nach den ewigen Gütern des Geistes ringend, die Hoffnung und Sehnsucht frommer Herzen erfüllt, und ein göttliches Leben in irdischer Wirklichkeit darstellt.

Behandelt man nun die sittlichen Gesetze als Aufgaben für den handelnden Menschen oder als Pflichten, so entsteht die Pflichtenlehre, deren Grundzüge wir schon im ersten Theile gegeben haben. Als die Quelle aller Pflichten betrachteten wir die Frömmigkeit, oder diejenige Gefühlsstimmung, in welcher die reinsten und höchsten sittlichen Antriebe liegen. Aus ihr fließen zwey Hauptpflichten: die der Gerechtigkeit oder der Achtung der Menschenwürde im Nebenmenschen, nnd die der Ehre, oder der Achtung der Menschenwürde in uns selbst. Diese Doppelpflicht der Menschenachtung läßt sich theils in nothwendigen, aber nur verbietenden Vorschriften aussprechen, theils geht sie über in die nicht so streng bestimmbaren, unendlichen Aufgaben der das Vollkommene erstrebenden Liebe, so daß die Gerechtigkeit sich zum Wohlwollen und zur Freundschaft steigert, die Ehre aber sich am lebendigsten in edler Selbstliebe darstellt.

Die Ausführung nun dieser, nur in allgemeinen Grundzügen aufgestellten Pflichtenlehre, samt der

Lehre von der Gemüthsverfassung des Tugendhaften oder der Tugendlehre, macht unsere Aufgabe für diesen zweyten Theil der Vorlesungen aus. Es liegt uns nämlich ob, theils das Angedeutete vollständig und deutlich darzulegen, theils das Allgemeine ins Besondere zu entwickeln, und dessen Anwendung im Leben näher zu zeigen. Zuerst werden wir also die Grundpflicht der Frömmigkeit und des religiösen Lebens ausführen, und zeigen, wie darin die Wurzeln aller Sittlichkeit liegen, und daß das fromme Gefühl des Gottinnigen Gemüths die einzig wahre Weihe zu allen sittlichen Gesinnungen und Handlungen gibt. Sodann werden wir an die Entwickelung der Hauptpflichten der Gerechtigkeit und Ehre gehen. Um aber einen vorläufigen Begriff und eine Uebersicht von dieser Entwickelung zu gewinnen, und das Verhältniß des Besondern zum Allgemeinen aufzufassen, welches im Zwecke dieser Einleitung liegt, brauchen wir nur auf das zurückzugehen, was wir so eben über die Zusammenwirkung der Weisheit und Klugheit bemerkt haben. Die Pflichten entwickeln sich in dem Grade ins Besondere, als die Klugheit zu den Zwecken der Weisheit die Vermittelung gibt, und die Verhältnisse des Lebens bestimmt. Mithin ist die besondere Pflichtenlehre von der allgemeinen dadurch verschieden, daß sie sich näher an die Klugheitslehre anschließt, und genauer in die Vermittelungen und Verhältnisse des Lebens eingeht.

Die Lehre von der Lebensweisheit führten wir auf den Grundsatz des wahren Lebens zurück; der Weise erschien uns als derjenige, welcher die wahren Zwecke des Lebens, den ächten Gehalt, die wesentlichen

Güter und Werthe des Lebens mit rein menschlicher Liebe umfaßt. Es ist der Geist des Lebens, der in seiner allseitigen Thätigkeit, in seinen mannichfaltigen Bestrebungen, aber zugleich in seiner unwandelbaren Einheit und Selbstständigkeit und in harmonischer Vollendung, im Gemüthe des Weisen wohnt; es ist das reine Himmelslicht, das seine Seele erfüllt und verklärt. Aber noch hat die Welt dessen Glanz nicht geschaut, und ist noch nicht von seinen Strahlen erwärmt worden. Damit dieses innere Licht sich in äusserer Erscheinung offenbare, muß der Weise mittelst der Klugheit die äussere Welt den Urbildern gemäß, die in seinem Innern liegen, gestalten und beherrschen; den Geist des Lebens, den er in ursprünglicher Fülle in sich trägt, muß er in jedes besondere Verhältniß, in jeden einzelnen Fall desselben schöpferisch ausgießen; die Sonne des reinen Geistes muß in das unendliche Farbenspiel des mannichfaltig bewegten Lebens ausstrahlen, und ihr Bild in tausendfachem Abglanz wiederspiegeln. Indem wir eine Ausführung der Pflichtenlehre geben, thun wir nichts, als daß wir die Gesinnung und Lebensansicht des Weisen, die wir im Allgemeinen gezeichnet haben, in thätiger Ausübung in die verschiedenen Verhältnisse des von der Klugheit beherrschten und ausgebildeten Lebens einführen. Es ist immer die eine sich selbst gleiche Gesinnung, welche aber in verschiedenen Graden und Beziehungen, durch die Handlung geltend gemacht, erscheint, so wie es die eine und selbe Wärme ist, welche, durch die Zusammenwirkung von Erde und Sonne erzeugt, alles, was lebt, wächst und blüht, was athmet und webt, mit Lebenskraft durchdringt;

aber eine andere ist die Wärme, die in den Pflanzen treibt, eine andere diejenige, welche in den kaltblütigen Thieren verborgen, dem Gefühl nicht bemerklich, aber doch wirksam ist, und eine andere diejenige, welche den Puls der warmblütigen Thiere durchzuckt, und im warmen Athem ihrer Brust entströmt. Die gute sittliche Gesinnung, der Geist der Liebe, ist nichts anderes, als die Wärme der geistigen Welt, dadurch erzeugt, daß wir unser aus irdischem, kaltem Stoff gewebtes Herz dem Lichte der ewigen Sonne des Himmels öffnen. Sie durchdringt mit erhaltender, schöpferischer Kraft alle Gebiete des Lebens, sie stiftet und erhält die Ordnungen der bürgerlichen Gesellschaft, gründet den heiligen Heerd häuslicher Liebe, erbaut den Tempel der Gottesfurcht, pflanzt den Frucht- und Lustgarten des menschlichen Fleißes, der edleren Geistesbildung, vereinigt die Menschen in den traulichen Kreis des Gemeingeistes und der Vaterlandsliebe. Es ist dieselbe Wärme der Liebe, welche mit sanfter Gewalt das Kind an die Brust der Mutter schließt, und die in lodernden Flammen aufschlägt in der Begeisterung für das Vaterland; die zwey Liebende mit Blumenketten verknüpft, das Band der Freundschaft zwischen zwey gleichgesinnten Jünglingen webt, und ein großes Volk an den mütterlichen Boden, an die heimische Sitte und Verfassung, an Thron und Altar fesselt; die dem Sachwalter der Wittwen und Waisen den Muth verleiht, ihr kleines Erbe vor den Eingriffen der Habsucht zu schützen, und welche den Helden auf das Schlachtfeld treibt, um für die Ehre seines Volkes zu streiten. Es ist dieselbe Wärme der Liebe, welche den Handwerker in seinem engen Beruf beseelt, daß er mit Fleiß und Betriebsamkeit der Ernährer der Seinigen wird, und eine nützliche Stelle im bürgerlichen Leben behauptet, und welche den Weltumsegler auf die unermeßlichen Bahnen des Oceans führt, um die menschlichen Kenntnisse zu erweitern, und welche die Einbildungskraft des Künstlers entzündet, daß er dem starren Marmor Leben einhaucht, oder die platte Tafel mit Gestalt und Bewegung erfüllt.

Schon im allgemeinen Grundrisse der Pflichtenlehre gewannen wir die Hauptbestimmungen dessen, was für den Menschen Pflicht ist, dadurch, daß wir auf die von der Klugheit gestifteten Verhältnisse des Lebens Rücksicht nahmen. Um für die erste Pflicht der Gerechtigkeit eine bestimmte Anwendung zu gewinnen, bezogen wir sie auf die durch Gewohnheit und Vertrag entstandenen Festsetzungen des Eigenthums und anderer bürgerlicher Rechte: in diese Verhältnisse werden wir nun näher eingehen, und noch mannichfaltigere Anwendungen machen. Aber die Pflicht und die Gesinnung, die sich dazu verbindlich macht, ist stets die gleiche, und die Verschiedenheit tritt bloß äusserlich hinzu. Derjenige, welcher das Vermögen der Waise treu verwaltet, beweist dieselbe Gesinnung der Gerechtigkeit, wie derjenige, welcher dem Arbeiter seinen billigen Lohn bezahlt oder dem Staate nach Pflicht und Gewissen seine Abgaben entrichtet. Aus gleicher Gesinnung handelt der Wahrhafte, der vor Gericht ein unverfälschtes Zeugniß ablegt, und der Treue, der einen Vertrag gewissenhaft erfüllt, obschon die Urkunde desselben verloren gegangen ist. Ein gleich treuer Sohn des Vaterlandes ist der, welcher die Gesetze des Staates beobachtet, auch die, wohin keine Aufsicht reicht, und der, welcher den glimmenden Verrath mit muthiger Entschlossenheit unterdrückt, und der Hand des Empörers, welcher das Gebäude der bürgerlichen Ordnung einäschern will, die Fackel aus der Hand windet, oder den schon entzündeten Brand mit seinem Blute auslöscht. Dieselbe Gesinnung beseelt den Friedfertigen, der ein Opfer nicht scheut, um den Frieden mit seinem Nächsten zu erhalten, und den tapfern Streiter, der das Schwert zieht, um dem Unterdrückten beyzustehen. Allen diesen Pflichterfüllungen liegt dasselbe zum Grunde, die Achtung der Menschenwürde, der Menschenrechte und der heiligen Ordnungen, welche zur Sicherung derselben gestiftet sind. Die Ausführung der Pflicht der Gerechtigkeit ist daher nichts als die wiederholende Anwendung des Grundgedankens auf verschiedene Verhältnisse.

Von den nothwendigen, unerlaßlichen Pflichten der Gerechtigkeit werden wir dann fortgehen zu den Anfoderungen der freyen Liebe, des Wohlwollens, der Wohlthätigkeit, der Freundschaft, der ehelichen und Familien-Liebe, des Gemeingeistes, der Vaterlandsliebe. Hier können wir die Umrisse des Gebotenen nicht so streng ziehen, weil die Liebe ausser den Verhältnissen des Rechts sich in freyen Wellenlinien bewegen soll; aber es ist derselbe Strom sittlicher Kraft und Gesinnung, der durch das Gebiet der Pflicht und durch das unendliche Feld der freyen Liebe in tausend Armen, Bächen und Quellen hindurchgeht, und das Leben erhält und befruchtet. Der Gerechte, der von heiliger Echeu vor der Würde des Menschen erfüllt ist, wird auch wohlwollend und wohlthätig seyn; sein Herz wird einem Jeden, der das Ebenbild Gottes an sich trägt, entgegenschlagen, dem Armen, dem er nichts schuldig ist, wird er mit gleicher Bereitwilligkeit, als wäre er es ihm schuldig, Hülfe leisten. Wem ein lebendiges Gefühl für die Hohheit der Menschenwürde im Busen schlägt, der wird von Liebe und Bewunderung aufflammen, wenn ihm ein Bild menschlicher Schönheit und Vollkommenheit begegnet, und sich mit zärtlicher Liebe und Freundschaft zu dem liebenswürdigen neigen. Der Mann von Wort, welcher hält, was er versprochen, wird auch den Bund der Liebe unauflöslich knüpfen; tief, fest und stark in Allem, was er beginnt, wird er es auch in der Liebe seyn. Der gute Bürger wird auch ein guter Hausvater seyn, und nicht nur die Pflichten erfüllen, welche die Sorge für die Erhaltung seiner Familie ihm auflegt, sondern die Fülle der Liebe in jeder zartern Sorge und Bemühung schützend, erhaltend, ernährend und bildend über die Seinigen ausgießen. Der treue Beobachter der Gesetze wird mit treuer Liebe sein Vaterland umfassen, dem er Alles verdankt, treu an Sitte und Volksthum hangen, und das gemeine Beste wie sein eigenes, das ja auf jenem ruhet, ansehen. Und so entspringt jede Blüthe der Liebe aus dem starken, vollsaftigen Stamme der Gerechtigkeit, zieht aus ihm Nahrung und Gedeihen, und kränkelt und stirbt ab, wenn ihm die Lebenskraft abgeht.

Die zweyte Pflicht ist die der Ehre oder der Achtung der Menschenwürde in uns selbst; aber auch sie ist mit der Gerechtigkeit eins. Die wahre Ehre ist nur die des gerechten Mannes, dessen ganzes Wesen das Siegel der Menschenachtung trägt. Wer Andere nicht erniedrigt, der erniedrigt sich auch selbst nicht. Wer die Würde und Freyheit Anderer nicht antastet, wird mit edlem Stolz und Freymuth vor einen Jeden, auch den Mächtigen, hintreten; wer keinen Sklaven um sich duldet, wird sich selbst nie zu niedriger Knechtschaft beugen. Nichts ehrenhafter und würdiger, als die Gradheit des wahrhaften, redlichen Mannes, der alle Kunstgriffe der Lüge, der Tücke und des Betrugs verschmäht, und den offenen Weg der Aufrichtigkeit wandelt. Kein Held ist größer, als der ehrliebende Mann, der, gegen die Lockungen und Drohungen des Zwingherrn gleich unerschütterlich, keinen Schritt breit von der Bahn des Rechtes wankt, und eher das Haupt unter das Beil des Henkers, als unter das Joch der Schande beugt. Es gibt keine Ehre, als die des gerechten, freyen Bürgers, der nur in der festen Kette des Bürgerbundes, der Gleiche neben dem Gleichen, unter Aufrechtstehenden aufrecht stehend, seine Stelle behauptet, der, wenn er allein unter Gebeugten erhaben steht, sich entehrt fühlt, weil er die Menschheit entehrt sieht; und alle andere Ehre, die sich mit der Unterdrückung der Mitbürger und mit ihrem Raube bläbet, ist die Ausgeburt sittlicher Krankheit und Entartung, das flackernde Irrlicht über faulendem Sumpfe. So werden wir also in der Pflicht der Ehre dasselbe geltend machen, was der Pflicht der Gerechtigkeit zum Grunde liegt, und der Unterschied liegt nur in der Beziehung und Anwendung, indem nämlich bey der Ehre das Handeln des Menschen in Beziehung auf sich selbst, und bey der Gerechtigkeit das Handeln gegen Andere in Betracht kommt.

Wie die Gerechtigkeit in ihrer vollen, lebendigen Aeusserung in die Liebe, das Wohlwollen, die Freundschaft übergeht: so die Ehre oder Selbstachtung in die Selbstliebe und das edle Bestreben nach persönlicher Vollkommenheit, nach Geistesbildung und jeder feineren Zierde. Es ist dieselbe Gesinnung, durch welche der Mensch mit edlem Stolze die eigene Würde vor Erniedrigung zu bewahren strebt, und durch welche er dieser Würde jeden möglichen Glanz und Schmuck zu verleihen beflissen ist. Wer sich die Achtung Anderer durch Gerechtigkeit, Aufrichtigkeit und Mannestugend zu gewinnen sucht, wird sich sicherlich auch gern durch andere Vorzüge seiner Person geltend machen. Wessen Festigkeit und Freymuth nicht bloß in rohem Trotz besteht, der wird seinen Geist nicht zur Rohheit verwildern lassen, sondern seine Ehre auch in feiner Bildung suchen, und nach edlen Werken greifen, welche die Wirksamkeit auf die Gesellschaft erhöhen, und Dank und Ruhm gewinnen. Eine edle Ruhmliebe wird sich immer an die wahre Ehrliebe schließen. Obgleich der Werth des Menschen nicht durch das bestimmt wird, was Andere von ihm halten: so lebt der sittliche Mensch doch zu innig mit seinen Nebenmenschen verbunden, als daß ihm nicht die Achtung derselben unendlich theuer seyn sollte. Der ehrliche, aber träge Mann, der für Ruhm und Auszeichnung gleichgültig ist, würde auch im vorkommenden ausserordentlichen Falle kein größeres Opfer zu bringen fähig seyn, und ist mithin nicht wahrhaft ehrliebend.

So ist alles, was zu den menschlichen Pflichten gehört, ein Ausfluß der reinen Menschenachtung und

Menschenliebe, und die verschiedenen Aufgaben und Obliegenheiten sind den Farbenstrahlen des Prisma's zu vergleichen, in welche sich das reine Licht zersetzt. Die meiste Mannichfaltigkeit liegt in den Anfoderungen des Berufslebens, aber dieses gehört auch fast ganz in das Gebiet der das Mannichfaltige beherrschenden und benutzenden Klugheit. Sehr von einander entfernt liegt der Beruf des Landbaus von dem der Gelehrsamkeit, und von dem einen zum andern ist nicht der fließende Uebergang, wie zwischen den verschiedenen Pflichten. Was für jede Berufsart gilt, ist eines Theils die Liebe zur Thätigkeit und Vollkommenheit, und der gemeinnützige Eifer, andern Theils das Streben des menschlichen Geistes nach Herrschaft über die Natur oder nach der Geltendmachung seiner äussern Freyheit; und beydes, jene Liebe und jener Eifer, und dieses Freyheitsstreben, vereinigt sich tiefer in der reinen Menschenachtung und Menschenliebe, aus welcher jede sittliche Thätigkeit hervorgeht.

Aus diesem vorläufigen Begriff und dieser Uebersicht der besondern Pflichtenlehre und ihrem Verhältniß zur Sittenlehre im Allgemeinen erhellet zugleich die Art ihrer Behandlung. Diese besteht nämlich darin, daß wir überall die Gesinnung geltend machen, Alles aus dem Innern des sittlichen Gemüths ableiten, und die äussern Verhältnisse nur als dasjenige betrachten, in welchem sich das Innere abspiegelt. Das Aeussere zu bestimmen, ist die Sache der Klugheit, welche sich theils an das Bestehende hält, theils vorausblickend neue Aufgaben aufstellt. Nun ist die Klugheit wohl nothwendig zum sittlichen Handeln, aber das Herz, das

Gefühl, die Gesinnung ist die wahre Quelle des Heils. Ohnehin sind die Aufgaben der Klugheit unendlich, und man lernt darin nicht aus, indem das Leben immer Neues bringt und die Fälle des Handelns auf das Mannichfaltigste mischt. Der Sittenlehrer darf sich daher nur an die allgemeinen Verhältnisse halten, nicht zu sehr in das Einzelne gehen, und die besondern Fälle der Erfahrung dem Urtheil eines Jeden überlassen. Eine Sittenlehre, welche sich auf einzelne Fälle einläßt, heißt Casuistik; eine solche aber ist nicht nur unnütz, sondern auch schädlich. Unnütz ist sie, weil kein Fall dem Andern ganz gleicht, und keiner wieder kehrt, so wie er da gewesen ist, mithin jede allgemeine Bestimmung schwankt und schielt, und keine richtige Anwendung leidet. Ein Fall des Handelns nämlich besteht nicht bloß in der äusseren Stellung des Handelnden, sondern es gehört auch dessen innere Beschaffenheit dazu, seine Gesinnung, Geistesbildung und der Eindruck, den er von aussen empfängt. Zwey Menschen können in demselben Falle verschieden handeln, und können beyde pflichtmäßig handeln, obschon nicht gleich edel und gleich klug. Was hilft es also im Allgemeinen von einzelnen Fällen zu handeln, wenn sich Niemand darnach richten kann? Schädlich ist aber das Behandeln einzelner Fälle, weil dadurch der Wahn genährt wird, als komme es auf die äussere Beschaffenheit der Handlung an, da es doch allein auf die Gesinnung ankommt. Nützlich ist es allerdings, die allgemeinen Verhältnisse, in welchen sich die gute Gesinnung beweisen soll, zu betrachten, so daß, indem man den Verstand erleuchtet, man das Herz zugleich mit aufregt, und indem man das Mannichfaltige entwickelt, immer wieder auf das eine Nothwendige hinweist. Aber auf die Gesinnung hinzuwirken, bleibt stets die Hauptsache des Sittenlehrers, und auch ich will mich bestreben, bey der Klarheit des Verstandes zugleich das Herz in Anspruch zu nehmen.

Aber schwierig ist diese Aufgabe für den Lehrer, und ungewiß die Wirkung, die er hervorbringt. Die Stimmung und Gesinnung des Herzens ist eine Gnadengabe des Schöpfers, welcher dem Einen ein sanftes, rührbares Herz verleiht, und das des Andern aus härterem Stoffe webt, welcher den Einen von Jugend auf mit der Himmelsspeise der Liebe, des Wohlwollens, der Begeisterung nährt, und den Andern in geistiger Dürftigkeit aufwachsen läßt. Selig, wessen Herz, aus zartem Stoff gewebt, früh am edeln Herzen der Mutter, des Vaters, des Erziehers erwärmt, für alles Gute und Schöne schlagen lernte, das sich dann an die Herzen der Freunde, an die große, liebequellende Brust eines edlen, begeisterten Volkes anschließen konnte! Ihm ist ein Funke aus der begeisterten Rede des Lehrers genug, um ihn zu entflammen: seine Begeisterung wird in der eigenen Brust Nahrung finden. Wo aber die Empfänglichkeit und die innere Fülle und Wärme fehlt, da wird auch die beredteste Belehrung und Ermahnung fruchtlos bleiben, und höchstens einen flüchtigen Eindruck machen. Das sittliche Leben unseres Volkes und unserer Zeit ist mit manchen schönen Gaben gesegnet: das Familienleben blüht in lieblicher, gemüthvoller Zartheit; es herrscht ein reger Eifer für Erziehung, persönliche Ausbildung und Wissenschaft; auch Kunst und Dichtung hat manche schöne Blüthe getragen. Aber die Selbstsucht hat ihre

Wurzeln überallhin, selbst in die an sich edelsten Bestrebungen, verbreitet; es fehlt uns an öffentlicher Tugend und lebendigem Gemeingeist; wir leben mehr in Erkenntniß und Gefühl, als in thatkräftiger Begeisterung, und leidende Genußsucht vergiftet die schönsten Erregungen; der Wissenschaft fehlt der tapfere Freymuth, der Kunst und Dichtung der sichere Geschmack und der heilige Ernst. Ausserdem kränkelt unsere Frömmigkeit theils an kalter Verständigkeit, theils an Schwächlichkeit des Gefühls und lichtscheuer Unlauterkeit, überhaupt an lebendiger sittlicher Kraft. Wohl thut es uns noth, daß wir durch ernsten Tadel an das, was uns fehlt, erinnert, und aus unserer Trägheit aufgerüttelt, daß wir durch das Licht der Begeisterung entzündet, und durch ihren Lebensathem beseelt und gekräftigt, daß unsere kalten, engen Herzen vom Feuer einer höheren Liebe durchdrungen und erweitert werden. O wäre meiner Rede die Kraft verliehen, auch nur den ersten Schimmer einer neu aufgehenden Morgenröthe in den Gemüthern zu wecken! Könnte sie sich ergießen gleich den Wogen des Orgeltons, um die Herzen mit heiligem Ernst zu erfüllen, und zu erhabenen Gedanken zu stimmen! Ertönte sie, wie die schmetternde Trommete, welche zum Kampfe ruft, um den Muth begeisterter Tapferkeit für Wahrheit und Gerechtigkeit zu wecken! Schmelzte sie die Herzen, wie die liebliche, sanfte Flöte, um sie mit der zarten Liebe für die reinere Schönheit und die edlere Zierde sittlicher Vollkommenheit zu durchdringen! Möchte sie, wie ein tausendstimmiges, klangreiches Tonspiel, in welchem das Starke mit dem Zarten, das Sanfte mit dem Gewaltigen sich einet, und aller Farbenglanz der Töne zusammenfließt, den ganzen Reichthum der Mannichfaltigkeit mit dem Einklang vereinigen, um die Ahnung der unendlichen Fülle und hohen Harmonie der sittlichen Welt zu erwecken! Möchte aber dann auch jede Bebung, von welcher die Saiten des Gefühls erklingen, das ganze Innere durchzittern und in harmonische Schwingung setzen; möchte jedes Gemüth sich mitfühlend zu dem andern neigen, und als einklingende Tonwelle in den Alleinklang einer die Welt neu schaffenden Begeisterung sich ergießen!

Zweyte Vorlesung.

Von der Tugend und der Beschaffenheit des tugendhaften Gemüths: die Grundtugenden, und zwar zuerst die Geistesklarheit.

Die uns gestellte Aufgabe ist, die Pflichten des Menschen, wie mannichfaltig sie auch seyn mögen, durchaus als etwas sich stets Gleiches und in sich Eines, und nicht als äusserliche, so oder so darzustellende Erscheinungen, sondern als Sache der Gesinnung zu behandeln. Das sittliche Leben ist schon oft und selbst von unserm Erlöser mit einem Baume verglichen worden, welcher gute oder schlechte Früchte bringt. Welche Früchte er bringt, wird durch seine innere Natur bestimmt, durch den Kreislauf der Säfte, durch die Art, wie die aus der Erde und Luft eingesogenen Nahrungsstoffe in ihm verarbeitet und seinen Säften angeeignet werden. Wohl ist es die Pflicht des Gärtners, dem Baume, von welchem er reichliche Früchte empfangen will, die Fettigkeit der Erde und reichliche Wässerung zuzuführen; aber nur von dem edlen Baume erwartet er edle Früchte. „Lieset man wohl von Dornen Trauben oder von Disteln Feigen?" Würde ein wilder Apfelbaum, wenn auch noch so reichlich genährt, edle Früchte bringen? Nur ein guter Baum bringt gute Früchte, ein schlechter aber bringt schlechte. Nicht von aussen kann in den Baum dasjenige hineingetragen werden, was da macht, daß er gute Früchte bringt. Eben so wenig kann ein sittliches Leben dadurch entzündet werden, daß man zum Menschen sagt: so und so mußt du dich in diesem und jenem Falle betragen, oder daß man ihn anhält, sich so oder so zu betragen. Würden wir den Gärtner nicht thöricht schelten, der um sich und Andere zu täuschen, an die Zweige des unfruchtbaren Baumes die von ihm vergebens erwarteten, einem andern Baum entlehnten Früchte anheftete? Eine Zeit lang würden sie das Auge täuschen, aber bald verwelken. Nicht viel besser machen es diejenigen, welche entweder selbst fremde Handlungen nachahmen, und sich ängstlich nach fremder Vorschrift richten, ohne sich den Geist derselben eigen zu machen, oder Andere dazu anhalten, ein gewisses Betragen zu beobachten, ohne auf ihren Geist und ihre Gesinnung zu wirken.

Es ist ein häufiger Fehler der Kindererziehung, daß man die Zöglinge nur auf das Aeusserliche der Sittlichkeit hinweist, und sie bloß abrichtet, nicht erzieht. Man begeht diesen Fehler, indem man die Kinder zu dem, was man für gut hält, durch die Mittel des Zwanges gewöhnt, aber nicht durch die Kraft der Liebe ihr Herz dafür aufschließt und erwärmt, oder wenn man sie über die Tugend nur so belehrt, daß man sie auf die Folgen der Handlungen und die Urtheile der Menschen aufmerksam macht. Das schickt sich nicht, sagt man zu ihnen: was werden die Leute dazu sagen? Das ist ja eine Schande! Oder: du wirst, wenn du dich so beträgst, nicht durch die Welt kommen; es wird dich Jedermann verachten, und von sich stoßen. Ist das Kind träg oder schon sehr entartet: so werden solche Ermahnungen nichts fruchten. Ist es aber gut geartet, fleißig und gesittet, so spornt man dessen Eifer an, indem man es auf den Lohn hinweist, den es zu erwarten hat oder schon empfängt, und macht dadurch die Selbstsucht und falsche Ehrbegier in ihm rege. So erzieht man Menschen, welche nichts aus Liebe, um der Sache selbst willen, sondern Alles nur um des äusseren Scheines und des Nutzens willen thun. Allerdings kann und soll man bey Kindern die Beweggründe des Ehr- und Schamgefühls gebrauchen, und man mag sie auch auf fremdes Urtheil hinweisen, welches bey dem Rohen die Stelle des Gewissens vertritt; aber man soll stets auf ihr Inneres wirken, und die wahre Liebe in ihnen zu erwecken suchen, erst durch die Liebe gegen diejenigen, denen sie Dankbarkeit und Gehorsam schuldig sind, und dann durch das mitgetheilte Gefühl der innern Güte und Schönheit dessen selbst, wozu man sie anhält. Sie sollen fleißig werden, so daß ihnen die Arbeit selbst Vergnügen macht; der Trieb der Wißbegierde soll in ihnen erwachen; Ordnung, Reinlichkeit, Mäßigkeit, Sittsamkeit soll ihnen, wie die gesunde Luft zum Athmen, inneres Bedürfniß werden; das Unedle und Gemeine soll sie abstoßen, das Edle und Schöne sie anziehen.

Ein anderer Fehler, den nicht nur Eltern und Erzieher gegen die Kinder, sondern auch Sitten- und Religionslehrer im Unterricht des Volkes begehen, besteht darin, daß man nur auf den Verstand zu wirken sucht, indem man bestimmte, auf das Einzelne sich beziehende Vorschriften gibt. Wir wissen, daß die gute Gesinnung überall und in jeder Beziehung dieselbe ist, und daß die Verschiedenheit, mit welcher sie sich äussert, nur der Klugheit angehört, welche die einzelnen Fälle des Lebens beurtheilt und behandelt. Wenn man also auf diese Weise belehrt, oder, wie man sagt, moralisirt: so bildet man bloß die Klugheit aus, und erzieht kluge, nicht sittliche, tugendhafte Menschen. Freylich ist selbst diese Klugheitsbildung sehr unvollkommen: die wahre Klugheit besteht in der Kraft des freyen Geistes, welcher jedes Verhältniß und jeden Fall des Lebens mit lebendiger, ursprünglicher Eigenthümlichkeit aufzufassen und zu behandeln weiß. Aber wenn auch gewisse Regeln der Klugheit allgemein anwendbar sind und aufgefaßt werden können, und dieser sittliche Unterricht in einer Beziehung Nutzen stiftet: so wirkt er auf der andern Seite schädlich dadurch, daß er das Herz kalt läßt, und die Aufmerksamkeit auf das Aeusserliche hinlenkt. Auch so kommt nur eine sittliche Abrichtung zu Stande, nicht eine lebendige Bildung. Wie das Kind von dem die Ruthe führenden Zuchtmeister, von dessen Drohungen und Vorschriften geleitet wird: so macht der einseitig ausgebildete Verstand bey dem selbstständigen Menschen den Zuchtmeister; seine Regeln und Begriffe drückt er als fremde, todte Formen dem Herzen und Willen auf, und es gehen kalte Handlungen ohne Geist, Leben und Eigenthümlichkeit hervor. Und weil die Klugheit vorherrscht, welche auf die Folgen, den Nutzen und Schaden der Handlungen sieht: so werden die Beweggründe, aus welchen man handelt, mehr oder weniger eigennützig seyn. Eigennutz aber ist das Gift der Sittlichkeit; die scheinbar schönste Frucht einer solchen Handlungsweise ist wie der Sodomsapfel, der unter einer lieblichen Schale Staub und Asche birgt.

Den ganzen Menschen mit Verstand, Herz und Willen muß man ergreifen, eine lebendige sittliche Kraft in sein Inneres gießen, um ihn sittlich zu bilden. Der Mensch kann gebildet und umgeschaffen werden: dieser Glaube liegt jedem Streben der Erziehung und Menschenbildung zum Grunde, und kündigt sich im Reugefühl des Gewissens an, das uns zum Werke der Besserung treibt. Selbst die Pflanzen und Thiere können veredelt werden, aber nur langsam durch fortgesetzte Pflege; hingegen in den Menschen kann ein schöpferischer Funke geworfen werden, der mit einem Mal ein besseres Leben in ihm entzündet, oder man kann ihm bey tiefer Einsicht seines innern Getriebes diejenige Nahrung zuführen, durch welche das Gute gestärkt und zum mächtigen Wachsthum gefördert wird. Kenntniß des innern Menschen, ein tiefer Blick in seine Neigungen und Triebe, in seine Tugenden und Fehler, ist dem Erzieher unumgänglich nöthig, um auf das Innere zu wirken. Er muß jeden Menschen nehmen, wie er ist, um auf ihn einzuwirken; er muß aber auch wissen, was der Mensch überhaupt werden soll und kann; das Musterbild der reinen Menschheit, der vollendeten Sittlichkeit und Tugend, muß ihm vor der Seele stehen, um nach diesem Urbild den ihm gegebenen Stoff zu gestalten; dieses Musterbild muß er in flammenden Zügen demjenigen selbst vor Augen stellen, den er bilden will, damit dessen Seele davon erleuchtet und entzündet werde.

Ein solches Bild wollen wir jetzt zu entwerfen suchen. Wir wollen gleichsam das innere treibende und gestaltende Leben des guten, gesunden, kräftigen Baumes zeichnen, welcher die lieblichen Blüthen und Früchte der Tugend und Vollkommenheit trägt; wir wollen das innere Weben und Walten der sittlichen Lebenskraft belauschen, mit dem Blicke des ahnenden Geistes in die geheime Werkstätte derselben dringen.

Wenn wir nämlich die Pflichten als Sache der Gesinnung darstellen wollen, so setzen wir nothwendig voraus, daß diese Gesinnung in einem Gemüth wirklich leben könne. Wir müssen uns also überall, wenn wir diese Gesinnung entwickeln, auf ein solches Gemüth beziehen, und das Bild desselben in unserm Geiste tragen. Selbst bey denen, welche wir über die gute sittliche Gesinnung belehren, müssen wir einen solchen Zustand des Gemüths voraussetzen, weil sie uns sonst nicht verstehen und fassen würden; und um denselben voraussetzen zu können, müssen wir ihn vorher zu erwecken suchen. Der Unklare, der Unreine faßt nicht das reine Licht des Geistes; ihm mag man das häßliche, schmutzige Bild seines innern Menschen vorhalten, um ihn wo möglich mit dem Abscheu seiner selbst zu erschüttern, und ihn zu bewegen, daß er sich dem reinigenden Bade übergebe; aber das reine Bild veredelter Menschheit halte man nur dem Reinen vor, um ihn noch mehr zu reinigen und zu verklären. Die gute Gesinnung ist aber auch nur für einen Willen, der darnach handelt, zu fodern, sie soll kein müssiges Gefühl seyn, das nicht ins Leben träte. Wir müssen uns also zu der Gesinnung, welche wir fodern, eine bestimmte Beschaffenheit des Willens denken, und indem wir die gute Gesinnung fodern, auch zugleich zeigen, welche Aufgabe dem Willen dadurch gestellt ist, welche Kraft und Ausdauer er zu beweisen hat, wenn er darnach leben soll. Wir nennen denjenigen, welcher sich der Pflicht mit Gehorsam unterwirft, und sie mit gutem, starkem Willen erfüllt, tugendhaft: das Bild der Tugend also ist es, was wir zu zeichnen haben, ehe wir an die Entwickelung der Pflichten gehen.

Die Tugend ist, wie die gute Gesinnung, nur eine. Man pflegt zwar im gemeinen Leben von mancherley Tugenden zu reden, und anzunehmen, daß die eine ohne die andere bestehen, und daß sich selbst manche mit gewissen Lastern, Fehlern und Unsittlichkeiten vertragen können; aber solche Tugenden sind schwerlich die wahren. Man lobt z. B. Jemanden als einen rechtlichen, zuverläßigen Mann im Geschäft und bürgerlichen Leben; aber er hat seinen Sohn, der sich nicht zu dem Beruf entschliessen konnte, den er ihm vorschrieb, von sich gestoßen und seinem Schicksal überlassen; er handelt gegen Alle gerecht, nur seinen Sohn behandelt er mit Härte. Sicherlich aber ist die Tugend der Gerechtigkeit, die er übt, nicht die wahre, und fließt nicht aus reiner, guter Gesinnung, sondern sie ist die Frucht einer statken, aber kalten, und zur Härte geneigten Gemüthsart. Ein Anderer zeichnet sich aus durch ein strenges Ehrgefühl, dem er, wenn es gilt, selbst die schwersten Opfer bringt; aber Ungerechtigkeiten, welche nicht entschieden von der öffentlichen Meinung als unehrlich bezeichnet werden, Unterdrückung des Schwächeren, Anmaßung, Stolz und Uebermuth, läßt er sich nicht selten zu Schulden kommen, weil es ihm an der wahren, auf Alles sich verbreitenden guten Gesinnung fehlt. Viele Menschen sind in wichtigen Dingen gerecht, treu und ehrliebend, aber in Kleinigkeiten lassen sie ihren Leidenschaften freyen Lauf. Sie erlauben sich einen kleinen ungerechten Gewinn, weil sie glauben, es komme nicht viel darauf an; sie beschmitzen die Ehre des Nebenmenschen durch hämischen Tadel und boshafte Andeutungen, weil sie darin keine bürgerliche Ehrenverletzung sehen; sie erlauben sich feine Schmeicheleyen gegen Angesehene und Mächtige, weil sie nicht fühlen, daß sie dadurch in sich die Würde des freyen Mannes beugen. Solchen fehlt die wahre Tugend, welche sich im Kleinen, wie im Großen treu bleibt. In der That ist kein Mensch vollkommen und fehlerfrey, und großen Tugenden stehen oft große Schwachheiten zur Seite. Aber keine Wahrheit ist auch unumstößlicher, als die, daß die menschliche Tugend das nicht ist, was sie seyn sollte, und immer von den Flecken der Sünde verunreinigt ist; und je öfter sich diese Wahrheit geltend macht, je herrschender die Unvollkommenheit ist, desto mehr müssen wir auf das Vollkommene dringen. Es ist auch ein großer Unterschied zwischen den Fehlern und Schwachheiten des wahrhaft Tugendhaften, und den Untugenden und Lastern desjenigen, welcher gewisse Tugenden als Gaben der Natur oder als Angewöhnungen an sich trägt. Das Licht der ächten Tugend strahlt mit seinem eigenthümlichen Glanze auch da, wo daneben Flecken erscheinen, und es strahlt ganz anders, als der matte, erborgte Schein der Temperaments- oder Gewohnheits-Tugend. Wenn auch ein Baum oder eine Pflanze irgend einen

Mangel an sich trägt, wenn auch auf der einen Seite, wo es an Licht und Luft fehlte, das Wachsthum zurückgeblieben ist: so grünen und blühen doch die übrigen Zweige frisch und kräftig. So auch die menschliche Tugend. Ist sie nur im Ganzen lebendig, und geht aus innerer Kraft und Fülle hervor: so mag sie durch einen Mangel oder eine Schwachheit unvollkommen seyn, diese Unvollkommenheit, wenn auch tadelnswerth, hebt nicht ihr eigenthümliches Wesen auf.

Die wahre Tugend ist ein Ganzes, aus Einem Stück gegossen, gediegen und rein; nicht eine aus verschiedenen Erzen zusammengeflossene Masse, nicht aus verschiedenartigen Stücken mühsam zusammengelöthet. Sie ist ein lebendiger Leib mit lebendiger Seele, nicht eine Puppe, welche man mit Kleidern behängt, daß sie die Gestalt eines Menschen lüge; und ihre Handlungen sind lebendige Bewegungen, aus innerem Trieb und Leben hervorgehend, nicht durch Zwang und künstliche Berechnung hervorgebracht. Das soll man erkennen, um sich nicht durch die täuschenden Nachahmungen des Heuchlers, nicht durch die ängstlichen Bemühungen derer, die sich nur einer feinen, äusserlichen Zucht befleißigen, blenden zu lassen, und nicht selbst bey redlichem Streben in den Wahn zu verfallen, als komme es bey der Tugend auf diese oder jene Einzelnheit an, als müsse man sich dieses oder jenes Vorzugs befleißigen, welcher Wahn das redlichste Streben vereitelt, indem die Kraft auf Einzelnes gelenkt und zerstückelt wird. Diejenigen, welche sich der Tugend befleißigen, sollen wissen, daß sie mit ganzer Seele nach dem Ganzen der Tugend streben sollen, und daß sie entweder Alles, oder nichts zu gewinnen haben dadurch sollen sie angeregt werden, daß sie, ehe sie sich zu dieser oder jener pflichtmäßigen That anschicken, und sich diese oder jene gute Sitte aneignen, vor allen Dingen die Grund- und Urthat der Richtung des Gemüths auf die Tugend vollbringen, und den Anfang aller Sittlichkeit damit machen, aus dem innersten Herzen, mit aller Kraft der Seele, mit aller Liebe und allem Eifer sittlich seyn zu wollen.

Ja, alles sittliche Thun beruht auf einer Grund- und Urthat, welche, tief im Herzen vollbracht und stets erneuert, dem Auge des Allwissenden allein offenbar, der Keim aller äusseren Thaten ist, die sich vor dem Blicke der Menschen entwickeln. Wie im Pflanzen-Keime, welcher durch die Kräfte des Lichts, der Luft und des Wassers im schlummernden Samenkorne erweckt wird, alles, was sich nachher über der Erde aus ihm entwickelt, eingeschlossen liegt, und der Bildungstrieb nach einem innern Gesetze alle einzelnen Theile, Stamm, Zweige, Blätter, Blüthen und Früchte, nach und nach gestaltet, so daß in dem einen schon die Bedingung des andern enthalten ist; wie im geheimnißvollen, wunderbaren Augenblick, wo das Herz des Menschenkeimes zu schlagen beginnt, über das Leben des künftigen Menschen mit der Gestalt seines Körpers, mit der Summe seiner Lebens- und Geisteskräfte, mit der Beschaffenheit seines Gemüths, das Loos fällt, wie seine Tage gezählt und bestimmt sind, noch ehe sie sich im Laufe der Zeit entfalten: so geht auch das sittliche Leben des Menschen aus innerer, verborgener Quelle hervor, und nichts kann an ihm erscheinen, was nicht früher schon in ihm gelegen, und innerlich vorgebildet gewesen wäre. Diese

Quelle ist eine That, also ein Werk der Freyheit, und steht in der Gewalt des Menschen. Er soll sich nicht wegen seiner Unsittlichkeit damit entschuldigen, daß er von der Natur und dem Schicksal dazu bestimmt sey, unsittlich zu seyn; einem Jeden ist die Kraft der Freyheit verliehen, und das Vermögen, sie ins Unendliche zu vermehren. Allerdings übt das Schicksal einen mächtigen Einfluß über den Menschen aus, und ohne die göttliche Gnade kann ihm das Werk der Sittenbildung nicht gelingen; aber die göttliche Gnade bleibt unbenutzt und fruchtlos, wenn ihr nicht die Thätigkeit des Menschen entgegen kommt. Wir nennen diese innere Quelle aller Tugend eine Grund- und Urthat, aber nicht in dem Sinne, als wenn sie allen übrigen Thaten vorangegangen seyn müßte, und dann vorüber wäre, sondern in sofern als sie fortgehend jeder einzelnen äussern That als innere Bedingung zum Grunde liegt. Als Grundthat soll sie sich immer und immer wiederholen, dadurch ist sie eben die Quelle aller einzelnen Handlungen; sie ist, als solche, reine Thätigkeit ohne alle Ruhe, sie hört nie auf, und beginnt immer von neuem. Wie der Schlag des Herzens nie stille stehen kann, ohne daß das Leben selbst stille steht: so muß auch diese Grundthat, diese Quelle aller sittlichen Thätigkeit, in beständiger Thätigkeit seyn, damit der Mensch sittlich handeln könne. Aber diese Grund- und Urthat erneut sich nicht nur und geht immer fort, wie der Athem sich stets erneut und forterzeugt; sie wächst auch an Kraft und Wirkung, an Tiefe und Umfang, und wenn sie nicht wächst, so nimmt sie ab. Der Tugendhafte soll sich stets bessern, weil ein Jeder der Besserung bedarf, weil die menschliche

Tugend immer unvollkommen ist. Die ächte Tugend ist ein fortgehender Besserungsversuch; sie ist nicht bloß nach aussen gerichtet, um sich in Werken der Gerechtigkeit und Liebe zu erweisen, und das Leben der Brüder zu verbessern, sie zu unterstützen und zu beglücken, Wahrheit und Recht zu verbreiten, und mit der Lüge und Ungerechtigkeit zu kämpfen; sondern sie ist auch nach innen gerichtet, um die Schwachheit und Sünde immer mehr aus dem Gemüthe auszurotten, das Herz zu reinigen, den Willen zu stärken, die Erkenntniß und Ueberzeugung zu berichtigen. Diese Thätigkeit der Besserung betrachten wir als einen wesentlichen Bestandtheil der wahren Tugend; aber selbst in dieser ist sie immer ganz, was sie ist, und jedes Werk der Besserung, jeder Fortschritt auf der Bahn des Guten, ist nichts als eine Aeusserung jener Grundthätigkeit, welche fort und fort auf dieselbe stetige Weise wirkt.

Diese tugendhafte Grundbeschaffenheit des Menschen nennt man auch gewöhnlich den Charakter, und mit Recht beurtheilt man den Menschen nicht sowohl nach einzelnen Handlungen, als nach dem Ganzen seiner sittlichen Erscheinung, welches man eben Charakter nennt. Charakter heißt im Griechischen Gepräge, und in der That gibt jene sittliche Grundbeschaffenheit allem, was der Mensch thut, sein eigenthümliches Gepräge. So wie der Baum vermöge seiner Natur, der Mischungsart seiner Säfte und des ihm inwohnenden Bildungstriebes im ganzen Wachsthum, in der Gestaltung seiner Zweige, Blätter, Blüthen, Früchte eine Eigenthümlichkeit behauptet, welche nie vertilgt wird, er mag in einem Boden stehen, in welchem er wolle: so behauptet auch der Mensch seine Eigenthümlichkeit in allem, was er thut, und drückt allen seinen Handlungen sein eigenthümliches Gepräge auf. Man braucht aber das Wort Charakter in einem weitern Sinne, in welchem es nicht hieher gehört: man begreift nämlich darunter auch die Gemüthsart oder das Temperament, welches in der Mischung der Seelenkräfte hinsichtlich des Grades ihrer Lebhaftigkeit, Stärke und Tiefe besteht. Man unterscheidet ein lebhaftes, heiteres und flüchtiges, ein rasches und aufbrausendes, ein trübes und schwermüthiges, ein ruhiges und ausdauerndes Temperament. Diese Eigenthümlichkeit der Gemüthsart aber macht nicht den sittlichen Charakter aus, sondern erleichtert oder erschwert und vermannichfachet nur das Werk der Tugend. Das lebhafte und flüchtige Temperament wird dem Tugendhaften hinderlich seyn in der Ausübung der Geduld, welche hingegen bey einem ruhigen, ausdauernden Temperament leichter zu üben ist. Diejenigen Tugenden, welche durch die natürliche Gemüthsart hervorgebracht und erleichtert werden, nennt man eben Temperaments-Tugenden, und solche haben nicht den ächten sittlichen Werth. Was der Mensch durch sein Temperament ist, das ist er nicht durch Freyheit; die wahre Tugend aber ist ein Werk der Freyheit, und diese fassen wir jetzt ins Auge, ihr großes, erhabenes Bild unserm Gemüth einzuprägen.

Was der Mensch mit Anschauung und Begriff erfassen soll, muß ihm, wenn auch ein Ganzes, in verschiedenen Theilen erscheinen; nur wenn wir die Theile unterscheiden, fassen wir das Ganze bestimmt auf. Mit einem Blicke umfassen wir das Ganze, und empfangen den vollständigen Eindruck desselben; nachher aber zerlegen wir es in einzelne Bestandtheile, an denen uns dieses oder jenes anzieht, reizt und rührt, dessen Eindruck aber dem des Ganzen nicht gleichkommt: erst wenn wir alles Einzelne wieder zusammenstellen und überblicken, wiederholt sich der große Gesammteindruck. So betrachten wir ein Gemälde, eine Landschaft. Der erste Anblick ist ergreifend und, je nachdem das Schöne oder Erhabene vorherrscht, entzückend oder erhebend: die folgende nähere Betrachtung der einzelnen Theile unterhält, erfreut und reizt; aber der erste Eindruck wird darin gleichsam mit zerlegt, und kann erst wieder durch erneute Gesammtbetrachtung in der Einbildung gewonnen werden. Beydes muß mit einander verbunden seyn, die Betrachtung des Ganzen und die der Theile; denn jene ohne diese bleibt unbestimmt, diese ohne jene entbehrt der Einheit und Zusammenstimmung. So ist es auch mit der Betrachtung der menschlichen Tugend: um der Klarheit und Bestimmtheit willen müssen wir sie in ihre Bestandtheile zerlegen, um aber die Idee des Ganzen nicht zu verlieren, worin gerade das wahre Wesen derselben liegt, müssen wir von der Einheit derselben ausgehen und zu ihr wieder zurückkehren.

O könnte ich Ihnen in anschaulicher, ergreifender Darstellung das Bild des tugendhaften Charakters vor die Seele führen, um mit dem gewaltigen Eindruck seiner Schönheit und Erhabenheit Herz und Gemüth zu erfüllen, damit dann bey der genaueren Betrachtung des Einzelnen die Idee des Ganzen immer gegenwärtig wäre! Könnte ich eine Vergleichung finden, welche demselben entspräche, ein Bild, in welchem sich seine Größe und Herrlichkeit spiegelte! Aber alle Schönheit und Erhabenheit, welche die Natur darbietet, ist nur ein schwacher Abglanz der sittlichen Schönheit und Erhabenheit des Geistes, und alle irdischen Farben, mit denen ich ihr Bild schildern könnte, sind nur ein von ihr entlehnter Schimmer. Was ist erhabener, als das empörte Meer, wenn der Sturmwind tobend in den Fluthen wühlt, daß hier der Abgrund sich gähnend öffnet, dort die Wogen sich zum Himmel thürmen, der Donner mit dem Brausen derselben wetteifert und die Blitze das grausende Schauspiel erhellen? Aber erhabener ist doch der menschliche Geist, der beym Aufruhr der Natur unerschüttert bleibt, das feste Auge, das ruhig in den Abgrund hinabblickt, die starke Brust, die vor keinem Schrecken erbebt. Wie eine Flocke im Wirbelwind, schwebt das leichte Schiff vom Wogengebirg hinab in die Schlünde, und wieder empor; aber ruhig ergreift der Held das Steuerruder, welches der schwachen Hand des Steuermannes entfallen war, und lenkt das Fahrzeug klüglich ab von den drohenden Klippen. Schönheit und Erhabenheit vereinigt sich in dem Anblicke eines hohen Gebirgs, welches die Felsen-Gipfel stolz zu den Wolken tragend, mit grünen Wäldern und Weiden bedeckt, in lieblichen Schwingungen sich hinab zur fruchtbaren, von klaren Fluthen bespülten, mit Reben geschmückten Hügelreihe senkt, und sich in die mit reichen Ernten bedeckten Ebenen verliert. Ueber ihm wölbt sich die Kuppel des wolkenlosen Himmels in tiefem Blau, die Sonne gießt darauf allen Glanz und alle Farbenpracht des Lichtes aus, laue, reine Lüfte umspielen es, und tragen, Bienen gleich, auf den leichten Flügeln den Duft seiner Gewürze von Hügel zu

Hügel, von Thal zu Thal. In aller Wonne und Fülle und Anmuth steht es ruhig groß, eben so wie im Sturme der Ungewitter, deren Blitze vergebens seine Gipfel treffen, und die es zwingt, ihre fruchtbaren Regenschauer auf seine Wälder und Triften herabzusenden. Aber herrlicher ist doch das Gemüth des Tugendhaften in seiner Erhabenheit über allen irdischen Wechsel des Glückes und Unglückes; in seiner unwandelbaren Ruhe, Unerschrokkenheit und Tapferkeit, mit welcher er die Dinge um sich her beherrscht; in seiner schöpferischen Lebendigkeit, mit welcher er Leben, Gestalt, Bewegung um sich her verbreitet; in der Klarheit des Geistes, welche, wie die Sonne, ringsum Licht und Wärme ausgießt, und auch dann noch fortleuchtet, wenn sich der Himmel mit Wolken bedeckt; in der Reinheit des Herzens, welche, gleich dem Azur des Aethers, der sich hoch über dem irdischen Dunstkreis wölbt, die Strahlen der göttlichen Liebe ungetrübt in sich aufnimmt und wieder von sich strahlt.

Von der Gemüthsverfassung des Tugendhaften muß uns ein Bild lebendig vor der Seele stehen, welches alles in sich einschließt, was wir daraus entwickeln wollen. Aber auch mit dem Verstande müssen wir die Einheit und den Mittelpunkt derselben aufzufassen suchen, damit wir alles Einzelne darauf zurückführen können. Nun wissen wir, daß das menschliche Gemüth aus drey Hauptvermögen besteht, daß alles Leben desselben sich in Erkenntniß, Gefühl und Thatkraft offenbart, und daß die Thatkraft in Verbindung mit der Erkenntniß den Willen bildet, welcher als der Mittelpunkt und das Alles Zusammenhaltende, Beherrschende und Entscheidende im innern Menschen zu betrachten ist. Wir wissen, und einem Jeden bestätigt es die Erfahrung, daß der Mensch nur so viel werth ist, als er mit Entschlossenheit und Festigkeit des Willens seyn will, daß aller gute Trieb, alle Güte des Herzens, ohne einen guten Willen, ohnmächtig und unwirksam bleibt. Die Tugend nun gehört vorzugsweise dem Willen an: sie hat ihren Namen von Taugen, der Mensch aber taugt nur so viel, als er sich durch die Willens- und Thatkraft bewährt. Derjenige ist tugendhaft, der seine Pflicht thut, und dieß geschieht allein durch Stärke des Willens und Thatkraft. Mithin wenn wir die Gemüthsverfassung des Tugendhaften schildern wollen, müssen wir das Bild eines guten, starken Willens zeichnen: dieser macht den Kern und Mittelpunkt der Tugend aus. Aber der Wille hat auf Alles im Gemüth Einfluß. Zunächst ist die Ausbildung der Erkenntniß oder des Verstandes von ihm abhängig, und zur Tugend gehört auch eine gesunde Beschaffenheit dieses Vermögens. Endlich wird einem guten Willen auch ein reines, dem Guten allein offenes Herz beygegeben seyn müssen, und beyde werden einander gegenseitig Gewähr leisten.

Und so hätten wir denn in den Tugenden des Willens, der Erkenntniß und des Herzens die Hauptstücke der menschlichen Tugend gefunden. Die alten griechischen Sittenlehrer und nach ihrem Vorgange auch die alten christlichen haben vier Cardinal- oder Grundtugenden angenommen, nämlich die Weisheit, die Mäßigung und Tapferkeit und die Gerechtigkeit; sehr natürlich aber lassen sie sich auf drey zurückführen, indem die Weisheit dem Verstande, die Mäßigung und Tapferkeit dem Willen, und die Gerechtigkeit dem Herzen angehört.

Wir wollen bey der Entwickelung dieser Tugenden den Gang beobachten, daß wir von der Erkenntniß anheben, weil das sittliche Bewußtseyn überall als das erste erfodert wird, dann zum Willen fortgehen und dessen tugendhafte Beschaffenheit angeben, und endlich mit der Beschaffenheit des Herzens schließen, und uns so den Weg bahnen zu der Pflichtenlehre, welche nur für ein reines, empfängliches Herz Bedeutung und Gültigkeit hat. In dieser Stunde aber wollen wir zuerst nur die Tugend der Erkenntniß betrachten.

Die Alten foderten vom Tugendhaften in dieser Hinsicht Weisheit oder Klugheit. Aber Weisheit und Klugheit sind, wenigstens in ihrer Vollkommenheit, die Sache der Ausbildung und somit nicht von einem Jeden zu fodern, und nicht einem Jeden erreichbar. Die Tugend, die wir als Grundlage aller Sittlichkeit fodern, soll Gemeingut aller Menschen seyn können; wir dürfen unsere Foderungen nicht so hoch spannen, daß dadurch diejenigen abgeschreckt werden, welchen das Schicksal die Fähigkeiten und Mittel der höheren Geistesbildung versagt hat. Noch weniger dürfen wir als nothwendiges Erfoderniß der Tugend Reichthum an Kenntniß und Einsicht, Gelehrsamkeit und Wissenschaft verlangen; denn alles dieß ist dem Volke versagt, und mithin wäre demselben auch die Tugend versagt, während sie doch eine an Alle gestellte Aufgabe ist. Alle, welche die Würde der Menschheit an sich tragen, und in den christlichen Bund des Glaubens und der Liebe aufgenommen sind, Hohe und Niedere, Gebildete und Ungebildete, sollen und können an der Würde der Tugend Theil nehmen, und ihr göttliches Gepräge tragen. Noch eher, als die vollkommene Ausbildung der Weisheit und Klugheit und die umfassende Erkenntniß, scheint an Alle, welche auf den Namen eines Tugendhaften Anspruch machen wollen, die Foderung gestellt werden zu können, daß sie sich eine richtige Ueberzeugung von dem, was recht und gut ist, verschafft haben sollen. Daß es im Charakter des Tugendhaften liegt, nach einer richtigen Ueberzeugung zu streben, ist durch sich selbst klar. Aber die Ausbildung der Ueberzeugung hat ihre verschiedenen Grade, und hängt von der herrschenden Sitte und Denkart ab. Der Tugendhafte wird in dieser Hinsicht immer seiner Zeit und seinem Volke auf gewisse Weise huldigen, und diesen oder jenen Irrthum theilen müssen. Das Eigenthümliche der Tugend aber können wir nicht in einen Grad und ein Verhältniß setzen: so würde uns ihr Wesen schwanken, und vor der Betrachtung ganz verschwinden. Denken wir uns zwey Menschen, welche, wenn sie in demselben Volke und unter denselben Verhältnissen lebten, das gleiche Lob eines tugendhaften Charakters verdienen würden. Aber der eine lebt in einem Volke, bey welchem eheliche Treue und Zucht nichts gilt, und, obschon in anderer Hinsicht ehrlich und treu, macht er sich eines ehelichen Treubruchs schuldig. Der andere hingegen ist durch die bessere Sitte seines Volkes von Jugend auf vor aller Verletzung der Keuschheit und Treue bewahrt worden. Sollen wir nun dem letztern darum im Ganzen einen höheren Werth der Tugend beylegen, weil er dem erstern in diesem Punkte vorzuziehen ist? Vielleicht trägt er andere Fehler an sich, von welchen jener frey ist; vielleicht behauptet er nicht denselben Stolz des Ehrgefühls, welchen jener behauptet, weil er vermöge der Sitte seines Volkes gegen Manches gleichgültig ist, was jener mit Abscheu betrachtet. Andere Verschiedenheiten bringt die verschiedene Religion in die sittliche Ueberzeugung. Der fanatische Katholik, der sonst ein Mann von Wort ist, wird vielleicht gegen einen Ketzer sein Wort brechen, weil er wähnt, man brauche es ihm nicht zu halten: sollen wir ihm nun deßhalb im Allgemeinen den tugendhaften Charakter absprechen? Er sündigt in diesem Punkte mehr aus Irrthum, als aus schlechter Gesinnung und Mangel an Tugend. Die Foderung, die wir an den tugendhaften Charakter machen, soll auch in dieser Hinsicht allgemein seyn. Allerdings ist es die dem Menschen gestellte Aufgabe, sich immer mehr von Wahn und Irrthum loszumachen, immer weiser und klüger zu werden, und wir wollen keinesweges dem Wahn und Irrthum das Wort reden; aber wir sollen auch erkennen, daß die Menschen stets und überall gewissen Beschränkungen ihrer Erkenntniß und somit auch gewissen sittlichen Vorurtheilen und Irrthümern unterworfen seyn werden, während die Foderung der Tugend stets und überall dieselbe ist.

Was ist es nun, was wir von Seiten der Erkenntniß vom Tugendhaften fodern? Nicht diesen oder jenen Grad und Umfang der Weisheit und Klugheit, sondern den Geist, die Kraft, das Licht derselben, gleichsam die Quelle, aus welcher alle Weisheit und Klugheit fließt, eine solche Beschaffenheit des Geistes, durch welche die Weisheit und Klugheit allein möglich ist. Wir wollen sie Klarheit des Geistes und Besonnenheit nennen.

Wenn wir den Charakter eines Menschen in seiner Gesichtsbildung lesen; wenn sich in seinen starken, kühnen Zügen Muth, Tapferkeit und Kühnheit malt, und aus dem tiefen, seelenvollen Auge Herzensgüte und Seelenadel spricht: so ist es der helle, freye Blick des Auges unter einer hohen, offenen Stirne, worin sich dasjenige ausdrückt, was wir Geistesklarheit nennen. Ein solches Auge ist gleichsam die Sonne des menschlichen Angesichts; ohne Sonnenlicht ist die schönste Landschaft ihres Reizes beraubt, und ohne diesen hellen Blick ist kein menschliches Bild schön. Man betrachte alle schönen Köpfe von Engeln, Heiligen und Heiliginnen, Helden, Staatsmännern, Gelehrten und Dichtern, welche dem Pinsel der Meister entweder die Einbildungskraft oder die Erfahrung vorgeführt, und sehe, ob nicht auf ihnen allen diese Geistesklarheit leuchtet. Heller leuchtet sie freylich aus dem Auge und von der Stirne des Denkers; aber kein Kopf, den wir schön finden, entbehrt seines Antheils am Geisteslicht, selbst der kleine, einfältige Knabe, der dem Christus-Kinde huldigend nahet, ohne recht zu wissen, warum, trägt es in seinem Auge. Dieses Licht des äußern Auges ist der Wiederschein des innern Lichtes, welches die Welt der Gedanken, Gefühle, Gesinnungen, Entschlüsse erleuchtet, welches dem Menschen den Weg erhellet, auf dem er wandelt, welches ihm das Ziel zeigt, dem er entgegen geht. „Wenn dein Auge krank ist, so ist dein ganzer Leib im Finstern. Wenn aber das Licht, das in dir ist, finster ist, wie groß ist dann die Finsterniß!"

Als Gott die Welt schuf, rief er zuerst durch sein allmächtiges Wort das Licht hervor. Und als sich dieses mit seiner Himmelsklarheit über die dunkle Masse ergoß, da schieden sich die Urwasser, Himmel und Erde traten aus einander, das Meer wich in seine Grenzen, die Erde bedeckte sich mit Pflanzen und Thieren, und das Meisterstück der Schöpfung, der Mensch, erschien, das Wunderwerk betrachtend, die Herrschaft der Erde empfangend. So beginnt das schöpferische, bildende Werk der Tugend mit dem Lichte der Erkenntniß; es werde Licht! ist der erste Ruf der Weisheit; strebe nach Geistesklarheit! ihre erste Foderung an den sittlichen Menschen.

Das klare Licht der Sonne, welches die Planeten-Welt erleuchtet, entspringt nicht aus dem irdischen Dunstkreise, sondern ergießt sich von oben herab aus dem reinen Aether. Licht ist Bewegung; Geisteslicht ist reine Thätigkeit des Geistes, und strahlt nur in einem freyen, sein selbst bewußten und mächtigen Geiste. Der Geist aber ist frey, wenn er von der Macht der Sinnlichkeit, der sinnlichen, thierischen Lust befreyt ist, und sich über den trüben Dunstkreis der Leidenschaft erhoben hat. In einem Gemüth, in dem noch ganz der dunkle, thierische Trieb herrscht, das herab auf den Boden gerichtet ist, wo der stiere Blick die Nahrung sucht, ist das Geisteslicht noch nicht erwacht. In einem thierischen Auge blitzt wohl das Feuer der Begierde, aber nicht das Licht des Geistes; das Auge des Elephanten blickt klug und sinnig, aber dem menschlichen Auge begegnet darin nicht das ihm verwandte Licht. O großer Vorzug des Menschen, mit aufrechter Gestalt wandelnd das Auge emporzurichten, frey die Erde zu überschauen, und den Blick zum Himmelslicht zu erheben, in welchem uns die Ahnung der ewigen Sonne entgegenstrahlt!

Diese Geistesklarheit, die sich über die sinnliche Dumpfheit erhebt, besteht allerdings in dem, was wir sonst das sittliche Bewußtseyn, den sittlichen Verstand genannt haben. Der Mensch muß wissen, was er will, und sich seiner Zwecke bewußt seyn, sonst kann er nicht vernünftig handeln. Darum stellen wir die Foderung der Geistesklarheit voran, weil ohne sie der Wille und die That im Dunkeln tappt. Das sittliche Bewußtseyn besteht aber darin, daß der Mensch die höheren, geistigen Zwecke erkennt, und über die Befangenheit der sinnlichen Liebe erhaben ist. Auch gehört zur Klarheit des Geistes die Klugheit; um zu handeln, muß der Mensch Mittel und Wege kennen und finden, sonst wird er umher irrend sein Ziel verfehlen. Aber es gehört dazu nicht wesentlich dieser oder jener Grad der Ausbildung des Verstandes, nicht eine bestimmte Stufe der Geistesfreyheit, sondern allein die befreyende Kraft des Geistes, die Thätigkeit, welche den trüben Nebel der Sinnlichkeit durchbricht und zerstreut, die Empfänglichkeit, welche sich jedem Strahle des Lichtes aufschließt. Das Kind und der Naturmensch leben noch in einem engen Bewußtseyn, in einem beschränkten Kreise sinnlicher Gefühle und Bestrebungen; ihr Leben ist gleichsam in einem engen, kleinen Thale beschlossen, im kurzen Spiel- und Uebungsplatz ihrer kindlichen Freude und Thätigkeit. Aber wenn nur die Sonne in dieses Thal ihre Strahlen sendet, und sich in ferner Aussicht der Blick auf die große, weite Landschaft öffnet; wenn nur der thätige Geist auf der kurzen Laufbahn die Leuchte vorträgt, und deren Schimmer die ferneren, höheren Ziele, wenn auch nur schwach, erhellet; wenn nur sein Licht nicht von roher, thierischer Lust, vom giftigen Hauche des Lasters verdunkelt ist, oder in trübe flackernder Flamme brennt: so fehlt es nicht ganz an dem, was den Menschen zum Menschen macht; die Tugend der Geistesklarheit ist wenigstens in ihrem Keime da, und kann sich unter höherem Lichteinflusse herrlich entwickeln.

Der Geist ist ferner frey, wenn er von Angewöhnung frey ist, und sein selbst und des Lebens klar bewußt, wenn ihm nicht die vom Herkommen, von der Gewohnheit und der Convenienz aufgerichteten Schranken den Blick verschließen. Zwecke und Mittel des Handelns sollen dem Menschen nicht von aussen her geboten und aufgedrungen werden, sondern er soll sie selbst erkennen und wählen. Das Thier, das den Blick an den Boden heftet, läßt sich vom Treiber führen, wohin er will; der Mensch aber soll seinen Weg selber wählen, und stets den bessern suchen. Wie schimpflich für den Menschen, dem Gott das Licht der Vernunft verliehen, wenn er sich stets in einem Kreise herumdreht, der ihn nicht zum Ziele führt, wenn er nicht einen Schritt über die gewohnte Schranke wagt, ausser welcher dasjenige liegt, was ihn beglücken und seinen Zustand verbessern könnte, das er aber in der Verfinsterung seines Geistes gar nicht sieht, kaum ahnet! Wir alle sind freylich mehr oder weniger von der Gewohnheit abhängig, und Keiner soll sich ganz von ihren Schranken losmachen; aber diese sind theils wohlthätig und unterstützend, theils hemmend und drückend, und letztere soll der freye, klare Geist überschreiten und niederwerfen. Der Naturmensch lebt sein einfaches Leben fast ganz im engen Kreise der Gewohnheit; aber sie ist ihm eine freundliche, sichere Führerin, und er thut wohl, daß er ihr vertraut; sie legt ihm kein drückendes Joch auf, sie mühet ihn nicht auf Irrwegen ab, sie täuscht ihn nicht mit Trugbildern eines vergeblichen Strebens. Daher kann sich im einfachen, schuldlosen Natur- und Gewohnheitsleben wohl das natürliche Licht der Geistesklarheit entfalten: und wie könnten uns die Schilderungen der Idyllendichter gefallen, wenn sie nicht von einem Schimmer des Geisteslichtes beleuchtet wären?

Das Licht des Geistes ist ursprünglich, wie das der Sonne, und das entlehnte, die von Andern erlernte Weisheit, ist ein schwaches Mondlicht in dunkler Nacht. Es gibt Menschen, welche zwar über gemeine Angewöhnung erhaben und in einem gewissen Grade gebildet sind, aber sich in einem bestimmten Kreise von erlernten Begriffen bewegen, über welchen sie nicht hinaus können: solchen fehlt die ursprüngliche Geistesklarheit. Manche legen sich selbst die Binde um die Augen, indem sie sich eigensinnig falsche Begriffe und Ansichten bilden und hartnäckig dabey stehen bleiben. Auch solchen, obschon sie vielleicht kenntnißreich, gelehrt und scharfsinnig sind, fehlt das ächte Geisteslicht. Ja, es fehlt selbst denjenigen, welche, obschon in keinen Irrthümern befangen und verständig und besonnen, doch zu steif und unbeweglich in ihren Ansichten sind, und sich gegen alle Erweiterung derselben verschließen.

Zur Klarheit des Geistes gehört die Besonnenheit, die sich im Uebergewicht des Verstandes über leidenschaftliche Aufwallung und in der Freyheit desselben von leidenschaftlicher Einseitigkeit, Verblendung und Verstocktheit beweist. Das Raubthier erglüht von wilder Gier, wenn es die Beute erblickt, und ergrimmt zur Wuth, wenn man ihm den Fraß, auf welchen es gierig herfiel, aus den Klauen reißt: und so braust der sinnliche Mensch in den Begierden der Genuß- und Habsucht, des Jähzorns, der Rachsucht auf, um zu erlangen, oder zu vertheidigen, was seinen Lüsten schmeichelt. Und wie der gereizte Eber sich blind in den Jagdspieß stürzt, so rennt der leidenschaftliche Mensch unbesonnen in den Abgrund des Verderbens, stürzt sich in die wilde Flamme der Lust, die ihn verzehrt, oder wirft sich unbewaffnet dem Feinde entgegen, der ihn zerschmettert. Auch in edler Aufwallung handelt der Mensch oft unbesonnen, wählt mit hastiger Gier falsche Mittel und Wege, und bereitet sich und Andern, für die er handeln wollte, Verderben. In ausserordentliche Lagen des Lebens gestellt, verlieren auch edle Menschen die Fassung. Das Licht des Geistes trübt sich ihnen, sie sehen nur die Gefahr vor Augen, und der daneben liegende Weg der Rettung verbirgt sich ihren unruhigen Blicken. Dagegen fodern wir klare Besonnenheit, ein nie getrübtes Bewußtseyn sowohl über das, was man will, als auch über die Art und Weise, wodurch wir es erreichen wollen, einen ruhigen, festen Blick, der jede Verworrenheit und Verwickelung durchschaut. Diese Besonnenheit wird nicht ohne Mäßigung und Selbstbeherrschung bestehen können; aber diese wird auch nicht ohne das Licht des Geistes gelingen, welches das Maß und Gesetz zum Bewußtseyn bringt.

Leidenschaften haben ausser der Sinnlichkeit ihre Wurzel in der Gewohnheit, in beyden ist der Geist unfrey, unklar und leidend; und wenn sich sinnlicher Ungestüm mit hartnäckiger Angewöhnung vereinigt, so entsteht die wildeste, unbändigste Leidenschaft. Man taste dem Rohen seine geliebte Gewohnheit an, und er wird in wildem Zorn aufflammen. Aber vorzüglich entspringen aus der Gewohnheit diejenigen Leidenschaften, welche mit unbeugsamer Gewalt ein ganzes Leben beherrschen, und ihre Sklaven auf dem Irrwege des Lasters unaufhaltsam mit sich fortreißen, die Leidenschaften der Wollust, der Schwelgerey, des Geitzes, der Ehr- und Rachsucht und Herrschbegierde. Mit Recht nennt man die Leidenschaft blind; mit ihr ist keine Klarheit und Besonnenheit des Geistes; wo diese ist, da kann sie keine Wurzel fassen, sie wurzelt und wächst nur in einem dumpfen, trüben Gemüth. Aber auch die blinde Anhänglichkeit an die Gewohnheiten und herkömmlichen Ordnungen des bürgerlichen, sittlichen und religiösen Lebens, wodurch man gegen heilsame Verbesserungen und Vervollkommnungen verhärtet und verstockt wird, kann, mit roher Sinnlichkeit verbunden, zu wilder Leidenschaft auflodern: wovon bürgerliche und religiöse Kriege, Parthenungen und Religionsverfolgungen traurige Zeugnisse geben.

Der Klarheit und Besonnenheit des Geistes setzen wir die D u m p f h e i t des Geistes entgegen, oder denjenigen Zustand desselben, wo er ganz von Sinnlichkeit und Gewohnheit verdunkelt und umnachtet ist. In diesem Zustande finden sich die Völker, welche in Barbarey, Knechtschaft, Aberglauben und Sittenlosigkeit versunken sind. Geistesdumpfheit drückt, wie ein schwerer Nebel, die an Despotismus und Wollust gewöhnten Völker des Morgenlandes; Geistesdumpfheit und Verstockung hält die Juden fortwährend in der Knechtschaft des Gesetzes und in einem ehrlosen, feigherzigen Leben zurück. In der allgemeinen Nacht schimmert vielleicht hier und dort ein schwaches Licht, und mancher Einzelne erhebt sich über den allgemeinen Lebens-Zustand. Dagegen liegt bey uns, bey dem erweckenden Scheine des herrschenden Lichtes, Mancher in Dumpfheit begraben, dient, wie ein Thier, den Lüsten des Bauches, und schließt, am Boden kriechend, das Auge nicht den Strahlen der Sonne auf, welche rings um ihn her Leben, Bewegung und Thätigkeit weckt. Vergebens hat sich für Manche Alles um sie her verändert und verjüngt, die finstern Wälder sind gelichtet, die Sümpfe ausgetrocknet, und blühende Fluren lachen im Scheine der Sonne; sie verlassen nicht die dumpfe Höhle des Aberglaubens, der Geisteskrechtschaft, der Trägheit und Unwissenheit, und schleppen ihr elendes Leben langsam fort.

Der Geistesklarheit und Besonnenheit setzen wir ferner entgegen die Trübheit und Verworrenheit des Geistes, welche in solchen Gemüthern herrscht, in denen die Freyheit erwacht, aber nicht zur Herrschaft gelangt ist, in die ein Strahl des Lichtes gefallen, aber nur eine täuschende Dämmerung mit gaukelnden Trugbildern erzeugt hat, in Gemüthern von einer großen Lebendigkeit und Beweglichkeit, aber zugleich auch von einer unverhältnißmäßigen Stärke des sinnlichen Gefühls, der Begierden und der Einbildungskraft, wodurch nichts als Verwirrung entsteht, weil der Geist nicht die ordnende, leitende Klarheit behaupten kann. In dieser Trübheit des Geistes leben solche Menschen, die, in mancher Hinsicht verständig und besonnen, irgend einer Leidenschaft oder Verkehrtheit nachhangen, an gewissen Vorurtheilen festhalten, über gewisse Punkte mit sich selbst in Widerspruch befangen sind. In einer gewissen Trübheit des Geistes handeln oft die größten Helden, weil sie an eine Leidenschaft verkauft sind. Alexander den Großen trieb eine dunkle Herrsch- und Ruhmbegierde in den fernen Osten; aber kein klares Ziel stand vor seiner Seele, keinen Plan einer großen, wohlthätigen Schöpfung für das Heil der Völker trug er im strebenden Geist, und so hat er auch mehr zerstört, als geschaffen, und sein großes Reich zerfiel nach seinem Tode. In Napoleon war ein klarer Geist der Klugheit, aber nicht der Weisheit; mit Adlerblick durchschaute er die Verhältnisse der Dinge, erkannte die Blößen des Feindes, wählte die Stellung der Heere, die Punkte des Angriffs; mit klarem Verstand ordnete er die Verwaltung seines Reiches und steuerte der Gesetzlosigkeit. Aber im Ganzen wußte er nicht, was er wollte, oder vielmehr in dem, was er wollte, lag ein innerer Widerspruch, der Keim der Zerstörung. Er vereinigte die Volksfreyheit mit der Zwingherrschaft; erregte die Kräfte der Völker, und legte ihnen das Joch auf; begünstigte die Wissenschaften, und hatte ein geheimes Grauen vor den Ideen, und unterdrückte die Gedankenfreyheit; durch Muth und Tapferkeit gehoben, strebte er nach der trägen Ruhe einer Weltmonarchie, und wollte Frankreichs Größe, die nur in dessen entfesselter Kraft bestand, auf die Ohnmacht und Abhängigkeit aller übrigen Staaten gründen, es mithin der Schlaffheit und Verderbniß überliefern, welche die nothwendigen Folgen der Sicherheit und Sorglosigkeit sind.

Aus der sinnlichen Trübheit des Geistes entspringt die giftige Quelle der Laster, indem eine ungezügelte, ausschweifende Einbildungskraft Begierden reizt und nährt, und die natürlichen Gefühle des Herzens in fressende Flammen verwandelt. Dieser Trübheit des Geistes gehören alle die feinen Mischungen von geistigen Gefühlen der Liebe, der Sehnsucht, der Begeisterung mit lüsterner, weichlicher Empfindsamkeit, welche so oft die Dichtung und Kunst entweihen, und an welchen besonders die neueste Musik kränkelt. Ihr gehören alle die Verwirrungen an, welche halbgebildete Denker ohne wahre Liebe zur Wahrheit in den Wissenschaften anrichten, alle die Trugschlüsse, mit welchen man den Aberglauben und die Verkehrtheiten, die wir schon hinter uns geworfen hatten, wieder zu beschönigen sucht. Ein trüber, verworrener Geist ist es, der jetzt über die Angelegenheiten der Völker waltet, ein Trugbild nach dem andern hervorruft, und das Sonnenlicht der Wahrheit selbst in das täuschende Zwielicht zu ziehen sucht. Der Trübheit und Verworrenheit des Geistes gehören alle Arten religiöser Schwärmerey, vom Fanatismus der Geißeler und anderer frommer Rasenden und Verzückten bis zu der stillen Insichgekehrtheit der ruhigen Sektirer. In diesen Gemüthsstimmungen hat immer Gefühl und Einbildungskraft ein widerrechtliches Uebergewicht, und verdunkelt durch sinnliche Stärke, Unlauterkeit und Heftigkeit die Klarheit des Verstandes, welche sich allerdings in dem Streben nach dem Höheren und in der geistigen Richtung, wiewohl nur in trübem Schimmer, zeigt. Man hat Bilder des Franciscus von Assisi und anderer Mönchsheiligen, welche man nur anzuschauen braucht, um zu wissen, was wir unter der Trübheit des Geistes verstehen. Der Blick ist gen Himmel gerichtet, voll Sehnsucht, das höhere Licht zu empfangen, aber das Auge schwimmt in matter Trübe, und kein Funke lebendiger Empfänglichkeit, eigener Thätigkeit schimmert in demselben. Ich beklage die frommen Beter, welche ihren andächtigen Blick auf solche Bilder heften, und an ihnen die frische Kraft des Geistes abstumpfen.

O es ist etwas Köstliches um die Geistesklarheit, diesen reinen Diamant, diesen aus Himmelsthau und Himmelslicht gewobenen Krystall der Seele, durch welchen das Sonnenlicht rein hindurchgeht, und sich nur darin bricht, um die Farben der Schönheit hervorzubringen! Wie uns im Sonnenschein wohl wird, und Alles um uns her in Glanz und Anmuth steht: so erfreut, ermuthigt, befriedigt uns ein klarer Geist, ein heller Sinn, den wir im Menschen finden. Schon das klare Auge eines solchen zieht uns an, und gern begegnet ihm das unsrige, um sich darin zu sonnen. Leicht und sicher lebt sichs mit ihm, und jedes Werk gelingt in seiner Gemeinschaft. Schnell erfaßt er die Wahrheit, die wir ihm entgegenbringen, und macht sie sich zu eigen; wie aus einem hellen Spiegel strahlt sie uns aus ihm zurück. Wir theilen ihm eine neue Entdeckung mit, fodern ihn zu einer vorzunehmenden Verbesserung auf, und er ist bald mit uns eins, ja, er bestärkt und berichtigt unsere Erkenntniß und unsern Vorsatz. Bedürfen wir Rath, so wenden wir uns an ihn; verwirren sich unsere Verhältnisse, trüben sich unsere Aussichten, so leihet er uns die fehlende Besonnenheit. Sicher wandelt er seinen Weg und wir schließen uns gern an ihn an; denn um ihn her ist Klarheit und Licht. Und wie das Sonnenlicht die schöpferisch erregende Wärme mit sich führt, so ist der Mensch von ächter Geistesklarheit auch der Begeisterte.

der warme Freund und Bewunderer alles Grossen und Schönen, in dessen Herzen das heilige Feuer frommer Gefühle flammt, dessen Blick nach den hell leuchtenden Gestirnen der ewigen Musterbilder der Tugend und Vollkommenheit gerichtet ist, und der sich mit der Tapferkeit des Helden, mit dem Glaubensmuth des Märtyrers in den Kampf stürzt, und freudig durch Zerstörung und Tod die Bahn zum hohen Ziele wandelt. Er ist, wie der Künstler, der von Begeisterung erglühet, und doch mit klarer Besonnenheit das Maß und Richtscheid führt, der die hohen Bilder, welche seine Einbildungskraft empfängt, mit hellem Geistes-Auge erkennt. Das ist eine falsche Klarheit und Besonnenheit, welche, mit Flachheit und Kälte gepaart, nur der gemeinen Klugheit dient, und sich feig und tückisch durch die Schlangenwege des Lebens windet. Mit klarem Blicke, aber mit der Flamme der Begeisterung im Auge, mit einem hochschlagenden Herzen in der starken, kühnen Brust, geht der Tugendhafte durch das Leben; und ihn sucht unser das Licht liebender, nach Licht verlangender Blick, ihm schlägt unser Herz entgegen, in seiner Nähe erscheint uns die Schönheit des Lebens.

Geistesklarheit ist die große Tugend der Helden, Herrscher, Lehrer, Stifter, Wiederhersteller, welche die Völker, wenn sie, von der Last der Sinnlichkeit und Gewohnheit niedergedrückt, in Schlaffheit und Laster versinken, und in Dumpfheit dahin leben, durch das Licht ihres Geistes erwecken, ihnen ein höheres Ziel des Strebens zeigen, sie anspornen, sich zu ermannen und mit erneuter Kraft in die Laufbahn der Vervollkommnung und Veredelung zu treten; welche, wenn durch sittliche Verderbnisse und entfesselte Leidenschaften die Lebensordnungen zerrüttet sind, und Alles in Zwiespalt liegt, mit klarem Blicke die Verwirrung lösen, und die Ordnung und den Frieden wieder herstellen; welche, wenn Aberglaube und Götzendienst überhand genommen, die Wahrheit wieder ans Licht ziehen, und neues Leben in den Geistern wecken. Mit klarem Geist ordnete Napoleon als erster Consul das zerrüttete Frankreich, und machte der Anarchie ein Ende; und hätte er so fortgefahren, hätte ihn nicht seine Herrschsucht und der unversöhnliche Haß Englands in den Strudel des Kriegs gerissen: so würde er im unsterblichen Ruhm eines Friedensstifters und Wohlthäters der Menschheit strahlen. Peter der Große warf in die Nacht der Barbarey seines Volkes die ersten Funken der Gesittung, und klar den Punkt erkennend, von welchem aus sein Reich in den Staatenverkehr Europas eintreten könnte, verlegte er den Sitz der Regierung an die Küsten der Ostsee. Der Geistesklarheit Luthers verdankt Deutschland die Kirchenverbesserung; sein heller, Wahrheit suchender Geist wandte sich in der allgemeinen Finsterniß nach der ewigen Quelle des Lichtes, dem Evangelium; mit durchdringendem Blicke erfaßte er den Quellpunkt aller Wahrheit in der Lehre vom Glauben: darin lag das Schöpferwort, durch welches er eine verjüngte Gestalt des Kirchenlebens hervor rief, und eine neue Periode der ganzen europäischen Geistesbildung begann. Geistesklarheit, mit Heldentugend, mit Seelenstärke und Begeisterung verbunden, hat alles Große und Herrliche im menschlichen Leben hervorgebracht; sie ist das schöpferische Licht, welches fort und fort durch die trübe Verworrenheit der menschlichen Geschichte, durch das Chaos streitender Kräfte, geht, und Gestalt, Ordnung und Gein[illegible] hervorruft.

Zur Klarheit des Geistes gehört allerdings eine Gabe der Natur. Es gibt Menschen, welche von der Natur Ohren empfangen haben, daß sie nicht hören, und Augen, daß sie nicht sehen, welche verstockt und verblendet geboren sind. Aber ein solches geistiges Elend wird immer die Folge früherer fremder Verschuldung seyn; Gott hat den Menschen aufrichtig geschaffen, aber sie suchen viel Künste, und verderben und verwirren die Natur. Zur Tugend überhaupt gehört eine gewisse Naturgabe, aber nichts als eine unverdorbene, frische Kraft des Geistes; und selbst aus der Verderbniß kann sich der Geist durch eigene Thätigkeit emporarbeiten. Tugend ist Thätigkeit, selbstständiges, freyes Leben des Geistes; Geistesklarheit ist die freye, stets wache und rege erkennende Thätigkeit, und steht als solche in der Gewalt des Menschen, und unter dem Einflusse seines Willens. Wir wissen, daß die Bildung des Verstandes vom Willen abhängt, welcher das Vermögen der Aufmerksamkeit leitet. Es gibt eine gewisse Klarheit des Sinnes, die nichts als Naturgabe ist und bleibt, weil die fortbildende Thätigkeit fehlt: eine solche verstehen wir nicht unter der Tugend der Geistesklarheit. Wir fodern zu dieser ein selbstbewußtes, selbstthätiges, Licht suchendes, und Licht empfangendes Leben des Geistes, einen lebendigen, starken Willen, welcher die Erkenntniß stets wach erhält, und auf die Wahrheit hinrichtet, welcher im beständigen Kampfe mit dem Irrthum, den Vorurtheilen, der Geistesbefangenheit liegt, und die Macht der Sinnlichkeit sowohl als der Gewohnheit zu brechen sucht. Geistesklarheit ist stets im Gefolge der Freyheit; frey ist aber der Geist nur, wenn er sich selbst befreyt.

Nicht also um eine vergebliche Sehnsucht nach dem, was wir nicht durch eigene Thätigkeit gewinnen können, nach einem Geschenk der Natur und des Schicksals, zu erregen, haben wir die Geistesklarheit geschildert und gerühmt, sondern um unsern Eifer zu spornen. Ja, möchte es mir gelungen seyn, Sehnsucht, tiefe, heiße Sehnsucht nach dem Lichte in denen zu erregen, welche desselben noch bedürfen! Die Sehnsucht erweckt das Streben, und das Streben, wenn es ernstlich ist, führt überall und auch hier zum Ziele. O öffnen wir die Augen des Geistes dem Lichte, das uns überall umgibt, nehmen wir dessen erweckende Kraft in uns auf! Laßt uns muthig in den Kampf gehen gegen die Selbstsucht und die Trägheit der Sinnlichkeit und Gewohnheit, gegen die Vorurtheile, den Aberglauben, gegen alles, was uns beschränkt und verblendet! Laßt uns nie bey einem erfochtenen Siege unseres Verstandes träg ausruhen, und meinen, genug gethan und erkannt zu haben! Laßt uns nie im Dämmerlichte einer halben Aufklärung, einer schwärmerischen, trüben Gefühlsstimmung und dunkeln Erregung mit Wohlbehagen verweilen, und uns an den Gaukelbildern einer trügerischen Einbildungskraft ergötzen! Nur das reine Licht ist es, im welchem das Werk des Geistes gelingt; nach dem reinen Lichte laßt uns hinstreben! Im Lichte, im reinen Lichte wohnt Gott, und um seinen Lichtthron stehen strahlend die Genien der Weisheit, der Tugend, der Frömmigkeit, und winken unserm verwandten, aus Licht gebornen Geist. So schwinge dich denn auf, unsterbliche Seele, suche das Element, aus welchem du entsprungen bist, erhebe dich über die finstere Erde, und suche deine ewige Heimath!

Dritte Vorlesung.

Die zweyte Grundtugend: lebendige Stärke des Willens, und zwar zuerst die Stärke, welche in Geduld und Seelenruhe, Tapferkeit und Mäßigung besteht.

Wir haben den ersten Bestandtheil der Tugend, oder die erste Grund- und Haupttugend, die **Klarheit des Geistes**, kennen gelernt. Mit dieser soll der Geist, als erkennendes Wesen, seine Selbstständigkeit und Freyheit und seine Erhabenheit über die dunkle, sinnliche Erregung und die hemmenden Beschränkungen der Gewohnheit behaupten, und gleichsam in seinem heimischen Elemente, dem Lichte, frey vom finstern Erdenstoff, leben. Aber der Geist ist in seinem ganzen Leben immer in sich eins und sich selbst gleich; wie er in dem einen Vermögen ist, so auch in dem andern: soll er also frey und selbstständig in der Erkenntniß seyn, so muß er es auch im Willen seyn; soll er sich in jener über irdische Erregung und Beschränkung erheben, so muß er es auch in diesem. Ohnehin erstreckt sich die Gewalt des Willens auf alle Vermögen des Geistes, und namentlich auf die Erkenntniß, und diese kann nicht klar und frey seyn, ohne daß sie unter dem Schutze eines freyen, starken Willens steht. Die klare, freye Erkenntniß soll die wahren Zwecke des Lebens lehren, mit hellem Blicke soll der Wettläufer der Tugend das Ziel erkennen, welchem er entgegeneilt; eben so dient die klare Erkenntniß dazu, die richtigen Mittel zu wählen, den geraden, besten Weg zum Ziele zu finden: aber wenn nun auf diesem Wege sich Schwierigkeiten entgegenstellen, wenn Berge zu übersteigen, Abgründe zu überspringen, Ströme zu durchschwimmen sind, oder wenn das goldene Vließ, welches der Held erobern will, von Flammen sprühenden Drachen vertheidigt wird: dann kann allein der gute, starke Wille, der Muth, die Tapferkeit, siegen. Wenn aber der schwache Wille unter all den Mühen ermattet; wenn der Läufer, den Hindernissen feig ausweichend, bald diesen, bald jenen Seitenweg einschlägt, und darüber Zeit und Kraft verliert; wenn der Kämpfer vor der drohenden Gefahr zurückbebt: was hilft dann der gute Vorsatz und Plan, den ein klarer, richtiger Verstand entworfen? Es gibt keinen guten, edlen Zweck, der nicht müßte im Kampfe errungen werden; dem, was des Geistes ist, was der Geist seinen innern Gesetzen nach liebt und erstrebt, der Wahrheit, der Gerechtigkeit, der Vollkommenheit, ist Alles in der sinnlichen Natur entgegen; denn die Gesetze und Triebe des Geistes sind mit denen der Sinnlichkeit im Zwiespalt. Alle Schrecknisse und Lockungen der sinnlichen Natur stellen sich dem Tugendhaften entgegen; bald bekämpft ihn der Schmerz und die Furcht, bald reizt und verführt ihn die Lust und die falsche

Hoffnung; die Selbstsucht ist eine Hydra, deren Köpfe, kaum abgehauen, sogleich wieder nachwachsen, sie ist ein Proteus, der stets seine Gestalt wechselt, und den Kampf erneut. Zu den Feinden, die in unserer Brust wohnen, gesellen sich die äusseren, die selbstsüchtigen Begierden, die blinden Leidenschaften der Rohen, Ungerechten und Thoren; sie widerstreben uns oft in dem, was zu ihrem eigenen Besten dient; oft müssen wir sie als die erbitterten Feinde des Guten bekämpfen, und ihnen die Beute der Habsucht oder die verderblichen Waffen der Gewaltthätigkeit aus den Händen winden. Dazu kommen tausend widrige Zufälle, welche uns das Schicksal entgegensendet. Wenn wir nicht mit festem, unerschrockenem Muthe, mit unbeugsamem Willen unsern Weg verfolgen, so werden wir unser Ziel nicht erreichen, und ein Spiel des Zufalls, dahin und dorthin getrieben werden. Es schwankt das Schiff auf dem wogenden Meere hin und her, der Sturm droht, es von seiner Bahn abzutreiben, oder wohl gar an die Klippen zu schmettern; wohl sieht der Steuermann, das Auge auf die Klippen geheftet, die Bahn, die er behaupten, und die Abwege, die er vermeiden soll: aber wenn er nicht mit starker Hand das Steuer führt, und der Gewalt des Windes und der Wogen trotzt, so wird er nicht in den erwünschten Hafen gelangen. Der Wille, der starke Wille, ist es, welcher auf der Seefahrt des Lebens das Steuerruder führt; er muß im Sturme der Leidenschaften, im Kampfe mit den Widerwärtigkeiten, die unwandelbare Festigkeit behaupten, oder es kann das große Ziel nicht erreicht werden.

Die Stärke des Willens, die wir für die Tugend fodern, soll selbst eine Tugend, nicht bloße Naturgabe seyn. Sie soll die in der Erkenntniß behauptete Freyheit und Unabhängigkeit des Geistes in der That behaupten, mithin muß sie selbst eine Tochter der Freyheit seyn. Eine gewisse Naturanlage muß allerdings zum Grunde liegen, der Freyheit muß der Stoff gegeben seyn, welchen sie bearbeiten soll; aber es ist ein großer Unterschied zwischen der bloß angebornen Seelenstärke und derjenigen, welche mit freyem Bewußtseyn und mit freyer Geistesthätigkeit behauptet und gewonnen wird, und diesen Unterschied müssen wir in unserer Betrachtung sowohl im Ganzen als nach verschiedenen Rücksichten herausheben. Die angeborne Seelenstärke kann bis auf einen gewissen Grad dieselbe Erscheinung hervorbringen, wie diejenige, welche wir fodern; aber der Grund und die Wurzel sind verschieden. Jene gehört nicht dem freyen Willen, sondern dem Temperamente, der thierischen Seele, an. Der angeborne Muth der Tapferkeit in einem rohen, kräftigen Menschen ist nicht viel besser, als die Tapferkeit des Löwen; die leidende Geduld des Gefühllosen, den die Natur aus zähen Fasern gebildet hat, ist auch der Vorzug des lasttragenden Kameels. Eine solche Tapferkeit aber wird nicht dem reinen Werke der Tugend, sondern den sinnlichen Antrieben der Leidenschaften dienen, und sich eben so oft und noch öfter in gewaltthätigem, zerstörendem Uebermuth, als in Vertheidigung des Rechtes und der Ordnung, beweisen; und eine solche gefühllose Geduld wird nicht selten mit ehrloser, niederträchtiger Gleichgültigkeit verbunden seyn, und sich im Ertragen dessen, was den Menschen entwürdigt, zeigen. Die angeborne

Seelenstärke hat auch als Naturgabe ihr bestimmtes Maß, über welches sie nicht hinausgeht; kommt nun eine größere Naturgewalt mit ihr in Zusammenstoß, so erliegt sie. Die freyerworbene Tugend der Seelenstärke hingegen, die aus dem unerschöpflichen Quell der Freyheit fließt, hat keine Schranken, soll wenigstens der Foderung der Tugend nach unbeschränkt seyn, und wird durch ein unausgesetztes Streben immer mehr erhöht werden; sie wächst mit der Kraft des Widerstandes, und wenn sie eben zu erliegen scheint, erhebt sie sich von neuem. Worin aber ihr Hauptunterschied von der angebornen Seelenstärke liegt, ist das freye Bewußtseyn, mit welchem sie verbunden ist. Dadurch vermag sie schon allein mehr, als jene. Wenn das starke Thier das Bewußtseyn seiner Kraft hätte, so wäre es nicht zu bändigen, und würde der menschlichen Ohnmacht spotten. So würden auch diejenigen, welche die Natur mit starken Seelenkräften ausgestattet hat, unendlich mehr ausrichten, wenn sie dieselben nicht blindlings anwendeten, und nicht entweder mit Tollkühnheit der Gefahr entgegengingen, oder allzubald zurückwichen. Es fehlt ihnen gewöhnlich das rechte Maß der Anwendung und die Besonnenheit, mit welcher sie das Verhältniß ihrer Kraft und der Kraft des Gegenstandes messen sollten. Sie sehen nicht klar ihr Ziel vor Augen, wissen nicht den Weg dahin zu messen, und ermatten daher oft ganz nahe am Ziele. Dieses Bewußtseyn ist aber auch mit einer Zuversicht und einem Vertrauen auf die Unerschöpflichkeit der Geisteskraft verbunden, welche sie in der That unerschöpflich macht. Der Geist, der sein selbst bewußt ist, achtet sich erhaben über jede Naturkraft und jede Gewalt des Schicksals. Der Leib, der äussere Mensch kann unterliegen, denn ihm ist nur ein gewisses Maß von Naturkraft verliehen, über welches eine andere noch größere hinaus gehen kann; aber indem der äussere Mensch unterliegt, kann der Geist sich in sich selbst erheben, und auf seinem eigenen Gebiet, wohin ihn kein äusserer Feind verfolgen kann, bleibt er stets herrschend und siegreich. Und diese innere Herrschaft, dieser innere Sieg gibt dann auch nach aussen Kräfte. Derjenige, der den Tod nicht scheut, kann noch die letzte Lebenskraft anwenden, und dadurch den Sieg erringen; wer nichts verliert, wenn er alles, was er besitzt, verliert, kann noch den letzten entscheidenden Wurf wagen.

Die Stärke des Willens, welche wir für die Tugend fodern, beweist sich in der Behauptung seiner Freyheit und Selbstständigkeit, und zwar seiner Unabhängigkeit von Sinnlichkeit und Gewohnheit, welches die beyden Feinde aller Geistesfreyheit sind. Auch die Geistesklarheit setzten wir in die Unabhängigkeit der Erkenntniß von Sinnlichkeit und Gewohnheit. Der Geist ist, wie gesagt, stets derselbe, wir mögen ihn in dem Vermögen der Erkenntniß oder der Thatkraft betrachten; er ist auf dieselbe Weise frey und unfrey. Diese Unabhängigkeit des Willens aber von Sinnlichkeit und Gewohnheit wird behauptet in den vier Tugenden der Geduld und Seelenruhe, der Tapferkeit und Mäßigung, von welchen wir heute reden wollen.

Die Alten bezeichneten nur die Tapferkeit und Mäßigung als Haupttugenden des Willens, indem sie die Geduld und Seelenruhe mit unter der Tapferkeit begriffen, die sie Mannheit (ἀνδρία, virtus) nannten. In der That ist die Tapferkeit vorzugsweise die männliche Tugend; eben deßwegen aber müssen wir die Geduld als die weibliche Tugend genau davon unterscheiden.

Das Leben des Menschen theilt sich in Empfänglichkeit und Selbstthätigkeit, und durch die Zusammenwirkung beyder entwickelt sich dessen ganzes mannichfaltiges Spiel. Der Mensch empfängt von aussen Eindrücke, die ihn aufregen, reizen, beunruhigen, bestürmen, Eindrücke der Lust oder Unlust, des Schmerzes oder des Wohlbehagens; und daraus entspringen die Antriebe des Verlangens oder Abscheus, des Suchens oder Fliehens. Die Veranlassungen dieser verschiedenen Empfindungen und Antriebe liegen allerdings meistens in der Aussenwelt, aber sie selbst gehören der innern Sinnlichkeit an, und entspringen nicht selten im Gemüth selbst durch das Spiel der Gedanken und Einbildungen. Der Feige scheint zwar den Schmerz und die Todes-Gefahr als etwas ausser ihm liegendes zu fürchten; aber eigentlich fürchtet er immer nur das innere Schmerzgefühl und die innere Todesfurcht, und in ihm selber liegt der Feind, vor welchem er bebt. So scheint auch der Wollüstling sich dem Gegenstande seiner Lust hinzugeben, aber eigentlich ist es nur seine innere unbändige Begierde, welcher er dient: daher er auch den scheinbar geliebten Gegenstand nicht wirklich liebt, indem er ihn verderbt und zerstört, und nach genossener Lust kalt verläßt und von sich stößt. Es ist also an sich eins, ob der Geist von aussen oder innen erregt wird, für ihn ist es immer eine innere Erregung, er ist in beyden Fällen im Zustande der Empfänglichkeit. Nun aber kommt es darauf an, ob und in wiefern die empfangenen Eindrücke den Geist zur Gegenwirkung aufregen und eine solche erlauben.

Kann der Mensch auf die Gegenstände zurückwirken, die auf ihn Eindruck machen, so ist er selbstthätig; kann er es nicht, so bleibt er im Zustande der Empfänglichkeit. Dieser Unterschied findet in Ansehung der Tapferkeit und Geduld Statt, welche beyde die Tugenden der Willensstärke im Kampfe gegen widerwärtige Eindrücke und Einwirkungen von aussen, gegen Hindernisse, Schwierigkeiten, Unglück und Leiden sind.

Wenn der Geist widrige Eindrücke empfängt, ohne dagegen zurückwirken zu können, entweder weil ihm Kraft und Gelegenheit fehlt, oder die Gesetze der Pflicht es ihm verbieten; wenn er sich der feindlichen Einwirkung der Aussendinge hingeben muß, in dieser Hingebung aber standhaft bleibt: so behauptet er seine Stärke in leidender Empfänglichkeit, oder übt die Tugend der Geduld. Andere widrige Eindrücke hingegen rufen die Selbstthätigkeit zur Gegenwirkung auf, erwecken Antriebe zum Handeln, erregen die Begierden des Unwillens und Abscheus, und reizen, das Widerwärtige und Feindliche zu überwinden. Wenn nun der Geist in dieser selbstthätigen Gegenwirkung seine Stärke dadurch bewährt, daß er sich unabhängig von äusserer sinnlicher Anregung behauptet: so übt er die selbstthätige Tugend der Tapferkeit. Die Empfänglichkeit, die Empfindung und das Gefühl sind im Weibe vorherrschend, die Selbstthätigkeit, das Streben im Manne: daher nennen wir mit Recht die Geduld die weibliche Tugend, und die Tapferkeit die männliche.

Die Geduld ist die behauptete Selbstständigkeit und Unabhängigkeit im Leiden, im Ertragen widriger Eindrücke, gegen welche keine selbstthätige Gegenwirkung möglich oder erlaubt ist.

Sehr oft befindet sich der Mensch in einer solchen Lage, daß er unangenehme, schmerzliche Eindrücke von aussen empfängt, ohne daß er dagegen handeln kann oder darf, und ihm allein obliegt, in der leidenden Empfindung ruhig zu bleiben. Gegen körperliche Schmerzen läßt sich oft gar nichts thun. Es ist vernünftig, daß wir Heil- und Erleichterungsmittel suchen und anwenden; aber wenn sie ohne Wirkung bleiben, so ist uns nichts übrig gelassen, als still zu dulden. Entfliehen können wir den Schmerzen nicht; sich in Klagen zu ergießen oder gar in heftigen Bewegungen und Gebehrden zu toben, ist mindigstens unnütz, wo nicht gar schädlich, indem der Schmerz vielleicht dadurch vermehrt wird; in jedem Fall ist es des vernünftigen Menschen unwürdig, sich auf diese Weise als dem Schmerze unterliegend zu zeigen, und Geduld ist das allein geziemende. Zuweilen aber müssen wir auch absichtlich körperliche Leiden übernehmen, und uns einer schmerzhaften Operation unterziehen, um dadurch von einem Uebel geheilt zu werden: in diesem Falle ist Geduld schon darum des Menschen würdig, weil wer den Zweck will, auch das Mittel wollen muß; auch kann eine heftige Ungeduld vielleicht der Heilung hinderlich seyn. Es steht hier allerdings in unsrer Macht, dem Schmerz entgegen zu handeln und ihm zu entfliehen; aber die Pflicht für unsere Gesundheit erlaubt uns solche Gegenwirkung nicht, sondern gebietet leidende, duldende Ruhe. — Haben wir eine Arbeit übernommen, welche uns viele Mühe und Anstrengung kostet, so kann uns nur Geduld zum erwünschten Ziele führen. Wir würden unserm Vorsatz untreu werden, und mit uns selbst in Widerspruch gerathen, wenn wir ungeduldig die vielleicht schon halb vollendete Arbeit von uns werfen, und auf halbem Wege dem Ziele den Rücken zuwenden wollten. Dem Reisenden, dem Seefahrer, dem Krieger auf seinem Zuge, kommen unerwartete Schwierigkeiten entgegen; die Elemente verschwören sich gegen ihn, er muß Frost und Hitze, Hunger und Durst ertragen; umkehren kann er vielleicht nicht oder darf es nicht, ohne sich selbst und der Ehre untreu zu werden, er muß also dulden. Und vielleicht ist das Ende der Mühen näher, als er glaubt; kann er es nur noch wenige Tage aushalten, so kommt die Hülfe, und er sieht nachher mit dem frohen Gefühl des Sieges auf die durchmessene Laufbahn zurück. Es erfodern aber nicht allein Schmerzen und Mühseligkeiten, sondern auch lange anhaltende Hindernisse ein geduldiges, ruhiges Ausharren. Wie oft verfehlen wir ein lang erstrebtes Ziel dadurch, daß wir aus Ungeduld die günstige Gelegenheit nicht erwarten können. Der Jäger weilt stundenlang auf dem Anstand, bis daß das erwartete Wild sich dem Schusse bietet; es ist ein kleiner, geringfügiger Zweck, dem er dient, aber ohne Geduld wird er ihn nicht erreichen. Oft sieht sich ein Mensch, voll der edelsten Entwürfe, voll Kraft und Muth zum Handeln, Jahre lang zur Unthätigkeit verdammt; die Thatenlust zuckt in seinen Adern, aber Zeit und Gelegenheit will nicht erscheinen. Hat er nun keine Geduld, und bricht zu früh los, so kann er vielleicht den Zweck seines ganzen Lebens verlieren. Oft scheint den schönsten Hoffnungen alle Erfüllung versagt, oder wenigstens in eine ferne Zukunft verschoben zu seyn: wehe dann denjenigen, welche sie mit vorschneller Ungeduld aufgeben, und ihrem Herzen, ihrem Glauben und ihrer Gesinnung untreu werden! Als das drückende Joch bonapartischer Zwingherrschaft auf Europa lag, und Alles sich vereinigt zu haben schien, um es zu verewigen: da haben viele Wohldenkende aus bloßer Ungeduld, weil sie das Ende nicht sahen, und darum auch nicht abwarten konnten, sich in das ihrer Ueberzeugung widerstrebende System gefügt, und ihre Ehre und Würde gebeugt. Diejenigen sind glücklich zu preisen, welche still wartend und duldend sich unbefleckt erhielten, und als nachher der große Augenblick erschien, wo sie losbrechen konnten, keine abgedrungene oder nachgiebig eingegangene Verpflichtung zu verletzen brauchten, um der Gesinnung ihres Herzens zu folgen. Keiner bedarf mehr der Geduld, als der Vor- und Emporstrebende, der Begeisterte, dessen Brust große Entschlüsse oder große Hoffnungen erfüllen. Es gibt Zeiten, wo sich der Himmel rings mit düsterem Nebel überzieht, und eine dumpfe, schwere Luft alles Lebendige niederdrückt, wo die Lüge, die Tücke, die feige Niederträchtigkeit durch alle Künste der List und Täuschung die Herrschaft an sich gerissen haben, und die Kraft der Völker, jeden Trieb und jedes Streben der Freyheit, in den Netzen der Arglist gefangen halten, so daß Jeder, der die Lust und die Kraft, loszubrechen, in sich trägt, sich zurückhalten muß, weil er allein stehend Vergebliches beginnen würde. In einer solchen Lage bewahre man nur die gute Hoffnung in einem ruhigen, geduldigen Herzen! Die Zeit kommt gewiß, und kommt bald, wo ein frischer Wind, wie der Athem des Lebens, über die Flur hinstreicht und den drückenden Nebel vertreibt, die Sonne erweckend und erfreuend hervortritt, und die gesunde, frische Kraft des Lebens sich wieder schöpferisch regen kann.

Die Geduld ist nicht bloß deßwegen nöthig, damit wir nicht das Ziel, nach dem wir streben, aufgeben, und auf dem betretenen Wege umkehren, oder den rechten Augenblick der That verfehlen, sondern auch damit wir nicht durch Ungeduld die Kräfte des Geistes aufreiben, und ihn abmatten und lähmen. Der Ungeduldige ist mit sich selbst im Kampf und Zwiespalt, und kehrt die Kraft, die er nicht nach aussen hin wenden kann, gegen sich selbst; dadurch aber schwächt er sich und mattet sich ab. Die Geduld hingegen beruhigt, bewahrt den innern Frieden, und macht, daß wir unsere Kräfte sparen. Dem Geduldigen wird die schwerste Last leicht, dem Ungeduldigen ist selbst eine leichte Last unerträglich. Der Schmerz wird ungestümer durch die Heftigkeit, mit welcher wir ihm vergeblich entgegen arbeiten. Der Ungeduldige gleicht dem wilden Rosse, welches sich vergebens abmüht, die Last abzuschütteln, und endlich nach langem Toben ermattet niedersinkt. Der Geduldige leidet zwar und trägt ein fremdes Joch; aber er trägt es, weil es unvermeidlich, mit williger Ergebung, und legt es sich gleichsam selbst auf, wodurch es das Drückende verliert, und ihn nicht niederbeugt. Leicht, aufrecht geht er unter der Last einher, als wäre es ihm ein Spiel; und es ist ihm ein Spiel, denn er ist dabey frey und heiter.

Wir nannten die Geduld die weibliche Tugend, und in der That hat auch die Natur das Weib dazu bestimmt, die Kraft der schönen Seele vorzüglich in dieser Tugend zu offenbaren. Von schwachem Körperbau und zarten, reizbaren Nerven, ohne die Stärke des Mannes, empfängt es alle widrigen Eindrücke von aussen, ohne kräftigen Widerstand leisten zu können. Es lebt mehr in der Empfindung und im Gefühl, als in der That, indem ihm die Natur mit der männlichen Körperstärke auch die männliche Willenskraft und Selbstthätigkeit versagte. Aus der Natur beyder Geschlechter entwickelt sich nothwendig das überall bestehende bürgerliche Verhältniß, daß das Weib vom Manne abhängig, und ihm eine selbstständige Stelle in der Gesellschaft versagt ist. Der Mann soll es schützen und vertreten, an ihn schmiegt es sich vertrauend an. Aber zugleich soll es ihm gehorchen und dienen; und wer schützt es vor der Rohheit, dem Umgestüm, der Leidenschaft, der Willkür desselben? Das vielbewegte und bewegende Leben, in welchem der Mann kämpfend steht, dem er seine Selbstthätigkeit entgegensetzt, reißt ihn in die unruhige Bewegung mit fort, entzündet in ihm gewaltige Begierden und Leidenschaften, erschüttert und trübt ihm das Gemüth: und diesem Sturme gegen über steht nun das zarte Weib, ohne alle andere Waffe, als die Geduld. Aber dadurch siegt sie auch, und siegt auf die schönste Weise. An ihrem ruhigen Busen brechen sich die Wogen der Leidenschaft, durch Sanftmuth entwaffnet sie den Zorn und Unmuth des Mannes; ja, noch mehr: sie erhält nicht nur den Frieden zwischen ihm und sich, sie stellt ihn auch in seiner Brust wieder her; indem sie sich mit liebevoller Geduld an ihn schmiegt, strömt der sanfte Geist der Ruhe in sein unruhiges Herz, und die Mäßigung und Besonnenheit kehrt ihm zurück. Das ist die schönste Bestimmung des Weibes, die Friedensstifterin, die

Versöhnerin im Leben zu seyn. Der Altar, auf welchem sie die Opfer der Versöhnung bringt, ist der häusliche Heerd; aber von ihm aus geht der Geist der Liebe und des Friedens in das ganze Leben, und die männliche Tugend bleibt roh, wenn ihr nicht die weibliche mildernd und sänftigend zur Seite geht.

Der ganze Beruf des Weibes nimmt die Tugend der Geduld in Anspruch. Mit Schmerzen muß es Kinder gebären, mit unausgesetzter Sorgfalt und Aufmerksamkeit, unter Nachtwachen und Entbehrungen, es pflegen. Die häusliche Thätigkeit der Frau erfodert nicht die Kraftanstrengung des Mannes, gestattet aber auch keine Ruhe und Erholung, und ist eine fortgehende Uebung der Geduld. Alles häusliche Unglück, Krankheit, Noth und Sorge, lastet vorzüglich auf ihr; der Mann taugt selten dazu, still und anhaltend ihr tragen zu helfen. Und wie könnte die Erziehung der Kinder gelingen ohne die sichere, nie wankende und fehlende Wirksamkeit der Mutter, welche den Unarten der Kinder immer auf dieselbe Weise entgegen wirkt, ihren Eigensinn nach und nach mit Sanftmuth beugt, und oft versöhnend zwischen den Zorn des Vaters und den Trotz der Kinder tritt? Diese ruhige Stetigkeit aber ist nur durch Geduld und Mäßigung möglich, welche dem Widrigen und Störenden sanft entgegen tritt. O glückselig, wen dieser weibliche Engel der Geduld durch das stürmische Leben geleitet; glückselig, wer das unruhige Herz an eine weibliche Brust legen kann, in welcher der stille Friede wohnt!

Aber die Geduld gehört auch zur Tugend des Mannes. Ohne Geduld ist kein Fleiß, kein anhaltendes

Streben möglich, ohne sie gelingt kein Werk des Lebens. Sie ist aber auch die Tugend des Helden. Sie ist der schützende Panzer, der Schild, den er den Gefahren entgegen hält, während er das Schwert der Tapferkeit schwingt. Vieles kann er nur überwinden, indem er leidende Beharrlichkeit entgegensetzt; oft kann er nur seinen Zweck erreichen, indem er mit besonnener Ausdauer den rechten Augenblick der That abwartet. Durch standhafte Geduld widerstand Columbus der feigen Unzufriedenheit seiner Schiffsmannschaft, welche wieder umkehren wollte auf dem Wege nach dem zu entdeckenden neuen Erdtheil. Er widerstand, und erreichte so das Ziel, nach dem er so lange vergeblich gestrebt hatte. Geduld, Beharrlichkeit war die siegreiche Tugend jenes großen Zauderers Fabius, welcher den raschen Feind nach und nach ermüdete und schwächte. Jeder große Feldherr muß in gewissen Lagen die Kunst des Zauderns ausüben, oder er wird durch unzeitigen Ungestüm seine Kräfte aufreiben. Das Alterthum stellt besonders zwey Heldenbilder der Geduld auf, Ulysses und Philoktetes. Der erste, auf der Rückkehr nach der Heimath den Weg verfehlend und in einer unbekannten Welt umher irrend, bestand alle Kämpfe, Mühseligkeiten und Prüfungen, und selbst die schwerste, welche ihm die reizende Kalypso bereitete, durch die standhafte, treue Sehnsucht nach dem heimischen Heerd, indem das Ziel seiner Wünsche war, nur noch einmal den Rauch von den heimischen Wohnungen aufsteigen zu sehen und dann zu sterben; und die Standhaftigkeit wurde gekrönt, er kam zurück, mußte zwar unerkannt im eigenen Hause noch den schwersten Kampf bestehen, siegte aber auch hier, und ruhete in den Armen der treuen Penelope aus. Der andere, den die nach Troja fahrenden Griechen wegen einer unheilbaren, ekelhaften Wunde auf einem wüsten Eilande ausgesetzt hatten, lebte hier mehrere Jahre hülflos, sich selbst und der schmerzhaften Wunde überlassen, und als nachher die Griechen seiner und des herkulischen Bogens, den er führte, bedurften, und den Ulysses und Neoptolemus sandten, ihn nach Troja zu holen, widerstand er mit edlem Stolze, und war selbst dann noch zu bleiben entschlossen, als man ihm den Bogen, seinen Ernährer und Beschützer, geraubt hatte: nur die Erscheinung des Herkules, seines ehemaligen Meisters und Freundes, bestimmte den unbeugsamen Willen, den keine Ueberredungskunst, keine List und keine Furcht hatte erschüttern können, durch Beweggründe der Liebe und Verheißung, nach Troja zu gehen. Geduld ist die Heldentugend der Märtyrer des Glaubens, welche den Feinden des Christenthums keine andere Waffe, als die unbeugsame Standhaftigkeit, entgegensetzen konnten und wollten, und alle Martern und Qualen ohne Murren und Klage, mit Ruhe und Freudigkeit, erduldeten, bis sich der siegreiche Geist von den Banden des Leibes loswand, und sich zu Gott und Christo jubelnd aufschwang.

Aber es gibt eine falsche Geduld, in welcher sich zwar das Gemüth still und leidend verhält, und nicht murrend oder tobend widerstrebt, aber durch das Schmerzgefühl niedergedrückt, getrübt und verdüstert ist, in welcher also der Geist doch seine innere Selbstständigkeit verliert; denn er ist nur selbstständig, wenn er von allem Schmerzgefühl unberührt, heiter und freudig ist. Diese unächte Geduld ist nicht eine Frucht der Tugend, der freyen Willensthätigkeit, sondern der Schlaffheit und Trägheit der Natur, der Gleichgültigkeit, des Stumpfsinnes, der Feigheit. Oft erscheint so die Geduld in den Weibern als bloße Naturgabe, als Folge ihrer Schwachheit; sie dulden still, und bezähmen den Mund, aber sie sind düster und innerlich erbittert, sie fühlen sich unglücklich und gekränkt. Eine solche Geduld beruhigt das Gemüth nicht, und lähmt und knickt die Kraft des Geistes, weil er leidet und gebeugt ist; sie hat nicht die versöhnende Kraft, und bringt weder den äussern noch den innern Frieden. Die wahre Geduld ist mit der Seelenruhe verbunden, in welcher der Geist nicht nur nicht vergeblich gegen das Unvermeidliche anstrebt, sondern auch im Leiden frey und ungetrübt bleibt, und sich darüber stolz und muthig erhebt. Der ächte Dulder ist heiter, und lächelt unter Thränen. Er gleicht dem Gebirg, das nicht nur unter den Stürmen, welche sich tobend auf dasselbe ausladen, unerschüttert fest steht, sondern auch den Gipfel über die Nacht des Gewölkes zum ungetrübten Glanze der Sonne emporhebt. So sehen wir die Märtyrer in den größten Qualen mit ruhigem Angesicht, mit selig verzücktem Auge. Hoch über dem in der Erdenqual stehenden Leibe schwebt ihr Geist im lichten Aether, den gläubigen Blick nach der ewigen Sonne gerichtet. Nur durch diese Seelenruhe gelingt es dem Helden, unter der Last der Mühseligkeiten, unter den Hemmungen und Hindernissen, die ihn aufhalten, den heitern Muth zu bewahren, und sich auf den Augenblick der That zu rüsten. Diese Seelenruhe allein spart unter Druck und Leiden die Kraft des Gemüths, indem sie jede Regung eines falschen

Widerstandes, eines unzeitigen Ungestüms unterdrückt, und jede störende, erschütternde und aufreibende Bewegung stillt. Diese Seelenruhe macht die Klarheit des Geistes und die Besonnenheit möglich, in welcher sich die Freyheit der Erkenntniß bewährt, und durch welche es gelingt, die Zwecke des Strebens unter allen Verwirrungen mit freyem, unverwandtem Blicke festzuhalten, und die rechten Mittel der Handlung im rechten Augenblicke zu wählen. Diese Seelenruhe, als Frucht und Eigenthum des starken Willens, ist die Bedingung jener frommen Gemüthsruhe oder jenes Seelenfriedens, in welchem derjenige lebt, der die versöhnende Verständigung über die Welt, die harmonische Stimmung des Gefühls, gewonnen hat, der sich demüthig in das Schicksal ergibt, und mit gleichem Vertrauen aus Gottes Hand Gutes und Schlimmes empfängt. Ohne die heitere Ruhe der Geduld würde sein Glaube im Unglück wanken, und das Licht des Geistes sich trüben.

Die volle Erscheinung der menschlichen Tugend gelingt aber nur, wenn sich mit der Geduld die Tapferkeit, mit der Stärke des Willens in leidender Empfänglichkeit die Stärke desselben in handelnder Selbstthätigkeit und Gegenwirkung verbindet. Wenn es Lagen des Lebens gibt, in welchen dem Menschen nichts übrig bleibt, als den widrigen Einflüssen von aussen eine leidende Festigkeit entgegenzusetzen: so gibt es dagegen andere, in welchen er mit seiner Kraft dasjenige, was ihm widerstrebt, drückt und hemmt, überwinden und aus dem Wege räumen soll. Die Tugend des starken Willens, die sich darin zeigt, nennen wir Tapferkeit. Sie ist die männliche Tugend, weil der Mann mit

Selbstthätigkeit in die Aussenwelt eingreifen, und sie nach den ewigen Gesetzen des Geistes gestalten soll. Aber weil das Handeln dem Weibe nicht ganz versagt ist, wenn es sich auch im engern Kreise und ruhiger bewegt: so darf ihm auch die Tugend der Tapferkeit nicht ganz fehlen; und wenn sie sich bey ihm auch nicht in kräftigen Anstrengungen und kühnen Unternehmungen beweist, so wird sie sich in sanfterer Gestalt nur desto liebenswürdiger und anmuthiger zeigen.

Die Tapferkeit ist, wie die Geduld, gegen die Widerwärtigkeiten des Lebens, gegen alles, was unser Leben drückt und stört, was unsern Trieben, Wünschen und Absichten widerstrebt, was uns auf der Bahn zum Ziele aufhält und zurückweist, gerichtet; sie zeigt sich aber in dem thätigen Widerstande, im Kampfe, nicht im Leiden. Wenn wir, um uns eines drückenden und störenden Schmerzes zu entledigen, uns zu einer schmerzhaften Operation entschließen, welche mit einem heftigeren, aber kurzen Schmerze oder gar mit Lebensgefahr verbunden ist: so ist dieß Tapferkeit; wir beweisen Seelenstärke im Widerstande gegen den Schmerz, wir scheuen ein hartes Mittel nicht. Auf dem Wege zu irgend einem Ziele stoßen wir auf eine drohende Gefahr, Räuber lauern im Gebüsch, um uns zu überfallen, ein angeschwollener Bergstrom ist zu durchschwimmen; wenn wir uns nun durch diese Gefahren nicht abschrecken und zur Rückkehr bewegen lassen, sondern denselben muthig entgegen gehen, die Räuber mit gezogenem Schwert erwarten, uns in die Fluthen des Stromes werfen: so beweisen wir Tapferkeit. Gemeiniglich nennen wir den Muth der Krieger, die dem blitzenden Schwert, dem Tod und Verderben speienden

Geschütz muthig entgegengehen und sich mit kühnem Anfall in die Reihen der Feinde stürzen, oder der Jäger, welche mit wilden Thieren kämpfen, Tapferkeit. Aber tapfer ist auch der Seemann, welcher den Wogen des empörten Elementes trotzt, und sich unbekannten Meeren anvertraut; der Reisende, der jede Gefahr verachtet, um die Erd- und Menschenkunde mit neuen Entdeckungen zu bereichern; der Menschenfreund, der sich in die Fluthen des Stromes oder in die Flammen des Feuers stürzt, um ein Menschenleben zu retten. Tapfer auch und tapferer, als der Krieger und wer nur den feindlichen Naturkräften trotzt, ist, wer den wilden Leidenschaften der Menschen entgegentritt, wer es wagt, dem jähzornigen Tyrannen die beleidigende Wahrheit zu sagen, wer der Wuth des empörten Volkshaufens trotzt, um ihm die Beute seiner Rachsucht zu entreißen, wer den Götzen des Aberglaubens anzutasten wagt, und die Flammen des Scheiterhaufens nicht scheut, um die Wahrheit zu verkündigen. Größer ist die Tapferkeit in solchem Kampfe, weil da nicht Körperkraft durch Körperkraft und Klugheit zu überwinden ist, sondern die nakte Geisteskraft ohne alle Waffe, als den Muth, einer übermächtigen Gewalt gegen über steht, welche, mit allen Waffen der Leidenschaft und Körperkraft gerüstet, den Sieg mehr als zweifelhaft macht. — Tapferer, als die erhitzten Krieger, welche die feindlichen Batterien erstürmten, war jener Deputirte Feraud, der am 1. Prärial dem in den Convent eindringenden Pöbel sich entgegen warf, und sich quer vor die Thüre auf den Boden legte, um ihnen den Eingang zu wehren. Tapferer, als die tapfersten Helden der französischen Revolution, waren die

Edeln, welche Ludwig XVI. gegen seine ungerechten Richter vertheidigten, und einer wüthenden Parthey gegen über die Wahrheit auszusprechen wagten; und am größten zeigte sich hier Lanjuinais, weil er weder ein alter Freund des Königs, noch auch königlich gesinnt, mithin frey von aller Partheysucht war, und allein für das heilige Recht kämpfte. Tapfer, wie kein Held, war Luther, der sich als ein einzelner, dunkeler Mönch, ohne Ruhm, ohne Parthey, der Riesenmacht der römischen Hierarchie entgegenwarf, welche schon so manchen muthigen Bekenner der Wahrheit in den Staub geschmettert hatte.

Tapferkeit im eigentlichen Sinne ist die zum Widerstande, zur Gegenwirkung vordringende Kraft des Willens, und erscheint handelnd. Aber zu ihr gehören die Tugenden der Unerschrockenheit oder Kaltblütigkeit, der Geistesgegenwart und Entschlossenheit, welche man auch zuweilen alle zusammen mit dem Worte Tapferkeit oder Muth bezeichnet. In der Unerschrockenheit und Geistesgegenwart ist der Geist noch in der Empfänglichkeit begriffen; das Feindliche, Gefahrdrohende tritt ihm Schrecken erregend entgegen, und er bleibt unerschüttert, sein selber mächtig, in ruhiger Besonnenheit stehen. Dann tritt in ihm die Selbstthätigkeit hervor zum tapfern Widerstande als Entschlossenheit, welche Mittel und Wege wählt, und den rechten Augenblick ergreift, um Widerstand zu leisten. Unerschrockenheit, Geistesgegenwart und Entschlossenheit sind zur wahren Tapferkeit unerlaßlich. Es ist vielleicht schwerer für den Krieger, stundenlang im feindlichen Feuer ruhig zu harren, als im Sturmschritt gegen eine Batterie loszugehen, und doch ist es vielleicht schlechlerdings nothwendig zu warten, bis die günstige Gelegenheit zum Angriff erscheint. Im Augenblick, wo ein Bote nach dem andern mit der Nachricht von Unglücksfällen eintrifft, ist für den Feldherrn nichts nothwendiger, als Unerschrockenheit und Geistesgegenwart; nur in diesem Zustand des Gemüths wird er Entschlüsse der Gegenwehr und Rettung fassen können. Aber selten wird ein Feldherr persönlich in Gefahr kommen, und in solcher Lage die Probe der Unerschrockenheit zu bestehen haben. Unsterblichen Ruhm erwarb sich am 1. Prärial Boissy d'Anglas, als er auf dem Präsidentenstuhl im Nationalconvent dem tobenden Pöbel gegen über die ruhige Würde unerschrocken behauptete, während hier Einer mit der Pike, dort ein Anderer mit der Flinte ihn bedrohete und eine Menge von Bayonetten auf seine Brust gerichtet waren, und als er auch dann noch nicht wankte, da man ihm den Kopf Feraud's, der sich für ihn geopfert, auf der Pike entgegenhielt. — Unerschrockenheit bedingt die Entschlossenheit. Ohne Entschlossenheit würde der Tapfere nicht zur That kommen, und entweder zu früh oder zu spät, immer aber vergeblich handeln. In dieser Tugend zeigt sich der Wille ganz in seiner eigentlichen Wirksamkeit als Vermögen der Entschließung, und ganz in seiner Freyheit und seiner Herrschaft über die Aussenwelt. Was auch feindliches und drohendes auf ihn eindringen mag, er steht nicht nur ruhig und fest, sondern er bewegt sich auch mit Blitzesschnelligkeit, und begegnet im rechten Augenblick, in der rechten Richtung dem Angriffe des Feindes; alle Schrecken der Natur stürmen vergeblich heran, um ihn zu betäuben, aber um so rascher und entscheidender wirft er sich ihnen entgegen, und kaum angegriffen, ist er schon Sieger. Der

Entschlossenheit steht die Geistesklarheit zur Seite, welche den Blick hell und wach erhält, und in dieser Verbindung erscheint der innige Zusammenhang zwischen Erkenntniß und Willen. Ja, auch die Unerschrockenheit wird in der Geistesklarheit eine Stütze finden; denn indem diese über den nächsten Augenblick hinaussieht, und die klare Uebersicht behauptet, verschwindet das Schreckende der Gefahr, welche gewöhnlich die befangene Einbildungskraft vergrößert.

Geistesgegenwart und Entschlossenheit ist der Antheil, den die Frauen am häufigsten an der Tugend der Tapferkeit haben, und diese Eigenschaften können sie auch in ihren Verhältnissen, bey plötzlichen Unglücksfällen, welche die Ruhe des Hauses stören, am ersten beweisen. Gatten- und Mutterliebe hat schon manche Lebensgefahr von den Gegenständen ihrer Zärtlichkeit durch Geistesgegenwart abgewendet, und durch die Entschlossenheit kluger Hausfrauen ist manches Unglück im Keime erstickt worden. Selten, daß die Frauen in ausserordentlichen Fällen und Verhältnissen den starken Heldenmuth des Mannes entwickeln, und, mit der Entschlossenheit die Thatkraft verbindend, aus den Schranken sanfter, ruhiger Weiblichkeit heraustreten. Das ist das Musterbild weiblich-männlicher Tapferkei , welches die griechische Mythologie und Kunst im Bilde der Minerva darstellt.

Tapferkeit und Entschlossenheit erscheinen am größten in der Kühnheit, wenn der Muth des Mannes Gefahren entgegengeht, oder gegen sich hervorruft, welche scheinbar seine Kraft weit übersteigen, oder wenn er Unternehmungen wagt, deren Gelingen von einem schnell zu erfassenden Augenblick abhängt, wobey gleichsam Alles auf die Spitze gestellt ist und im Nu umschlagen kann. Kühnheit war es, mit welcher Hannibal von Spanien aus durch Gallien über die Alpen auf unbekannten Wegen sein Heer nach Italien führte, und den Krieg mitten in das Land der Feinde trug; Kühnheit führte Alexander den Großen mit einem kleinen Heere nach Asien, um den persischen Coloß über den Haufen zu werfen; Kühnheit gab dem Themistocles den Rath ein, das ganze Glück des persischen Krieges den Schiffen anzuvertrauen, und mit Kühnheit folgten ihm die Athener; Kühnheit trieb die Eidgenossen bey St. Jakob einem zwanzig Mal überlegenen Feind entgegen.

In der Kühnheit zeigt sich die Erhabenheit des Menschengeistes in der Thätigkeit, wie in der Geduld und Standhaftigkeit in der Ruhe. Die körperliche Natur gibt angemessene Bilder der erhabenen Ruhe, aber nicht der erhabenen Kühnheit, weil sich in dieser die selbstthätige Ueberlegenheit des Geistes zeigt, welche gleichsam alle Naturverhältnisse der Größe überspringt. Wenn der angeschwollene Bergstrom vom Gebirg in das Thal hinab tobt, und Alles vor sich niederwirft: so erbeben wir vor seinem gewaltigen Ungestüm: aber die Masse, die er mit sich führt, entspricht seiner gewaltigen Wirkung. Wenn hingegen der Held mit vorgehaltenem Schild sich in die Reihen der Feinde stürzt, der Einzelne gegen Tausende, und sie in die Flucht schlägt: so verschwindet alles Verhältniß der Körperkraft, und die Geisteskraft allein steht siegreich auf dem Kampfplatz.

Aber bey der Kühnheit muß doch die Möglichkeit und eine wenn auch nur ahnende Berechnung des Erfolgs seyn, oder sie artet in Tollkühnheit aus. Nicht im wirklichen Erfolg liegt das Merkmal der ächten Kühnheit und der Tollkühnheit; denn es kann zuweilen auch eine tollkühne Handlung gelingen, und die Unternehmung ächter Kühnheit mißlingen. Der Angriff der Eidgenossen bey St. Jakob konnte wohl gelingen, wenn die Basler dem Feinde in den Rücken fielen. Und ist er nicht gelungen? Staunend über ihre Tapferkeit blieb der Dauphin stehen, und schloß Frieden. Einzig in der Geistesklarheit und Besonnenheit liegt der Unterschied der ächten Kühnheit von der Tollkühnheit. Der Tollkühne läuft in der Trunkenheit des Muthes, in blinder Aufwallung, der Gefahr entgegen, ohne sie recht zu kennen und zu ermessen, und ohne Mittel und Wege mit Besonnenheit zu wählen. Der Kühne handelt in hell aufflammender Begeisterung, aber er weiß, was er thut, kennt seine Kräfte und die Stärke seines Gegners, sieht klar die Möglichkeit des Gelingens, und ist mit Ergebung auf das Mißlingen, auf Tod und Untergang, gefaßt. Die Tollkühnheit ist die Tochter derjenigen Tapferkeit, welche nicht Tugend, sondern Naturgabe, nicht mit Freyheit erworben und erhöht, sondern angeboren ist. Wir aber fodern die Tugend der Tapferkeit. Wohl demjenigen, welchem die Natur die Gabe des Muthes verliehen hat! er braucht dieselbe nur auszubilden und zu erhöhen, und Natur und Freyheit werden sich vereinigen, um das Vollkommene hervorzubringen. Aber auch der von Natur Furchtsame kann sich durch Bildung Tapferkeit erweben. Friedrich II. verbarg sich in der ersten Schlacht vor dem feindlichen Geschütz unter einer Brücke; er überwand aber diese natürliche Furchtsamkeit und war nachher der unerschrockenste, tapferste Held. Sollte auch der von Natur

Furchtsame nie ganz die schwächliche Reizbarkeit der Nerven überwinden können, so daß er im ersten Andrang der Gefahr noch von der Furcht überrascht wird: so wird seine Tapferkeit desto mehr Ausdauer haben, weil sie durch Besonnenheit unterstützt ist. Die Naturgaben sind verschieden vertheilt, aber die Tugend ist in sich eins; wer die Tugend der Geistesklarheit hat, wird auch Tapferkeit haben, und umgekehrt.

Durch Geduld und Tapferkeit ist der Mensch Sieger und Herr der äussern Feinde; er ist im Leiden unermüdlich, und achtet allen Schmerz und alle Beschwerde gering; er ist unwiderstehlich in seiner Thätigkeit, und stürzt sich des Siegs gewiß in alle Gefahren: aber die schlimmsten Feinde hat er in seiner eigenen Brust zu bekämpfen, die heftigen Begierden, welche ihn wider seinen bessern Willen fortreißen, die tobenden Leidenschaften, welche den Frieden der Seele stören, das Licht des Geistes trüben und den Willen in unwürdiger Knechtschaft halten. Was hilft es ihm, daß er durch Geduld und Tapferkeit den Feind überwunden, welcher seinen Leib in Fesseln schlagen wollte, wenn er sich freywillig in die viel schimpflicheren Ketten fügt, welche ihm die Unmäßigkeit seiner Begierden bereitet? Aeusserlich frey und herrschend ist er in innerer Knechtschaft gebeugt. Was hilft es dem Helden, daß er in tausend Kämpfen den Lorbeer errungen, und von den Liedern der Dichter gepriesen wird, wenn er in feiger Wollust ausruht, oder, von der Leidenschaft der Herrschsucht geblendet, der freyen Huldigung des Volkes eine unrechtmäßige Gewalt vorzieht, und übermüthig den starken Fuß auf den Nacken freyer Bürger setzt? Alle hat er überwunden, aber sich selbst und seiner Leidenschaft erliegt er. Der Kranz seines Ruhmes verwelkt; die Lieder, die ihn priesen, verstummen, und nur die feige Schmeicheley läßt sich noch hören. Herkules hatte vielfache Kämpfe bestanden, welche ihm der Haß einer feindseligen Göttin erregte, und war aus allen als Sieger gegangen: siehe! da übermannt ihn der Reiz der schönen Omphale, er ergibt sich ihr als Sklaven, und unter ihren Mägden sitzend dreht er die Spindel. Vergebens hatten die Philister dem Helden Simson nachgestellt; er war all ihren Schlingen entgangen, bis er die trügerische Delila liebte, und ihr in der Schwachheit der Leidenschaft das Geheimniß seiner Stärke entdeckte: da endlich fiel er in die Hände seiner Feinde, und sie stachen dem schon von der Leidenschaft Geblendeten die Augen aus. Nur der ist ein wahrer Held, der sich selbst bezwingt; nur ein solcher wird auch die Bahn des Ruhmes durchlaufen: derjenige hingegen, der sich einer Leidenschaft ergibt, wird ganz nahe am Ziel, in dem Augenblick, wo er nach der Palme greift, in den jählings sich öffnenden Abgrund stürzen. Von Herrschsucht und Uebermuth geblendet, ging der größte Held unter, den je die Welt gesehen. An Unerschrockenheit, Geistesgegenwart, Entschlossenheit, Kühnheit weicht Napoleon Keinem, an großartiger Klugheit übertrifft er Alle; aber auch er fiel, wie so mancher Andere, durch Mangel an Mäßigung, und an ihm vollzog die Rächerin Nemesis ihr Amt.

Gelingt der Heldenlauf, der Sieg über die Welt, nicht ohne die Mäßigung der Leidenschaften und Begierden: wie viel weniger das Werk der Tugend. Geduld und Tapferkeit führen aus, was die Klugheit, der Unternehmungsgeist entwirft. Aber die Tugend erweist sich nicht bloß in der Wirksamkeit nach aussen, in Herstellung großer neuer Schöpfungen, sondern vorzüglich in der stillen Uebung der Gerechtigkeit, in der ruhigen Haltung der Ehre, in der Behauptung des heiligen Maßes von Recht und Ordnung. Auch dazu bedarf es der Festigkeit und Tapferkeit, aber vor allem der Mäßigung. Denn nichts widerstrebt mehr den sittlichen Gesetzen, als die rohe, unbändige Sinnlichkeit und Selbstsucht, aus welcher die Begierden und Leidenschaften entspringen. Gerechtigkeit und Ehre ist nichts, als der Sieg des Geistes über diese in der Brust des Menschen tobenden Feinde; und alle Ungerechtigkeit und Ehrlosigkeit hat ihre Wurzel in den übermächtigen Begierden. Die Habsucht schreitet räuberisch oder betrügerisch in das Gebiet des fremden Besitzes, die Wollust stört den Frieden der Familien, die Herrschsucht tritt die Freyheit der Mitbürger zu Boden, niedrige Ehrbegierde kriecht um den Thron der Tyrannen, und schmutziger Geiz hascht nach den Brocken vom schwelgerischen Mahle gekrönter Räuber. Aller Streit, alle Zwietracht im menschlichen Leben würde aufhören, wenn diese innern Feinde bezwungen wären, und die Tapferkeit hätte es nur noch mit den empörten Elementen und den wilden Thieren zu thun. Wir würden der Helden nicht mehr bedürfen, wenn Alles sich in den Schranken der tugendhaften Mäßigung bewegte. Es ist daher die erste Anfoderung, welche an den guten, starken Willen gemacht werden muß, daß er die Herrschaft über die Begierden und Leidenschaften behaupte, damit sie ihn nicht im Werke der Tugend stören, seine Kraft nicht brechen, und ihn nicht vom Ziele abführen.

Diese innere Selbstherrschaft nennen wir Mäßigung oder Gleichmuth. Sie grenzt auf der einen Seite an die Unerschrockenheit oder Kaltblütigkeit und die Entschlossenheit im äussern Kampfe. In der Unerschrockenheit behauptet der Wille die Herrschaft über die von aussen angeregte Furcht, in der Entschlossenheit bleibt der Wille eben dadurch sein selbst mächtig. Kaltblütigkeit kann Naturgabe, aber auch Werk der innern Selbstherrschaft seyn, und wird durch diese immer erhöht werden; denn wer seine Gemüthsbewegungen zu bezähmen weiß, wird auch der Furcht nicht die Gewalt über sich selbst lassen. Aber die Mäßigung zeigt sich vorzüglich in der Behauptung des innern Gleichgewichts oder der Selbstherrschaft über die Gemüthsbewegungen, welche die innere Ruhe stören; in der Gleichmuth des nie in zerrüttender Schwankung, in tobendem Ungestüm sich bewegenden Gemüths, in dem Sich gleich bleiben desselben bey der lebhaftesten Erregung der Empfindungen und Gefühle. Die Mäßigung hat es nicht bloß mit den widrigen Eindrücken von aussen, mit Furcht und Schrecken, sondern auch mit den durch äussere oder innere Reize erregten Begierden und Aufwallungen, welche zu ungerechten und ehrlosen Handlungen fortreissen können, zu thun.

Wir nennen diese Tugend Mäßigung, weil durch sie die Begierden und Gemüthsbewegungen nicht unterdrückt, sondern nur einem Maß und einer Schranke unterworfen werden sollen. Wir fodern keine Apathie oder Fühllosigkeit, keinen Mangel an lebendiger, sinnlicher Erregbarkeit. Starke, lebhafte Gemüthsbewegungen sind durchaus nothwendig zu einem kräftigen Leben; in ihnen liegen die Antriebe zu großen Handlungen. Ohne den starken Zorneifer Luthers wäre das Werk der Kirchenverbesserung in Deutschland nicht zu Stande gekommen; ohne den Haß, von welchem die Gemüther gegen Napoleons Tyranney erglühten, wäre Europa nicht von dessen Joch befreyt worden. Alle Begierden, welche durch unmäßige Leidenschaft verwerflich werden, entspringen aus natürlichen und zum Theil edlen Trieben, und diese Triebe sollen keinesweges ausgerottet werden. Hab- Ehr- und Herrschsucht entspringen aus einer der menschlichen Natur nothwendig eingepflanzten Selbstliebe, welche, gemäßigt und recht geleitet, die schönsten Früchte der Vollkommenheit trägt. Der Zorn, die Rachsucht sind nur die oft zerstörenden Flammen, zu welchen der Funke der Gerechtigkeitsliebe, des sittlichen Eifers, angefacht wird. Alle die Leidenschaften, welche auf sinnlichen Genuß gehen, entspringen aus einem Triebe, ohne welchen das Leben kalt und todt seyn würde. Also nicht unterdrücken, aber mäßigen sollen wir alle diese Begierden und Gemüthsbewegungen.

Es gibt eine angeborne und eine künstlich erworbene Fühllosigkeit, welche beyde gleich verwerflich sind. Jene ist den kalten, gleichgültigen Gemüthern eigen, welche keiner lebhaften Erregung, keiner Begeisterung und keines Aufschwungs fähig sind, welche nicht durch heftige Ausbrüche der Leidenschaft fehlen, sich keiner Laster schuldig machen, die aber auch der wahren Tugend unfähig, die für keine kräftigen Thaten, für kein Unternehmen der Ruhmliebe und Begeisterung, für keine Aufopferungen zu gewinnen sind. Sie haben vielleicht das Lob ruhiger, nützlicher Bürger, aber im Reiche der Sittlichkeit gebührt ihnen keine Stelle. Mit aller Anstrengung des Geistes, durch alle nur ersinnlichen Mittel hat der Cynismus und das Mönchthum die Gemüthsbewegungen zu unterdrücken, und die Seele von aller sinnlichen Begierde abzuziehen gesucht; aber diese erkünstelte Fühllosigkeit trug im günstigsten Falle nur die Frucht einer kalten, selbstsüchtigen Tugend, die sich den Werken der Liebe entzog, und sich in eitler Selbstbeschauung gefiel; und da der Mensch ohne sinnliche Gemüthsbewegungen nicht leben kann, so rächte sich die verletzte Sinnlichkeit dadurch, daß sie ihr Gift in die Gefühlsstimmung der Frömmigkeit ergoß, und deren reines Licht zu den zerstörenden Flammen des Fanatismus anblies. Es ist ein verderblicher Wahn, daß das Christenthum alle lebhaften Gemüthsbewegungen zu unterdrücken fodere; läutern, mäßigen will es sie, jede Erregung und Aufwallung soll sich ins heilige Maß reiner Liebe, klarer Besonnenheit, selbstbewußter Freyheit fügen, der Geist soll stets über die Sinnlichkeit herrschen. Also Begierden, lebhafte Gemüthsbewegungen darf und muß auch der Tugendhafte haben; sie sind die mächtigen Hebel und Beweggründe des Handelns. Aber nie soll der Geist denselben unterliegen, oder sie sollen nicht in Leidenschaften ausarten; denn das ist eine Leidenschaft, welche dem Geiste die freye Selbstherrschaft und Selbstthätigkeit raubt, und ihn in einen leidenden Zustand versetzt: er soll mitten in der heftigsten Gemüthsbewegung seine Freyheit, Selbstthätigkeit und Besonnenheit behaupten.

Die den Geist fesselnden und betäubenden Begierden und Leidenschaften entspringen aber nicht bloß aus der Sinnlichkeit, sondern haben ihre Wurzeln auch in der Gewohnheit, welche mit künstlichen Ketten die Freyheit des Geistes fesselt. Nur durch falsche Angewöhnung und

Erziehung erhalten die sinnlichen Neigungen das Uebergewicht über den Willen; und wenn mit den Vorurtheilen der Gewohnheit die Sinnlichkeit ihre unbändige Kraft verbindet, so entstehen die allerverderblichsten Leidenschaften, welche wie tobende Vulkane das Leben verwüsten. Frey soll der Wille seyn, unabhängig von allem, was ihn im freyen Entschlusse hindert, und von der eingeschlagenen Bahn abreißt, mögen es die heftigen Begierden der Natur, oder die hemmenden Schranken einer falschen Sitte und Bildung seyn.

Die Mäßigung ist das Werk der höchsten Willensstärke, aber auch die schwerste Aufgabe. Man überwindet leichter äussere Hindernisse, weil sie dem Herzen widerstreben und zum Widerstande reizen, als die eigenen Begierden, weil diese nicht nur nicht dem Herzen widerstreben, sondern aus ihm entspringen. Jene verletzen unsere Selbstständigkeit, und rufen die innere Kraft hervor; diese, obschon unsere Freyheit lähmend, geben sich den Schein, indem sie unserer Selbstsucht schmeicheln, als wollten sie unsere Selbstständigkeit erhöhen oder schützen. Leicht flammt der Mensch in Zorn auf, und erhebt sich zum Widerstande, wenn ihm ein Anderer seinen Besitz antastet, weil er sich dadurch verletzt und beschränkt fühlt; aber wenn ihn ungerechte Habsucht entzündet, daß er nach Erweiterung seines Besitzes strebt, so täuscht er sich mit der Vorspiegelung einer gerechten Sorge für sich selbst, für die Vermehrung der Mittel seiner Wirksamkeit, für die Erhöhung seiner Selbstständigkeit. Zur Herrschaft über sich selbst gehört innere Klarheit, und eine Stärke des Willens, welche der Stimme des Gewissens im tobenden Sturme der Begierden Gehör verschafft, und in der gewaltigen Bewegung des Gemüths die heilige Mitte festhält. Die Mäßigung ist eine viel höhere Tugend, als die Geduld und Tapferkeit, und aller Glanz des Heldenruhmes erbleicht vor dem reinen Lichte, das aus der glatten Spiegelfläche eines gemäßigten Gemüths wiederstrahlt. Die Mäßigung kann nicht ohne Geduld und Tapferkeit, diese können aber wohl ohne jene seyn. Wer keiner Begierde die Zügel schießen läßt, die aus den innern Trieben entspringt, der wird auch keinem Eindruck von aussen, keiner Furcht, keinem Schmerze, erliegen; denn diese erhalten ihre betäubende Gewalt doch nur von der innern Sinnlichkeit, der Selbstsucht und dem thierischen Triebe der Selbsterhaltung. Hingegen werden sich große Leidenschaften, Ehrgeiz, Herrschsucht, leicht mit den Waffen der Geduld und Tapferkeit rüsten; sie verfolgen ihr Ziel mit Stätigkeit, opfern manche Bequemlichkeit, manchen Genuß der einzigen, das Gemüth beherrschenden Begierde, verachten in ihrem Ungestüm jede Gefahr, übersteigen jedes Hinderniß, und dringen unaufhaltsam zum Ziele. Ihnen jauchzt die rohe Menge Beyfall, blasse Furcht beugt sich huldigend, feile Schmeicheley und blöde Bewunderung erheben die Stimme des Lobes; aber den freyen Mann, den Bewunderer ächter Tugend, kann der falsche Glanz nicht bestechen, er sieht hinter dem blendenden Schimmer das finstere Bild roher Leidenschaft. Und sind die Götzen gefallen, wie sie denn alle früher oder später fallen, dann verwandelt sich die falsche Liebe und Bewunderung des Pöbels in Verachtung und Abscheu, die Feigheit, welche verstummt war, erhebt die Stimme des Hasses, und die Niederträchtigkeit spottet der gestürzten Größe. Die Tugend der Mäßigung, selbst ohne Leidenschaft, erweckt keine leidenschaftliche Bewunderung; groß, aber ruhig steht sie da, wie ein hellleuchtendes Gestirn, das seinen milden Glanz durch die Nacht verbreitet, dem alle edlen Herzen entgegenschlagen, in welchem sich alle reinen Geister sonnen, und das auch dann noch strahlt, wenn alle Meteore eines blendenden, falschen Heldenruhmes erloschen, und in die Finsterniß zurückgesunken sind. Es ist ein großes, wahres Wort des heiligen Spruchdichters: „Besser der Langmüthige, als ein Held, und wer sich selbst beherrscht, als ein Städte-Eroberer."

Die Mäßigung oder Gleichmuth gewinnt nicht nur als der Beweis der höchsten Seelenstärke den höchsten Preis der Tugend und die allgemeinste, dauerndste Bewunderung; sie ist auch die wohlthätige, beglückende und befriedigende Tugend. Nur durch Mäßigung gelingen die großen Werke und Schöpfungen, durch welche Gerechtigkeit, Freyheit, Friede und Menschenwohl gegründet wird. Brutus gründete die Freyheit Roms, indem er, die Wehen der Vaterliebe bezwingend, seine Söhne, die das Vaterland verrathen hatten, dem Beile überlieferte. Zaleukus befestigte seine Gesetzgebung, indem er die Strafe der Blendung mit seinem Sohne theilte. So lange die römischen Helden keiner andern Leidenschaft als der Vaterlandsliebe dienten, und die ihnen übertragene Vollgewalt nach vollbrachter Arbeit wieder abgebend, in den Bürgerstand zurückkehrten, bestand Roms Freyheit; aber der unmäßige Ehrgeiz Cäsars warf sie über den Haufen. Mäßigung bezeichnet die heldenmüthige Freyheitsliebe der Eidgenossen, indem sie nur ihre alten Rechte wieder foderten, nichts an sich rissen, was dem Könige oder dem

Hause Habsburg im Lande gehörte, und selbst das Blut der Landvögte schonten, welche sie, nach geschworner Urfehde, die Waldstätte ewig zu meiden, ruhig ziehen ließen. Als aber die Mäßigung der Habgier und Eroberungssucht wich, da zerriß blutige Partheyung den Bund der Treue, die Freyheitsliebe bereitete den Nachbarn Ketten, und auf die von der Tugend gelegten Grundvesten ward ein finsteres, unförmliches Gebäude aufgeführt, welches endlich der Sturm der Zeiten über den Haufen warf, bis es die Mäßigung wieder aufrichtete und besser ordnete.

Die Tugend der Mäßigung ist die Friedensstifterin und Versöhnerin im Leben. Schon die Geduld, die stille, sanfte Dulderin, welche Alles mit Heiterkeit trägt, gießt Ruhe in das Herz und verbindet sich mit frommer Ergebung, beruhigt und versöhnt Alles um sich her, und besänftigt den heftigen Ungestüm des Verdrusses und Unmuthes. Aber erst die Mäßigung, die sanfte Gleichmuth, vollendet die Ruhe der duldenden Seele, und ebnet sie zur klaren Spiegelfläche. Wer keine heftigen Begierden im Herzen nährt, und sich an nichts mit unbändiger Liebe hängt, wird eben sowohl in der Lust als im Schmerz und Verdruß die Gleichmuth bewahren, und wer in sich selbst ruhig ist, wird auch mit andern ruhig leben, niemanden verletzen, und nichts als Ruhe und Zufriedenheit um sich verbreiten. Diese Gleichmuth ist besonders die Aufgabe der Frauen. Nichts ist der weiblichen Würde und Schönheit mehr entgegen, als die heftige Leidenschaft, und nichts stört mehr den Frieden der Familien. Aber was ihre Aufgabe ist, erleichtert ihnen auch die Natur und Sitte. Diese zarten Gefäße fassen und ertragen keine heftigen Wallungen;

und werden sie in ausserordentlichen Fällen allzuheftig erschüttert, so zerbrechen sie, und ergießen sich in Wuth und Wahnsinn. Die Sitte hält sie in jeder Beziehung in engen Schranken, und selbst im unschuldigsten Genuß schreibt sie ihnen ein strenges Maß vor. Und wohl uns Männern, welchen das Leben so manche Erschütterung bringt, deren Wirksamkeit nicht ohne starke Gemüthsbewegungen, nicht ohne Eifer, Zorn und Unwillen seyn kann, in welchen der äussere Sturm so oft einen innern erregt, wenn wir das verlorne Maß in den Frauen wieder gewinnen, wenn unserm trüben Auge auf einem weiblichen Angesicht die heitere Ruhe entgegen lächelt, wenn wir, aus dem unruhvollen Leben zurückkehrend, die Priesterinnen des Friedens am stillen Heerde, deß heiligen Dienst verwaltend, finden!

Vierte Vorlesung.

Beschluß über die zweyte Grundtugend, zu welcher noch Lebendigkeit des Willens gehört. Die dritte Grundtugend: Reinheit des Herzens.

Wir haben zur Tugend des Willens Stärke gefodert, Stärke in Ertragung alles Leidens, alles dessen, was den Geist hemmt und niederdrückt, und uns Schmerz und Mißbehagen verursacht, oder Geduld und Seelenruhe; ferner Stärke in der Gegenwirkung gegen alles Feindliche und Widerwärtige, was uns auf der Bahn des Strebens aufhält oder zurückwerfen will, Stärke im Kampfe mit der Aussenwelt oder Tapferkeit; endlich Stärke im Kampfe mit uns selbst, mit unserer sinnlichen Natur, unsern Begierden und Gemüthsbewegungen, und unsern aus Angewöhnung entspringenden Leidenschaften, oder Mäßigung. Durch diese dreyfache Stärke wird die Unabhängigkeit des Willens behauptet, so daß er nie ausser Stand gesetzt wird, das, was ihm die Weisheit und Klugheit gebieten, zu befolgen und zu vollführen, daß er nie einem dem Geiste fremden Antriebe und Zuge, von blinder Naturgewalt fortgerissen, folge, daß er nie der Gewalt der Nothwendigkeit verfalle, sondern stets aufrecht im Gebrauch der Freyheit, sein selber mächtig bleibe. Aber mit all diesem ist die Foderung noch nicht ganz erfüllt, die wir an einen tugenhaften Willen, welcher die Gesetze der Sittlichkeit vollkommen vollführen soll, zu machen haben; zur vollkommenen Freyheit und Unabhängigkeit desselben gehört noch die Unabhängigkeit von aller Gewohnheit und Abrichtung, welche wir Lebendigkeit des Willens nennen, die ursprüngliche, unerschöpfliche, sich stets erneuende Kraft desselben, deren Quelle und Erregbarkeit allein in ihm selbst liegt; lebendige Stärke fodern wir vom tugendhaften Willen.

Es kann ein Mensch Geduld und Standhaftigkeit beweisen im Ertragen des Leidens, und unerschüttert fest und aufrecht stehen, wenn ihm schwere Lasten auf die Schultern gelegt werden; er kann im Leiden die innere Ruhe behaupten, das Haupt frey über die Last erheben, und den Geist unter allem Schmerz aufrecht halten; er kann mit Unerschrockenheit allen Gefahren entgegen gehen, sich mit Entschlossenheit zum Kampfe rüsten, und tapfern Muthes, mit starker Hand die Waffen führen; er kann mäßig und enthaltsam, frey von Begierde und leidenschaftlicher Angewöhnung, wenigstens dem einmal gefaßten Entschluß jedes Opfer zu bringen im Stande seyn; und doch kann ihm die beste Eigenschaft des Willens fehlen. Er wird allerdings, von der Gewalt der Natur frey, nach Gesetzen des Verstandes handeln; aber diese Gesetze können ihm fremd, bloß angewöhnt, erlernt und von Andern angenommen, oder vom eigenen Verstande willkürlich ersonnen und zusammengestellt, und die Beobachtung derselben kann auf eine gewisse Weise knechtisch und erzwungen seyn; es kann ihm Lebendigkeit des Willens fehlen.

Die meisten Weltleute und oft leider diejenigen, welche die großen Angelegenheiten der Völker und Reiche leiten, die Machthaber, diejenigen, die im Rathe der Fürsten sitzen, leiden an diesem Mangel. Am häufigsten findet man bey ihnen die Tugenden der Geduld und Mäßigung; nur mit deren Hülfe haben sie die lange Laufbahn bis hinauf zum Gipfel der Macht durchmessen können. Sie mußten sich durch Fleiß und Standhaftigkeit emporarbeiten, und wohl Jahre lang vor einer Pforte stehen, ehe sie sich aufthat. Sie mußten sich Manches versagen, manche Begierde bekämpfen, deren Befriedigung sie vom Wege abgeführt haben würde, manchen Zorn und Unwillen unterdrücken; sie durften sich an keine Bequemlichkeit und Liebhaberey gewöhnen, weil sie sich dadurch auf ihrer Laufbahn behindert gesehen hätten. Meistens wird sie die Leidenschaft des Ehrgeizes, der Herrschsucht beseelen, aber sie wissen dieselbe doch in soweit zu beherrschen, daß sie keinen voreiligen Schritt thun, und nicht das nothwendige Maß überschreiten. Sie sind vielleicht auch entschlossen und tapfer; in großen, gefahrvollen, entscheidenden Augenblicken bewahren sie die Fassung, und führen das Steuerruder mit fester Hand. Gemeiniglich ist zwar ihr Fehler, daß sie mit Leidenschaft an gewissen Vorurtheilen hangen, deren Quelle theils in der Selbstsucht ihres Standes, theils in der Gewohnheit liegt. Aber vielleicht sind sie auch davon frey; sie haben sich gewisse Grundsätze gebildet, welche die Frucht des Nachdenkens und der Prüfung sind. Aber hierbey sind sie doch mehr der Erfahrung und Gewohnheit gefolgt, als der freyen Forschung eines lebendigen Geistes; sie haben das Vernünftige und Allgemeingültige gesucht, aber es nur an fremder Hand gefunden, ohne eigenen Geist. Sie haben sich ein Joch aufgelegt, keine eigenthümliche Ueberzeugung gewonnen. Sie halten nun das Erkannte und Geprüfte mit Folgerichtigkeit und Planmäßigkeit fest, und sind ihren Grundsätzen unwandelbar treu: in sofern sind sie tugendhaft. Aber sie haben diese Treue mehr durch lange Uebung und Selbstabrichtung gewonnen, als daß sie aus eigenem, lebendigem Triebe sie beweisen; Verstand und Wille ist in ihnen nicht in vollkommenem Einklang; beyde begegnen einander nicht durch freye Richtung, sondern der eine ist dem andern knechtisch unterworfen, obschon durch innern, eigenen Zwang. Was nun solche Menschen beginnen und treiben, entbehrt der frischen Lebendigkeit und Schöpferkraft, obschon es das Gepräge der Verständigkeit trägt. Sie werden, über Begierden und Leidenschaft erhaben, aus guter, wohlwollender Gesinnung nach vernünftigen Zwecken streben, für Gerechtigkeit und Menschenwohl wirken; aber ihre Lebensansicht wird nicht die Frucht eines frey strebenden Geistes, welcher mit der Welt in lebendiger Wechselwirkung steht, sondern einer kalten, todten Betrachtung, und darum etwas Einseitiges und Abgeschlossenes seyn; weil sie das Leben nicht lebendig verstehen, und nicht lebendig in dasselbe eingreifen, werden sie nie dessen wahren Bedürfnissen entgegenkommen; ihre kalte Berechnung wird sie immer betrügen, und ihr Eigensinn sie mit der Welt in Zwiespalt bringen. Ihre Wirksamkeit wird sich immer in den alten, gewohnten Bahnen bewegen; ohne selbstthätigen Unternehmungsgeist werden sie sich immer von den Umständen bestimmen lassen, und diese nie mit lebendiger Klugheit beherrschen; sie werden sich nicht mit Gewandtheit nach allen Seiten hin bewegen, in neuen Lagen nicht die entsprechenden neuen Mittel wählen, sondern immer am Hergebrachten hangen bleiben. Sie werden sich immer früher oder später überleben, und in einer neuen Zeit veraltet dastehen.

Im engeren Gebiet des sittlich frommen Lebens zeigt sich der Mangel an Lebendigkeit der Seele in solchen Menschen, welche die Grundsätze, nach denen sie handeln, von einem äusseren Gesetz entlehnen, wie die Juden. Ein gewissenhafter Beobachter des mosaischen und talmudischen Gesetzes kann eine gewisse Stärke der Seele in Ausübung dessen, was er für Pflicht erkennt, beweisen, besonders viel Geduld und Mäßigung (denn die Tapferkeit ist nicht die Sache dieses gedrückten Volkes). Wir wollen uns auch einen solchen nicht gar zu geistlos und mechanisch denken; er hat vielleicht über sein Gesetz fleißig nachgedacht, und die Regeln desselben in seine Ueberzeugung aufgenommen. Aber weil er sie nicht aus dem Innern seines Geistes geschöpft hat, so kann sein Wille nicht lebendig damit übereinstimmen; sie ist für ihn ein fremdes Joch, welches zu tragen er nur durch Uebung und Gewohnheit bestimmt worden ist. Die Tugend eines solchen Menschen ist daher nichts als eine Art von Mechanismus und Abrichtung.

Auch in der christlichen Kirche fehlt es leider nicht an einer solchen bloß angewöhnten Tugend, und ich muß hier eine Kirchengesellschaft als Beyspiel nennen, welche wegen der reinen Sittenzucht, die sie übt, mit Recht die allgemeine Achtung genießt. Ich meine die evangelische Brüdergemeinde. Eben diese Sittenzucht, welcher Alle unterworfen sind, und die sie vor Zügellosigkeit und Sittenverderben bewahrt, hat den Nachtheil, daß sie die Lebendigkeit unterdrückt. Indem ihre Mitglieder von Jugend auf an dieselbe Ordnung und Lebensweise gewöhnt und unter einer genauen Aufsicht gehalten werden, kann sich die Freyheit nicht entwickeln; Verirrungen sind unmöglich gemacht, aber eben so alle Versuche, sich eine eigenthümliche Lebensweise zu bilden; eine schwerfällige Einförmigkeit lastet auf dem Leben, und weil der Geist nur in der Freyheit sich fröhlich entwickeln kann, so trägt diese Art von christlicher Frömmigkeit ein düsteres, mattes Gepräge.

Auf einer höhern Stufe der Freyheit stehen diejenigen, welche sich mit einer gewissen Selbstthätigkeit des Verstandes vernünftige Grundsätze des Lebens gebildet haben, indem sie sich dabey keinesweges an den Buchstaben der Offenbarung banden, sondern vielleicht selbst die Lehren der Weltweisheit benutzten. Aber sie sind von kalter Natur, der Verstand herrscht in ihnen vor, sie fassen und verstehen das Leben nicht, und daher sind ihre sittlichen Grundsätze doch nur ein todtes Machwerk. Sie befolgen sie zwar mit Pflichttreue, beweisen Geduld und Mäßigung, und verdienen scheinbar das Lob der Tugend. Demungeachtet fehlt ihrem Leben der frische, lebendige Geist und die fröhliche Thatenlust; ihre Tugend gleicht einem wohlgeordneten, nützlichen Garten, dem aber die Fülle und freye Schönheit der Natur fehlt, in welchem jeder Strauch, jede Hecke künstlich gezogen und unter der Scheere des Gärtners gehalten ist. Solche Menschen sind im häuslichen und im gewöhnlichen bürgerlichen Leben, wo es keiner ausserordentlichen Thaten bedarf, ganz an ihrer Stelle; wird aber Unternehmungsgeist und Thatkraft erfodert, um Neues zu schaffen, kommen sie in ausserordentliche Fälle des Lebens: dann werden sie ihre Aufgabe nicht zu lösen wissen. Das macht, daß in ihnen Erkenntniß und Wille nicht in lebendigem Einklang ist, daß sie sich bloß gewöhnt haben, nach Grundsätzen zu handeln, und ein, wenn auch selbst gewähltes Joch tragen.

Dieser Mangel an Lebendigkeit, durch welchen der Geist eines fremden oder sein eigener Sklave wird, hängt genau zusammen mit dem Mangel an vollkommner Klarheit des Geistes, welche ihr Licht stets aus sich selbst schöpft, und sich durch keine, wenn auch selbstgeschaffenen Schranken verdunkeln läßt. Aber ein lebendiger Wille wird auch die Erkenntniß lebendig erhalten, so wie hinwiederum ein klarer Verstand, der die höchsten Ziele des Lebens stets festhält, den Willen vor jeder Trägheit bewahren, und stets zur Thätigkeit wecken wird. Denn wir wissen, daß Erkenntniß und Wille in lebendiger Wechselwirkung stehen. Andrerseits wird der Mangel an Lebendigkeit des Willens in der Kälte des Gemüths seinen Grund haben. Wenn aus diesem durch stets lebendige Erregbarkeit stets neue Antriebe kommen, welche den Willen in Bewegung setzen: so wird dieser nie in mechanische Einförmigkeit verfallen können. Freylich wird auch ein lebendiger Wille das Gemüth vor Kälte und Leere bewahren, weil der Wille Wurzel und Mittelpunkt aller innern Thätigkeit ist, und auf Alles hin seinen Einfluß verbreitet.

Wir nannten die Tugend oder den Charakter des Menschen die aller sittlichen Thätigkeit zum Grunde liegende Urthat; diese Urthat ist das Werk des Willens, der mit ursprünglicher Lebenskraft sich für die reine Sittlichkeit, für das reine Leben des Geistes in seiner Freyheit und Selbstständigkeit, entscheidet. Diese Urthat ist nichts als die Offenbarung des innersten Lebens selbst, welches reine Thätigkeit ist. Jede That nun, jeder Entschluß soll ein Sprößling dieser Urthat seyn, und mithin, wie diese, rein aus dem innersten Leben entspringen. Wie sich der Wille in dieser rein durch sich selbst bestimmt, so soll er sich auch in jedem daraus abgeleiteten Entschlusse selbst bestimmen. Kein Entschluß, keine That soll bloß die Folge eines früheren Entschlusses, einer früheren That, seyn, sondern stets aus der ersten, unmittelbaren Quelle hervorgehen. So wie es eine falsche Ansicht von der Wirksamkeit Gottes auf die Welt ist, zu denken, er habe sie einmal vor der Zeit geschaffen, und die zu ihrer Fortentwickelung nöthigen Kräfte in sie gelegt, so daß er nun gleichsam ihrem Leben ruhig zusehen könne, ohne auf sie einzuwirken, oder höchstens in seltenen Fällen mit seiner unmittelbaren Wirksamkeit eingreife; wie die wahre Ansicht die ist, daß alles, was entsteht und lebt, die Wirkung der unmittelbaren göttlichen Thätigkeit ist, daß Gott Alles hervorbringt und erhält, und nichts bloß aus einem Andern entsteht, und durch ein Anderes erhalten wird: so soll sich auch in jeden sittlichen Entschluß und jede That das unmittelbare, innere sittliche Leben ergießen, und dieses, eben weil es unmittelbar, stets neu frisch und sich selbst verjüngend seyn.

Durch diese Lebendigkeit behauptet erst der Wille die vollkommene Freyheit, welche das Gepräge der wahren Tugend ist; dann trägt er gar keine Fesseln mehr, nicht nur nicht die der äussern Natur, noch die der innern Sinnlichkeit, noch die der Gewohnheit, sondern auch die nicht, welche er sich selbst anlegen kann, indem er sich ohne eigenes Leben dem als nothwendig Erkannten unterwirft. Für jedes neue Licht des Geistes, für jede Anregung des Herzens empfänglich, stets neuer, frischer Entschlüsse fähig, beginnt dann der Mensch in jedem Augenblicke sein Leben von neuem; nie ruht er aus auf dem, was er vollbracht hat, keine Bürde, keine Fessel schleppt er nach, mit stets vorwärts gerichtetem Blicke strebt er nach dem Ziele, jedes neue Hinderniß weckt neuen Muth, gegen jeden neuen Feind wählt er neue Waffen, von einem Werke eilt er zum andern, je mehr er geschaffen, desto mehr schafft er, alles, was er hervorbringt, trägt dieselbe Grundgestalt des Lebens, ein Jedes aber ein eigenthümliches Gepräge; und wie sich das Leben stets um ihn her erneut und verjüngt, so erneut und verjüngt er sich selbst mit, in ihm selber schafft und wirkt der Lebensgeist der göttlichen Schöpfung, welcher aus der ewigen, unversiegbaren Quelle strömt.

Durch diese Lebendigkeit des Willens allein wird sich das menschliche Leben in seinem Reichthum und seiner Schönheit entwickeln; wo hingegen die Gewohnheit und die kalte Verständigkeit herrscht, wo es an reger Eigenthümlichkeit und Ursprünglichkeit fehlt, wo Alles im trägen Gange der Einförmigkeit hinschleicht, da ist kein Leben, sondern der Tod. Und früher oder später folgt auch der Verfall und die Auflösung. Die lebendige Kraft schafft nicht nur, sondern erhält auch, und wo sie erstirbt, fällt Alles aus einander. Durch Mangel an Lebendigkeit des Geistes sind alle Staaten, alle Religionen, alle Stiftungen und Einrichtungen untergegangen. Wo die lebendige Kraft des Willens fehlt, wo nur der Damm der Gewohnheit, nicht die freye, tapfere That das Leben vor dem andringenden Verderben schützt, welches die Leidenschaft von innen und aussen bereitet: da werden früher oder später die zerstörenden Fluthen durchbrechen, und Alles über den Haufen werfen.

Die Rettung aber von solcher Gefahr bringen dann große, ausgezeichnete Geister, die mit aller Fülle lebendiger Kraft ausgerüstet, das Werk der Wiederherstellung und Verbesserung beginnen, und neues Leben in die todte Masse hauchen. So traten Luther und die anderen Kirchenverbesserer auf, als die Kirche in Starrheit und Verderben lag. Solche wiederherstellende und schöpferische Geister führen dann immer eine neue lebendige Zeit mit sich, oder vielmehr sie stehen nur an der Spitze einer neuen großen Bewegung. Unsere Zeit ist dadurch ausgezeichnet, daß nach einer langen schlaffen Ruhe, welche seit dem Westphälischen Frieden geherrscht (denn die häufigen Kriege veränderten nicht die Gestalt des Lebens, und die Anregung dazu kam nicht tiefer aus dem Völkerleben) eine allgemeine Bewegung erwacht ist, ohne daß sie von einem ausgezeichneten Führer, wie Luther war, begonnen und geleitet worden; denn Napoleon ist selbst nur von derselben fortgestoßen worden, und hat sie nicht begriffen. Bey uns ist jetzt Alles in lebendiger Aufregung, und leider fehlt noch das Schöpferwort, welches aus dem trüben Chaos Gestalt und Ordnung hervorrufen soll.

Es besteht aber die Lebendigkeit der Seele nicht nur in der Unabhängigkeit von Gewohnheit und fremdem Gebot in Ansehung der sittlichen Ueberzeugung und Lebensrichtung, sondern auch in Ansehung der Klugheit und äusseren Wirksamkeit. Der Mensch soll nicht nur seine Zwecke, sondern auch die Mittel, welche dazu gehören, mit eigenem, lebendigem Geiste wählen; in jeder Hinsicht soll er eigenthümlich und frey handeln. In dem Gebiet der Klugheit und der Wirksamkeit des Berufs zeigt sich die Lebendigkeit der Seele als Erfindungs- und Unternehmungsgeist. Durch diesen allein wird der Gelehrte, der Künstler, der Staatsmann, der Feldherr, der Kaufmann, etwas Ausserordentliches leisten, die Fortschritte der Bildung befördern, und Bewegung in das Leben bringen. Aller Fleiß, alles geduldige, standhafte Bemühen, aller Muth und alle Selbstüberwindung ist vergeblich, ohne den lebendigen, vorstrebenden Geist, welcher Neues schafft, und neue Bahnen bricht. In der That weiß man diese Tugenden auch im gemeinen Leben zu schätzen; hingegen im sittlichen Leben ist die lebendige, freye Eigenthümlichkeit nicht selten der Gegenstand des Tadels und des Aergernisses. Wer sich über Vorurtheile erhebt, und seinen eigenen Weg geht, wer die Schranken der Gewohnheit und Mittelmäßigkeit durchbricht, kann gewiß seyn, daß er Anstoß gibt, und mit der herrschenden Meinung einen Kampf zu bestehen hat. Es kann seyn, daß ein Solcher nicht genug Schonung und Vorsicht übt, denn man soll der öffentlichen Meinung nicht zu keck trotzen; aber immer wird doch unsere Pflicht seyn, uns zu einer höheren, freyeren Ansicht zu erheben, und die Lebendigkeit und Eigenthümlichkeit über die gemeine Einförmigkeit schätzen zu lernen.

Hier wieder ein Wort der Warnung und Mahnung an Eltern und Erzieher. Es ist die Aufgabe der Erziebung, die Kinder durch ein stetiges, beharrliches Anhalten zum Fleiß und zum Gehorsam, an eine feste Lebensordnung zu gewöhnen, besonders auch sie in der Geduld und Selbstüberwindung zu üben; und diese Aufgabe wird noch am meisten gelöst. Fleißige Kinder findet man oft; sie wissen still zu sitzen und mit beharrlicher Geduld die ihnen oft peinlichen Arbeiten zu vollenden. Auch artige Kinder sind nicht selten, welche an einer reich besetzten Tafel ihre Begierden nach den sie reizenden Leckereyen zu bezähmen, und zu warten wissen, bis man ihnen etwas reicht, welche still sind, wenn sie den Eltern nicht zu einer Lustparthie folgen dürfen, die eine ihnen auferlegte Strafe mit sanftem Schmerze leiden, mit einem Worte, welche Mäßigung gelernt haben. Weniger sorgt die gewöhnliche Erziehung für die Uebung der Tapferkeit. Jean Paul in der Levana gibt den verständigen Rath, die Knaben auch auf Proben des Muths zu stellen, und z. B. auf einem Spaziergange im Walde einen verstellten Räuberangriff zu veranstalten, bey welchem der Knabe, durch das Beyspiel des Vaters ermuntert, seine Unerschrockenheit und Entschlossenheit bewähren könne. Für die Tapferkeit wird am besten durch eine kräftigende körperliche Erziehung und durch Leibesübungen gesorgt. Die Tapferkeit, welche in der kräftigen Ueberwindung der Aussenwelt besteht, hat eine ihrer stärksten Wurzeln in der gesunden, kräftigen Körperbeschaffenheit, weil wir durch den Körper zunächst mit der äusseren Natur in Berührung kommen. Ein Knabe, der bey einer edlen geistigen Bildung gewöhnt wird, Kälte und Hitze, Beschwerden und Mühseligkeiten zu ertragen, der vor keinem Strome zagt, ihn zu durchschwimmen, vor keinem Rosse, es zu besteigen und zu tummeln, der wird auch in gefahrvollen Lagen des Lebens, wo es nicht auf Körperkraft, sondern auf Willensstärke ankommt, sich muthig und entschlossen beweisen. Aber am schwersten ist es für die Erregung der innern Lebendigkeit zu sorgen, und am leichtesten, sie zu unterdrücken. Häufig ist der schon früher von uns gerügte Fehler, die Kinder abzurichten, und zur Beobachtung einer äusserlichen Sitte, zu einer falschen Scheu vor dem Herkommen und dem Urtheil der Menschen zu gewöhnen, ohne in ihnen die Liebe zu dem, was an sich selbst gut und edel ist, zu entzünden, und eigene, lebendige, sittliche Regungen zu erwecken. Oft begehen auch Väter von kalter, harter Gemüthsart den Fehler, daß sie die Eigenthümlichkeiten ihrer Kinder unterdrücken, und den eigenen Sinn mit Eigensinn verwechselnd, sie zu dem zwingen, was ihrer Natur widerstrebt. Vor diesen Mißgriffen sind die Eltern nicht nachdrücklich genug zu warnen. Sie sollen den sittlichen Lebenskeim in ihren Kindern mit warmer, zarter Hand pflegen und behandeln, damit er nicht erkalte und erstarre, sondern sich fröhlich nach dem ihm eingedrückten Gepräge, in seiner Eigenthümlichkeit entwickele. Aber es ist leicht gesagt, was zu thun sey, schwer aber, wie es zu thun sey; denn es werden dabey gewisse nothwendige Bedingungen vorausgesetzt. Ohne daß in den Kindern schon von Natur Leben ist, läßt sich kein Leben in ihnen erregen. Es gibt todte, träge Naturen, welchen allerley von aussen angebildet, niemals aber ein recht lebendiges Leben eingehaucht werden kann. Eine lebendige Natur in den zu Erziehenden ist also die erste Bedingung; aber eine solche muß auch bey den Erziehern selbst vorausgesetzt werden. Mit lebendigem, für Alles empfänglichem Sinne müssen sie die Natur ihrer Zöglinge beobachten und verstehen lernen, um auf sie einwirken zu können; und mit lebendiger Willenskraft müssen sie auf sie einwirken, denn nur Leben erzeugt Leben. Endlich gehört zu einer lebendigen Erziehung ein lebendiges Leben in der Familie, in Staat und Kirche, damit die Kinder daraus Nahrung und Erweckung ziehen können. Wie eine Pflanze nicht im engen, dumpfen Garten, der von hohen Mauern umschlossen ist, gedeihen kann, eben so wenig können Kinder in einem Leben, das träg in den Schranken der Gewohnheit dahin schleicht, das sich im todten Einerley bewegt, zu einer lebendigen Freyheit und Eigenthümlichkeit erstarken. Aber viel kann immer die lebendige Empfänglichkeit der Erzieher für das Eigenthümliche in den Kindern zur Erweckung und Leitung ihrer lebendigen Freyheit thun, und diese Empfänglichkeit kann sich ein Jeder durch bildendes Bestreben aneignen, und es darin immer weiter bringen.

Durch Geistesklarheit, durch Stärke und Lebendigkeit des Willens wird dem Menschen Vieles im Werke der Tugend gelingen, aber die rechte Weihe fehlt ihm ohne die dritte Grundtugend, die R e i n h e i t d e s H e r z e n s. Schon jene Tugenden werden nicht ohne diese vollkommen seyn. Der Geist kann nicht in vollkommner Reinheit und Klarheit leben, ohne daß das Herz rein von selbstsüchtigen Begierden ist; immer wird ihm neben den höchsten sittlichen Zwecken das täuschende Trugbild der Selbstsucht erscheinen, und seinen Blick verwirren und trüben. Wir können im Unglück keine wahre Geduld und Seelenruhe behaupten, wenn nicht das reine Herz, von Selbstsucht frey, alle anmaßlichen Ansprüche an äusseres Glück unterdrückt, und in der reinen Liebe für das, weßwegen wir leiden, zufrieden und glückselig ist. Wir können nicht beym Herandringen der Gefahr vollkommen unerschüttert feststehen, nicht mit unaufhaltsamem Muth der Gefahr entgegen gehen, wenn nicht das reine Herz, das nicht für sich selbst, sondern Alles nur für den sittlichen Zweck will, auf jedes Opfer und jeden Verlust gefaßt ist. Wir können nicht vollkommene Mäßigung und Gleichmuth beweisen, wenn im Herzen unreine Leidenschaften toben; bezähmen wir auch die eine und andere Begierde, so wird uns eine dritte und vielleicht die gewaltsamste und verderblichste, die Zügel aus der Hand winden. Ohne ein reines Herz wird uns die Trägheit, welche mit der Selbstsucht Eine Quelle hat, immer mehr oder weniger an das Joch der Gewohnheit fesseln; ohne die reine, nach dem Höchsten gerichtete Liebe werden wir immer in Gefahr kommen, selbstgefällig auf der Bahn stehen zu bleiben, und uns mit dem Erlangten zu begnügen.

Aber einen hohen Grad von Geistesklarheit, Geduld, Seelenruhe, Tapferkeit, Mäßigung, Lebendigkeit kann der Mensch allerdings beweisen, ohne Reinheit des Herzens, und kann dadurch groß und ausgezeichnet seyn, nur nicht wahrhaft tugendhaft. Alle die großen Charakter der Geschichte, die Helden, Staatsmänner, Stifter und Herrscher, waren durch jene ersteren Tugenden groß, wenige aber stehen in der himmlischen Glorie der Reinheit des Herzens da. Es kann kein Mensch an die Spitze der Uebrigen treten, ohne weiter und heller zu sehen, als der große Haufe, und durch Klarheit des Geistes ausgezeichnet zu seyn. Der große Feldherr muß vorangehen mit der umfassenden Uebersicht, mit dem scharfen Blicke, der durch jede Verwirrung hindurch dringt; der große Herrscher muß über seinem Volke und seiner Zeit erhaben stehen; der Stifter muß in die Zukunft blicken, und der Zeit voraneilen, wenn seine Stiftung nicht mit ihm selbst untergehen soll. Alle menschliche Größe kann sich nur im Kampf erheben, und ohne Geduld und Tapferkeit wird kein Sieg erfochten: daher dieß auch die unerlaßlichsten und gemeinsten Heldentugenden sind. Durch die Mäßigung aber gelingt die wahre Heldengröße, welche sich in ruhiger, sicherer und wohlthätiger Wirksamkeit entfaltet. Die Lebendigkeit des Willens wird sich in neuen Schöpfungen kund thun, durch welche die Gestalt der Welt verjüngt wird; und das ist die Tugend, durch welche sich große Stifter und Verbesserer auszeichnen. Jede dieser Tugenden verdient Anerkennung und Bewunderung, wo sie erscheint, und wenn sie auch vereinzelt dasteht; und ein für alles, was die Menschheit ziert und verherrlicht, empfängliches Herz wird sich auch an einer jeden erfreuen. Die Erscheinung der vollkommnen Tugend gelingt selten, die der ganz vollkommnen nie, weil das Loos der Sterblichen Unvollkommenheit ist. Der sinnvolle Beobachter muß sich daher, da ihm kein ganz reines Bild begegnet, ein solches gleichsam aus zerstreuten Zügen zusammensetzen. Erkennen wir also jede geschichtliche Gestalt in ihrem Werth; würdigen wir die großen Krieger, einen Alexander, Hannibal, Cäsar, Friedrich II., Napoleon, und selbst die ungestüme Tapferkeit eines Karls XII.; schätzen wir die großen Stifter, Ordner und Wiederhersteller, einen Lykurg,

Numa, Muhammed, Luther, Calvin, einen Alfred, Carl d. Gr., Heinrich IV., Peter d. Gr., und verachten wir selbst nicht die hierarchische Härte eines Gregor VII, welche nicht ohne Seelengröße ist. Aber unsere ganze Bewunderung nebst unserer wärmsten Liebe sollen wir nur dahin wenden, wo sich mit der Größe des Geistes und der Seelenstärke die Reinheit des Herzens verbindet; denn da erscheint die Menschheit in ihrer größten Herrlichkeit, da wird das ganze Gemüth ergriffen und emporgehoben, da kann es Nahrung für alle Tugenden schöpfen.

Die meisten großen Männer der Geschichte stehen im Dienste einer selbstischen Begierde und Leidenschaft; sie sind von Ehrgeiz und Herrschsucht entflammt, und wollen ihr Selbst als den Götzen der Zeit aufstellen, der Welt das Gepräge ihres Geistes aufdrücken und sich ein bleibendes Denkmal hinterlassen. Edler schon ist ein Ehrgeiz, der aus der Liebe zum Stamme, zum Volke, aus irgend einem Gemeingeist entspringt, wenn auch nicht aus reiner Liebe. Edler ist daher der Ehrgeiz eines Alexander, der für die Griechenehre focht, als eines Cäsar, welcher die Freyheit seines Volkes unterdrückte. Gregor VII. handelte aus hierarchischem Gemeingeist oder aus Begeisterung für diejenige Gestalt des Kirchenlebens, die er für die beste hielt; er handelte mit Befangenheit, aus unreiner Liebe, aber doch nicht aus gemeiner Selbstsucht. Friedrichs II. Ehrgeiz findet in der Liebe für sein Herrscherhaus und die ihm angestammten Völker Entschuldigung; zur höheren Liebe der deutschen Nation aber konnte er sich nicht erheben. Ueber alle diese von Selbstsucht getrübten Heldengestalten erhaben stehen die großen Charakter, welche mit Verleugnung der Selbstsucht, um ihren Ruhm und ihr Glück unbekümmert, mit reinem, Gott geweihetem Herzen im Dienste der Wahrheit und Gerechtigkeit den Heldenkampf der Tugend bestanden haben. Da aber die Reinheit des Herzens in dieser unreinen Welt sich fremd und verlassen sieht, da der an die Sinnlichkeit gebundene Wille der Menschen durch sinnliche Kraft, mit den Waffen der Gewalt, überwunden seyn will: so werden diese reinen Seelen häufiger im Kampfe als Opfer fallen, als siegreich über die Welt herrschen; denn sie führen nur die sanften Waffen der Wahrheit und Tugend. Große, für Gerechtigkeit und Wahrheit begeisterte Herrscher werden nicht unbefleckt ihren Lauf vollenden, weil sie, die Rohheit mit dem Schwerte überwindend, selbst in Rohheit verfallen, und sich nicht von Leidenschaft frey erhalten können.

Ein großes Beyspiel der mit Herzensreinheit verbundenen und zugleich vollkommen siegreichen Seelengröße ist Luther. Er wollte nichts für sich, kein irdisches Glück, keinen Ruhm, nicht einmal den, eine Wahrheit gefunden und geltend gemacht zu haben; er wollte nichts, als die Anerkennung der alten, ewigen Wahrheit des Evangeliums und der göttlichen Hohheit seines Stifters; diesem unterwarf er sich ganz mit frommer Hingebung, diesem diente er mit aller Kraft seiner Seele. Die leidenschaftliche Hitze, mit welcher er verfuhr, der Eigensinn, mit welchem er den buchstäblichen Sinn der Einsetzungsworte des Abendmahls gegen die Schweizer geltend machte, sind nur geringe Flecken an seiner reinen, demüthigen, begeisterten Seele; und dieser Eigensinn, wenn er auch eine Wurzel in der Selbstsucht hatte, gründete sich doch vorzüglich auf seine Scheu vor dem Eindringen der menschlichen Willkür in das Werk der Kirchenverbesserung, das er von allem Menschlichen rein erhalten wollte. O Hohheit der Demuth, Himmelslicht der reinen Liebe, die sich in der Opferflamme der Selbstverleugnung von allen irdischen Schlacken läutert! Was ist gegen sie alle Heldengröße im Glanze des Sieges, im Schimmer irdischer Herrlichkeit! — Aber Luther siegte auch, er siegte durch seine Demuth; weil er nichts für sich wollte, so erhielt er alles, was er wollte; weil er nur dem reinen Triebe des Geistes diente, und sich dessen verjüngender Kraft als Werkzeug bot, so sah er um sich her eine neue Welt entstehen, und ohne daß er es gewollt, trägt die neue Schöpfung seinen Namen.

Anders war das Loos des weisen Sokrates, der mit einer vorausblickenden Geistesklarheit und mit einer schöpferischen Lebendigkeit der Seele, durch welche er hoch über seiner Zeit erhaben steht, und mit einer Mäßigung, durch welche er sein Gemüth von allen Leidenschaften geläutert hatte, eine Reinheit des Herzens verband, in welcher er mit unbefleckter Treue der Wahrheitsliebe diente, und mit demüthigem Gehorsam der Zeit, die ihn noch nicht begriff, als Opfer fiel. Reiner, als er, strahlt kein Charakter aus der Nacht des Heidenthums; es ist nicht der kalte Stolz der stoischen Weisheit, nicht die flammende Begeisterung der Vaterlandsliebe, wodurch er sich opferte, sondern die reine, ruhige Hingebung der Wahrheitsliebe, die, von allem Dünkel frey, ein reines Streben, ein klares Bewußtseyn der menschlichen Unwissenheit war.

Die Reinheit der Seele ist das Allerheiligste im Tempel des tugendhaften Gemüths, in welches nur die Reinen eintreten dürfen; nur dem reinen Herzen kann es kund werden, was ein reines Herz ist. Hier, wo Alles auf das lebendige Gefühl ankommt, wird jede Beschreibung und Schilderung kalt und todt.

Die Tugend besteht in der Erfüllung der Pflichten, in der Beobachtung der göttlichen Gesetze, welche der Verstand erkennt, und der Wille ausübt. Aber aus dem Herzen entspringen alle Antriebe der Handlungen, durch welche der Wille angeregt wird; und wenn diese Antriebe nicht pflichtmäßig sind, wenn die Gesetze Gottes nicht im Herzen leben, nicht in Trieb und Gefühl übergegangen sind, wenn unreine, selbstische, sinnliche Begierden die pflichtmäßigen Antriebe verdrängen, oder sich in dieselbe mischen: so wird das Werk der Tugend nicht zu Stande kommen. Das ist nun ein reines Herz, das ganz vom Gefühl der Pflicht durchdrungen, ganz den göttlichen Gesetzen ergeben, und von allen Antrieben rein ist, welche der Pflicht widerstreben; ein Herz, welches mit Trieb und Gefühl der Erkenntniß der Wahrheit beystimmt, nichts anderes begehrt, als was der Verstand billigt und das Gewissen gebietet, und welches durch den starken, begeisterten Antrieb zum Guten den Willen zur That bewegt; ein Herz, welches ganz der Ueberzeugung und dem sittlichen Gebote treu ist. Aber das alles ist nur eine allgemeine Beschreibung, die keine lebendige Erkenntniß gibt; wir müssen einen tiefern Blick in das Getriebe des Herzens thun, um eine lebendigere Ansicht zu erhalten.

Das Herz ist der Sitz alles Gefühls und aller Empfindung, es ist das Vermögen der Empfänglichkeit, der Erregbarkeit, durch welche wir die Gefühle der Lust und der Unlust, der Liebe und des Hasses empfangen; in ihm wohnen die sinnlichen Begierden, und die geistigen Gefühle einer sittlichen Liebe, und in der innersten Tiefe das hohe Gefühl der Achtung, der frommen Scheu vor der Würde des menschlichen Geistes und der unwandelbaren Selbstständigkeit, die er behaupten soll. Das Leben, der Reiz der Dinge um uns her, die Berührung mit Menschen, ihre Einwirkung auf uns regt nun alle diese Empfindungen und Gefühle im Herzen auf, so daß es bald sinnlich aufwallt, bald von der reinen Wärme geistiger Liebe und Achtung durchdrungen wird. Daß nun das Geistige in ihm die Oberhand behalte, und nur geistige Antriebe den Willen bewegen, ist die Foderung des sittlichen Gesetzes, und diesem Gesetze soll das Herz getreu seyn. Aber diesem Gesetze soll es sich nicht als einem fremden unterwerfen, das ihm etwa aus der Offenbarung mittelst des Verstandes dargeboten wird; denn es würde dann an lebendigen Antrieben fehlen, und der Gehorsam knechtisch und todt seyn; auch der Verstand soll es nicht etwa aus allgemeiner Beobachtung der menschlichen Natur schöpfen und dem Herzen vorschreiben; denn auch dann würde der Gehorsam noch knechtisch und todt seyn, weil das, was zwar allgemein für alle Menschen gälte, doch für das besondere Herz noch keine Gültigkeit hätte. Vielmehr soll das, was Offenbarung und Verstand gebieten, im Herzen selber lebendig wohnen und herrschen. Das Herz soll dasjenige lieben und suchen, was vom Sittengesetze geboten wird. Das gehorsame Kind soll gleichsam dem Gebote des Vaters frey entgegenkommen, und noch ehe er gebietet, schon errathen, was er gebieten wird. Dann ist vollkommene Uebereinstimmung im Menschen, wenn Erkenntniß und Gefühl, Verstand und Herz mit einander übereinstimmen, und beyde den Willen bewegen, die Pflicht auszuüben.

Diese freye, lebendige Einstimmung des Herzens in das Gebot der Pflicht kann nun bloß dadurch zu Stande kommen, daß das Herz dieses aus sich selbst erzeugt, und gleichsam sein eigener Gesetzgeber wird; daß in ihm von selber die geistige Erregbarkeit über die sinnliche, das Gefühl der reinen Liebe über die sinnliche Lust die Oberhand behält. Die Sinnenlust ist selbstisch, und vereinigt sich mit all den verschiedenen Begierden, die aus ihr entspringen, in der Selbstsucht, welche nichts sucht, als was das eigene, besondere Leben, wenn auch nur für kurze Augenblicke, reizt und erhöht. Durch die Selbstsucht gewinnen die sinnlichen Begierden die Oberhand über die reine Liebe, weil diese nicht bloß das Wohlbefinden und die Lust des besondern Lebens, sondern die Zwecke des reinmenschlichen Lebens sucht, und daher immer der Sinnlichkeit auf gewisse Weise widerstrebt. Durch die Selbstsucht mischen sich auch die sinnlichen Begierden in die reinmenschliche Liebe, und verunreinigen sie durch die falsche Beziehung auf das Selbst und was diesem schmeichelt. Die Herrschaft der reinmenschlichen Liebe über die Sinnenlust gelingt mithin nur in dem Grade, als die Selbstsucht überwunden und unterdrückt wird, und ein reines Herz ist dasjenige, welches von Selbstsucht frey ist.

Die Selbstsucht macht den Menschen zu seinem eigenen Götzen; sich selbst, seiner Lust, bringt er die Gaben dar, welche auf den Altar Gottes gehören; sich selbst macht er zum Mittelpunkt der sittlichen Welt, auf sich bezieht er Alles, sein sinnliches Lebensglück ist das Ziel, wohin er Alles richtet, da doch nur Gottes Wille, das Gesetz seines Reiches, die Richtschnur alles Handelns seyn soll. Dagegen opfert der Mensch mit dem Aufgeben der Selbstsucht dem Dienste Gottes sein irdisches Selbst; jede Entsagung einer Begierde und der Befriedigung derselben, ja jede Unterordnung einer sinnlichen Anregung unter die Gefühle der reinen Liebe und Achtung ist ein Opfer, das er auf den Altar Gottes legt. Dasjenige also, wodurch wir die Selbstsucht überwinden, wodurch das Herz sich zum Dienste der Tugend reinigt, oder das Gegentheil der Selbstsucht, ist die Unterordnung des besondern Selbstischen unter das allgemeine Sittliche, oder die Hingebung dessen, was unser ist, an die Foderung der sittlichen Welt. Diese Unterordnung aber und diese Hingebung können wir Demuth nennen. während die Selbstsucht immer sich hochmüthig über alles Andere erhebt, und können mithin sagen, daß die Grundbedingung eines reinen Herzens die Demuth sey.

Die Demuth und Reinheit des Herzens wird sich nun zuerst darin beweisen, daß es aller sinnlichen Lust, aller Lockung und Schmeicheley der Sinne, allem äusseren Glück und Glanz das reine Wohlgefallen an dem, was des Geistes ist, was dessen eigenes Leben und das Geistesleben überhaupt erhält und erhöht, so vorzieht, daß es jenem allen nöthigen Falls ohne Murren entsagen kann, daß es sich über die sinnliche Erregung oder Hemmung des Lebens, über Schmerz und Lust, zur geistigen Freude und Wonne erhebt, daß es sich nicht im unreinen Glanze irdischer Lust und Herrlichkeit, sondern im reinen Lichte der sittlichen Güte und Schönheit sonnet, und daß wenn auch rings umher irdisches Dunkel liegt, es doch in sich selbst das Licht des Geistes trägt. Indem der Mensch mitten in das Leben gestellt ist, und sein Herz von allen Reizen, Anregungen und Eindrücken der Dinge bewegt wird, so daß sinnliche Erregungen mit geistigen wechseln, soll sich die Reinheit desselben dadurch bewähren, daß es immer mehr den letztern als den erstern offen ist, und auch in diesen nie bloß sinnlich, sondern zugleich mit geistig erregt wird. Dem Reinen ist alles rein: dieser Satz gilt nicht bloß vom sinnlichen Genusse, sondern selbst von dem Empfangen und Aufnehmen sinnlicher Reize. Wie eine Biene aus allen, selbst den giftigen Blumen nur Honig saugt; wie der Nichtwissende das Gespräch vertrauter Personen, in welchem Andeutungen an gewisse Geheimnisse liegen, für gleichgültig nimmt: so empfängt der Mensch von reinem Herzen von denselben Reizen, durch welche Andere zu lasterhaften Begierden erregt werden, einen ganz unschuldigen Eindruck, und zieht daraus das Honig der Lebensfreude, der frischen Erregung, das Gift des Lasters aber läßt er darin zurück. So wie aber das reine Herz sich nie dem Sinnenreize, als solchem, mit selbstischem Bewußtseyn hingibt, so entbehrt es auch desselben, gleichsam ohne es zu wissen, und ohne Ansprüche daran zu machen; es fügt sich in den Mangel als in etwas, was sich von selbst versteht; es bleibt gern in Niedrigkeit und Dunkel, und im Gefühl seiner innern Hohheit vergleicht es nicht einmal die glänzendere Lage Anderer mit der seinigen.

Zweytens zeigt sich die Reinheit des Herzens darin, daß es in seine geistige Liebe und seine geistigen Bestrebungen nicht das Gift der Sinnlichkeit und eiteln Selbstsucht trägt, daß es nicht in dem Wohlgefallen an einem gelungenen guten Werke eine sinnlich geistige Wollust, nicht in dem Eindrucke geistiger Rührung und Erweckung einen lüsternen Reiz empfindet, daß es das Werk der Selbstausbildung nicht durch Eitelkeit verderbt. Die Erfahrung zeigt, daß alle geistige Thätigkeit und Gefühlsstimmung, selbst die andächtige, vom Gift der Sinnlichkeit und Selbstsucht angesteckt werden kann; die geistige Wollust aber ist noch seelenverderblicher als die leibliche, und der geistliche Stolz ist der allerverderblichste und allerunerträglichste.

So wird ein reines Herz, indem es in sich nur reine Gefühle und Triebe erzeugt, und nichts als gute Eindrücke empfängt, gleichsam von selbst den Weg der Pflicht finden; aber, und darin zeigt sich drittens die Reinheit und Demuth desselben, es wird, die Gefahr des Irrthums fürchtend, und das Bedürfniß der Erweckung und Belehrung fühlend, sich nicht selbst genug seyn, nicht mit eigensinnigem Stolze nur seinen eigenen Weg wandeln wollen. Es wird wie ein gut geartetes, gehorsames Kind aus innerm Triebe nach Leitung und Belehrung verlangen, und solche wißbegierig aufnehmen und willig befolgen. Es wird eben so wenig alles, was ihm geboten wird, ohne Prüfung auffassen, als es mit Eigensinn und Rechthaberey auch das Probehaltigste bezweifeln und beargwöhnen wird. Ein reines Herz wird von allen guten, weisen Menschen lernen, vor allem aber sich nach oben wenden, woher allein alle guten Gaben kommen, zum

Vater des Lichtes und der Wahrheit. Diese Demuth, welche nach höherm Lichte verlangt, dieser Gehorsam gegen die Wahrheit und deren Gebote ist die Bedingung aller sittlichen Bildung; nur dadurch daß sich der Mensch demüthigt, wird er erhöhet, nur indem er ein Höheres ehrfurchtsvoll und gehorsam über sich erkennt, steigt er selbst zur Höhe der Vollendung empor.

Zur Reinigung des Herzens ist ein starker Wille erfoderlich, welcher die Leidenschaften zu beherrschen und zu mäßigen wisse. Das Herz wirkt auf den Willen, und der Wille wirkt auf das Herz zurück, wie er denn auf alle Vermögen der Seele Einfluß übt. Ein gutgeartetes Herz mit schwachem Willen wird selbst in seinen guten Regungen auf Abwege gerathen, indem es das Maß verliert, sich leidend an seine Gefühle hingibt, und immer auf gewisse Weise dem Götzen der Selbstsucht dient. Wie die schwache Rebe sich an die Ulme schließt und an ihr sich hinanwindend zum freyen Genuß der Luft und des Lichtes gelangt: so muß das Herz sich an den starken, festen Willen halten, damit die reinen Gefühle in ihm zur Herrschaft kommen.

Wenn nun so die Selbstsucht und alle unreine Liebe im Gemüth unterdrückt ist, dann kann die reine Liebe sich frey und kräftig entwickeln, und mit ihrer belebenden Wärme das Herz erfüllen: und sie ist es, worin sich ein reines Herz lebendig kund gibt. Die reine Liebe ist die Werthschätzung alles dessen, was zum innern Wesen des Menschen und zum allgemeinen Leben der Menschheit gehört, was die Würde und Vollkommenheit der Menschheit in uns selbst und im Nebenmenschen erhält, erhöht und erweitert, was einen unwandelbaren, unvergleichlichen und unverlierbaren Werth in sich trägt, worin sich das selbstständige, freye, schöpferische, gestaltreiche und harmonische Leben des Geistes entfaltet. In allem nun, was ein reines Herz verlangt und erstrebt, wird es nicht das eigene Wohlseyn und Glück, nicht die eigene, äussere Ehre und Herrlichkeit, sondern nur die innere Würde des Geistes, was der Hohheit und Vollkommenheit der Menschheit dient, Wahrheit, Gerechtigkeit, Schönheit, Vollkommenheit suchen; und es wird alles dieses nicht bloß für sich selbst, sondern für das ganze Leben der Menschheit suchen; sein Streben ist dem Reiche Gottes gewidmet, seine Liebe umfaßt die ganze Menschheit, und erhebt sich von Stufe zu Stufe zum Urquell aller Liebe, dem es wieder als schuldiges Opfer darbringt, was es von ihm als Gnadengabe empfangen.

Die Demuth ist die Gewähr der fortschreitenden Vollendung, indem sie stets an die menschliche Unvollkommenheit erinnert, und das Streben immer nach einem Höheren richtet; aber die Liebe gibt die lebendige Kraft der steigenden Vervollkommnung. Ein Herz voll Liebe empfängt sehnsüchtig jeden Lichtstrahl, der ein bisher verhülltes höheres Ziel entdecken läßt, und strebt und ringt, bis es die Bahn dahin gefunden, und das Ziel erreicht hat. Liebend und sehnsuchtsvoll beschaut es jedes Musterbild der Vollkommenheit, und schöpft aus ihm Licht und Kraft, um es in sich nachzubilden. Mit vertrauender Liebe vernimmt es jede Lehre der Weisheit, jede Mahnung und Zurechtweisung, und weiß Alles zu deuten, zu ergänzen und sich anzueignen. Ein Herz voll Demuth und reiner, begeisterter Liebe wird aber auch für das, dem es sich gehorsam unterwirft, was es mit Liebe umfaßt, jedes Opfer zu bringen bereit seyn, und in hingebender Selbstverleugnung jede auch die schwerste Pflicht erfüllen. Darin zeigt sich der unbedingte Gehorsam und die reinste Liebe, daß man für seine Pflicht in den Tod gehen, daß man sich für seine Freunde, für das Vaterland, für die Wahrheit und Gerechtigkeit, mit freudigem Herzen hingeben kann. In den Flammen des Opfertodes reinigt und verklärt sich ganz das treue, liebende Herz, im Glühofen der Prüfung erscheint der Silberblick der göttlichen Liebe. Im Werk der Aufopferung aber vereinigt sich der starke Wille und klare Geist mit dem reinen Herzen; rein erkennt der Geist, was das Herz rein liebt, und der Wille wählt und erfaßt das rein Erkannte, den Gegenstand der reinen Liebe, indem er alles Irdische dafür hingibt: so erscheint die Tugend in ihrer höchsten Verklärung.

Selig sind, die reines Herzens sind, denn sie werden Gott schauen, sagt Christus. Sie werden gottähnlich, als Söhne des himmlischen Vaters, die seinen Willen thun, und vollkommen sind, wie er, zu der Höhe der Vollendung steigen, wo sie der Friede Gottes und die Seligkeit des Himmels empfängt. Wer reines Herzens ist, und alle seine Gaben und Kräfte, das Licht seines Geistes, die Stärke seines Willens, nur dem Dienste Gottes weihet, dem wird sich der Gnadenblick des göttlichen Angesichtes schon auf Erden enthüllen, der Himmel wird sich ihm aufthun, und all seinen Segen und Frieden auf ihn herabgießen; im irdischen Dunkel umgibt ihn die Glorie der Verklärung, und im Kampfe trägt er die Palme des ewigen Sieges.

Selig sind, die reines Herzens sind; denn nicht nur sie selbst werden Gott schauen, sie lassen auch die Welt

Gott schauen; das Licht, in welchem sie selber leben, verbreiten sie um sich her, sie zeigen der Welt die erhabene Erscheinung eines gottähnlichen Lebens, sie erfüllen sie mit gottgefälligen Werken, sie drücken dem Leben ein himmlisches Gepräge auf. Alles Gute, dessen wir uns freuen, alle Stiftungen und Ordnungen des Rechts und der guten Sitte; alle großen, schönen Thaten, deren Andenken uns erhebt und begeistert; alle Erkenntniß der Wahrheit, alle Werke der Schönheit, verdanken wir Menschen, die reines Herzens waren, und sich mit demüthiger, begeisterter Liebe dem Dienste Gottes und seines Reiches, dem Wohl und der Vervollkommnung der Menschheit, widmeten. Alle Strahlen des höheren Lichtes, welche die dunkele Erde erleuchten, sind durch reine, gottgeweihte Herzen hindurchgegangen; nur in einem reinen Herzen offenbart sich Gott der Menschheit. Durch Menschen reines Herzens, durch Helden, groß von Willenskraft, erleuchtet und voll Begeisterung für Wahrheit und Gerechtigkeit, sind die Völker der rohen Barbarey entrissen, und zur Gesittung, Gottesfurcht und Tugend geführt worden; durch solche sind, wenn neue Barbaren, neuer Aberglaube eindrang, wenn das Böse wieder überhand nehmen wollte, neue herrlichere Siege erfochten, und die Verwirrung, in welche die sittlichen Angelegenheiten gerathen waren, gelöst worden.

Wohl den Völkern, wenn ihnen zu Helden, Führern, Herrschern, Gesetzgebern, Männer von reinem Herzen gegeben werden, Männer, die nicht bloß mit überlegenem Verstand, mit großer Willensstärke, mit Unternehmungsgeist Neues beginnen und die Welt in Bewegung setzen, sondern sie nach den ewigen Gesetzen der Wahrheit und

Gerechtigkeit ordnen und gestalten, die ihre Größe nicht darin suchen, die bisherigen Ordnungen zu zerstören, sondern sie zu verbessern, die ihren Ruhm nicht auf die Trümmern des öffentlichen Glücks und der öffentlichen Tugend, sondern auf die ewigen Grundsäulen der Wahrheit und Gerechtigkeit gründen. Wehe aber den Völkern, wenn die Leitung ihrer Angelegenheiten Männern in die Hände fällt, welche alle großen Eigenschaften der Seele nur für den Dienst ihrer Selbstsucht verwenden, wenn die Weisheit von der Seelenstärke und Heldentugend verlassen, und diese ohne gute, reine Gesinnung ist. Das ist das beklagenswerthe Loos unserer Zeit. In der französischen Revolution begann eine neue Schöpfung des europäischen Volkslebens: die alten Formen zerfielen, oder wurden von Grund aus erschüttert, Frankreich wurde die Beute der schrecklichsten Anarchie, die entbundene Kraft des Volkes entlud sich, wie ein zerstörender Vulkan, über die benachbarten Völker, und die alten Reiche mit ihren alten Ordnungen wankten. Da ergriff Napoleon mit fester Hand das Ruder. Gott hatte ihn mit großen Geistesgaben und mit Riesenkraft ausgestattet, und an die Spitze einer Volksbewegung gestellt, wie die Geschichte keine ähnliche kennt: was hätte er ausrichten, welche neue herrliche Schöpfung hätte er vollbringen können! Anfangs waltete er auch mit Klarheit und Mäßigung als Ordner und Friedensstifter Frankreichs; aber die tiefer liegende Quelle des Uebels konnte er nicht verstopfen, die allgemeine Bewegung nicht beschwören; sie riß ihn fort von Krieg zu Krieg, von Eroberung zu Eroberung, und bald stand er als Gebieter des ganzen Festlandes von Europa da. Hätte er nun mit reinem, gottgeweihtem

Herzen, mit begeisterter Hingebung, allein der Wahrheit und Gerechtigkeit gedient, nichts gesucht, als die Freyheit, nach welcher Alles verlangte, im Leben der Völker festzustellen, ein neues allen Ständen gerechtes Recht zu ordnen, und der gesunden Kraft des Volkslebens, dem wahren Ehr- und Rechtsgefühl, den Sieg zu verschaffen; hätte er Volk gegen Volk in ein brüderliches Verhältniß gestellt und einen Völkerbund gestiftet, in welchem jedes Volkes Recht und Eigenthümlichkeit Anerkennung und Sicherheit gefunden hätte; hätte er, das Gute allein liebend und erstrebend, dem guten Geiste, der Kraft der Tugend vertraut, und alles, was er unternahm und stiftete, nur auf die ewigen Grundlagen der sittlichen Welt, die Wahrheit und Gerechtigkeit, gegründet; hätte ihm ein reines Herz Zweck und Mittel seines Wirkens vorgeschrieben: o Europa stände jetzt da in einer verjüngten Gestalt, in welcher es den Glanz aller früheren Jahrhunderte überstrahlte, und zuerst das Bild eines christlichen Volkslebens darstellte. Aber es fehlte Napoleon am reinen Herzen, an der wahren Liebe; er liebte die Freyheit nicht, weil er ihr seine Willkür hätte zum Opfer bringen müssen; er gab sie seinem Frankreich nicht, geschweige den übrigen Völkern, die er zu Sklaven desselben machen wollte; er that nichts für das innere Leben der mit ihm verbundenen Staaten, als daß er sie zwang, die größten Anstrengungen für ihn zu machen, und ihre Streitkräfte besser zu entwickeln; er mißtraute dem Geiste der Völker, welche doch nur die Freyheit wollten, und that nichts, ihre Liebe zu gewinnen, alles aber, um ihren Haß auf sich zu laden; er verband sich, um sich zu verstärken, mit den Fürsten, deren

Gewalt er erhöhete, aber nicht mit den Völkern, denen er unerträgliche Lasten auflegte, ohne sie auch nur zu würdigen, sie über seine Zwecke aufzuklären; er schloß einen unwürdigen Bund mit den alten Vorurtheilen und Verderbnissen, ging in die Schlangenwindungen der alten arglistigen Unterhandlungskunst ein, hüllte sich in den Dämmerschein der höfischen Pracht, huldigte dem Adelsstolz, und äffte das Lehnwesen nach; er duldete und benutzte die Schurken und Buben, die er hätte vertilgen sollen, belohnte die Tugend eben damit, womit sich das Laster mästete und brüstete, verwirrte das sittliche Urtheil des Volkes, und rief die Raub- und Ehrsucht auf die Laufbahn des Ruhmes; ohne Liebe, fand er nirgends Liebe, als bey den Genossen seines Raubes; was er geschaffen, zerstörte er wieder, und trat es mit Füßen; nichts konnte um ihn her wurzeln und gedeihen. Darum fiel er; er fiel durch den Haß der Völker, durch ihr verletztes Ehr- und Rechtsgefühl. Nicht der eisige Hauch des Nordpols vernichtete seine Macht, sondern die Kälte seines lieblosen Gemüths; nicht die Flammen von Moskau zerstörten seine Entwürfe, sondern die lang unterdrückte, endlich hervorbrechende Gluth der Völkerrache. Wäre er der Held gewesen, dessen Europa bedurfte, hätte er mit den Völkern im Bunde gestanden: seine Heere hätten sich nach jenen Niederlagen zehnfach erneuert, und es hätte dieser blutigen Kämpfe gar nicht bedurft, um das ins Werk zu richten, was das Glück der Völker gegründet und seinen Ruhm zu den Sternen erhoben hätte.

Wir sind in der Bildung so weit gekommen, daß keine Schöpfung und Stiftung, kein Gebäude der Ordnung im Volksleben Dauer und Bestehen haben wird, wenn es nicht auf den ewigen Grundvesten der Wahrheit und Gerechtigkeit ruht, und nicht von der starken Hand des sein selbst bewußten, sittlichen Volksgeistes getragen wird. Dieses zu erkennen, und mit dem Gehorsam und der Liebe eines reinen Herzens sich einzig dem Dienste der Gerechtigkeit zu widmen, ist der Beruf derer, welche Gott an die Spitze unsrer Völker stellt. Lange genug hat die Welt die rohe Größe eines Heldenthums ohne sittliche Gesinnung mit feiger Bewunderung angestaunt; sie verlangt nun nach der wahren, einzigen Größe der Tugend; die Gewalt des Schwertes und die Furcht können die Rohheit bändigen, aber keine lebendigen Schöpfungen hervorrufen; solche entspringen aus dem Geist der Liebe, und werden von seinem Lebenshauche erhalten und fort und fort verjüngt und erneuert.

Fünfte Vorlesung.

Die Einheit aller Grundtugenden in der Selbstständigkeit des reinen Geistes. Die Pflicht der Frömmigkeit und zwar zuerst der Begeisterung.

Die tugendhafte Gemüthsverfassung oder den Charakter schieden wir in die drey Grundtugenden der Geistesklarheit, der lebendigen Seelenstärke und der Herzensreinheit, indem wir jedoch von der Einheit dieser verschiedenen Tugenden ausgingen, und diese im Willen, als dem Mittelpunkt des Gemüths, fanden, der mit der Erkenntniß und dem Herzen in Wechselwirkung steht. Wir zeigten auch sowohl bey der Geistesklarheit als bey der Herzensreinheit, wie viel beym Erwerben dieser Tugenden auf den Willen ankomme, daß er durch die Leitung der Aufmerksamkeit die Erkenntniß auf die Wahrheit hinrichte, und das Herz durch die Mäßigung der Begierden vor Leidenschaften bewahre, und von der Selbstsucht reinigen helfe. Nachdem wir das Ganze der Tugend in den einzelnen Theilen betrachtet haben, müssen wir nun die Gesammt-Ansicht wieder zu gewinnen suchen, damit uns die Idee der Tugend als eines Ganzen nicht verloren gehe. Da der Mittelpunkt der tugendhaften Gemüthsverfassung im Willen liegt: so wollen wir von diesem aus diese Idee zu fassen suchen. Die Tugend des Willens besteht in der Stärke und Lebendigkeit, aber diese ist nichts anders als die Freyheit und Selbstständigkeit desselben. Frey ist er in der geduldigen Ertragung der Leiden, welche ihm ein widriges Schicksal auferlegt, indem er dagegen seine Kraft, wiewohl ohne selbstthätigen Widerstand, geltend macht. Frey ist er in der heitern Ruhe, die er mitten im Leiden behauptet, indem die Widerwärtigkeit nicht nur nicht seine Kraft niederdrückt, sondern auch nicht einmal einen betrübenden Eindruck auf das Gemüth macht. Frey ist der Wille in der Unerschrockenheit und Tapferkeit, indem er gegen das Widerwärtige und Hemmende mit frischer Kraft andringt, und, was ihm in den Weg tritt, über den Haufen wirft. Frey ist er in der Mäßigung, in dem er alles, was im Gemüth selbst seine Kraft beugen und fesseln will, jede Begierde und Aufwallung unter dem Maß des Gleichgewichts hält, und keiner Leidenschaft Raum gibt. Frey ist er endlich in der Lebendigkeit, indem er sich vom trägen Gange der Gewohnheit, von der Knechtschaft der Nachahmung losmacht, und frey seinen eigenen Weg geht, unabhängig von Andern aus eigener Kraft wirkt, und allem, was er schafft, sein eigenes Gepräge aufdrückt. Aber auch die Klarheit des Geistes ist nichts anders als die Freyheit und Unabhängigkeit der Erkenntniß von Sinnlichkeit und Gewohnheit; denn in Dumpfheit lebt der Geist, wenn er, ohne alle Selbstthätigkeit, an die Begierden, Leidenschaften und Angewöhnungen gekettet und sein selbst und seiner Bestimmung unbewußt ist; in Trübheit und Verworrenheit lebt er, wenn das Licht der Selbstthätigkeit mit der Nacht der sinnlichen, gewohnheitsmäßigen Dumpfheit eine täuschende Dämmerung erzeugt. Diese Klarheit des Verstandes ist nun auch selbst nicht möglich, ohne einen starken, lebendigen Willen, welcher mit unausgesetzter Selbstthätigkeit die Erkenntniß auf das Höhere hinrichtet, und beständig mit den Vorurtheilen und Angewöhnungen im Kampfe liegt. Endlich ist auch die Reinheit des Herzens nichts anders als die Unabhängigkeit der edleren Triebe von den sinnlichen Anregungen, die Selbstständigkeit des geistigen Gefühls der Liebe im Andrange der Begierden und sinnlichen Gemüthsbewegungen. Frey behauptet sich der Geist im Herzen, wenn dieses nicht von der sinnlichen Lust verunreinigt wird, so wie er sich in der Erkenntniß, die nicht von sinnlicher und gewohnheitsmäßiger Befangenheit beschränkt und verdüstert wird, und im Willen, der nicht von der Last des Leidens gebeugt, nicht vom Andrange der Gefahren zurückgeschreckt, nicht vom innern Sturme der Begierden erschüttert, nicht vom Zuge der Gewohnheit fortgezogen wird, ebenfalls frey behauptet. Auf Freyheit des Geistes also läßt sich alles zurückführen, was zur Tugend gehört.

Freyheit ist das eigenthümliche Leben des Geistes. Frey ist er seiner Natur nach, dadurch unterscheidet er sich von der in der Nothwendigkeit befangenen Körperwelt; er vermag allein aus sich selbst eine Bewegung zu beginnen, sich über den Drang der Nothwendigkeit zu erheben, und seinen eigenen Gesetzen zu folgen. Der

Geist lebt, wenn er frey ist; insofern er leidet und gezwungen ist, lebt er nicht. In der Tugend mithin, in welcher er frey ist, lebt er, im Laster und in der Unsittlichkeit ist er erstorben; und alles, was zur Tugend gehört, können wir in den Ausdruck des wahren Lebens zusammenfassen. Im Prinzip des Lebens faßten wir auch früher den ganzen Gehalt der Weisheit zusammen. Weisheit und Tugend ist nur insofern verschieden, als jene das reine, vollkommne Bild des Lebens in der Erkenntniß auffaßt, diese es aber wirklich und in der That lebt; und so bewährt sich uns von neuem jener Grundsatz, und unsere Betrachtung kehrt auf denselben Punkt zurück.

Ja, der Tugendhafte lebt allein das wahre, freye, klare, reine Leben. Im Todeskampfe des Schmerzes, im Verschmachten des leidenden Körpers, bewahrt er das Gefühl des Lebens, das ruhige, heitere Selbstgefühl; beym Heranstürmen der Gefahren, welche Tod und Verderben drohen, ermannt er sich mit frischer Lebens- und Thatkraft, und eilt fröhlich in den Kampf; nie wird seine Seele vom Sturme der Leidenschaften zerrüttet, nie erfährt er ihre erdrückende Gewalt, ihr fressendes Gift, ihre verzehrenden Flammen; in aller Gemüthsbewegung lebt, von allem Leiden und allen Fesseln frey, der herrschende Wille; ihn berührt nicht der erschlaffende, ertödtende Einfluß der Gewohnheit, nichts hemmt seine freye, lebendige That- und Schöpferkraft, Alles weicht seiner gestaltenden Wirksamkeit; über den auf ihn eindringenden dunkeln Stoff der Erfahrung und Ueberlieferung waltet frey seine lebendige, klare Erkenntniß, und ihr Licht leuchtet, wenn Alles umher in die Nacht des Todes versinket; und so dringt auch nie in sein reines, allein der himmlischen Liebe empfängliches, von ihrem Lebenshauch bewegtes Herz der dunkle, todte Erdenstoff, die vom allgemeinen Leben abziehende, beengende und entgeistende Selbstsucht; er lebt, mit reinem geistigen Gefühl hingegeben der die Schöpfung Gottes durchdringenden Geistesregung, ein erhöhetes, allempfängliches Leben; er lebt in Erkenntniß, Willen und Gefühl das wahre Leben.

In diesem wahren Leben liegt die Erhabenheit und Schönheit der Tugend. Erhaben ist das sturmerregte Meer, weil sich in der ungeheuren Bewegung ein Bild des großen, gewaltigen Lebens der Natur, des Streites ihrer Kräfte, darstellt; aber größer ist die Kraft des Geistes, welcher lebenerregend das Reich der Geister durchdringt, und im Sturme widerstreitender Kräfte Licht und Ordnung schafft. Erhaben ist ein hohes Gebirg, weil die ungeheuren Massen desselben, von der Gewalt unterirdischer Flammen oder chaotischer Urwasser aufgethürmt, den Blick mächtig emporziehen, und die Seele mit Staunen erfüllen; aber größer ist doch die Kraft der Tugend, welche, mit klarem Bewußtseyn der göttlichen Schöpferkraft nachschaffend, mit freyem Schwung sich zum Himmel erhebend, Werke der Begeisterung vollbringt, in welchen sich die Würde des Menschen spiegelt. Schön ist die sonnenhelle Landschaft mit blühenden Fluren, grünen Wäldern, blauen Seen, mit all der darüber hingegossenen Fülle der Anmuth und Lieblichkeit; aber schöner ist die klare, reine Seele des Tugendhaften, ihre heitere Ruhe, die Fülle der Liebe, die ihr entströmt, der Wohllaut, den sie um sich her verbreitet. Schöner, als alle Naturschönheit, ist das Leben des Geistes in der Geschichte, so wie die Geschichtsmalerey über der Landschaftsmalerey steht, weil sich in der Natur das Leben gebunden zeigt; und schöner, als in seinen äussern Erscheinungen, ist das innere Geistesleben selbst, wie es der geweihte Blick des Menschenkenners schaut, so wie über aller bildenden Kunst die Dicht- und Tonkunst steht, welche das Geistesleben unmittelbar enthüllt in seiner innersten Erregung und Thätigkeit.

Was nun der klare Blick des Tugendhaften als Ziel seines Strebens erkennt, was sein reines Herz mit begeisterter Liebe erfaßt und mit demüthigem Gehorsam als Gesetz verehrt, und was der freye, starke, lebendige Wille vollbringt: das ist die Pflicht, deren Entwickelung nunmehr unsere Aufgabe ausmacht. Wenn sich in der Gemüthsverfassung des Tugendhaften alles Licht, alle Kraft und aller Trieb des wahren, sittlichen Lebens zusammendrängt: so werden wir nun in der Entwickelung der Pflichten das Bild seines Lebens in Beziehung auf die sittliche Wechselwirkung und die verschiedenen Verhältnisse derselben nach und nach abrollen.

Die erste Pflicht oder vielmehr diejenige, welche alle übrigen einschließt, ist die Frömmigkeit oder die Auffassung der sittlichen Gesetze mit dem Gefühl, die sittliche Gefühlsstimmung.

Wir wollen zuerst das Wesen der Frömmigkeit im Allgemeinen kennen lernen, und damit beginnen, zu zeigen, in wiefern sie alle übrigen Pflichten einschließt. Zu dem Ende müssen wir einen Rückblick thun in das Getriebe und die Entstehungsart des sittlichen Handelns.

Der Mensch handelt sittlich, wenn ihm aus dem Gefühl einer Neigung und Liebe oder einer Abneigung und eines Abscheus ein Antrieb kommt, welchen die Erkenntniß im Gewissen billigt, wodurch sich dann der Wille bestimmen läßt, diesem Antriebe gemäß zu handeln. Gefühl und Erkenntniß sollen soviel als möglich immer in Einklang seyn, und zufolge dieses Einklangs soll dann der Wille sich entschließen. Das Gefühl ist aber das erste, und die Erkenntniß das zweyte; man kann kein sittliches Gesetz, keinen sittlichen Zweck erkennen, ohne daß ein Gefühl desselben vorangegangen ist. Die Achtung der Menschenwürde z. B. würde der Erkenntniß etwas ganz fremdes seyn, wenn wir sie nicht im Gefühl des Herzens trügen. Durch die Erkenntniß werden wir inne, daß mit uns Wesen zusammenleben, die uns gleich sind; aber dadurch lieben und achten wir sie noch nicht. Die Klugheit kann uns lehren, daß wir unsere Nebenmenschen nicht beschädigen und beunruhigen dürfen, ohne dadurch uns selbst zu schaden; aber das ist bloß die Erkenntniß eines äusseren Verhältnisses, wodurch keine sittliche Gesinnung erzeugt wird. Nur durch die Eindrücke, welche die Erscheinung des Menschen auf das Herz macht, durch die Erregung des Mitgefühls, des Gefühls, daß sein Leben mit dem unsrigen eins ist, entsteht das sittliche Gefühl der Menschenachtung, aus welchem die Antriebe zu gerechten Handlungen entspringen.

Nicht nur aber ist das Gefühl die Grundlage der Erkenntniß, und geht derselben voran, sondern es geht auch über sie hinaus, und kann nie vollständig erkannt und begriffen werden. Man mag dasjenige, was zur Gerechtigkeit gehört, noch so genau bestimmen, die gegenseitigen Rechte und Pflichten der Menschen noch so scharf abgrenzen; es treten immer Fälle ein, welche keine bürgerliche und sittliche Gesetzgebung vorhergesehen hat, und wo der Mensch sich von aller seiner Erkenntniß verlassen und im Dunkeln findet, wenn ihm nicht sein Gefühl sagt, was er zu thun habe, oder wenigstens durch seinen Antrieb die Erkenntniß leitet, daß sie das Rechte treffe. Die eigentlichen Pflichten lassen sich wenigstens in allgemeinen Verboten für die Erkenntniß ausdrücken, dergleichen z. B. das ist: Du sollst deinen Nebenmenschen nicht unterdrücken und kränken, oder wie man es ausdrücken mag. Aber die Obliegenheiten des Wohlwollens, der Wohlthätigkeit, der Freundschaft lassen sich noch viel weniger bestimmen; man kann niemanden vorschreiben, wie viel er für einen Hülfsbedürftigen zu thun habe, in welchem Grade er seinen Nächsten, seinen Bruder, seine Gattin lieben soll. Das alles muß frey aus dem vom Gefühl der Liebe bewegten Herzen hervorgehen; und wo dieses fehlt, da helfen alle Regeln und Anfoderungen nichts. Handlungen, welche nur aus der Erkenntniß, nicht aus dem lebendigen Gefühl hervorgehen, werden auch immer des ächten sittlichen Gepräges entbehren. Angenommen, sie geschehen nicht aus Heucheley, nicht aus bloßer Klugheit, sondern aus Gewissenhaftigkeit oder aus Gehorsam gegen das Gesetz, welches der Verstand erkennt; wenn nicht der lebendige Antrieb aus dem Gefühl hinzukommt: so werden sie doch immer an einer gewissen Kälte leiden, und Kunstwerken gleichen, die, ohne lebendige Begeisterung und Einbildung, bloß nach den Regeln der Kunstlehre, nicht geschaffen, sondern gemacht sind, und, kalt in sich selbst, auch die Beschauer kalt lassen. Die sittliche Gesinnung nannten wir die Lebenswärme der sittlichen Welt, welche das ganze Menschenleben schöpferisch durchdringt, aus jeder ächt sittlichen Handlung hervorströmt, und in den Flammen der Begeisterung ihre größere Fülle und Stärke entwickelt. Ohne diese Wärme, ohne dieses Licht sind die sittlichen Handlungen den todten Stoffen der Steinwelt zu vergleichen, welchen alles Leben fehlt, oder vielmehr welche die starren Ueberreste eines ehemaligen, erstorbenen Lebens sind. Handlungen aber, die aus der Wärme des Gefühls hervorgehen, sind den organischen Geschöpfen zu vergleichen, deren Leben unserm Leben verwandt ist, in welchen uns die Schöpferkraft der Natur am lebendigsten entgegentritt. Ohne warmes, lebendiges Gefühl lassen sich auch nur gemeine Handlungen vollbringen, wie sie das alltägliche Leben in den immer wiederkehrenden Fällen veranlaßt; für solche reicht die Klugheit oder doch wenigstens die kalte, trockene Gesetzlichkeit zu. Aber die ausserordentlichen Handlungen des edlen Stolzes, der Großmuth, der Hingebung, der Aufopferung, die Heldenthaten der Freundschaft und Vaterlandsliebe, alle die Thaten, bey deren Nennung unser Herz lebhafter schlägt oder die Thränen edler Rührung uns in die Augen treten: diese sind auch aus einem vollen Herzen hervorgegangen, und in den Augen derer, welche sie vollbrachten, leuchteten die Strahlen der höheren Liebe. Die schönsten sittlichen Handlungen sind, wie die Werke der Kunst und Dichtung, die Töchter der Begeisterung, der göttlichen Eingebung; ein höherer Geist ergießt sich in die Herzen, erfüllt sie mit heiligen Trieben, und verleiht dem Willen höhere Kräfte, durch welche das gelingt, wovor der feige Muth des Kalten und Gefühllosen erbebt.

Es war eine der unglückseligsten Verirrungen des Kantischen Philosophie, daß sie die Sittlichkeit ganz vom Gefühl unabhängig machen wollte. Aller sittliche Antrieb sollte nur aus der Achtung vor dem Sittengesetz entspringen, und dieses wurde bloß als ein Begriff, als eine leere verständige Form, angesehen. Nach dieser Ansicht war die Sittlichkeit nichts als kalte, strenge Gesetzmäßigkeit, ohne Begeisterung und lebendige Liebe. Wir können uns glücklich schätzen, daß wir von dieser ertödtenden Herrschaft des Verstandes befreyt sind, und daß unsere Sittenlehrer wieder erkannt haben, daß die wahre Tugend zwar nicht ohne Geistesklarheit und Besonnenheit, aber eben so wenig ohne Gefühl und Begeisterung bestehen kann.

Alles reine sittliche Gefühl, alle höhere Liebe und Begeisterung aber gehört der Frömmigkeit. Die sittlichen Gesetze sind die der übersinnlichen Welt, des Reiches Gottes; der Erde sind sie fremd, auf welcher die Gesetze der Schwere, der Anziehung und Abstoßung, der sinnlichen Lust und Unlust, nicht aber die der Freyheit und Liebe herrschen. Diese lehrt uns nicht die Sinnlichkeit, nicht die Erfahrung und Gewohnheit, sondern allein der höhere, geistige Sinn, das Organ, mit welchem wir das Himmlische vernehmen. Dieses Organ ist das Gefühl, welchem allein vergönnt ist, das Uebersinnliche zu fassen. Der Verstand kann es nie ganz begreifen, sondern nur, dem Gefühl nachgehend, einen schwachen Schimmer davon erkennen. Fromm nennen wir denjenigen, in welchem das Gefühl für das Höhere lebendig und herrschend geworden ist, in dessen Gemüth das Bewußtseyn der übersinnlichen Welt, die Liebe zu den ewigen Zwecken, die heilige Ehrfurcht vor den Gesetzen Gottes, das freudige Vertrauen zu der Kraft und dem Sieg des Guten, die Begeisterung und Hingebung des Gehorsams gegen den Willen Gottes, die zu ihm unwandelbar aufblickende Andacht und all die Freude, die Ruhe, der Friede, die Seligkeit, die damit verbunden sind, lebt, mit einem Worte, dessen Gemüth mit der höheren Welt in Einklang und lebendiger Berührung ist. Das Wort fromm brauchen wir im niedern Sinne von der Sanftheit und Lenksamkeit eines Pferdes, von dem sanften Gehorsam eines Kindes, welches nicht wild, ungestüm und störrig, sondern für Befehle und Lehren empfänglich, sich gern in ein gesetzmäßiges Betragen fügt. Fromm im höhern, aber entsprechenden Sinne ist der sittliche Mensch, welcher nicht den höheren Gesetzen unbändig und eigensinnig widerstrebt, nicht gegen dieselben sein Herz verschließt, nicht demjenigen nachhängt, was die höhere Weltordnung unterbricht, sondern sich willig in die Gesetze des sittlichen Einklangs fügt, sich den Einwirkungen des höheren Geistes hingibt, und sich von ihm beherrschen und leiten läßt. Der Mensch ist ein Glied in der Wesenkette der Welt Gottes, ein Bürger des Geisterreiches, zwar mit seinem Leibe und seinen Sinnen der Erde angehörend, aber mit seiner unsterblichen Seele in der übersinnlichen Welt einheimisch. Er soll daher dem Geiste, der in dieser waltet, sich folgsam hingeben, gleichsam den Lebensathem, der über den Sternen wehet, mit seiner Seele trinken, alle Lebenserregung von oben empfangen, und jede seiner Bewegungen und Richtungen in die allgemeine Bewegung und Richtung, in den von dem Herrn der Welt geordneten Gang, zum heiligen

Wohllaut einfügen. Der Fromme ist wie die Sonnenblume, welche mit sehnsüchtiger, durstiger Liebe sich stets nach der Sonne wendet, ihr von Morgen nach Abend folgt, ohne sie nicht leben, nicht gedeihen, ihre Blumenkrone nicht entfalten kann. Er ist wie die Erde, die sich in unwandelbarem Lauf um die Sonne bewegt, an ihr fest mit Liebesbanden hängt, und von ihr alle Erregung, alles Licht und Leben empfängt, wodurch sich das Spiel der irdischen Kräfte auf ihr entwickelt, das Pflanzen- und Thierleben sich entfaltet und selbst das geistige Menschenleben entzündet wird.

Die Frömmigkeit aber läßt sich von einer doppelten Seite betrachten. Wir nennen denjenigen fromm, welcher an Gott und Christum, an ein ewiges Leben, Unsterblichkeit und Vergeltung glaubt, von den heiligen Wahrheiten der Offenbarung überzeugt ist, und, um sich in diesem Glauben zu stärken und zu vervollkommnen, alle die Nahrung, Erregung und Erleuchtung sucht, welche ihm die Gemeinschaft der Gläubigen oder die Kirche bietet, und die ihm in besonderer Andachtsübung, im Gebet und in der Betrachtung werden kann. Diese Frömmigkeit besteht allerdings in einer gewissen Gefühlsstimmung, aber mit dieser verbinden sich gewisse Erkenntnisse und die Heilighaltung gewisser Gebräuche. Wir können sie die kirchliche Frömmigkeit nennen; sie besteht in der Betrachtung, und bedarf gewisser Dogmen, Symbole und Institute zur Verständigung und Unterstützung. In dieser betrachtenden Frömmigkeit, für sich genommen, ist man nicht thätig; man empfängt, und bringt nicht hervor, man fühlt oder erkennt, handelt aber nicht. Aber aus den Gefühlen, welche durch die Betrachtung angeregt werden, wenn sie rein und gesund sind, entspringen Antriebe zum Handeln. Das Herz des andächtigen Hörers, das durch eine erbauliche Predigt erwärmt worden, ist geneigter zu guten, wohlthätigen Handlungen, und verschließt sich nicht, wie vielleicht sonst, vor den Thränen des Unglücklichen. Wie die Erde von der Sonne ihr Licht und ihre Wärme empfängt, um Leben auf ihrer Oberfläche zu erzeugen: so kehrt sich der Fromme, nachdem er sich empfangend nach oben gerichtet und daher Licht und Wärme in sich aufgenommen, handelnd, hervorbringend in das menschliche Leben, und gestaltet dieses nach den von oben erhaltenen Antrieben. Diese Gefühlsstimmung, aus welcher unmittelbar sittliche Antriebe entspringen, welche Früchte der Tugend trägt, ist die zweyte Seite der Frömmigkeit, die wir hier besonders betrachten. Wir wollen diese Art von Frömmigkeit die *thätige* oder die *sittliche* nennen, und noch einen Augenblick bey der Unterscheidung derselben von der betrachtenden verweilen.

Die sittliche Frömmigkeit lebt *unmittelbar* im Gefühl des Herzens, und kündigt sich gleichsam in dessen Pulsschlag an. Die betrachtende hingegen knüpft ihre Gefühlsstimmungen an gewisse Vorstellungen, Lehrmeinungen und Uebungen, und ist *mittelbar*. Die Gefühle spiegeln sich in ihr in den Bildern der Betrachtung, und wirken durch diese auf das Herz zurück. Sehr verschieden sind die Vorstellungen eines Heiden und eines Christen von Gott, und verschieden ist ihre betrachtende Frömmigkeit; aber indem der eine und der andere beym Gedanken an seinen Gott mit heiliger Scheu einen Eid ablegt und gewissenhaft die Wahrheit sagt, ist beyder sittliche Frömmigkeit dieselbe, wenigstens entspringen aus ihrem Gottesglauben dieselben reinen sittlichen Antriebe. Nun gibt es zwar keine sittliche Frömmigkeit ohne die betrachtende und ohne die Nahrung und Erregung, welche diese gibt; wir werden auch selbst die Wichtigkeit der letztern ins Licht setzen, und die Pflege derselben empfehlen; aber die erstere läßt sich doch abgesondert und unabhängig betrachten, ja, es ist nützlich, sie so zu betrachten, um zu sehen, wohin uns die fromme Betrachtung und Uebung führen, welche Gefühle sie uns erwecken soll. Die betrachtende Frömmigkeit ist nicht selten todt und bloße Erkenntniß und Uebung: es mag daher wohl erwecklich seyn, zu sehen, wie sie sich lebendig in mächtigen Antrieben zur Handlung beweisen soll, damit man nie in todte Uebung verfalle, und sich der Glaube stets in der Liebe wirksam zeige.

Diese sittliche Frömmigkeit nun in ihren Grundzügen zu zeichnen, ist unsere nächste Aufgabe.

Sie ist, wie die Tugend und die sittliche Gesinnung, welche letztere sie ja selbst ganz einschließt, nur eine, und jede Stimmung des frommen Gefühls, jeder Antrieb zu sittlichen Handlungen, ist nichts als eine verschiedene Aeusserung derselben Grundstimmung. Wir können sie im Allgemeinen bezeichnen als das unmittelbare, lebendige Gefühl der sittlichen Weltordnung und des Verhältnisses des Menschen zu derselben, als die Stimmung des Gemüths, welches der die Welt schaffende, erhaltende und ordnende Geist Gottes erfüllt und bewegt, welches mit all seinen Gefühlen und Trieben sich harmonisch in den Einklang der göttlichen Weltordnung fügt. Aber dieses Ganze müssen wir nach seinen verschiedenen Theilen, diese Grundstimmung in verschiedenen Beziehungen betrachten, um eine deutliche Erkenntniß davon zu gewinnen. Je nachdem wir nämlich das Verhältniß des Menschen zur höheren Weltordnung fassen, je nachdem wir die eine oder die andere Seite seines Gemüths, mit welcher er sich nach oben wendet, hervorheben, erscheint die Frömmigkeit gleichsam in einer andern Farbe. Wir nehmen drey verschiedene Arten der frommen Gefühlsstimmung an, welche wir Begeisterung, Selbstverleugnung, und Andacht nennen. Von der Begeisterung wollen wir heute handeln.

Ob wir das rechte Wort für dieses Gefühl wählen, wird sich im Verfolg der Betrachtung zeigen; für jetzt wollen wir, darum unbekümmert, dasselbe aus seiner Quelle entwickeln, und in seiner Wirkung auf das Gemüth darstellen.

Der Grundsatz aller sittlichen Gesetzgebung ist die Achtung der Menschenwürde, welche den unvergleichbaren Werth in sich trägt, und über alle menschlichen Werthe erhaben ist. Diese Würde aber beruht auf der geistigen Selbstständigkeit des innern Wesens des Menschen, welches nicht vergänglich und wandelbar, dem Wechsel von Entstehen und Vergehen unterworfen ist, wie der Leib und die andern irdischen Dinge. Eben so ist alles, was dem Geiste eigen ist, was zur Behauptung seines Wesens gehört, was er liebt und sucht, was ihm als Zweck und Gut gilt, unveränderlich, wie er selbst, und nicht in den Wechsel von Bedürfniß und Sättigung, von Begierde und Genuß hineingezogen, wie das, was der Leib und dessen sinnlicher Trieb fodert. Und so ist das Trachten nach dem, was oben ist, das Streben nach ewigen Zwecken, die Wurzel alles sittlichen Lebens.

Vermöge der Unwandelbarkeit und Unvergänglichkeit seines innern Wesens oder seines Geistes achtet sich der Mensch nicht bloß als einen Bewohner dieser Erde, welche, wie sie sich selbst als eine rollende Kugel um die Sonne dreht, nichts als Wandel, Entstehen und Vergehen zeigt, sondern als den Bürger des Himmels, eines Reiches, in welchem die unwandelbaren, heiligen Gesetze Gottes bestehen. Und wie er in seinem Mitmenschen dasselbe unwandelbare Wesen mit Achtung und Liebe erkennt, so räumt er ihm auch eine Stelle im ewigen Reiche der Geister ein, und achtet sich mit ihm zugleich in geistiger Wechselwirkung stehend, den ewigen Gesetzen unterworfen.

Dieses alles, was wir in Verstandesbegriffen ausgesprochen haben, und was vielleicht noch in andere Ausdrücke gefaßt werden könnte, liegt im Gemüth des Menschen ursprünglich als Gefühl der Unsterblichkeit und Ewigkeit des Geistes, ein Gefühl, welches dem Menschen tief ins Bewußtseyn eingegraben ist. Mag man sich die Unsterblichkeit mit den alten Aegyptern als Seelenwanderung denken, oder mit den Griechen und Hebräern als eine Fortdauer im Schooße der Erde, oder mit gewissen Weltweisen als ein Zurückgehen der Seele in den Lebensgeist des Weltganzen, oder mit den Christen als ein seliges Seyn bey Gott und Christo; mag man sich jenseits eine Vergeltung oder nicht denken: das alles ist allerdings nicht gleichgültig für die fromme Gefühlsstimmung; aber der Römer, der sich für das Heil seines Vaterlandes in den gähnenden Schlund der Erde stürzt, und der christliche Märtyrer, der mit heiterer Seelenruhe den Scheiterhaufen besteigt, beweisen, indem sie ihr irdisches Leben und Glück für ihre höhere Liebe und ihren Glauben hingeben, dasselbe Gefühl der Unsterblichkeit, das Gefühl, daß der Geist nicht in irdischem Besitz und Genuß, nicht im irdischen Leben, sondern selbst im Verlust desselben sein eigenes, inneres Lebens behauptet; daß wenn sich auch das Auge schließt, das sich am Licht der Sonne und dem Farbenglanz der irdischen Schöpfung weidete, wenn der Pulsschlag des Herzens stockt, das von der Liebe und Freude des Lebens erwärmt war, dem in die Zukunft und Ewigkeit blickenden, alles, was groß und schön ist, um sein selbst, nicht um des Genusses willen liebenden Geiste die Lust und Freude des Lebens nicht erstirbt, daß er in den Tod sein wahres Wesen mitnimmt, und in der selbsterwählten Vernichtung des Leibes sich selbst nicht verliert, sondern reiner wiederfindet. O erhabenes Gefühl der Unsterblichkeit, welches die Brust des Frommen schwellt, Quell und Wurzel aller großen, heiligen Gesinnungen, welche über das niedere Thun und Treiben der Erdenkinder hinwegheben und zu den herrlichen Thaten des Heldenmuthes, der begeisterten Liebe und Hingebung führen! Es ist das Gefühl, welches den Tapfern beseelt, und seinem starken Muth eine höhere Stärke verleiht, wenn er sich in die feindlichen Speere stürzt, und den feuerspeyenden Schlünden der Geschütze die Brust bietet. Mag der Leib zerschmettert hinsinken, wenn nur die Brüder siegen, und die Freyheit und Gerechtigkeit siegt, wenn nur das besteht und lebt, was er mehr liebt, als sich selbst; so lebt er, lebt in seliger Freude, von oben herab auf die Geliebten schauend, lebt im hohen Selbstgefühl der Tugend, in der Wonne des ewigen Friedens. Dieses Gefühl der Unsterblichkeit, der ewigen Liebe, beseelte die Brust Arnolds von Winkelried, als er sich für seine Brüder opferte; erhaben über sich selbst und sein Leben, erhaben über die kurze Spanne Zeit, die ihm noch zu leben vergönnt war, erhaben über die Jahrhunderte, welche seinen Namen rühmend nennen, sank er von den Speeren durchbohrt zusammen; aber sein Geist schwang sich freudig und siegreich auf. Dieses Gefühl der Unsterblichkeit beseelt den freymüthigen Bekenner der Wahrheit, der ruhig vor den Despoten hintritt, und ihn der Ungerechtigkeit zeihet, der, die Gefängnisse und Scheiterhaufen der Ketzerrichter verachtend, die Götzen des Aberglaubens kühn von den Altären herabreißt, und zur Erde schmettert. Dasselbe Gefühl beseelt den stillen Dulder, der unter Schmerzen und Kränkung die heitere Ruhe bewahrt, denkend, daß alles, was er leidet, vergänglich, der Lohn der Tugend aber unvergänglich ist. Dieses Gefühl verleiht dem sanften, schwachen Weibe Kraft, daß es nicht unter der Last der Sorgen und Mühen erliegt, und den Kränkungen, die ihm ein ungetreuer, roher Gatte zufügt, die Gleichmuth der Versöhnlichkeit entgegensetzt. In diesem Gefühl erhebt die sanfte Dulderin das thränende Auge empor, dahin, wo alle Sorge und aller Schmerz aufhört, wo die treue Liebe nicht verkannt wird, wo die reine Seele sich im Strahle der ewigen Liebe sonnet. Jede Tugend wurzelt in diesem Gefühl der Unsterblichkeit, und zieht aus ihm die Himmelsnahrung; nur wenn der Geist, seiner höheren Abkunft bewußt, mit dem unvertilglichen, geistigen Selbstgefühl sich nach oben wendet, empfängt er die reine Geisteskraft, mit welcher er dem Schmerze und der Todesfurcht der Erde trotzt, und den Kampf der Prüfung besteht.

An das Gefühl der Unsterblichkeit schließt sich nun das verwandte unserer ewigen Bestimmung. So wahr unser Wesen unsterblich und ewig ist, so wahr ist uns auch ein ewiges, höchstes Ziel gesetzt, dem wir nachstreben sollen, das wir in der Ewigkeit erreichen werden. Unsere Bestimmung ist nicht auf dieser Erde; aller Besitz und Genuß, den sie uns bietet, alle Freude und Wonne, die uns die flüchtigen Stunden bringen, kann nicht die Sehnsucht stillen, welche in unserer Brust wohnt. Wir sind nicht dazu 'estimmt, gleich den Würmern im dunkeln Erdboden zu wühlen und zu nagen, und unsern Leib mit Staub zu füllen, damit er dann, in Staub zerfallend, der Erde wieder gebe, was ihr angehört. Hinweg also, unsterblicher Geist, über das unwürdige Trachten nach der thierischen Lust an dem, was die Nerven des Leibes kitzelt, und die Seele mit trübem Erdendunst umnebelt! Hinweg über das Geizen nach dem Besitz der irdischen Güter! Auf den Schollen der Erde ist deine Heimath nicht; ihr Glanz und ihr Schimmer kann dein Auge nicht locken, das sich im ewigen Lichte sonnet! Nur wenig Raum braucht unser Leib, um sich auf der Erde zu bewegen; wenig Nahrung genügt ihm, den Hunger zu stillen, und leicht ist seine Blöße bedeckt: warum geizen wir mit solcher Gier nach immer größerm Besitz und Reichthum, warum häufen wir die Schätze der Erde, um uns mit ihnen zu mästen und mit ihrem eitlen Glanze zu umgeben? Und alle diese irdische Herrlichkeit, welche das erhabene Wesen unseres Geistes nicht berührt und nicht verherrlichen kann, deren Liebe ihn aber herabzieht in die irdische Niedrigkeit, ist vergänglich, wie der Hauch, den der Wind verwehet. Motte und Rost verderben die irdische Schätze, Diebe graben ihnen nach, die Gewalt der Elemente raffen sie hinweg, die menschliche Raubsucht entreißt sie uns: und der Mensch, der sein Herz an sie gehängt hat, steht nach ihrem Verlust entblößt und verarmt in Verzweiflung da. So löse dich, erhabener Geist, lieber sogleich von diesen unwürdigen Banden, sammle dir Schätze im Himmel, welche weder Motte noch Rost fressen, welchen die Diebe nicht nachgraben, strebe nach dem, was droben ist, was dir ewig bleibt, und dein eigenes Wesen verherrlicht!

Diese erhabene Richtung des Geistes nach den ewigen Gütern, oder dieser himmlische Sinn, zeigt sich aber nicht bloß darin, daß wir unser Herz vor gemeiner, niedriger Hab- und Genußsucht frey halten. Gar zart sind oft die Bande, mit welchen uns die Erde an sich zieht und fesselt; mit Blumenketten umwindet sie die Fittiche des Geistes, daß er gern am Boden weilt, und nicht den Flug nach oben versucht. In der Fülle des Jugendreizes, von Anmuth umstrahlt, tritt die Jungfrau dem Jüngling entgegen, und entzündet sein Herz mit Liebe; aber es ist nur das Feuer irdischer Liebe, nicht die Aetherflamme der himmlischen. Der Jüngling, anstatt an der Brust der Geliebten sich zu edlen Thaten zu erwärmen, und dann in den Kampf des Lebens zu eilen, verbringt in weichlicher Ruhe, sein Glück genießend, die schönen Tage der Kraft. Die Noth des Vaterlandes fodert ihn auf, die Waffen zu ergreifen, aber ein bittender, in Thränen schwimmender Blick der Geliebten hält ihn zurück. Das ist nicht die rechte Liebe, welche nicht die Brust des Jünglings mit edlem Muthe schwellt, die nicht von Auge in Auge den zündenden Strahl himmlischer Begeisterung trägt. Seele soll sich an Seele schließen, und fest umschlungen sollen beyde, mit gleichem

Flügelschlag sich empor hebend, ihre ewige Heimath suchen. Die erhabene Richtung, der himmlische Sinn, fehlt auch oft der Elternliebe. Mit träger, weichlicher, habsüchtiger Zärtlichkeit schließt die Mutter ihren geliebten Sohn ans Herz, und versagt ihn der Auffoderung des Ruhmes, der dringenden Mahnung der Pflicht. Und so werden Viele durch die Bande einer sonst nicht verwerflichen Liebe und Anhänglichkeit, die aber durch Trägheit und Genußsucht verwerflich wird, in dem Schooße einer weichlichen Ruhe zurückgehalten, daß sie nicht aufstreben nach den höheren Zielen des Lebens, und so ihrer Bestimmung untreu werden. Süß ruht es sich im Schooße der Familie, sanft rollt sich das Leben ab, und das Herz labt und täuscht sich mit edlen Gefühlen. Der Friede ist so süß; man fühlt sich wohl in der Mitte der Seinen, der Freunde, der Mitbürger, in den gewohnten Kreisen des Lebens. Aber die Trommete ruft schmetternd zum Kampfe für Gerechtigkeit und Ehre, und der wahre Friede, der Friede der Seele, ist nur in ihrer muthigen, tapfern Erhebung, und läßt sich nicht mit Feigheit erkaufen. Selbst der Gemeingeist, welcher allerdings über die Schranken der besondern Selbstsucht erhebt, und den Menschen in einen höhern Lebenskreis emporzieht, wie die Vaterlandsliebe, kann jener erhabenen Richtung entbehren, wenn man in dem Gemeinsamen nicht die höchsten Zwecke und die höchsten Ziele geistiger Thätigkeit findet, sondern nur das, was besteht, mit gewohnheitsmäßiger Liebe umfaßt, oder mit einer höhern Art von Selbstsucht den gemeinsamen Wohlstand und Frieden, den gemeinsamen Ruhm und Glanz liebt, und sich von einer solchen trägen, irdischen Liebe den Geist lähmen läßt. So ist der Gemeingeist der Engländer ganz von der selbstsüchtigen Liebe zum Reichthum und Wohlstand vergiftet; das Ziel ihrer Volksbestrebungen ist die Behauptung der Alleinherrschaft des Handels; dadurch entwickelten sie eine große Kraftanstrengung gegen Napoleon; aber wenn es gilt, die Sache der Freyheit und Unabhängigkeit der Völker zu vertheidigen so sitzen sie still und lauern auf den günstigen Augenblick, einen Handelsvortheil zu erhaschen. Kirchlicher Gemeingeist, Anhänglichkeit an ihre Religion, zeichnet im Ganzen die Katholiken aus, aber es ist nur ein träges, sinnliches Gefühl, welches ihren Geist in den Banden der Gewohnheit hält, und ihn für frische, höhere Anregungen verschließt; es ist nicht die reine Liebe zur Wahrheit, welche den Geist erregt, immer weiter zu streben, immer reineres Licht zu suchen; sie sind nicht auf das Himmlische in der Religion, sondern auf das Irdische darin gerichtet.

Der himmlische Sinn hält das Herz von der irdischen Liebe frey; er lehrt aber auch alles Irdische als Mittel zu den wahren, ewigen Zwecken verwenden. Der Mensch von diesem Sinne, nimmt die Schätze der Erde, um damit nicht die Götzentempel des Genusses und der Eitelkeit, sondern die Tempel für den Dienst des wahren Gottes aufzuführen. Er theilt nicht nur den Nothdürftigen mit, und heilt die Wunden der leidenden Menschheit; er verbreitet nicht nur Wohlseyn und Lebensfreude um sich her, darin die höhere eigene Lust findend; sondern er sucht sowohl für sich als für Andere mit seinen irdischen Gütern die Güter des Geistes zu gewinnen. Der Wahrheit, der Gerechtigkeit, der Schönheit, dem

Heiligen bringt er huldigend seine Gaben dar. Alle irdischen Güter und Mittel weihet er nur diesen erhabenen Zwecken. Es gibt Menschen von einer gewissen wohlthätigen Gesinnung und gemeinnützigen Bestrebung, die aber keine hohen Ziele dafür kennen. Ihre Wohlthätigkeit, aus sinnlicher Rührung und sinnlichem Mitgefühl entspringend, beschränkt sich auf die Sorge für das äussere Wohlseyn der Armen, und überläßt sie unbekümmert dem geistigen, sittlichen Elend. Sie tragen gern bey zu öffentlichen Wohlthätigkeits-Anstalten, zu allem, was den allgemeinen Wohlstand befördert; aber für die öffentliche Erziehung, für die Wissenschaften und Künste ist ihre hülfreiche Theilnahme nicht zu erwecken. In diesem beschränkten irdischen Sinne handeln oft Regenten und Staatsmänner: sie suchen nur die sinnliche Kraft, den sinnlichen Wohlstand des Volkes zu heben, finden die Macht eines Reiches im Reichthum, in der Volksmasse, in der Ausdehnung des Gebietes; und um diese Zwecke zu erreichen, setzen sie alle ihnen zu Gebote stehenden Mittel in Bewegung, wenden die Kräfte des Staats an die Beförderung des Erwerbfleißes, des Ackerbaues, der mechanischen Künste, scheuen keine Opfer, um die Grenzen des Reiches zu erweitern; aber sie täuschen sich selbst in diesen Bemühungen, indem sie nicht wissen, daß denen, die nach dem Reiche Gottes streben, alles Irdische ohnehin zufällt, daß aber ein auf das Irdische gerichtetes Streben in sich kraftlos und vergeblich ist. Ein solcher Staat gleicht einem vollblütigen, gemästeten Leibe ohne Seele und Geisteskraft, der träg und unbehülflich, im Kampfe mit dem rüstigen, gewandten Feinde bald erliegt, den eine Krankheit heftiger ergreift, und leichter zu Boden wirkt. Es gibt andere edlere Bestrebungen, welche nicht so sinnlich sind, aber doch der wahren Erhebung des Geistes entbehren. Viele sorgen für die Erziehung ihrer Kinder und des ganzen Volkes, aber nur von Seiten des Wissens und der verständigen Aufklärung. Das Streben der sogenannten Philanthropisten, eines Basedow, Campe und Salzmann, welche eine Vorherrschaft der Klugheit und des Verstandes in die Erziehung brachten, und der aufklärenden Theologen, welche die Religion von allem Glauben und Gefühl entkleiden, und in Verstandeserkenntniß und Sittenlehre verwandeln wollten, entbehrte der erhabenen Richtung des Geistes, indem sie verkannten, daß der Verstand gerade das Höchste nicht faßt, und daß wer nur im Verstande lebt, am Boden der Gemeinheit fortkriecht. Diese erhabene Richtung fehlte den Stiftern und Führern der französischen Revolution, (obschon die besseren unter ihnen von warmer Liebe zur Freyheit erglühten,) indem sie das neue Gebäude des Staatslebens bloß auf die Grundlage des Rechts aufführen wollten, und für Erziehung, Geistesbildung und Kirchenleben wenig oder nichts, ja, Vieles dagegen thaten, und so eine sinnliche, nach äusserlichen Rechten und Vortheilen greifende Freyheitsliebe, welche selbst in rohe Gewaltthätigkeit und Raubsucht ausartete, nicht aber die ächte Geistesfreyheit im Volke entzündeten. Wären sie von ächter Begeisterung gehoben gewesen, so hätten sie müssen, mit dem Staats- und Rechtswesen, auch das Kirchen- und Schulwesen neu umgestalten, und zwar nicht durch den kalten Verstand, sondern durch das, Leben und Licht entzündende Evangelium. Hätte in Napoleon eine wahre Begeisterung gelebt, so hätte er dasselbe unternommen, und nicht den Pabst gefangen geführt, sondern durch eine durchgreifende Kirchenreform die Wurzeln des Pabstthums ausgerottet. Hätte er an das Evangelium geglaubt und es öffentlich bekannt, hätte er der Wahrheit vertraut, und nicht bloß die Wissenschaften der Erfahrung, sondern die der Ideen, begünstigt, und so ein religiös-wissenschaftliches Leben in seinem Volke angefacht: so hätte er seinem Throne eine Grundveste gelegt, welche keine Macht der Erde hätte erschüttern können. Diese erhabene Geistesrichtung fehlt dem ganzen französischen Volke, welches in der Wissenschaft und Kunst nur das Begreifliche, Meß- und Wägbare, das Rührende und Reizende, nicht aber das Erhebende und Begeisternde sucht, und im politischen Leben ohne die Grundlage einer sittlichen Gesinnung sich von einem Aeussersten zum andern werfen läßt, und in Partheyung zerspalten ist. Alle Geistesthätigkeit, die auf die Erkenntniß und Verwirklichung der Grundgesetze des menschlichen Lebens, der Wahrheit, Gerechtigkeit, und alles dessen, was zum Leben des Geistes gehört, und worin sich seine Selbstständigkeit, Freyheit und Hohheit offenbart, gerichtet ist, und sich nicht über das Erfahrungsmäßige, Begreifliche, Anschauliche und Sinnliche erhebt, oder ohne Begeisterung ist, ist in sich selbst nichtig. So die Wissenschaft, wenn sie bloß an dem Gedächtnißmäßigen und Verständigen der Geschichts- und Naturforschung, der Meß- und Rechenkunst, an der Erfahrung des gemeinen Lebens hangen bleibt. So die Rechts- und Staatslehre und die Staatsklugheit, wenn sie nicht zu den höchsten Ideen der Gerechtigkeit und Vollkommenheit aufsteigen. So die Kunst und Dichtung, welche sich nicht über das Regelrechte der Technik, das bloß den Verstand befriedigt, nicht über Reiz und Rührung, die bloß die sinnliche Empfindung aufregen, zu der reinen Schönheit und Erhabenheit, in welcher die höchste Kraft und Herrlichkeit des Geistes erscheint, zu erheben wissen.

Der Mensch behauptet seine Würde und Bestimmung nur als Glied der geistigen Wesenkette, als Bürger der sittlichen Gemeinschaft, oder des Reiches Gottes, indem er den Andern neben sich, in persönlicher Gleichheit und Wechselwirkung, zugleich als ein solches Glied und einen solchen Bürger anerkennt, und in allem, was er sinnt und treibt, die Idee dieser geistigen Gemeinschaft vor Augen hat, und Alles um derselben willen liebt und sucht, Alles für sie thut. Dadurch erhebt er sich über sich selbst, über seine vereinzelte irdische Erscheinung, und sein Geist gewinnt eine höhere Richtung. Alles, was in sittlicher Gemeinschaft und für dieselbe geschicht, ist edler, als was in Vereinzelung geschieht, weil bey dieser die Selbstsucht sich nothwendig mit einschleicht. Aber nicht bloß wird die Richtung des Geistes in der Gemeinschaft höher und sein Bestreben reiner von Selbstsucht, es wächst auch seine Kraft, indem er sich an Andere anschließt, und dadurch gelingen größere und herrlichere Werke. In jeder Gemeinschaft der Menschen also, wenn sie nicht bloß durch sinnliche Bande oder durch die Schranken der Gewohnheit zusammengehalten wird, ist etwas von dem frommen Gefühl, welches wir Begeisterung nennen. Begeisterung ist in der Gatten- Eltern und Kinder-Liebe und in edlerer Familien-Anhänglichkeit; Begeisterung ist in der Freundschaft, in jeder Art von lebendigem Gemeingeist und zumal in der Vaterlands-

und christlichen Bruder-Liebe. Und so wie diese Gemeinschaften nicht lebendig ohne Begeisterung bestehen können, so sind sie selbst die Pflanzgärten dieser Himmelsblume; am Herzen der Eltern und Geschwister, der Freunde und Genossen, an der großen Mutterbrust des Vaterlandes und der Kirche entzündet sich jeder Funke begeisterter Liebe, der Trieb zu jeder edeln That und jedem edeln Bestreben, jeder große Gedanke, jede schöpferische Idee, alles, wodurch das Geistesleben in seiner Kraft und Hoheit entfaltet, und über das irdische Treiben emporgehoben wird.

Dieses Gefühl des unwandelbaren, ewigen Wesens des Geistes, diese erhabene Richtung auf die ewigen Güter und die ewige Bestimmung desselben und dieses Anschließen an die Gemeinschaft der Geister nennen wir Begeisterung, und schon jetzt sehen wir die Angemessenheit dieses Ausdrucks ein. Durch diese Stimmung und Richtung nämlich wird der Mensch erst geistig, seines Geistes bewußt und mächtig, von geistiger Kraft erfüllt, und in das Reich der Geister emporgehoben; die Lebenskraft, welche erregend und schaffend durch das Reich der Geister strömt, geht auch durch seine Brust, schwellt das Herz mit erhabenen Gefühlen, mit ätherischer Wärme, und zieht es empor in die höheren Bahnen der geistigen Bewegung; dadurch wird der Mensch das Triebrad und Werkzeug des Geistes Gottes, welcher die Welt schafft und regiert; alle besondere, eigensüchtige, willkürliche Regung und Bestrebung ist in die allgemeine, göttliche aufgelöst, und der Pulsschlag des Herzens klingt in den Pulsschlag des allgemeinen Lebens ein. Begeistert nennen wir die Helden, welche, von einer höherer Liebe entflammt, für einen gemeinsamen Zweck der Menschheit oder eines Volkes, für Wahrheit, Gerechtigkeit, Ehre, streiten, und mit kühnem Muth und hoher Kraft große Thaten verrichten; sie handeln eben in jenem Gefühl des Herzens und in jener Richtung des Geistes, die wir bezeichnet haben. Begeistert nennen wir den Weisen, Redner, Dichter, Künstler, welche die höchsten Ideen der Wahrheit und Schönheit ergreifen und darstellen, was aber allein durch jenes Gefühl und jene Richtung möglich wird. Begeistert nennen wir den Seher und Propheten, welcher mit hellem Geistesblick, über die Schranken der Zeit erhaben, in der Gegenwart die Keime der Zukunft schaut, und, was sich erst in der Länge der Zeit entwickelt, als schon vollendet sieht. Er lebt eben in einem höheren Bewußtseyn; der Geist ist in ihm sein selbst mächtiger und freyer, als in Andern; die Besonderheit ist in ihm ins Allgemeine aufgelöst, er nicht selbst erkennt und spricht, sondern der Geist Gottes gibt ihm ein, was er verkündet. Was aber in ausgezeichneten, großen Geistern besonders mächtig hervortritt, das müssen wir von jedem sittlichen Menschen fodern, damit ihm die hohen Werke der Tugend gelingen.

Zum Gefühl der Begeisterung gehört noch eine Stimmung, welche demselben erst die rechte Fülle und Kraft gibt, und durch welche die aus demselben hervorgehenden Antriebe die siegreiche Gewalt über das Gemüth erhalten. Es ist das freudige Vertrauen, der frohe Muth, die heitere Hoffnung; wir wollen alles zusammen die fromme Heiterkeit nennen.

Wir wissen, daß, nach der Idee der Freyheit, der Mensch alles kann, was er will; daß er zwar in seiner eigenen und der äussern Natur Schranken für seine Bestrebungen findet, daß er diese aber wenigstens nach und nach überwinden, und es in der Ueberwindung derselben unendlich weit bringen kann, so nämlich, daß ihm keine bestimmte oder bestimmbare Grenze zu ziehen ist, und jede gezogene Grenze wieder erweitert werden kann. Ein Mensch kann es in der körperlichen Stärke und Gewandtheit so weit bringen, daß er es wohl im Kampfe mit zweyen aufzunehmen wagen darf; aber es ist auch möglich, daß er, zumal wenn er die Vortheile der Kunst und List zu Hülfe nimmt, drey und mehrere Feinde in die Flucht schlagen kann; ja, durch die Hülfe geistiger Eindrücke, welche er auf die Feigheit macht, durch überraschende Kühnheit, kann er vielleicht eine ganze Schaar verjagen oder entwaffnen. Genug, hier ist keine fest bestimmbare Grenze dessen, was die Tapferkeit vermag, obschon Körperkraft gegen Körperkraft steht. Noch viel weiter dehnt sich das Gebiet des menschlichen Könnens aus, wenn Geist gegen Geist im Kampfe steht, weil da die Kräfte nicht so gegen einander gemessen werden können. Hier kommt alles auf das Vertrauen an; je mehr der Geist sich vertraut, desto mehr vermag er. Wie in der Körperwelt die Bewegung die Kräfte der Körper vermehrt, wie eine kleine Kugel, von der Gewalt des Pulvers fortgeschnellt, oder von einer großes Höhe herabfallend, einen viel größern Körper durchbohrt und zerschmettert: so ist der Geist um so mächtiger, je mehr Vertrauen er zu seinen Handlungen mitbringt. Darauf beruht eben das Uebergewicht des Muthes über die Feigheit bey ganz gleichen Körperkräften, und selbst wenn jenem geringere zu Gebote stehen. Wenn nun der Geist sich seiner

Hohheit bewußt, auf die hohen Zwecke, welche in seiner Bestimmung liegen, gerichtet, und dabey der geistigen Gemeinschaft eingedenk, mithin gleichsam auf sich selbst und die ganze geistige Welt gestellt und ganz Geist ist: so kann ihm das Vertrauen nicht fehlen, und er muß des Sieges gewiß seyn. Die Zwecke, die ihn sein innerer Trieb suchen lehrt, die er als die Zwecke des ganzen Geisterreiches anerkennt, sind ihm kein leeres Trugbild, das sich in Dunst auflöst; sie sind ein Ziel, das erreichbar ist, und sey es auch erst in der Zukunft, ja, in der Ewigkeit. Die Wahrheit, die Gerechtigkeit, die Tugend müssen siegen, und wenn sich alle irdischen Gewalten dagegen verschworen hätten; das Gute ist mächtiger, als das Böse, denn jenes ruht auf den ewigen Gesetzen des Reiches Gottes, und hat die allmächtige Kraft des Geistes zu seinem Dienst; dieses wurzelt im Koth der Erde, in den schwachen Begierden des Fleisches, und hat nur deren ohnmächtige Wuth und die kurzsichtige Klugheit der Welt zur Vertheidigung. Mit diesem geistigen Selbstvertrauen verbindet sich die Entschlossenheit, alles Irdische, Habe, Glück, Leib und Leben, für die unternommene That zu wagen, um es ganz unüberwindlich zu machen. Dem Geiste, der nichts sucht, als was des Geistes ist, wird nichts genommen, wenn ihm das Irdische genommen wird; ihn schreckt daher keine Gefahr, die ihm mit Verlust und Verderben droht. In diesem Gefühl stürzt sich der Held in den Kampf, tritt der Prophet den Götzenpriestern entgegen, und erhebt die Stimme der Wahrheit, tastet der freye Mann den Thron des Tyrannen an, und wirft ihn über den Haufen. In diesem Gefühl zog Luther nach Worms, und als man ihn vor den Gefahren warnte, die seiner daselbst warteten, sagte er: „Er sey berufen, darum woll er sich stellen, und sollten zu Worms so viel Teufel seyn, als Ziegel auf den Dächern liegen." Der treuherzige Matthesius, der dieses erzählt, setzt sehr treffend hinzu: „Wenn die Sache gut ist, so wächst das Herz im Leibe, und gibt Kraft und Muth, Predigern und Kriegsleuten."

Die Begeisterung erhöhet den Muth der Tapferkeit, sie stärkt aber auch die Kraft der Geduld, welche vielleicht endlich erliegen würde, wenn sich nicht der Geist an der frohen Hoffnung der künftigen Erlösung, des künftigen Sieges, erquickte. In der Hoffnung des Sieges, in der Verfolgung des Feindes, erträgt der Krieger alle Widerwärtigkeiten und Entbehrungen, während der Geschlagene unter ihrer Last erliegt, so wie auch die Wunden der Sieger schneller heilen, als die der Besiegten. Ist aber auch keine Hoffnung mehr für dieses Leben vorhanden, und sieht der Dulder klar ein, daß ihn nichts als der Tod erlösen wird: so stärkt seinen wankenden Muth der Blick in jene schönere Welt, wo die Gewalt der Schmerzen und der menschlichen Bosheit nicht hinreicht, wo der selige Friede, die ungetrübte Wonne herrscht; mitten in den Mißklängen des irdischen Lebens glaubt er an den ewigen Einklang, in welchen sich einst Alles, und auch sein unsterbliches Wesen, fügen wird; er fühlt sich nicht dazu geschaffen, muthlos in Seufzern sein Leben auszuhauchen, sein Geist ist stark und frey, und bewahrt seine innere Kraft zu einer höhern Bestimmung.

Die Begeisterung erhöhet unsern Muth und unsere Kraft, und macht, daß wir mehr vollbringen, als wir sonst vollbringen könnten; sie erweckt uns aber auch Hoffnungen, welche über den Erfolg hinausgehen, und nie ganz erfüllt werden; sie hält uns die himmlischen Urbilder vor, daß wir mit sehnsuchtsvollem Streben darnach die Hände ausstrecken; aber indem wir ihnen nahe zu seyn scheinen, sind sie entflohen, das Ziel des Strebens ist weiter hinausgerückt, und wir beginnen den Lauf von neuem. Und so muß es seyn. Ach, was wäre das Leben, wenn wir unsere Hoffnungen kalt nach der Wirklichkeit abmäßen, und nie weiter strebten, als wohin wir in der That gelangen könnten? Wir würden auch das nicht vollbringen, was wir vollbringen. Wie arm würden wir seyn, wenn wir, durch das Vollbrachte und Erreichte befriedigt und gesättigt, in unserm Laufe still ständen, und den Blick abzögen von dem, was vor uns liegt? Nein! die Sehnsucht, die Hoffnung ist schöner, als alle Erfüllung, der Durst nach dem himmlischen Labetrank erquickt mehr, als alle irdische Erquickung. Und die Hoffnung, indem sie uns täuscht, betrügt uns nicht; in ihr ist die ewige Wahrheit, und die Wirklichkeit, die ihr nicht entspricht, lügt allein. Auf das heitere Morgenroth der Hoffnung, das uns beym Eintritt ins Leben empfängt, folgt ein schwüler, trüber Tag; aber am Abend des Lebens erscheint es wieder als purpurnes Abendroth, und zeigt uns den Weg in das schönere Land jenseits, wo es die nicht täuschende Morgenröthe eines sonnenhellen, ewigen Tages ist; und wir wenden gläubig unsere Blicke hin, alle erfahrenen Täuschungen haben uns das Vertrauen nicht genommen. Jedes Werk unternehmen wir mit freudiger Hoffnung und in der Zuversicht, etwas Schönes und Herrliches zu vollbringen, uns einen dauernden Gewinn für das Leben zu bereiten; aber ist es vollbracht, so entspricht es unsern Erwartungen nicht. Wie das Kind auf den Hügel läuft, um den Regenbogen zu erreichen, der sich darauf zu stützen scheint: so lockt uns jedes Unternehmen mit Glanz und Schimmer, und, wenn vollbracht, steht es nackt und kahl da; wir erkennen klar alle Mängel und Lücken, und wenden uns zu einem neuen, bey welchem wir dieselben Erfahrungen machen. Wie glänzt und schimmert die Welt vor den Augen der Liebenden, wenn sie den Bund der Treue schließen, das Thor des Paradieses scheint ihnen aufgethan; aber ach! ein Garten voll Dorn und Disteln thut sich ihnen auf, und im glücklichsten Falle erleichtert ihnen die treue Freundschaft die beschwerliche Wanderung. Stehen sie auch am Ziele derselben noch eng umschlungen, und schlagen ihre Herzen noch liebend für einander, hat auch die Dankbarkeit ihre Liebe noch erhöht: so ist doch der schöne Hoffnungstraum unerfüllt geblieben, jenes Urbild eines Lebens in ungetrübter, verklärter und seliger Liebe ist nicht verwirklicht worden. Mit welchen Hoffnungsahnungen empfängt die Mutter das neugeborne Kind in ihre Arme, wie lauscht sie jeder Regung des Geistes in dem sich entwickelnden Knaben, und wie viel Großes und Herrliches weissagt sie sich von ihm; vielleicht macht er ihr auch viele Freude und Ehre, aber ihre Ahnungen haben die Wirklichkeit überflogen. Der Künstler glüht von Muth und Zuversicht, wenn er ein neues Werk entworfen, und hofft etwas Ausgezeichnetes zu leisten; aber ist es ausgeführt, so horcht er mit Zagen auf die Urtheile der Kenner. Mit Jubel begrüßt, besteigt der junge Herrscher voll hoher Entwürfe und freudiger Zuversicht den Thron seiner Väter: aber am Abend seines

Lebens überblickt er mit Mißfallen sein Tagewerk, und seine schönsten Hoffnungen sind unerfüllt geblieben. Und doch, hätte er diese Hoffnungen nicht in seiner Brust genährt, er würde noch weniger vollbracht haben; sie hielten ihn empor, gaben ihm Kraft und Muth, und erhoben ihn über das Gemeine.

Mit demselben freudigen Vertrauen, mit denselben frohen Hoffnungen, sollen wir nun auch das Streben, die Unternehmungen Anderer betrachten, theils um sie durch Theilnahme und Beyfall zu ermuthigen, theils um uns selbst dadurch zu kräftigen und zu erheben. Nichts ist verderblicher, als das Mißtrauen gegen die Absichten und Handlungen Anderer; das ist das Gift der sittlichen Welt. Es verhindert nicht nur die Theilnahme, ohne welche nichts Großes gedeiht, es ruft auch die feindselige Klugheit hervor, welche sich wehrend und hemmend den Unternehmungen in den Weg stellt. Oft wird sich zu diesem Mißtrauen die Selbstsucht, die Sorge für das Ansehen, die Geltung, den Einfluß, die man bisher behauptet hat, und der Neid gesellen. Ein solches Mißtrauen bewiesen die jüdischen Machthaber gegen Jesus, den sie beschuldigten, aus der bösen Kraft des Teufels seine Werke zu thun. Aus derselben Quelle floß das Mißtrauen, welches die geistlichen und weltlichen Machthaber gegen die Reformation bewiesen. Und so haben sich die Großen der Welt und die bevorrechteten Stände fast immer gegen die Regungen eines bessern Geistes im Volke verhalten. Es gibt aber auch Menschen, welche ohne andern Eigennutz, als die träge Liebe zur Ruhe, aus bloßer Kälte des Gemüths, aus Mangel an Begeisterung, jedem begonnenen Werke das Mißlingen weissagen, die scharfsichtig genug, um gewisse Hindernisse und Mängel zu entdecken, gleich am ganzen Erfolg verzweifeln, und den Unternehmenden zurufen: laßt ab, ihr werdet nichts vollbringen! Solche kalte Klüglinge schaden mehr, als die Leidenschaftlichen und Unbesonnenen, welche doch Bewegung in das Leben bringen, und Kräfte wecken; jene aber ertödten und erkälten Alles. Man konnte wohl mit Erasmus das Mißliche des Unternehmens Luthers, die Gefahr, welche das Losreißen der Kirche vom päbstlichen Stuhle mit sich brachte, erkennen; aber wenn Alle in kalter Bedenklichkeit sich ruhig verhalten, und Niemand in das Werk eingegriffen hätte: was würde aus unserm Kirchenleben geworden seyn? Wir preisen dagegen diejenigen, welche nicht so klügelten, die, von begeisterter Hoffnung glühend, sich an die Sache der Wahrheit anschlossen, und ein Werk herstellten, welches zwar Mängel hat, und den Erwartungen nicht entsprochen, uns aber einen großen Schritt weiter gebracht hat. Es gab auch im Jahr 1813 Viele, welche den begeisterten Jünglingen, die zu den Waffen eilten, zuriefen: ihr werdet euch täuschen, und euer Blut vergebens vergießen! Es mag seyn, daß die kühnen Hoffnungen dieser Jünglinge nicht alle in Erfüllung gegangen sind; aber hätten sie nicht so gehofft, so hätten sie nicht so muthig gekämpft, Napoleon wäre nicht besiegt, und das Selbstgefühl des deutschen Volkes nicht von neuem erweckt worden. Nein! laßt uns, wenn der Ruf zur Theilnahme an einem neuen, edlen, großen Unternehmen erschallt, mit freudiger Liebe hinzutreten, das Beste davon zu hoffen, und diese Hoffnung mit aller Kraft des Strebens in Erfüllung zu bringen suchen; und gelingt uns dieß nicht ganz, so haben wir doch etwas gewonnen, wenigstens unsere Kraft entwickelt, unsern Muth erprobt, in der Erhebung des Geistes gelebt, und eine Stufe erstiegen, von welcher aus wir noch höher steigen werden.

Aber können wir auch nicht mit thätiger Theilnahme hinzutreten, wo uns etwas Edles und Großes begegnet; steht es zu fern von uns in fremden Kreisen, gehört es der Vergangenheit an, so daß es bloß der Gegenstand der Betrachtung ist: o so laßt es uns doch wenigstens bewundern und lieben, und unser Herz nicht kalt abwenden, weil vielleicht nicht alles daran unsern Foderungen entspricht! Ein altes Wort sagt: bewundere nichts! und es hat viel Wahres. Aber dagegen gilt nicht minder der Satz, daß wer nichts bewundern kann, zu allem Edlen und Großen verdorben ist, und selbst nie etwas der Bewunderung Würdiges leisten wird. Nein! erquicken und stärken wir uns an der Betrachtung all des Großen und Herrlichen, was uns die Geschichte bietet! Ach, die Gegenwart ist oft so leer und kalt, und zeigt oft nichts als den Sieg der Gemeinheit und Bosheit, daß unser Herz allen Muth und alles Vertrauen verlieren würde, wenn es sich nicht in eine schönere Vergangenheit flüchten könnte. Schöpfen wir aus der Betrachtung der Geschichte die freudige Ueberzeugung, daß der Kraft des Geistes nichts widerstehen kann, daß menschliche Bosheit und Willkür seinen mächtigen Gang nicht aufzuhalten vermögen, und was sich ihm entgegen stellt, sich nur den eignen Untergang bereitet. Und was in der Gegenwart fern von uns, ohne uns unmittelbar zu berühren, und unsere Hülfe zu begehren, im Reiche des Geistes sich regt, was für Wahrheit, Freyheit, Gerechtigkeit gestrebt wird, finde wenigstens unsere warme Theilnahme im Mitgefühl. Wer weiß, welcher Keim dadurch in uns und den Unsrigen befruchtet wird, und welche Ermunterung mittelst des geistigen Weltverkehrs selbst auf jene Strebenden zurückfließt? In jedem Fall kann der Begeisterte nicht anders, als das Edle und Große bewundern, wo es ihm begegnet; er zieht den Lebensathem der höheren Liebe ein, und haucht ihn wieder aus, sein Herz wallt und schlägt in Liebe, Vertrauen, Hoffnung und Bewunderung; die Wogen des geistigen Lebens ziehen ihn fort, er gehört nicht sich selber an, er wogt als eine Welle im großen Meere.

Wenn wir nun alle die Gefühle, die wir als die Bestandtheile der Begeisterung kennen gelernt haben, das Gefühl der Unsterblichkeit, der hohen Würde und ewigen Bestimmung des Geistes, den himmlischen Sinn, das Bewußtseyn der geistigen Gemeinschaft, das freudige Vertrauen, die frohe Hoffnung, die theilnehmende, liebende Bewunderung, in eins zusammenfassen: so erhellet von selbst, daß darin, wie in einer Knospe, alle sittliche Gesinnung eingeschlossen ist, und daß ein Mensch, in welchem dieses Gefühl lebendig ist, alle Pflichten erfüllen wird, welche sich in den verschiedenen Fällen des Lebens geltend machen können. Wer das reine Gefühl der erhabenen Menschenwürde und Menschenbestimmung in sich trägt, wird nie durch Ungerechtigkeit, durch gemeine Habsucht, durch leidenschaftliche Rachsucht und hochfahrenden Uebermuth die Würde eines Menschen verletzen können; und hätte er schon die frevelnde Hand gegen ihn ausgestreckt, so wird jenes Gefühl in der Brust, wie eine Gottesstimme, ihn warnen, daß er sie schnell wieder zurückzieht. Eben so wenig wird ihm dieses Gefühl erlauben, seine eigene Würde in Feigheit, Ehrlosigkeit und Niederträchtigkeit zu beugen. Besser, als alle Lehrvorschriften und gesetzlichen Bestimmungen, wird ihm dieses Gefühl sagen, sowohl wie er den Nebenmenschen ehren und achten, als auch wie er selbst einen edlen, erhabenen Stolz beweisen soll. Lebendig und thatenreich wird sich dieses Gefühl in die Liebe gegen Unglückliche und Hülfsbedürftige, gegen Verwandte, Genossen, Mitbürger, Freunde ergießen, und in dem Streben nach eigener Vollkommenheit, nach jeder edlen geistigen Zierde, hervortreten. Ein Herz, das von diesem Gefühl erfüllt ist, bedarf keiner Vorschriften über die Liebe, es liebt und erweiset Liebe aus innerer Fülle; und wie die Aeolsharfe jeden Hauch des Windes in harmonischen Tönen zurückgibt, so wird es, von allem, was menschlich ist und menschliches Leben bekundet, von jedem Lebenshauch berührt, in Liebe antworten, und harmonisch erklingen. — In wem der himmlische Sinn, die erhabene Richtung des Geistes ist, wird sich in allem, was er beginnt, zu dem Höchsten wenden, und, über gemeine Bestrebungen erhaben, nur nach den ewigen Gütern des Geistes ringen; er wird, von irdischer Liebe, von Hab- und Genußsucht, frey, Alles für die Wahrheit, Gerechtigkeit und Tugend hingeben, und was er auf Erden besitzt und erlangt, nur als Unterlage und Stütze seines himmlischen Strebens gebrauchen. Dieser Sinn wird den Staatsmann, den Herrscher, den Helden in die große Laufbahn des unsterblichen Ruhmes führen, wird den Weisen, den Dichter, den Künstler beseelen, und ihnen große Gedanken und Entwürfe eingeben. — In wem das Bewußtseyn der geistigen Gemeinschaft lebt, der wird sich mit treuer, warmer Liebe an jeden edlen Bund anschließen, und von Selbstsucht frey, nichts für sich, Alles nur für die Brüder suchen. Durch dieses Bewußtseyn und durch das freudige Vertrauen und die frohe Hoffnung, welche die Begeisterung mit sich führt, wird seine Kraft wachsen; er wird von Ziel zu Ziel fortschreiten, und nie rasten; er wird vor keinem Kampfe zurückbeben, welchen die Pflicht, welchen die Liebe gebietet, und selbst das Unmöglich-scheinende vollbringen, oder wenn es das Schicksal will, als Opfer fallen, und dadurch Andere begeistern, daß sie das Angefangene vollenden. In diesem Vertrauen wird er jedes fremde Bestreben liebend anerkennen, und theilnehmend fördern; er wird in das gemeinsame Lebens-Werk der Menschheit thätig eingreifen, und sich lebendig als Glied des Ganzen fühlen und beweisen.

O Begeisterung, Himmelstochter, Licht und Kraft von oben, Hauch des allmächtigen Geistes, Schöpferin jedes guten Gedankens, jedes großen Entwurfs, jedes herrlichen Werkes! o verlaß unser Volk nicht, daß es nicht in Trägheit und Gemeinheit versinke! Oft schon hat deine Götterkraft unsere Jugend, unsere Helden, Weisen und Dichter zu großen Werken entflammt, und was wir gewonnen und vollbracht, jeder Ruhm und jede Geistesblüthe, ist dein Werk. O kehre wieder, ergieße dich mit neuer Kraft in die Herzen, entzünde Liebe, Gemeingeist, Thatenlust, erwecke das Vertrauen und die Hoffnung, sammle die zerstreuten Kräfte, entbinde sie von den Fesseln der Furcht und Selbstsucht! Sehnsüchtig harren Viele einer neuen Schöpfung, einer neuen Frühlingsblüthe, und schauen nach Osten hin, wo die

Morgenröthe anbrechen soll. O laß sie bald erscheinen Sie schlummert noch hinter dem Nachtgewölk, o erwecke sie bald! Jauchzend wollen wir sie begrüßen, rüstig uns erheben zum Tagewerk und, einer den andern ermunternd, streben und kämpfen, schaffen und bilden, bis die Ruhestunde kommt, und ein neues Geschlecht an unsre Stelle tritt.

Sechste Vorlesung.

Beschluß über die Frömmigkeit: die Selbstverleugnung; die Andacht oder Anbetung.

Die Gefühlsstimmung der Begeisterung, die wir in der vorigen Vorlesung betrachtet haben, können wir das lebendige, tiefe, volle Gefühl des **Guten** und des **Rein-Geistigen** nennen; davon getrieben, richtet sich der Mensch nach dem Erhabenen, Ewigen, Himmlischen; davon erfüllt, ist er zugleich voll Vertrauen und Hoffnung; denn das Gute und Rein-Geistige, in sich selbst unwandelbar, muß über allen Wechsel und Kampf siegen; was selbst höchster Zweck und letztes Ziel ist, muß auch zum Ziele führen.

Aber der Mensch kann nicht des Guten bewußt werden, ohne daß das Widerspiel desselben, das **Böse**, zugleich mit ins Bewußtseyn tritt, und seine Schatten in das Gemüth wirft; er kann sich nicht zum Rein-Geistigen erheben, ohne daß er sich vom Irdischen losmacht, welches ihn stets zu sich herabziehen will; und neben der vertrauensvollen Hoffnung, welche die Herrschaft des Guten verheißt, steht die demüthige Trauer über die Gewalt, welche das Böse über uns hat. Das Gute kann nur durch den Kampf mit dem Bösen, unsere ewige Bestimmung nur durch die Erhebung über unsere irdische Natur, erreicht werden. Eine selige, ungetrübte Liebe zum Guten ohne die Furcht vor dem Bösen ist uns nicht möglich. So wie wir bey jeder Handlung die Wahl zwischen dem Guten und Bösen haben, und mit unserer Willkür dazwischen entscheiden: so wechselt und schwankt auch unser Gefühl zwischen beyden Gegensätzen; und wie nur diejenige Wahl frey ist, an welcher die Scheu vor dem Bösen und das Widerstreben gegen dasselbe einen bestimmten Antheil hat: so ist auch die fromme Gefühlsstimmung nicht vollkommen, wenn nicht diese Scheu und dieses Widerstreben in dieselbe eingeht. Das Böse hat seine Wurzel in unserer Selbstsucht und unserer Liebe zu den irdischen Dingen; und es ist kein tugendhafter Entschluß, der nicht mit irgend einem Opfer, einer Selbstverleugnung und Entsagung verbunden wäre. Daher gehört zu der reinen Liebe, welche die Begeisterung gibt, das Gefühl, welches zu jedem Opfer willig macht; in dem freudigen Blicke des Begeisterten glänzt immer eine Thräne der Wehmuth.

Wir können dieses Gefühl im Allgemeinen Selbstverleugnung nennen. Während in der Begeisterung sich das Bewußtseyn unseres unsterblichen, einer ewigen Bestimmung theilhaftigen, einem höheren Reiche angehörenden, zur Herrschaft und zum Siege berufenen geistigen Selbst ausspricht, entäussert sich der Geist in der Selbstverleugnung alles dessen, was nur dem irdischen, besondern Selbst angehört, was der Selbstsucht schmeichelt, und wird dadurch erst wahrhaft gereinigt und verklärt: denn alles, was die Tugend ausmacht, läßt sich in die Besiegung und Ausrottung der Selbstsucht zusammenfassen. Besondere Bestandtheile des Gefühls der Selbstverleugnung sind: die Demuth, die Entsagung, die anspruchlose Hingebung und Aufopferung, die Ergebung in das Schicksal.

Das Bewußtseyn unserer Unsterblichkeit und ewigen Bestimmung, welches die Wurzel der Begeisterung ist, gibt uns ein Gefühl erhabener Würde, und schwellt unsere Brust mit hohem, heiligem Muth. Wir achten uns für das Höchste berufen, und erheben unser Haupt zu den Sternen. Unsere Heimath ist oben, dahin sollen wir zurückkehren, dahin sollen wir streben. Dieses Gefühl flößt uns ein freudiges Vertrauen ein; zu dem Höchsten, wozu wir berufen sind, tragen wir auch das Vermögen und die Kraft in uns; wir können alles, was wir wollen; wir sind frey, und können alle Schranken übersteigen, alle Hindernisse besiegen.

Aber dieses Gefühl kann leicht in Trotz und Anmaßung ausarten, wenn ihm nicht die Demuth zur Seite tritt. Wer sich zuviel vertraut, und seine Kraft nicht recht ermißt, kann leicht erliegen; wer sich erhöhet, wird erniedrigt. So ist es im Kampfe mit der Aussenwelt. Wer seine eigene Kraft zu hoch, und die des Gegners zu gering anschlägt, wird den Sieg nicht erringen. Hier aber ist vorzüglich von einem innern Kampfe, vom Kampfe mit dem Bösen, das in uns selbst wohnt, die Rede. Diesen innern Feind soll nun der Mensch, bey allem Vertrauen zum Siege, nicht verachten, damit er demselben nicht erliege; es soll sich zum Vertrauen die Demuth, zum Gefühl unseres sittlichen Vermögens das unserer sittlichen Schwachheit, zu dem unserer erhabenen Bestimmung das unserer Unwürdigkeit, gesellen.

Wir haben früherhin gezeigt, daß der Mensch, obschon ein Trieb zum Guten und eine Willenskraft, welche die sinnliche Beschränkung in immer höherem Grade zu überwinden vermag, von Natur in ihm wohnt, doch der vollkommnen Tugend unfähig ist, weil er einen Hang zur Sinnlichkeit hat, den er nie ganz überwinden kann. Keiner kann sich die Kraft beymessen, jede Prüfung zu bestehen, sie sey, welche sie wolle. Man sagt mit Recht: ein Jeder hat seinen Preis, für welchen er sich hingibt, d. h. es ist möglich, einen Jeden, durch irgend ein Mittel der Lockung oder der Furcht, vom Wege der Tugend abzubringen. Wenn man eines jeden Gemüthsart recht kennte, so würde man irgend eine Blöße und Schwäche in ihm entdecken, von welcher Seite er zu fassen und wankend zu machen wäre. Achilles war am ganzen Leibe unverwundbar, weil ihm seine Mutter in die Fluthen des Styx getaucht hatte; aber indem sie ihn an der Ferse anfaßte, wurde diese nicht mit benetzt, und blieb daher verwundbar; an dieser traf ihn das tödtliche Geschoß, und so bezahlte er der Natur seine Schuld. So hat auch jeder Held der Tugend irgend eine verwundbare Seite, an welcher ihn der Pfeil der bösen Lust treffen kann. Aber wenn auch der Mensch im Kampfe mit seinen Begierden nicht erliegt, und der Tugend treu bleibt, so trägt er doch selbst in die Ausübung derselben seinen Hang zur Sinnlichkeit über. Nämlich wenn er es dahin gebracht hat, daß er nicht mehr aus gemeiner Liebe zum Irdischen, nicht aus Hab- und Genußsucht, nicht aus Eigennutz und Wollust, nicht aus den Beweggründen des Hasses und der Rachsucht, sondern aus der Liebe zum Guten handelt: so mischt sich doch selbst in diese Liebe theils ein gewisser Hang der Gewohnheit, theils eine sinnliche Lebhaftigkeit der Gemüthsbewegung. Ohne daß wir zur Tugend erzogen werden, können wir nicht tugendhaft seyn; Erziehung aber wirkt immer zum Theil gewohnheitsmäßig. Selbst wenn der Mensch durch die Kraft der Freyheit sich von den Banden des Lasters losgemacht hat, muß er sich in der Tugend durch anhaltende Uebung und Gewohnheit befestigen. Gewohnheit aber ist nicht frey von Sinnlichkeit, und hält die Freyheit gleichsam am Gängelbande, wogegen zur Tugend eine von allen Banden unabhängige Willensfreyheit gefodert wird. Wollen wir uns aber, von Gewohnheit unabhängig, aus lebendigem Triebe zum Guten entschließen, so wird es nicht ohne eine Beymischung von Sinnlichkeit möglich seyn. Wir müssen entweder vom Eifer für das Gute oder vom Zorne gegen das, was demselben widerstrebt, erglühen; wir müssen in der Tugend eine Art von geistiger Wollust finden. Diese Lebhaftigkeit aber, dieser Eifer, diese ganze sinnliche Gemüthsbewegung entspricht nicht dem Gesetze eines vollkommen tugendhaften Entschlusses, welcher aus dem reinen Gefühl des Guten und aus der klaren Erkenntniß von der Nothwendigkeit desselben hervorgehen soll; auch kann eine solche Gemüthsbewegung uns leicht auf Abwege führen. Edle Menschen fehlen nicht aus grober Sinnlichkeit und grobem Eigennutz, sondern aus dem Uebermaß des guten Eifers, aus Ungestüm, Befangenheit, Eigensinn, aus verletztem

Gefühl der Gerechtigkeit und Ehre, aus leidenschaftlicher Aufwallung. Führt uns aber auch dieser sinnliche Hang nicht auf Abwege, und bleiben wir der Tugend treu: so wird doch theils durch die nie fehlende Beymischung von Sinnlichkeit, theils durch den Einfluß der Gewohnheit, theils durch die Schwäche unseres Willens, jedes Werk, das wir in ihrem Dienste vollbringen, unvollkommen seyn, und der strengen Foderung nicht ganz entsprechen. Wir haben vielleicht die Pflicht der Gerechtigkeit gegen unsern Nebenmenschen in irgend einem Falle des streitigen Rechts erfüllt; aber wir thaten es mehr aus edlem Stolz, als aus reiner Achtung und Liebe; wir fühlten uns groß in dem Beweise von Uneigennützigkeit, den wir gaben; oder vielleicht, im Gegentheil, wir brachten das Opfer mit einem gewissen Widerstreben, und unser Herz stimmte nicht ganz mit unserem Willen überein; ja, wir hätten vielleicht noch mehr thun, und noch uneigennütziger seyn sollen. Ein ander Mal erzeigen wir einem Freunde einen wichtigen Dienst, aber schonen vielleicht sein Zartgefühl nicht genug, und gefallen uns selbst zu sehr in dem, was wir für ihn gethan haben. Welche edle Handlung möchte uns gelingen, ohne daß an derselben ein Flecken zu entdecken wäre? Wann dürften wir mit vollkommner Zufriedenheit auf das hinsehen, was wir gethan haben?

Es ziemt uns daher Demuth, Anerkennung unserer Unwürdigkeit, damit wir vor unserer Schwachheit auf unserer Hut seyen. Wer da stehet, der sehe wohl zu, daß er nicht falle! Wer im Hochgefühl seiner erhabenen Bestimmung und sittlichen Kraft sich beymäße, jeder Prüfung trotzen zu können, würde gerade darum in einem ausserordentlichen Falle unterliegen. Davor wird er sich bewahren, wenn er jenes Hochgefühl durch die demüthige Scheu vor dem ihm einwohnenden Hange zur Sinnlichkeit mäßigt, wenn er zwar mit Vertrauen das Auge auf das hohe Ziel geheftet hält, welchem er zueilt, aber dabey nie vergißt, daß er mit einem schwachen, sinnlichen Leibe auf der Erde, von den Schlingen der Sünde umgeben, wandelt. Die Demuth soll uns antreiben, uns in der Ausübung der Tugend immer mehr zu der wahren Freyheit zu erheben, und von Gewohnheit und Sinnlichkeit frey zu machen. Sie soll uns stets zur Selbstprüfung mahnen, ob wir auch in unserem Eifer für das Gute von Leidenschaft und Eigensinn frey sind, und nicht vielleicht im Begriff stehen, eben dadurch zu fehlen, und das beabsichtigte oder schon angefangene Gute zu verderben. Endlich soll sie uns lehren, auf das Vollbrachte mit Bescheidenheit und ohne Selbstgefälligkeit zurückzublicken, und die daran haftenden Fehler zu erkennen, um sie in der Folge zu vermeiden.

Diese Demuth ist die nothwendige Wächterin der Begeisterung, und nur in ihrer Begleitung wird diese ihre hohe Laufbahn vollenden. Weit entfernt, daß jene ihren Lauf hemmet und ihren Muth schwächt, wird sie vielmehr sie anspornen, immer kräftiger zu streben. Sie wird sie stets mahnen, das Reine, Vollkommne, Untadelhafte zu suchen; sie wird sie abhalten, auf die Lockung der Eigensucht zu hören, bey dem mit Wohlgefallen zu verweilen, was den eigenen Lüsten schmeichelt, sich gewissen Lieblingswünschen zu überlassen, und auf der vollbrachten Arbeit mit träger Selbstzufriedenheit auszuruhen. Durch Mangel an Demuth ist schon Manches, was die Begeisterung begonnen hatte, mißlungen, und in das Werk der Leidenschaft und Eigensucht umgeschlagen. Nie ist vielleicht ein Kriegszug mit so reiner Begeisterung unternommen worden, wie der, welchen Gustav Adolph zur Rettung der evangelischen Kirche in Deutschland unternahm; es war der Eifer des Glaubens, der ihn über das Meer trieb, der Zorn des Unwillens über den Uebermuth Oesterreichs. Aber schon dieser edle Held selbst scheint den ehrgeizigen Gedanken, sich das Kaiserthum von Deutschland zu erobern, gefaßt zu haben, und nur durch seinen blutigen Tod hat er sich von diesem Verdacht rein gewaschen. Doch was er in einem so großartigen Sinne unternommen hatte, endigte damit, daß die Schweden sich mit einem Stücke Landes das vergossene Blut bezahlen ließen. Selten, daß es der menschliche Natur gelingt, die Erscheinung einer reinen Begeisterung ohne die Leidenschaften der Ruhm- und Herrschsucht, des Eigensinns und des Dünkels hervorzubringen. Alle Republiken, in welchen sich ein begeistertes Leben entzündete, sind eroberungssüchtig geworden. Selbst die christliche Kirche, in welcher eine Begeisterung lebte, wie sie sich in keiner andern Gemeinschaft je entwickelt hat, die Begeisterung für Wahrheit und Sittlichkeit, ist in ihren Bestrebungen gewaltsam, unduldsam und eroberungssüchtig geworden. Gar selten sind Herrscher, Helden, große Gelehrte, Dichter und Künstler, welche von Ruhmsucht und Eigendünkel ganz frey geblieben sind, und nicht in dem, was sie für Gerechtigkeit, Wahrheit und Schönheit thaten, zugleich eine Verherrlichung ihrer Person gesucht haben. Ach! es ist eine demüthigende Wahrheit, daß der Mensch nur dann recht thätig und kräftig wirkt, wenn er von

Leidenschaft und gewaltigen Begierden getrieben wird, und daß ihm eine reine Begeisterung fast ganz versagt zu seyn scheint! Die Vorsehung weiß allerdings solche Leidenschaften zu ihren Zwecken zu lenken, und die Sklaven derselben als Werkzeuge in ihrer weisen Hand zu gebrauchen; aber wenn wir uns mit reiner Liebe dem Dienste der Tugend widmen, und ihre Palme verdienen wollen, so müssen wir uns in Demuth läutern, und allem Götzendienst der Selbstsucht entsagen. Mag uns aber auch das Werk der Tugend noch so gut gelungen seyn, mag uns das Bewußtseyn erheben, daß wir unsere Pflicht gethan haben: so laßt uns doch nicht selbstgefällig darauf zurückblicken, und nie verkennen, daß wir nur Unvollkommenes vollbracht haben. Laßt uns nie wähnen, genug gethan zu haben, sondern von Werk zu Werk, vom Guten zum Besseren fortschreiten, und dem Vollkommensten nachstreben! Nie, so lange wir auf dieser Erde wallen, werden wir das Ziel der Vollkommenheit erreichen; nie ist uns Ruhe gestattet. Die wahre Ruhe ist nur in der Seligkeit, im ungetrübten Gefühl der Vollendung; die Trägheit, die Selbstgefälligkeit kann nur mit einem falschen Gefühl von Zufriedenheit täuschen, welches bald von Gewissensbissen unterbrochen wird; auf dieser Erde ist nur in der unausgesetzten Thätigkeit, im rastlosen Streben der Vorschmack jener Seligkeit zu finden, welche uns in der Ewigkeit erwartet.

Es ist etwas Schönes und Erfreuliches, einen Menschen zu sehen, der von einem großen Gedanken erfüllt, von einer begeisterten Liebe beseelt und einem mächtigen Eifer getrieben ist, und zugleich das Gefühl einer großen Kraft und das stolze Gefühl des Sieges in sich trägt: aber ungleich erhebender ist es, einen großen, durch hohe Thaten und Verdienste verherrlichten Menschen sich in Demuth und Anspruchlosigkeit beugen zu sehen, der abgewendet von dem, was er gethan, mit ungestillter Sehnsucht nach einem höheren Ziele aufblickt, und in dem Streben nach diesem noch nichts gethan zu haben glaubt. Es ist uns dann, als wären wir auf einen hohen Berg versetzt, von welchem wir das verlassene Thal tief unter uns sehen, und den sehnsüchtigen Blick in eine ungemessene Ferne senden. Wie erweitert sich da die Brust, wie erhebt sich der Geist, wir schwinden uns da die kleinen, engherzigen Gedanken! Die Ansicht der großen, weiten Welt Gottes geht uns auf, wir verlieren uns in das Ganze, und fühlen uns eben dadurch größer. Ja, wer sich selbst erniedrigt, der wird erhöhet! Wer sich demüthigt, erhebt sich über sich selbst, erhebt sich von Stufe zu Stufe, von Gipfel zu Gipfel, und eilt der Vollendung zu.

Das ist eine falsche Demuth, welche in der Lehre ausgesprochen wird, daß der Mensch von sich selbst untüchtig zu einigem Guten und geneigt zu allem Bösen, und nur zum Bösen, nicht zum Guten frey sey, wogegen wir uns schon früher erklärt haben; eine Demuth, welche Alles nur von Gott erwartend, das Vertrauen und den Muth des Menschen beugt. Das Vertrauen ist das Erste; die Demuth soll, als das Zweyte, dasselbe nur mäßigen und vor Uebermuth bewahren, und der Gedanke an den gnädigen, allmächtigen Gott, als das Dritte und Höchste, soll beyden Gefühlen das rechte Gleichgewicht und dem Vertrauen die unerschütterliche Festigkeit geben. Aber wo das Vertrauen, das Kraftgefühl, der Siegesmuth der Begeisterung fehlt, da fehlt Alles; wenn eine übertriebene Demuth gleichsam die Nerven des Geistes abspannt und auflöst, und ein feiges Zagen jedes Streben, jeden Aufschwung lähmt: dann kann selbst der Gedanke an Gott die verlorne Kraft nicht wiederbringen, und höchstens eine thatenlose Sehnsucht erwecken.

Die Begeisterung bringt den himmlischen Sinn mit sich, welcher sich über die irdischen, zeitlichen Zwecke zu den ewigen, himmlischen erhebt. Aber der Mensch ist mit seinem Leibe, mit seinen sinnlichen Bedürfnissen und Begierden, an die Erde gefesselt, und diese lockt ihn stets von seiner höhern Richtung ab. Diese wird ihm daher nicht gelingen, ohne daß sein Herz eine stete Entsagung übt, und sich dadurch von allen Reizungen und Lockungen der Erde losmacht. Durch die Entsagung wird die Begeisterung erst geläutert und verklärt. So wie der Wanderer, der einen hohen Berggipfel ersteigen will, um dort den Sonnenuntergang zu genießen, die Ruhe im lieblichen Thal verläßt und den beschwerlichen Pfad aufklimmt; wie er mit jedem Schritte, den er thut, etwas hinter sich läßt; wie er jetzt die blühende Matte durchschreitet, ohne sich auf ihren schwellenden Rasen niederzulassen; jetzt durch den grünen Wald eilt, ohne sich unter die schattige Buche zu lagern, und dem Gesang der Vögel zu horchen; wie er sich nicht auf der sonnigen Höhe aufhält, um rückwärts zu schauen, und das reizende Gemälde der unter ihm liegenden Landschaft mit Wohlbehagen zu betrachten; sondern unaufhaltsam, von der Sehnsucht, den höchsten Punkt zur rechten Zeit zu erreichen, getrieben, forteilt: so läßt sich auch der Begeisterte von keinem Wunsche nach Genuß und Besitz im Aufschwunge nach dem Höchsten hemmen, und jeder Schritt, den er vorwärts thut, ist mit einer Entsagung verbunden. Er ist, wie der Luftschiffer, der je höher er steigt, und je reiner die Luft wird, um sich noch höher zu heben, ein Stück des Ballastes nach dem andern herabwirft, und den schwebenden Ball erleichtert.

Wir meinen nicht die falsche Entsagung, welche jeden Reiz und jedes Stärkungs- und Hülfsmittel der Erde verschmäht, und sich mit düsterer Verachtung von Allem zurückzieht. Mit einer solchen erhebt man sich nicht, sondern bleibt träg am Boden liegen. Wer durch eine solche Weltverachtung sich zum Himmel zu erheben sucht, gleicht demjenigen, der ohne Luftball und Gondel und ohne die treibende Kraft des Gases den Flug durch die Luft versuchen wollte. Der Begeisterte benutzt die irdischen Dinge, und genießt sie auch, aber nie um des Genusses willen und um dabey träg auszuruhen, sondern um sich dadurch zu stärken und zu erfrischen; alles Irdische ist ihm nur Mittel, Stütze und Hebel für das Himmlische. Der Begeisterte pflückt die Blumen, die am Wege blühen, mit sinnigem Wohlgefallen; aber er pflückt sie nicht für sich, sondern um das Heiligenbild zu bekränzen, nach dessen Kapelle er wallfahrtet, um daselbst seine Andacht zu verrichten. Er sammelt die Schätze der Erde, aber nicht um sich mit eitlem Glanze zu umgeben, sondern um das Kostbarste als Weihgeschenk im Tempel aufzustellen. Das ist die wahre Entsagung, die mit der wirksamen Begeisterung, welche schaffend, bildend, herrschend den Erdenstoff durchdringt, vereinigt, mitten in der Erdenfülle steht, aber nichts einem irdischen Zwecke, sondern Alles dem Dienste der höheren Liebe weihet.

Die Entsagung erhebt sich von Stufe zu Stufe, und durch sie läutert sich die Begeisterung zu immer höherer Reinheit, so wie der Scheidekünstler die Stoffe, aus welchen er den reinen Geist darstellen will, einer wiederholten Läuterung unterwirft, bis sich endlich in den reinsten Dämpfen der geistige Auszug niederschlägt. Alles, was dem thierischen Triebe schmeichelt, bringt der Begeisterte der geistigen Liebe der Gerechtigkeit, Wahrheit und Schönheit als Opfer dar; was nur seiner Person nützlich und förderlich ist, weihet er dem gemeinsamen Leben der Geliebten und Genossen. Er begehrt nichts für den Genuß und Besitz, Alles nur für das geistige Streben; nichts für sich, Alles nur für die Geliebten. Aber wie der Erdgeschmack noch der aus der gährenden Masse gewonnenen geistigen Flüssigkeit anhängt, so haftet die Selbstsucht und der Sinnenreiz noch selbst an dem Streben für die geistigen Güter des Lebens, und mischt sich in die Liebe gegen Freunde und Genossen. Die Gerechtigkeit kann man, am Irdischen haftend, bloß in der richtigen Ordnung der äusseren, sachlichen Angelegenheiten suchen, und darüber die höheren, persönlichen, geistigen vernachlässigen; in der Wahrheit kann man noch eine irdische Richtung behaupten, und sie zur bloßen Dienerin der Klugheit herabwürdigen; in der Schönheit kann man noch am sinnlichen Reize hangen, und die Kunst durch feine Wollust entweihen; Freundschaft und Gemeingeist kann uns zwar über niedrige Selbstsucht erheben, aber zu Dienern der gemeinsamen Selbstsucht machen. So laßt uns denn, dem einen Läuterungsbad entstiegen, uns in das andere werfen, damit, was vom Schmutz der Erde in dem einen noch an uns hangen geblieben, in dem andern abgewaschen werde, und die Begeisterung endlich rein von allen Flecken, geweiht und heilig hervorgehe, würdig in den Tempel Gottes einzutreten!

Dem Begeisterten schwebt stets der Gedanke der geistigen Gemeinschaft vor; was er beginnt, beginnt er um ihretwillen, aus der Anregung, die er aus geistiger Einwirkung empfängt, aus dem Triebe der Liebe, das Geistesleben zu fördern, aus treuem Gehorsam gegen die Gesetze des Reiches Gottes. Dieses Anschließen an die Gemeinschaft wird aber inniger und sehnsuchtsvoller durch die demüthige Anerkenntniß unserer Schwäche und Fehlbarkeit, durch das lebhafte Gefühl, daß wir allein nichts vermögen, daß uns alles noch so eifrige Streben nicht gelingen kann ohne den Beystand gleichgesinnter Brüder, daß durch einträchtiges Zusammenwirken unsere Kraft wächst, daß sie aber einsam und verlassen sich vergebens abmüht und sich selbst verzehrt. In diesem Gefühl werden wir uns mit liebender, anspruchloser Hingebung ganz der Gemeinschaft widmen, Alles nur in Einklang mit den Gleichgesinnten, und zu der Förderung und Erhöhung des gemeinsamen Lebens thun, nichts aus dünkelhaftem, selbstsüchtigem Eigensinn; wir werden keine Bahn verfolgen, selbst wenn es uns die richtigste zu seyn schiene, auf der wir nicht die Brüder nach uns ziehen können, die nicht zum Ziele der gemeinsamen Vollkommenheit führt. Es kann Jemand auf einer so hohen Stufe stehen oder zu stehen glauben, daß sein Streben von den Zeitgenossen nicht nur nicht verstanden und gefaßt, sondern sogar gemißdeutet wird, und ihnen zum Aegerniß gereicht; verfolgt er es nun dennoch eigensinnig und geht, unbekümmert, ob die

Andern ihm folgen oder nicht, seinen Weg; so reißt er sich von der Gemeinschaft los, und opfert die Liebe seinem Eigendünkel. In dieser lieblosen Gesinnung handelten diejenigen, welche vor etlichen Jahrzehenden mit so unkluger, unzeitiger Hast an der Aufklärung unseres Volkes arbeiteten. Ihre Ansichten und Ueberzeugungen selbst hatten sie nur auf einem von aller Gemeinschaft entlegenen Wege gewonnen, und schon als das Werk der Selbstsucht konnten sie nicht anders als unrichtig seyn; aber wären sie auch richtig gewesen, so hätten sie dieselben dem Volke, welches dadurch nur verwirrt werden konnte, nicht aufdringen sollen. Von einem solchen Eigensinn muß uns schon das Gefühl unserer Fehlbarkeit zurückbringen. Dürfen wir uns denn für weiser und besser, als alle unsere Brüder, halten? Sind sie alle verblendet, und sehen wir allein klar? Sind wir allein auserseben, die Wahrheit zu erkennen? Und wenn wir sie recht erkennen, fassen wir sie auch von der fruchtbaren Seite auf, und bieten sie so dar, wie sie Andern frommen kann? Wohl kann Mancher über seine Zeit und sein Volk erhaben stehen, und Führer zum Besseren werden; aber dann soll er doch seine Brüder freundlich an der Hand fassen, und mit sich fortziehen, nicht aber ungeduldig ihnen vorauseilen und sie hinter sich lassen.

Diese Unterordnung unter die Gemeinschaft, diese **anspruchlose Hingebung**, sollen wir selbst dadurch beweisen, daß wir uns den Vorurtheilen und Angewöhnungen unserer Brüder fügen, vorausgesetzt daß darin nichts der Pflicht widerstreitet. Warum sollten wir nicht unschädliche und erträgliche Vorurtheile dulden, um das Band der Gemeinschaft zu erhalten? warum nicht eine kleine Unvollkommenheit übersehen, damit die Eintracht nicht gestört werde? Wenigstens hüten wir uns, den Vorurtheilen allzu rasch den Krieg anzukündigen, und dadurch das Mißtrauen und den Haß der Verletzten und Geärgerten gegen uns zu erwecken! Unsere Anmaßung wird dadurch bestraft werden, daß wir nicht nur diese Vorurtheile nicht überwinden, sondern auch sonst nichts Wesentliches zur Vervollkommnung unserer Brüder bewirken werden. Die Erfahrung wird uns allzu spät die demüthige Anerkenntniß lehren, daß wir nicht allein stehen, und nichts ohne die Gesammtheit vermögen. Durch diesen Mangel an Schonung gegen herrschende Vorurtheile fehlte Joseph II., und sein edler Verbesserungseifer unterlag im ungleichen Kampfe. Gewisse Angewöhnungen sollen wir selbst aus Liebe schonen, wenn sie mit den Eigenthümlichkeiten der vaterländischen Sitte in Verbindung stehen. Wie das Kind die Eigenheiten seines Vaters nicht nur schont, sondern ehrt und liebt: so sollen wir aus Vaterlandsliebe selbst das an unserm Volke, was an sich von keinem Werthe ist, ehren und lieben, weil es mit etwas Edlerem in Verbindung steht.

Diese Unterordnung und Schonung hat freylich ihre Grenzen; übertreibt man sie, so unterdrückt man allen Eifer der Besserung und Vervollkommnung, und weil Keiner zuerst vorwärts zu gehen wagt, so bleiben Alle auf demselben Flecke stehen. Ein richtiges Gefühl der Ueberlegenheit über die Andern und ihrer Bedürfnisse und ihrer Fassungskraft, verbunden mit der Einsicht in ihre Schwachheiten und der Schonung derselben, wird auf der richtigen Mitte zwischen allzu ungestümem Eifer und träger Gleichgültigkeit hindurch führen. Diesen Weg sind alle Reformatoren gegangen, und auf demselben zum Ziel gelangt.

Wenn wir aber selbst unser Streben für das gemeine Beste aus Liebe zur Gemeinschaft beschränken und mäßigen: so müssen wir noch viel mehr unsern eigenen Nutzen und unser Streben dafür dem, was unsern Brüdern frommt, unterordnen und nachsetzen. Einer für Alle, sey unser Wahlspruch; nichts für uns selbst, sondern Alles nur für die Brüder, sey das Ziel unseres Strebens. Allerdings können wir dem Ganzen nur dadurch nützen, daß wir uns selbst behaupten und geltend machen; wir müssen für unsere Erhaltung sorgen, an unserer Ausbildung arbeiten, Wirksamkeit suchen, und selbst nach Ansehen und Auszeichnung streben; aber nie sollen wir uns aus dem Ganzen heraustrennen und zum Mittelpunkt machen, und uns in jeder Hinsicht als Glied der Gemeinschaft fühlen und beweisen. Verachtung gebührt dem eigennützigen Bestreben derer, welche um sich her alle Sicherheit, Bequemlichkeit und Anmuth des Lebens häufen, und, in diesem Kreise sich gegen alle Theilnahme und Mitwirkung verschließend, einzig dem trägen, selbstsüchtigen Genusse leben. Solche sind abgestorbene, faule Glieder der Gesellschaft, welche sich selber dem Tode und der Verwesung Preis gegeben haben. Aber es gibt edle Menschen, welche, da sie das Schicksal über das Bedürfniß erhoben hat, welches sie zum Eingreifen in die gemeinsame Thätigkeit, zur Wahl eines Berufes zwingen könnte, sich von aller Wirksamkeit zurückziehen, und einzig ihrer Selbstausbildung widmen. Es ist wahr, daß auch daraus Früchte für das gemeine Beste hervorgehen können; aber am sichersten dann nur, wenn dabey das Ziel der Förderung der allgemeinen Bildung gleich anfangs ins Auge gefaßt wird, wenn die Liebe zu den Brüdern das Streben beseelt und adelt.

Einer für Alle, sey unser Wahlspruch; liebende Hingebung für die Brüder, die Seele unseres Strebens. In dieser Hingebung werden wir nichts verlieren, sondern Alles gewinnen; unser Selbst wird aus dem allgemeinen Leben, dem wir es hingeben, erhöht, verklärt, unendlich erweitert zurückkehren. Der Freund lebt im Freunde ein zweytes Leben; wer nun das ganze Volk, die ganze Menschheit an sein Herz drückt, wie unendlich vervielfacht ist dessen Leben! Alle unsere Triebe und Bestrebungen müssen sich in das allgemeine Leben ergießen, wie der Bach sich in den Strom, und der Strom sich ins Meer ergießt; unser Leben sey ein Ton, der in den Chorgesang der Menschheit harmonisch verschwimmt. O welche Wonne, sich in dem allgemeinen Wohlklang zu fühlen, in der Fülle der Harmonie zu schwelgen! — Und geben wir so uns ganz mit Herz und Willen und allem, was in uns ist! hin: so wird es uns nicht schwer werden, auch das, was uns nur äusserlich angehört, hinzugeben; die liebende Hingebung führt zur Aufopferung. Fodert das Wohl unserer Brüder das Opfer unserer Güter, ist ein Zweck des gemeinen Wohles nicht anders zu erreichen, als daß wir die Mittel dazu darbieten, welche uns Gott geschenkt hat: werden wir zaudern? Schmachtet neben uns die Armuth, sollen wir ohne Mitgefühl und Erbarmen allein der Fülle genießen? Ist eine öffentliche Anstalt zu gründen oder zu verbessern, fodern Kirche und Schulen unsere Unterstützung: sollen wir uns da kalt zurückziehen? Ruft uns das Vaterland zum Streit für die gemeinsame Sicherheit und Ehre, sollen wir zaudern, dem häuslichen Glücke, der liebenden Gattin Lebewohl zu sagen? Wie könnten wir mitten in der allgemeinen Gefahr allein des ruhigen Glückes genießen wollen, und unser Wohl und Weh vom Vaterlande trennen? Könnte in unser Herz auch nur Ein Gefühl der Freude und Zufriedenheit Eingang finden, wenn Alle in Sorge und Noth sind? Mit Freuden werden wir unser Blut für das Vaterland verspritzen, wenn es die Noth erfodert, ja, unser Leben lassen. Das ist das größte Opfer, das wir dem Wohl der Brüder bringen können, aber dadurch werden wir erst die wahre Liebe beweisen. „Niemand hat größere Liebe, denn die, daß er sein Leben lässet für seine Freunde.“ Es ist ein schweres Opfer; denn mit dem Leben verlassen wir alles, was wir lieben, unsere Freunde, unsere Eltern, Gatten, Kinder, Geschwister; die Todeswunde schmerzt nicht so sehr, als die Thränen der Verlassenen, die Sorge um die Hülflosen. Aber wer in der Gemeinschaft lebte und starb, der hinterläßt die Seinigen nicht einsam; alle Guten, alle Vaterlandsfreunde schließen den schützenden Kreis der Liebe um sie, und ersetzen den verlorenen Versorger. Liebe und Vertrauen verdient Liebe und Vertrauen; wer die Seinigen vertrauensvoll dem Vaterlande übergibt, wird nicht getäuscht werden. Aus der Saat des Blutes, das aus Liebe vergossen worden, sproßt eine reiche Ernte der Liebe und Dankbarkeit. Fehlte es einem Volke an Gemeingeist und Bruderliebe, und es opferte sich Einer für das Wohl desselben auf: so würde dieß der erste Funke seyn, der in das kalte, todte Leben fiele und es entzündete. O schöner Tod für das

Vaterland! o himmlische Wollust, den Athem in Liebe auszuhauchen, die Fülle des Herzens in strömenden Wunden auszugießen! Ein solcher Tod ist ein erhöhetes Lebensgefühl; indem das Bewußtseyn erlischt, verschwimmt es in das Bewußtseyn des allgemeinen Lebens, der stockende Puls schlägt fort in allen geliebten und liebenden Herzen. Und welche Seligkeit, siegend unterzugehen, um die heißen Schläfe den kühlenden Lorbeer zu fühlen, als letzten Schall, der ins Ohr dringt, den Jubel der triumphirenden Brüder zu vernehmen! Die irdische Wonne reiht sich an die himmlische; indem sich die Seele über den Triumphzug der Brüder empor schwingt, empfängt sie der himmlische Siegsgesang der vollendeten Kämpfer und Märtyrer, welche ihren Genossen begrüßen. Aber jeder Tod der Aufopferung ist mit dem Gefühl des Sieges verbunden. In dem Sterbenden selbst siegt der Geist über Todesfurcht und Schmerzgefühl, die Bruderliebe über die Selbstsucht, der himmlische Sinn über die Erdenlust. Und jeder solcher Tod trägt die Gewähr des Sieges, wenigstens des künftigen, in sich; eine Gemeinschaft, welche Märtyrer hat, in welcher Begeisterung lebt, kann nicht untergehen, und muß aus allem Kampfe siegreich hervortreten.

Die Begeisterung bringt die freudige Hoffnung des guten Gelingens, des Sieges im Kampfe, mit sich; aber wir bemerkten schon, daß diese Hoffnung nie ganz erfüllt werde, und daß sich der Begeisterte von jedem vollbrachten Werke unbefriedigt zu einem neuen wende. Dieses unvollkommene Gelingen hat seinen Grund in unserer Unvollkommenheit und Schwachheit; theils in unserm sündhaften Hang, theils in unserer Abhängigkeit von der Aussenwelt.

Der menschliche Geist ist zwar Herr der Natur, aber er kann seine Herrschaft nur nach und nach geltend machen, und muß sich immer auf dieses oder jenes Mißlingen gefaßt machen. Er kann Fels auf Fels schichten, um ein Riesengebäude aufzuführen; aber es bedarf dazu jahrelanger Arbeit, und durch ein Versehen kann sich ein Fels losreißen, und die Arbeiter zerschmettern. Am schwersten ist die Rohheit, die Leidenschaft, der widerstrebende Wille der Menschen zu bezwingen; und leichter dämmt man Ströme und Meere ein, als die unbändigen Kräfte der Menschen. Dieses Gefühl unserer Schwäche gegen die Aussenwelt, in Verbindung mit dem Gefühl unserer sittlichen Unwürdigkeit, soll nun unser Vertrauen mäßigen, uns vor Vermessenheit bewahren, und uns Vorsicht und Besonnenheit lehren, damit wir nicht, auf unsere Kraft trotzend, uns in einen allzu ungleichen Kampf einlassen. Das Licht der Begeisterung strahlt nur rein in der Klarheit der Besonnenheit, wenn sie sich durch diese Mäßigung von allem trüben Rausch und Trotz läutert. Sie ist das reine Bewußtseyn des Geistes von seiner Kraft und Bestimmung; damit es aber rein sey, muß er sich auch seines Verhältnisses zur Aussenwelt klar bewußt seyn. Tritt nun aber auch der Mensch mit diesem gemäßigten Vertrauen in den Kampf, und hat er alle Schwierigkeiten erwogen: so soll er doch immer auf den Fall des Mißlingens gefaßt seyn. Denn seine Berechnung kann trügen, und es können unvorhergesehene Unglücksfälle eintreten. Er soll anerkennen, daß er nur mit mühsamem Kampfe die Kräfte der Natur überwinden, daß er aber die Zufälle ganz und gar nicht in seiner Gewalt hat, daß diese der Herr der Welt in seiner allmächtigen Hand hält, und nach seiner

Weisheit lenkt. Sind wir uns auch der reinsten Absichten bewußt, und sagt uns der Glaube an Gott, daß er Alles Gute befördert und schützt: so sind doch seine Wege nicht unsere Wege, und seine Gedanken nicht unsere Gedanken, und so kann er unsere Bemühungen mißlingen lassen, uns unüberwindliche Hindernisse entgegensenden, oder das fast vollendete Werk vieler Jahre und großer Anstrengungen durch einen einzigen Donnerschlag vernichten.

Diese Anerkennung ist die Ergebung in das Schicksal, und sie wird die heitere Stimmung der Begeisterung durch die Beymischung einer gewissen frommen Trauer und Wehmuth nicht trüben, aber mäßigen, und das Gemüth auf mögliche Unglücksfälle vorbereiten. Sieht man das Unglück voraus, dann behauptet man desto besser die muthige Fassung, und wird nicht dadurch zu Boden geschlagen. Man soll aber kraft der frommen Ergebung nicht bloß das Unglück vorhersehen, sondern im Gefühl der menschlichen Schwäche, in der Ehrfurcht vor dem Allmächtigen, sich demüthig beugen, seinen eigenen Willen dem göttlichen Willen unterordnen, und dadurch allen Mißmuth, alles Murren im Gemüth unterdrücken. Und ist diese Demuth rein, ist aller Trotz und Eigenwille in fromme Ergebung aufgelöst: dann wird auch jene freudige Stimmung der Begeisterung ungestört bleiben. Nur der trotzige Muth, der auf seine Kraft pocht, und auf den glücklichen Erfolg mit anmaßlicher Sicherheit rechnet, wird durch die Schläge des Schicksals niedergeschmettert, und beugt sich entweder in düsterer Muthlosigkeit, oder tobt in zornigem Unmuth. Aber der Begeisterte und zugleich Ergebene rafft sich von jedem Unfall wieder auf, und eilt mit erneuter, aber immer demüthiger Hoffnung auf seiner Laufbahn vorwärts. Ist es dießmal nicht gelungen, so gelingt es vielleicht ein ander Mal; und was ihm nicht zu vollbringen verliehen ist, wird vielleicht ein Anderer vollbringen. Ohnehin gelingt ja doch kein Werk der Begeisterung ganz, und keines entspricht dem Bilde, das wir davon in der Seele getragen haben. Darum aber sollen wir nicht muthlos werden, sondern nur mit der begeistersten Seele einen höhern Flug versuchen.

Und wenn uns die Gunst des Glückes lächelt, und nirgends eine dunkle Wolke drohet, fahren wir einher auf der Woge des Sieges, und werfen Alles vor uns nieder: dann bewahre uns der wehmüthige Gedanke an die Veränderlichkeit des Geschicks, an die Hinfälligkeit unseres Daseyns, vor gottlosem Uebermuth, und erhalte das Gefühl der Ergebung im frommen Herzen wach. Gustav Adolph hatte als Sieger Deutschland durchzogen, und kehrte, Wallenstein folgend, nach Sachsen zurück. Da umgab ihn die jubelnde Huldigung, die abgöttische Anbetung des Volkes. Man stürzte sich vor ihm auf die Kniee, und stritt sich um die Gunst, die Scheide seines Schwertes, den Saum seines Kleides zu berühren. Darüber empörte sich der bescheidene Sinn des Helden. „Ist es nicht, als ob dieses Volk mich zum Gott mache?" sagte er zu seinen Begleitern. „Unsere Sachen stehen gut: aber ich fürchte, die Rache des Himmels wird mich für dieses verwegene Gaukelspiel strafen, und diesem thörichten Haufen meine schwache, sterbliche Menschheit früh genug offenbaren." Ach! er trug in seinem großen Gemüth die Ahnung seines nahen Todes, in welcher er sich mit banger Wehmuth von seiner Gemahlin in Erfurt getrennt hatte; und diese Ahnung ging in Erfüllung. Der Held fiel, und von seinem Fall erbebte die bange evangelische Kirche in Deutschland; sein Tod verlängerte den blutigen Kampf um die Freyheit des Glaubens.

Diese fromme Wehmuth soll nicht nur, unsere Bestrebungen begleitend, unsere Hoffnung und Siegesfreude mäßigen, sondern sich auch mildernd in die sanftern frohen Gefühle ergießen, mit welchen wir den ruhigen Besitz geliebter Güter umfassen, damit wir uns auf den möglichen Verlust vorbereiten. Ergebung soll all unsere Liebe weihen. Wir fühlen uns glücklich an der Seite der geliebten Gattin, im Kreise hoffnungsvoller Kinder, und froh blicken wir in die Zukunft, der süßen Freuden noch mehr erwartend. Aber können wir uns verhehlen, daß dieser Besitz noch unsicherer ist, als der Besitz von Haus und Habe, daß das zarte Menschenleben an einem Faden hängt, den die Scheere der Parze im nächsten Augenblick durchschneiden kann? Sehen wir nicht den Schatten, den der Tod in das sonnenhelle Gemälde unseres Glückes wirft, die düstern Wolken, die am Saum des Gesichtskreises drohend gelagert stehen, und sich im Nu über den heitern Himmel verbreiten können? O waffne dich, liebendes Herz, auf diesen furchbaren Augenblick im voraus mit frommer Ergebung! Bring immer einen Theil deiner frohen Gefühle dem Schicksal als Sühnopfer dar, weihe eine Locke des schönen jugendlichen Hauptbaars den finstern Mächten des Abgrunds, spende die Hälfte des Bechers der Lust als Todtenopfer, eingedenk der Zeit, wo er nicht mehr schäumt! Eine Thräne der Wehmuth mische sich in die Thränen der Wonne, um das Auge nicht von den Thränen des Schmerzes zu entwöhnen, deren es ach!

vielleicht nur allzu bald bedürfen wird, um das gepreßte Herz zu erleichtern. Und mischt sich die Wehmuth in unsere Freude, so wird dann auch einst unserer Wehmuth nicht der freudige Trost fehlen. Wie wir uns über die frohe Gegenwart zur Ahnung des möglichen künftigen Unglücks erhoben haben, so werden wir uns, wenn dieses mit seinem schwarzen Gewölk unsern Gesichtskreis bedeckt, emporheben dahin, wo kein Wechsel von Licht und Schatten ist, wo die Sonne der Liebe in ewiger Klarheit strahlt.

Mit derselben Ergebung, mit einer von frommer Trauer und Wehmuth gemilderten Hoffnung, sollen wir die Bestrebungen Anderer, welche unsere Theilnahme erregen, betrachten. Wir wünschen, daß sie von einem glücklichen Erfolg gekrönt werden, unser Herz schlägt jeder Siegesnachricht, die uns vom Schlachtfelde der Freyheit, der Volksehre, des Glaubens kommt, froh entgegen. Aber auch das Herrlichste kann im Kampf erliegen, und jede auch die heiligste Hoffnung täuschen. Ach! es gibt Zeiten, wo jedes Aufstreben des Geistes mißlingt, und jeder Versuch für Wahrheit, Freyheit und Gerechtigkeit nur dazu dient, die Herrschaft des Bösen zu befestigen; wo die Menschheit in den Wehen liegt, und Neues gebären will, aber nicht zur Geburt kommen kann. Wie lange dauerte es, ehe die Wiedergeburt der Kirche zu Stande kam! Wie manche Stimme der Wahrheit verhallte, wie vieles unschuldige Blut wurde vergossen, bis es endlich Luthern und Zwinglin gelang, dem Geist der Wahrheit zum Durchbruch zu helfen! Daher laßt uns jede Hoffnung für die Vervollkommnung der Menschheit, für die Verbesserung des Volkslebens, für den Sieg der Gerechtigkeit und Wahrheit, durch Ergebung mäßigen, und, wenn uns niederschlagende Erfahrungen treffen, zwar trauern, aber mit frommer Ergebung trauern, so daß die Hoffnung im Gemüth herrschend bleibt, und der Schmerz uns nicht das Vertrauen auf den Sieg des Guten im Menschenleben wankend macht.

Nur eine mit Ergebung gepaarte Begeisterung ist die wahre; nur eine solche ist erhaben über allen irdischen Wechsel, sie siegt selbst im Unterliegen. Nur eine mit Wehmuth gemischte Freude ist die wahre; sie bleibt uns treu, und folgt uns mit ihrem Licht auch in die Nacht der Trauer. Nur die mit Ergebung verbundene Hoffnung ist die unwandelbare, die sich über alle fehlgeschagenen Wünsche erhebt.

Frohes Vertrauen und Ergebung, freudige Hoffnung und Wehmuth sind die beyden wechselnden Grundstimmungen des menschlichen Gemüths. Die Schauspieler der Alten trugen Masken, von welchen die eine Seite den Ausdruck der Freude, die andere den des Schmerzes zeigte. Und so sind die meisten Menschen abwechselnd bald in Freude verloren, bald in Schmerz versenkt; bald halten sie sich zu der Schule des Demokrit, welcher immer lachte, bald zu der des Heraklit, welcher immer weinte. Hingegen das Antlitz des vollendeten, frommen Menschen wird stets die harmonische Mischung der Freude und Trauer zeigen, den Ausdruck einer Freude, welche durch Wehmuth gemildert ist, und einer Trauer, über welcher die Freude schwebt. Dem Frommen wird die Welt weder bloß im Sonnenschein glänzend, noch auch bloß vom düstern Gewölk bedeckt erscheinen, sondern im Wechsel des heitern und bewölkten Himmels. Und wie die Beleuchtung einer Landschaft schöner ist, wenn

Wolken vor der Sonne vorüber ziehen, wenn hier ein dunkler Schlagschatten steht, dort der Sonnenschein warm auf dem Berge liegt; wie eine Musik nur dann das Herz recht bewegt und harmonisch stimmt, wenn das Heitere mit dem Wehmüthigen, der Jubel der Freude mit den Seufzern der Trauer sich mischt; so ist das Gemälde, das Spiel des Lebens nur dann vollendet und harmonisch, wenn beyde Gefühlsstimmungen sich gegenseitig tragen und halten, sich mildernd und verklärend durchdringen.

Aber nicht nur Kampf und Unterliegen, Verlust und und Trauer kann das Schicksal über uns verhängen, nicht nur das Opfer heiterer Ergebung, lächelnder Thränen von uns fodern; sein ernstes Gebot kann uns auch in den Tod rufen, sein Donner kann uns zerschmettern. Für das Werk der Begeisterung, aus Liebe und Treue, in den Tod zu gehen, wird leicht durch den freywilligen Entschluß und die Hoffnung des Sieges; aber unvorbereitet unter dem Opfermesser zu fallen, unversehens auf der Laufbahn den gähnenden Abgrund vor sich zu sehen, der uns verschlingt, erfodert den höchsten Grad der Ergebung, zumal wenn wir nicht hoffen können, daß unser Tod für die gute Sache Früchte trägt. Der Tod der Charlotte Corday, der begeisterten Rächerin der Freyheit, war ein kurzer, süßer Liebesschmerz; aber wie Viele bluteten unter der Blutmaschine der Revolution, welche nicht wußten, wofür sie litten, deren Namen nicht einmal die Geschichte nennt, die nicht den Trost mit ins Grab nahmen, durch ihre Standhaftigkeit die Sache der Gerechtigkeit zu befestigen! Wie bitter war der Tod Gustav Adolphs, der mitten in seiner Siegeslaufbahn dahin gerafft wurde, und wie ein gemeiner Krieger fiel, vielleicht durch die

Tücke eines Verräthers den feindlichen Kugeln entgegengeführt! Ihm versüßte nicht den Schmerz des Todes der Gedanke, daß er gerade dadurch der Sache der evangelischen Freyheit den Sieg verschaffe; und obgleich die schwedischen Krieger, von Rachsucht entflammt, den Sieg bey Lützen erfochten, so fehlte doch nachher der Führung des Krieges ein Haupt, das den König ganz ersetzte, und der Kampf ward mit abwechselndem Glücke fortgesetzt. Aber dem Frommen ziemt es, auch den bittersten Kelch mit Ergebung zu leeren. Vielleicht ist ein solcher Untergang nicht ganz unverschuldet, und wir büßen dadurch irgend einen begangenen Fehler, wie Gustav Adolph vielleicht in seinem Tode die aufkeimenden Begierden des Ehrgeizes büßte. Dann dürfen wir uns nicht beklagen, weil wir uns selbst die Grube gegraben, in die wir fallen. Vielleicht haben wir den zerschmetternden Blitz durch unser muthiges Streben für Wahrheit und Recht auf uns gezogen: dann kann uns dieses hohe Selbstgefühl trösten, unser Tod ist ein Opfer der Liebe, und so süß, wie jeder Tod der Aufopferung. Endlich, wenn alles dieses nicht Statt findet, dürfen wir murren, wenn wir, sterblich geboren, auf einem verdeckten Abgrund wandelnd, hinab stürzen, wenn der Herr des Lebens sein Geschenk zurückfodert? Dürfen wir murren, wenn der Tropfe unseres Daseyns wieder in den großen Strom zurückrinnt, aus welchem er genommen worden? Darf die Scherbe murren, wenn sie der Töpfer, der sie gebildet, wieder zerbricht? Lehrt uns die hingebende Liebe, uns für die Brüder freywillig zu opfern, so dürfen wir nicht zaudern, wenn der Götterspruch des Schicksal unser Opfer fodert. Aber den rechten Trost der Ergebung verleiht nur der Glaube an einen gerechten, weisen, liebenden Vater im Himmel; dieser Glaube drückt jedem frommen Gefühl der Begeisterung und Selbstverleugnung erst das Siegel der Vollendung auf. Von diesem Glauben als dem Gipfel aller frommen Gefühlsstimmung müssen wir nun reden.

Wir fassen diesen Glauben als unmittelbares Gefühl, und nennen dieses Andacht oder Anbetung, weil es in der größten Erhebung und der tiefsten, unbedingtesten Unterwerfung und Hingebung des frommen Gemüthes besteht. Das ist die dritte und höchste Gefühlsstimmung der Frömmigkeit.

Wenn Begeisterung und Selbstverleugnung das Verhältniß des Menschen zur höheren Weltordnung, die erste dessen Bestimmung, ein Glied desselben zu seyn, die zweyte den Widerstreit unserer irdischen Natur mit den Gesetzen derselben auffaßt: so richtet sich die Andacht zur höheren Weltordnung selbst empor; und wenn in der Begeisterung der Einklang des Einzelnen mit dem Ganzen, in der Selbstverleugnung die Auflösung aller Mißlaute in diesen Einklang hergestellt wird: so ist die Andacht das Gefühl der Harmonie des Weltganzen selbst, das Verschmolzen seyn des Herzens in den ewigen Wohllaut, wenn jeder Jubel der Freude, jede Klage der Trauer zum Himmel aufsteigt, um sich in den ewigen Sphärengesang zu mischen, wenn die Aeolsharfe der Seele im Hauche des Geistes Gottes zum Preise der allmächtigen Liebe und Weisheit erklingt. Während in Begeisterung und Selbstverleugnung das Gemüth gleichsam hin und her wallet, in jener sich hebt, in dieser sich beugt: so ebnet es die Andacht zur ruhigen Spiegelfläche. Während in jener das Licht des heiligen, frohen Muthes aufblitzt, in dieser der Schatten der frommen Trauer sich daneben aufrichtet: so ist die Andacht die reine Sonne, welche das Gemüth mit seligem, ungetrübtem Lichte bestrahlt. Sie ist die heilige Mitte beyder entgegengesetzter Stimmungen, der Grundton der wechselnden Tonweisen, der Einklang alles mannichfaltigen Spieles.

Der Gedanke, welcher diesem Gefühl der Andacht zum Ausdruck dient, ist der einer heiligen Gesetzgebung der Welt, einer väterlichen, liebevollen, weisen Weltregierung; es ist der Gedanke an Gott, den Schöpfer, Gesetzgeber, Regierer der Welt, den himmlischen Vater, den Urquell des Lichtes und der Liebe, von welchem wir Leben und Kraft und alle guten Gaben empfangen, der Alles zum Besten lenkt, und zu dem wir mit kindlichem Vertrauen aufblicken. Durch diesen Gedanken wird jedes Gefühl der Begeisterung und Selbstverleugnung erhöht, geläutert, bestätigt.

Erhebt und begeistert uns das Gefühl unserer ewigen Bestimmung, der hohen Würde unseres Wesens: so denken wir an Gott, der uns zur Vollziehung seines heiligen Willens geschaffen, und uns das Gepräge seines Ebenbildes aufgedrückt hat; wir fühlen uns als seine Söhne, und heiliges Hochgefühl schwellt unsere Brust. Beugen wir uns im Gefühl unseres Hanges zur Sünde, so ergreift uns die Scheu vor dem heiligen Richter, welcher das Böse nicht ungestraft läßt. Aber über diese Furcht gewinnt die Liebe und das Vertrauen die Oberhand; die Gnade ist mächtiger, als die Sünde; die Kraft des Guten siegt durch Gottes verzeihende Gnade über unsere Schwachheit; das Selbstvertrauen, durch Demuth geläutert, auf das Gottesvertrauen gestützt, erfüllt das Gemüth mit Alles besiegender Kraft. Erhebt sich die Begeisterung zum Ewigen, und opfert die Entsagung alle irdische Lust und Liebe: so ist es der Gedanke an Gott, der das Gemüth mit heiliger Sehnsucht emporzieht. Auf ihn, die ewige Sonne, das Auge geheftet, steigt die Seele, wie ein Adler, über die Thäler und Höhen der Erde empor, und steigt noch empor, wenn schon die Gipfel der höchsten Berge tief unter ihr liegen. Wenn die Begeisterung mit freudigem Siegsgefühl in den Kampf tritt, und die Selbstverleugnung mit heiterer Wehmuth auf Alles, auf Unglück und Untergang, gefaßt ist: so geht der Glaube mit dem Zeichen des Kreuzes voran, an welchem geschrieben steht: damit wirst du siegen! Durch Gottes Gerechtigkeit und Liebe muß das Gute in der Welt herrschen, und zum ewigen Sieg aus dem Kampfe hervorgehen. Ueber Aschenhaufen und Schlachtfelder zieht der Sieger aller Sieger triumphirend einher; aber unter seinen Füßen sprosset neues Leben aus der Zerstörung, aus der Thränen- und Blutsaat erblüht eine schönere Erute, die gefallenen Opfer erheben sich verklärt aus den Gräbern, und ihr Jubel stimmt in den Siegsgesang ein. O großer Gedanke, beseligender Glaube: Gott, der Heilige, Allmächtige, der Vater der Liebe, herrschet, und durch seinen allmächtigen Willen herrschet das Gute in der Welt! Was er thut, das ist wohlgethan, er führt Alles herrlich hinaus. Mögen alle Hoffnungen täuschen, die unser Herz gefaßt; die einzige, höchste Hoffnung steht fest. Mag die Wahrheit, die Gerechtigkeit erliegen, und Finsterniß die Erde bedecken; Gott wohnet im Licht, sein Reich, hoch über dieser Erde, strahlet im ewigen Sonnenschein seiner heiligen Liebe. Was uns betrübt und beengt, es ist nur ein vorüberziehender Schatten, ein Gewölk, das uns den ganzen Himmel zu bedecken scheint, während es wie das Morgengewölk vor der aufgehenden Sonne verschwindet.

Dieses unerschütterliche Gefühl der siegenden Gotteskraft über das Böse in uns selbst und in der Welt, dieser Glaube an eine allweise Welt-Regierung gibt dem Frommen jene heilige Gemüthsruhe, welche ihn über jede Furcht und jeden Zweifel erhebt, und ihn in Sieg und Tod, in Jubel und Schmerz, gleich selig macht. Welchen Weg ihn auch das Schicksal führen mag, sey es durch heitere Gefilde oder durch Thäler der Todesnacht; wenn er auch die Führung nicht begreift, und das Ende nicht sieht: er glaubt fest, daß Gott ihn zum besten Ziele führt. Gottes Wege sind nicht unsere Wege, unser kurzsüchtiges Auge kann seine unerforschlichen Plane nicht ergründen. Es sorge und zweifle, wer keinen Glauben hat; es klügle der blöde menschliche Verstand in seiner anmaßlichen Unwissenheit: dem Frommen bewahrt der Friede Gottes, welcher höher ist denn alle Vernunft, Herz und Sinne treu im Glauben an seinen Gott.

Wer im Gefühl der Selbstverleugnung und Andacht lebt, in dem ist, sammt der Begeisterung, alle pflichtmäßige Gesinnung; ein solcher, von Gott belehrt, bedarf keiner Belehrung über seine Pflichten, er trägt sie alle in seinem reinen Herzen; denn ein frommes Herz ist stets ein reines Herz. Wer in der lebendigen Scheu vor der Sünde lebt, der vollbringt gewiß das Gute. Wer auf jedes Opfer der Entsagung gefaßt ist, jedes irdische Gut, jede Freude, jede Hoffnung für seine Liebe und seine Pflicht hingeben, und, wenn es gilt, die liebeklopfende Brust dem Opfermesser darbieten kann: in welchem

Kampfe der Tugend könnte der erliegen? welche Lockung könnte ihn vom Wege der Pflicht abziehen, welcher Schrecken könnte seine von Todesgedanken gestählte Brust erschüttern? Wer Gott vor Augen und im Herzen hat, wer in sich selbst seine Stimme vernimmt, auf jedem Menschenantlitz den Schimmer seines Ebenbildes sieht. wie könnte ein solcher je die Menschenwürde verletzen, den Nächsten unterdrücken, sich selbst zur Ehrlosigkeit beugen? Und der heilige Glaube an Gottes Gnade und Allmacht, das Vertrauen auf die in ihm wohnende Gotteskraft, stärkt ihn zu jedem, auch dem schwersten Unternehmen, und macht ihn unüberwindlich. Er spricht zu dem Berge: hebe dich und wirf dich ins Meer! und es geschieht; er gebietet den Wogen des Meeres, daß sie sich legen, und sie legen sich; er tritt über Schlangen und Skorpionen, und sie verletzen seine Füße nicht. Gott ist für uns, wer mag wider uns seyn? das Reich Gottes vermögen alle Mächte der Hölle nicht zu erschüttern; und wer im heiligen Kampfe dafür steht, kann nie wanken; das Böse hat an ihm die Macht verloren. Die heilige Ruhe, die in seinem Herzen wohnt, der über alles Irdische erhabene Gottesfriede, ist der Tempel, in welchem aller Streit ruhet, in welchem jede Handlung des Lebens geweihet, jede Gabe der Liebe, jedes Opfer der Ergebung dargebracht wird, in welchem der Jubel der Freude, der Seufzer des Schmerzes, die Klage der Trauer, in heiligen Wollaut verklungen, zu Gott aufsteigt; es ist die Wohnung Gottes selbst im menschlichen Herzen, die Offenbarung seines Lichtes und seiner Klarheit, Segen ausströmend, Leben entzündend, Wonne verbreitend.

Siebente Vorlesung.

Die Frömmigkeit in der Betrachtung: fromme Natur-Geschichts- und Kunst-Betrachtung.

Die Frömmigkeit, als Quelle aller pflichtmäßigen Gesinnung, ist selber Pflicht: es liegt uns ob, das Herz ihren erweckenden Lichtstrahlen zu öffnen, und ihre, die Keime alles Guten entwickelnde Himmelswärme aufzunehmen. Sie lebt ihr unmittelbares Leben in Gefühlen; aber diese müssen durch die Betrachtung zum Bewußtseyn kommen, und in die verständige Lebensansicht aufgenommen werden. Denn der Mensch muß sich über Alles verständigen, sich von Allem Rechenschaft geben. Der Verstand, wie er über Alles im Gemüth die Herrschaft führt, wie er die Begierden beherrscht, und, mit der Thatkraft verbunden, den Alles lenkenden Willen bildet, muß auch über die Gefühle des Herzens eine gewisse Herrschaft üben. Dieß thut er dadurch, daß er sie zum Gegenstand der Betrachtung macht, und zu einer sichern Ueberzeugung gestaltet. Gefühle haben, ist nicht genug; man muß auch wissen, was man fühlt, und warum man so fühlt; sonst lebt man, an die mannichfaltigen Erregungen hingegeben, bewußtlos, ohne Einheit und innere Uebereinstimmung. Dadurch, daß man sich mit seinen Gefühlen beschäftigt, sie prüft und ordnet, gewinnen sie an Stärke, Lauterkeit und Klarheit. Ein Gefühl, bey welchem man betrachtend verweilt, macht auf das Gemüth einen stärkern Eindruck, als ein anderes, das gleichsam nur flüchtig durch die Seele zieht, ohne darin gastliche Aufnahme zu finden. Ein zum Bewußtseyn gebrachtes Gefühl weckt ein anderes auf, dessen wir uns früher bewußt gewesen, und das wir gleichsam als einen Schatz niedergelegt haben. So bereichert sich nach und nach das Gemüth an Gefühlen, indem sich eines an das andere reihet. Wenn nun ein Ton im Herzen anklingt, so klingen alle verwandten Saiten mit, und es entwickelt sich in uns gleichsam eine Tonweise, von welcher das ganze Gemüth bewegt wird. Darin besteht aber das Leben eines gebildeten Geistes, daß nichts Einzelnes vereinzelt auf ihn einwirkt und ihn nur augenblicklich bewegt, sondern daß er jeden Eindruck in seine innere Harmonie aufnimmt. Beachten wir aufmerksam unsere Gefühle, so prüfen und läutern wir sie auch, indem wir sie mit andern schon gehabten vergleichen, und diejenigen, welche mit unsern Grundstimmungen sich nicht vertragen, abweisen und verwerfen. Ein Gemüth, das schon oft den Trost der frommen Ergebung erfahren, wird nicht dem augenblicklich eindringenden Gefühl des Schmerzes und des Unmuths nachhangen, sondern es mildern oder zu unterdrücken wissen. Durch diese Vergleichung werden uns auch die Gefühle klarer: eines wirft Licht auf das andere, eines erscheint im

Zusammenhange mit dem andern an der Stelle, die ihm im Lebensganzen gebührt, und wird darin vom Verstande anerkannt. Wie uns in der Mittheilung an Freunde und Gleichgesinnte unsere Gefühle lebendiger und klarer werden, wie wir uns scheuen, diejenigen die unser unwürdig sind, zu äussern, und sie dadurch bey uns selbst unterdrücken: so geschieht es in der Betrachtung, welche eine Unterhaltung mit uns selbst ist, und der Unterhaltung mit Andern zur Grundlage dient.

Ist nun die Frömmigkeit Pflicht, so ist es auch für uns eine nothwendige, daraus fließende Obliegenheit, uns der frommen Betrachtung zu befleißigen, und dadurch unsere frommen Gefühle zu stärken, zu läutern und aufzuklären. Es liegt uns ob, das empfängliche Herz den auf uns einströmenden Gefühlen aufzuschließen, nnd den betrachtenden Geist mit Liebe darauf zu richten. Wie auf das Auge ringsher das Licht mit seinem bunten Farbenspiel einströmt, und eine Menge Bilder vor uns entfaltet: so offenbart sich uns von allen Seiten das Licht der höhern Welt, wenn wir es nur sehen wollen, und nicht das Auge des Geistes schließen.

Jedes reine Gefühl, welches sich über die sinnliche Lust erhebt, in welchem wir die Ahnung eines höheren geistigen Lebens, einer höheren Weltordnung, fassen, gehört zur Frömmigkeit. Es gibt aber ein großes Gebiet des Gefühls und der Betrachtung, welches man gewöhnlich von der Frömmigkeit ausschließt, und nur als einen Theil der feineren Bildung und des gemüthlichen Lebens ansieht, ja, welches Viele als ein Lustrevier ansehen, wo man sich bloß zum Vergnügen ergehen, von wo man aber auch wegbleiben könne. Man beschränkt die fromme

Betrachtung gewöhnlich auf das Gebiet dessen, was man eigentlich **Religion** nennt, und was uns das Christenthum ist. Daß dieses den Mittelpunkt der Frömmigkeit ausmache, behaupten wir selbst, glauben aber, daß von da aus die fromme Gefühlserregung sich viel weiter erstrecken müsse, als man sich gewöhnlich vorstellt; und ehe wir von unserm christlichen Glauben und unserer Kirche reden, wollen wir zuvörderst die fromme Betrachtung von jenen andern Seiten empfehlen und in Schutz nehmen.

Vielleicht erwarten Sie, daß ich von demjenigen reden wolle, was man **natürliche Religion** zu nennen pflegt. Ja, es ist eine Art von natürlicher Religion, die ich meine, eine Welt-Betrachtung ohne bestimmte Dogmen, aber doch sehr verschieden von der sogenannten natürlichen Religion, von der ich auch späterhin reden werde, ohne sie eben empfehlen zu können. Diese Weltbetrachtung ist durchaus Sache des Gefühls, und der Verstand hat dabey nur die untergeordnete Thätigkeit, daß er dieses zum Bewußtseyn bringt.

Die Welt erscheint uns in zwey großen Sphären, in der **Natur** und **Geschichte**. Zur Natur gehört alles, was sich nach nothwendigen Gesetzen in Raum und Zeit vor unsern Augen ausbreitet, einen streng abgeschlossenen Kreis des Daseyns erfüllt, sich in eine nothwendige Verkettung fügt: zur Geschichte alles, worin die menschliche Freyheit waltet, was sich in einer nie vollendeten Reihe in der Zeit entwickelt, und nicht bloß der Vergangenheit und Gegenwart, sondern auch der Zukunft angehört. Die Natur ist im ruhigen Bestehen, die Geschichte im Werden; die Natur ist vollendet, die Geschichte eilt erst ihrem Ziele zu. Daß zwischen beyden eine tiefere Einheit Statt finde, daß auch die Natur im Großen noch im Werden begriffen sey, läßt sich ahnen, ja vielleicht nachweisen; aber für uns ist die Natur in ihrer Erscheinung gleichsam der feste Schauplatz, auf welchem sich das große Drama des Lebens entfaltet; in ihr erscheint uns die Welt in Ruhe, und der Schöpfer feyert in ihr gleichsam seinen Sabbath. Während es in der Geschichte wogt und braust und Alles noch im Chaos gährt, schaut die Natur ruhig zu. Die Sterne blicken seit Jahrtausenden von derselben Stelle auf die menschliche Geschichte herab; sie haben Reiche emporsteigen und wieder stürzen gesehen; die Länder, über die sie aufgingen, waren bald der Schauplatz blutiger Kriege, bald der Wohnsitz des Friedens; da, wo sie stolze Paläste, erhabene Tempel beschienen, liegen jetzt Trümmern, unter welchen der Nomade mit seinen Heerden Schutz sucht: und über all diesem Wandel ziehen sie ruhig ihre ewigen Straßen. Diese Ruhe der Natur macht auch, daß wir an ihrem Busen so gern vom unruhigen Treiben des Lebens ausruhen; im stillen Hain, am murmelnden Bache vergessen wir aller Sorgen; unter dem blauen Himmel kehrt uns aus der Verworrenheit der sich durchkreuzenden Entwürfe die klare Besonnenheit zurück; beym Anblick der Abendröthe löst sich der tobende Schmerz in sanfte, stille Sehnsucht auf, und unter dem gestirnten Himmel fühlen wir uns über alle irdischen Sorgen erhaben.

Von der Betrachtung der Natur ist alle Religion ausgegangen; die ältesten Gottesdienste waren Anbetung der Gestirne und der Kräfte der Natur. Die heiligen Urkunden der Bibel beginnen mit der Erschaffung der

Welt, also mit der ersten und höchsten Naturbetrachtung, und der erste Grundsatz unserer Religion ist, daß Gott Schöpfer Himmels und der Erde sey. Und so muß auch unsere fromme Betrachtung immer wieder von der Natur beginnen, und dahin zurückkehren.

Welche Bedeutung aber hat die Natur für das fromme Gefühl? Es ist unmöglich, diesen unerschöpflichen Brunnen zu ergründen, und den unendlichen Kreis der Naturbetrachtung zu umfassen. Aber einige Standpunkte lassen sich angeben. Der Grundgedanke und das Grundgefühl der ganzen Betrachtung ist, daß Gott der Schöpfer und Erhalter der Natur ist. Am reinsten wird dieses der Christ denken und fühlen, der an einen über die Natur erhabenen Gott glaubt; aber in keiner Religion kann dieser Gedanke und dieses Gefühl ganz fehlen, mag man auch mehrere Schöpfer und Herren der Natur, oder diese selbst als die Mutter alles Lebendigen und als belebtes, sich selbst ergänzendes Wesen anbeten. Das Wesentliche ist immer, daß man in der Natur L e b e n findet, geistiges, unserm Geiste verwandtes Leben, aus der Kraft der Freyheit, die in uns selber waltet, hervorgegangen, und einen Zweck in sich tragend. Denn wenn Gott die Welt schuf, so ist sie ein Werk seines freyen Willens, und er schuf sie vermöge seiner Weisheit zu einem Zwecke, und zwar zum besten, da er nur das Beste wollen kann. Also Ahnung des freyen, zweckmäßigen Lebens in der Natur ist das Wesen aller frommen Naturbetrachtung, und nur dadurch kann die Frömmigkeit aus ihr Nahrung ziehen, welche selbst nichts ist, als das höhere Bewußtseyn des Geistes von seiner Bestimmung, von der höhern Weltordnung und Weltregierung,

d. h. von der Zweckmäßigkeit des geistigen Lebens. Diese Ahnung des in der Natur verborgenen Lebens geschieht am reinsten mit dem Gefühl. Es mögen sich gewisse Vorstellungen mit anschließen; es mag eine gewisse Naturbeobachtung und Forschung mit in die fromme Betrachtung eingehen; aber diese ist an sich nur Sache des Gefühls, und vielleicht dann am lebendigsten und ahnungsvollsten, wenn ihr der Verstand nicht folgen kann.

Die Ahnung des geistigen Lebens in der Natur kann nun von verschiedenen Standpunkten aus gefaßt werden, und diese Standpunkte sind in jenen drey Gefühlsstimmungen der Begeisterung, Selbstverleugnung und Andacht gegeben. Indem wir zeigen, daß diese Gefühlsstimmungen sich auch hier wiederholen, werden wir uns leichter zurecht, und gleichsam auf heimischem Boden, finden.

Die Begeisterung ist die heitere Ansicht, die Ahnung des Zweckes und der Bestimmung, und dieses Gefühl nimmt in der Naturbetrachtung eine vorherrschende Stelle ein. Gott sah an alles, was er gemacht hatte; und siehe da! es war sehr gut. Mit diesen Worten bezeichnet der heilige Schriftsteller kurz und treffend das, was wir unter der Zweckmäßigkeit der Natur verstehen, die bey ihrer Betrachtung das heitere Gefühl der Begeisterung weckt, und uns zur ruhigen, seligen Zufriedenheit stimmt.

In der Natur herrscht überall Ordnung, Ruhe und Klarheit, und fern ist von ihr das, was das Menschenleben stört und verwirrt, das Böse. Die Schwankungen, Reibungen und Zerrüttungen, die in ihr vorkommen, verschwinden vor der ruhigen Ordnung, welche das Ganze behauptet, wie das leichte Gewölk, welches bisweilen die Sonne bedeckt, oder erquicken und erfrischen, wie ein Gewitter, welches sich in fruchtbaren Regengüssen entladet. Der Strom schwillt zuweilen von den zusammenlaufenden Waldwassern an, durchbricht seine Dämme, und überschwemmt zerstörend die blühenden Fluren. Aber bald bekleidet sich die Dammerde, die er mit sich geführt, mit üppigem Graswuchs, und die Zerstörung ist segnend und fruchtbringend geworden. Schrecklich ist der Ausbruch eines Vulkans, wenn er die Fluren und Wohnungen der Menschen mit glühender Lava überschüttet; aber auch diese Wunde heilt endlich, indem sich die verwitternde Masse mit einer neuen, üppigeren Pflanzenwelt bedeckt; und während des schrecklichen Schauspiels ward keine der großen Ordnungen des Naturgangs gestört, es folgte Tag und Nacht, wie sonst, aufeinander, und die Sonne stand ruhig am Himmel. Selbst wenn noch der Greuel der Verwüstung unverschleiert uns vor die Augen tritt, wie beym Bergsturz von Goldau, dessen Trümmern sich noch immer nicht begrünen wollen: so liegt doch Alles in so ruhiger, mächtiger Größe da, und spricht das Gesetz der ewigen Nothwendigkeit mit solcher Festigkeit aus, daß wir auch hier obschon in Wehmuth ausrufen: Er hat Alles wohl gemacht!

Ehemals hat es in der Natur gewaltige Schwankungen und Umwandlungen gegeben, wovon noch unsere Gebirge zeugen. Ganze Geschlechter von Pflanzen und Thieren wurden unter den Fluthen begraben, und da, wo sich unermeßliche Grasweiden ausbreiteten, welche die großen, grasfressenden Thiere der Urwelt nährten, starrt jetzt ewiger Schnee. Nach einer über die ganze Erde verbreiteten Sage wurde einst durch allesüberströmende Fluthen das Menschengeschlecht bis auf Ein Paar vertilgt. Aber seit der Zeit haben, wie der versöhnte Herr der Natur verhieß, die heilsamen Ordnungen der Natur bestanden, und Saat und Ernte, Frost und Hitze, Sommer und Winter, Tag und Nacht hat nicht aufgehört. O welch ein wohlthätiger, sicherer Wechsel! Sorglos überlassen wir uns unter der schweigenden Ruhe der Nacht dem Schlummer, sicher, daß die Sonne uns wecken wird. Und sie geht auf, die allbelebende, segenspendende Königin des Tages, begrüßt vom Jubel der zu frischer Lebenskraft erwachten Natur, sich tausendfach spiegelnd in See und Fluß und jedem Thautropfen, der im Kelch der Blumen zittert. Sie geht auf, und steigt ruhig zur Mittagshöhe, ihre Schöpfung überblickend; und hat sie die Fülle der Wärme ausgegossen, so geht sie hinab zur Ruhe, und überläßt es der stillen Nacht, unter ihrem kühlen Mantel die erweckten Keime zu pflegen und zu entwickeln. So rollt sich im ewigen Kreislauf das Gemälde Tag für Tag ab, und ist doch stets ein anderes; denn durch den Wechsel von Tag und Nacht zieht sich zugleich der Wechsel der Jahreszeiten hindurch. Das müde Jahr geht zur Ruhe, und schlägt die schützende Decke des Schnees um die zarten Kinder der Erde, welche ruhig darunter schlummern. Um sie nicht zu stören, hüllt sich die Sonne in dichtes Gewölk, oder sendet nur blasse, schräge Strahlen herab, damit die Wärme nicht ganz entweiche. Dann steigt sie wieder herauf, verscheucht Gewölk und Schnee, und o Wunder! o Entzücken! alles erwacht, was schlief, alles lebt auf, was erstorben schien; das Licht ergießt sich im Schimmer aller Farben über die blasse Erde; die Matten bedecken sich mit frischem Grün, die Wälder prangen mit jungem

Laub, die Gärten im Blüthenschmuck, Flora gießt ihr Füllhorn über Thal und Hügel, Alles sproßt, treibt, blühet und duftet, Alles steht in Wonne und Segen. Und in Wald und Flur regt sich überall neues Leben, die Vögel brüten, die Thiere gebären und säugen, und selbst in Sumpf und Wasser wimmelts von neuen Bewohnern. Auch durch die Brust des Menschen strömt neues Leben, neue Lebensfreude, die Hoffnung webt neue, schönere Bilder vor seinen Augen, und frische Thatenlust zuckt in seinen Gliedern. O wunderbares Geheimniß der Wiedergeburt der Natur! o Herrlichkeit der ewig strahlenden Jugend, Triumph der ewigen Auferstehung, Siegesjubel des den Tod überwindenden Lebens! So werden auch wir verjüngt auferstehen, auch an uns hat der Tod keine Macht; und wie die Blumen aus der Erde keimen, und ihre Hüllen sprengen, so werden einst alle Gräber sich öffnen, und die in ihnen schlummernden Himmelskeime sich ans ewige Licht hervordrängen. So verjüngen wir uns schon jetzt durch die Lebenskraft der Freyheit und Liebe; und wenn auch die Locken bleichen und das Licht der Augen erlischt, so tragen wir doch den Kranz der ewigen Jugend, und das Licht des Geistes strahlt im Frühlingsglanze. O Schöpferkraft, die durch das Weltall strömt, Quell der ewigen Jugend und Unsterblichkeit, o zieh ein in unsere Brust, schmelze den irdischen Schnee, der auf unserem Herzen liegt, entzünde den Athem der Freyheit, erwecke den Frühling der Begeisterung, erwecke die Blume der Liebe, und laß sie blühen in unverwelklicher Herrlichkeit!

Im Reigentanz der Jahreszeiten folgt der Blumenbekränzten Hore die Schwester mit dem schweren Aehrenkranz, und dieser reicht die dritte die bunten Frucht- und Traubenschnüre. Die Blüthen tragen Früchte, und in den Früchten liegen die Samenkörner neuer Pflanzen und Blüthen. So schließt das Leben Leben ein, und durch den Wechsel der Entwickelung strömt die erhaltende und verjüngende Kraft im Einzelnen, wie im Ganzen. So sollte auch jede Blüthe unserer Liebe Frucht tragen, und jede unserer Thaten, die Frucht einer frischen Blüthe, den Samen neuer Blüthen in sich schließen, daß der Kranz unseres Lebens, aus Blüthen, Aehren und Früchten gewunden, sich immer frisch und voll von Säule zu Säule im Tempel Gottes schlänge, und ihn mit lieblichem Duft erfüllte. Wie jener edle Baum des Südens, welcher neben den reifen, goldenen Früchten duftende Blüthen und junge Früchte trägt, so sollte in unserm Leben stets bey der vollbrachten That der neue Entschluß und das frische Thun, und bey der ruhigen Freude über das Vollbrachte die fortschreitende Thätigkeit seyn. Die Natur feyert nie, und selbst unter der Schneehülle des Winters treibt still die schaffende Kraft; und doch ist bey all ihrer Thätigkeit eine milde, heitere Ruhe, und das im Werden Begriffene stellt das Bild eines zufriedenen und befriedigenden Daseyns dar. Die Knospe, in welcher die entfaltende Kraft treibt, blickt kindlich still aus den sie deckenden Blättern hervor, und freut sich ihres Daseyns; der junge Zweig wiegt sich im Morgenlichte mit gleichem Behagen, wie der fruchtbeladene sich im Mittagslichte sonnet. Die Natur steht überall am Ziele, obschon sie sich zum weitern Ziele fort bewegt; ihre Mittel sind selbst Zwecke, und ihre Zwecke wieder Mittel. So laßt uns auch das Leben stets in seinem unmittelbaren Werth erfassen, und was uns die Gegenwart beut, nicht im drangvollen Streben nach dem Zukünftigen verschmähen! Jede unserer Thaten trage das Gepräge der in sich selbst zufriedenen Liebe; nie reiße uns ein unruhiges Verlangen, eine stürmische Begierde aus der sichern Bahn; führt uns das Leben durch Mißklänge, so seyen es nur durchgehende Noten, die auf einer tiefer liegenden Harmonie sich bewegen; und würde die Melodie in diesem Augenblick unterbrochen, so verhalle sie nicht in schreienden Mißtönen, sondern verschwimme harmonisch in den allgemeinen Einklang!

Die Natur wirkt mit nie fehlender Sicherheit und Stätigkeit. Wohl irrt der, Versuche anstellende Naturforscher oder der Gärtner und Landbauer, welche Pflanzen und Boden behandeln; aber nie die Natur. Ihre Kräfte wirken stets nach nothwendigen Gesetzen; und selbst dann, wenn der Mensch durch Irrthum und Vorwitz sie zu Abweichungen und Ausartungen reizt, ist ihre Wirkung von aller Willkür frey. Sie ist durchaus mäßig, und überhebt und überfüllt sich nie; und wenn ihr Zufall und Willkür das Uebermaß zuführen, so übt sie unerbittlich das strafende Richteramt, und zerstört, was sich über die Gebühr und das Maß erheben will. Diese Sicherheit, dieses strenge Maß wirkt heilend auf den Menschen, der mit der Natur umgeht, und sie zu beobachten weiß. Sie führt den Naturforscher von willkürlichen Vermuthungen zurück, und lehrt ihn heilige Scheu vor ihren Gesetzen; in der Beschäftigung mit ihr wird dem Gärtner und Landmann der ruhige Sinn, der uns an ihnen so wohl gefällt, und in welchem wir die heitere Ruhe der Natur selbst sich spiegeln sehen. Wehe uns, wenn wir uns von diesen ersten und letzten Beschäftigungen der Menschen ganz entwöhnen müssen, wenn wir nicht wenigstens zuweilen wieder den unruhigen Sinn an der festen Ordnung der Natur regeln und heilen können!

Darum loben wir die immer herrschender werdende Liebhaberey der Blumenzucht als einen Beweis des frommen Sinnes für die Natur. Die Beschäftigung mit Blumen weckt mehr zur Naturbetrachtung, als die mit Thieren, weil das Thier, mit einer gewissen Willkür begabt, und von Begierden getrieben, die Ruhe des Naturlebens nicht in diesem Grade in sich trägt. Je mehr das Thier für Bildung empfänglich ist, und je näher es uns steht, wie der Hund, desto weniger gehört es der Natur, und desto mehr der Geschichte an; je weniger es sich aus seiner festen Bahn reißen läßt, wie das Schaf, desto näher steht es der Pflanzenwelt: und darum ist das Hirtenleben der Naturbetrachtung so günstig.

Ich zähle aber zwey Vortheile der Blumenliebhaberey. Den ersten bringt die Pflege der Blumen mit sich, welche, weil sie alle Willkür, Hast und Ungeduld ausschließt, das Gemüth beruhigt, durch die stets genährte Hoffnung erheitert, und, weil diese selten täuscht, mit stillem Glück erfreut. Der zweyte und Hauptvortheil aber besteht darin, daß jede Blume das Bild des ganzen Naturlebens im Kleinen ist, und alle Sicherheit, Ordnung, Ruhe und Schönheit desselben in sich schließt. Die Blume entfaltet sich still nach nothwendigen Gesetzen und unter nothwendigen Bedingungen, und fehlen diese, so kann sie nicht gedeihen. Wie ein Kind an der Mutterbrust, so hängt und saugt sie an Sonne und Luft, an Erde und Wasser; sie ist nur ein Theil des großen Naturganzen.

von welchem abgerissen sie nicht leben kann. Sie ist am schönsten in der Blüthe, aber in jedem Entwickelungspunkt hat sie ihre eigenthümlichen Reize. Wie schön ist die zarte Pflanze, die sich eben an das Licht hervorwindet, wie lieblich das saftige Grün, wie geheimnißvoll und ahnungsreich die schwellende Knospe! Die eine Blume ist schöner als die andere, aber häßlich sind nur wenige, und keine ohne Eigenthümlichkeit. Und wie mannichfaltig ist ihre Schönheit! Dadurch sind sie eben das treueste Bild der Natur, welche sich in unendlicher Mannichfaltigkeit vor unserm Blicke ausbreitet, und so den unergründlichen Reichthum des Schöpfers enthüllt. Einseitige Blumenliebhaber ziehen die duftende Hyacinthe oder die zierliche Aurikel oder die kunstreiche Nelke oder irgend eine andere vor; aber wer möchte sagen, welche schöner, als die andere sey, und welcher gefühlvolle Freund der Natur möchte nicht auch die weniger schöne lieben? Alle sind die lieblichen Kinder der Natur; und wie eine Mutter alle ihre Kinder mit Liebe ans Herz drückt, weil sie in allen die geliebten Züge des Vaters entdeckt: so umfaßt, wer die Natur wahrhaft liebt, alles, was sie hervorbringt, mit Liebe, weil sich ihr Leben in allen obschon verschieden darstellt. Wer möchte sagen, welche Farbe des Regenbogens die schönere sey, da sie alle aus demselben Strahl des Lichts geboren sind? So sind alle Blumen aus derselben schöpferischen Kraft hervorgegangen, und alle zusammen nur in ihrer Mannichfaltigkeit offenbaren dieselbe unsern Blicken.

Die Blumen wecken zu frommen Betrachtungen, weil sie selbst das Bild der Frömmigkeit sind. Wie wir in frommer Stimmung das Auge des Geistes emporrichten zum ewigen Licht, so wenden sich die Blumen unverrückt nach der Sonne. Wie der Fromme sein Herz den höhern Erregungen empfänglich hingibt, so sind die Blumen ganz und gar Empfänglichkeit, und strecken tausend Saugröhren und Fühlfäden den Elementen entgegen, um Nahrung einzuziehen. Wie der Fromme den höhern Antrieben zufolge, den ihm eingepflanzten göttlichen Gesetzen gemäß handelt: so verarbeiten die Blumen die aus der übrigen Schöpfung empfangenen Nahrungsstoffe vermöge des in sie gelegten Bildungstriebes, welcher kein anderer, als der in der ganzen Schöpfung verbreitete, ist, und die Schöpferkraft ist es daher, die in ihnen waltet, wie im Frommen der Geist Gottes waltet. Wie die Natur überhaupt ohne das Böse ist, so sind die Blumen so recht das Bild der Unschuld und Harmlosigkeit, und ihr Anblick erheitert und beruhigt, wie das Auge dessen, der ein gutes Gewissen hat, und ohne Rückhalt und Falsch ist. Der Wohnsitz der ersten Menschen in ihrer Unschuld war ein Garten: in einem Garten, unter den lieblichen Kindern des Frühlings, finden wir das Paradies wieder, hier träumen wir von der Seligkeit der Unschuld, da mildern sich die tobenden Begierden, und eine sanfte Sehnsucht erfüllt unser Herz. Die Blume ist selbst ein Bild der Betrachtung, in welcher die Frömmigkeit lebt. Betrachten läßt sich nur in Ruhe: die Blume steht ruhig, und läßt sich nur vom Hauche des Windes bewegen, wie der Fromme vom Hauche des göttlichen Geistes. Der fromme Betrachter schaut mit hellem Geistesauge in die Welt: die Blume blickt freundlich still aus den Blättern hervor; jener entzieht sich keiner Erscheinung und Einwirkung der Welt: diese ist allen Einflüssen der Witterung ausgesetzt, und erträgt alles; jener behauptet die heitere Ruhe unter allen Stürmen des Unglücks: diese beugt sich unter dem Sturm und Regen, und hebt dann wieder im Sonnenschein ihr Haupt empor. Die Seerose schwimmt und badet sich im feuchten Element, das befruchtend die Erde durchdringt, und hebt ihre Krone, wie ein helles, ruhiges Auge, zur Sonne empor. O wer sich so in der Fülle des allgemeinen Lebens baden, von aller Selbstsucht sich rein waschen, und so unwandelbar mit reinem Auge nach oben blicken könnte!

O ihr lieblichen, hellen, strahlenden, glühenden Blumen! seyd ihr nicht, wie Sterne, welche der Schöpfer herabgestreut, um die dunkle Erde zu erleuchten und zu zieren? seyd ihr nicht, wie Himmelsboten, welche auf den Strahlen der Sonne herabgestiegen sind, um uns die Kunde einer Welt zu bringen, in welcher Alles in Schönheit, in Wonne und Frieden blüht? Darum spielen mit euch so schwesterlich die Kinder, die auch vom Himmel gekommen sind, und noch die Unschuld im reinen Gemüth bewahren; darum lieben euch die Frauen, die im gefühlvollen Herzen die Ahnungen des Himmels tragen; darum schmücken wir mit euch die Gräber unserer Lieben, weil ihr nach oben deutet, wohin sie zur Ruhe gegangen.

Die Betrachtung der Natur gewinnt an Umfang und Kraft der Erhebung, wenn wir in ihr ein Ganzes auffassen, was bey dem Anblick einer schönen Landschaft geschieht. Welch ein heiteres, seliges Gefühl, wenn Berg und Thal und Ebene, in das Gewand des Frühlings gekleidet, im warmen Lichte der Sonne sich vor unsern Augen ausbreiten! Welche Harmonie der Farben: vorn das saftige Grün, im Hintergrunde das duftige

Blau, beyde durch alle Mitteltinten in einander schmelzend! Wie kräftig der Baumschlag dieses Haines, wie zart überflort jener Wald, der sich vom Berg herabzieht! Wie prangen die Matten mit Blumen, wie wogt die Saat im Winde, wie ruhig breitet der See seinen blauen Spiegel aus, und empfängt die Bilder der über ihm aufsteigenden Berge, in welchen kühnen und zugleich sanften Schwingungen ziehen sich diese fort, bis sie sich mit dem blauen Himmel mischen! O welche Wonne, welch Entzücken ist über Alles ausgegossen, wie freut sich Alles seines Daseyns und verkündet des Schöpfers Ehre! Er sah an alles, was er gemacht, und siehe! es war sehr gut.

Und steigen wir auf einen hohen Berg, von welchem wir die Züge der Gebirge, die Verschlingungen der Thäler, mit ihren Seen und Flüssen, und die unermeßliche Ebene vor uns sehen: dann schwellt das Gefühl des Erhabenen unsere Brust, ein Bild des Weltalls in seiner ruhigen Größe liegt vor uns, das Herz erhebt sich von der Erde und ihren kleinen Angelegenheiten, und ahnet unsere hohe Bestimmung. Wer könnte auf dem Rigi, vor jenem erhabenen, reichen, unendlichen Rundgemälde, gegen über jenen stolzen Gebirgsmassen, im Angesicht der aufgehenden Sonne in ihrer königlichen Pracht, einen niedrigen Gedanken fassen? wer fühlte sich nicht über sich selbst erhaben? Wer stiege nicht geweiht und geläutert herab, und riefe nicht in trüben, beengenden Stunden das erhebende Bild zurück, um sich daran aufzurichten?

Der Sinn für Naturschönheit nebst der Reiselust ist in Deutschland seit ungefähr dreißig Jahren sehr herrschend geworden. Jeden Sommer begeben sich eine Menge Naturfreunde auf die Wanderung, nach der Insel Rügen, nach den Schlesischen und Sächsischen Gebirgen, nach dem Harz und Thüringer-Walde, nach den Rheingegenden, und hieher nach der Schweiz. Und welcher Schweizer, der nicht allzufest an seinen Wohnort gefesselt ist, hätte nicht die schönsten Gegenden seines Vaterlandes besucht? Es mag seyn, daß die Vergnügungs- und Zerstreuungssucht auch ihren Theil an diesem Treiben hat; aber im Ganzen dürfen wir darin das Zeichen eines frommen, empfänglichen Sinnes finden. Viele treiben mit der Naturbetrachtung eine Art von Götzendienst, und prahlen eitel mit ihren Empfindungen; aber gibt es nicht auch eine christlich fromme Eitelkeit, und ist wohl etwas Gutes, das nicht gemißbraucht würde? Gewiß ist unsere Zeit in dieser, wie in anderer Hinsicht, frömmer, als jede andere, wenn man nur die Frömmigkeit nicht in die Kirchenmauern einschließen will. Man sey auch hier duldsam! Es bleibe unserm Herzen, es bleibe andern gefühlvollen Seelen die Befriedigung eines gewiß frommen Triebes unverkümmert und unverbittert! Wer nicht mit uns fühlen kann, störe uns wenigstens nicht, und achte unsere unschuldige, harmlose Freude! Aber wir, in der heiteren Erhebung, welche uns die Naturbetrachtung gewährt, wollen auch mild einem Jeden, der nicht mit uns fühlt, seine Unempfänglichkeit verzeihen, die freundliche, harmlose Natur soll uns sanfte Versöhnlichkeit lehren.

In der Natur ist kein Widerstreit des Guten und Bösen; aber doch kann uns ihre Betrachtung das Gefühl der Selbstverleugnung, der Ergebung und Demuth wecken und nähren, indem sie uns an unsere Abhängigkeit mahnt. Der Gärtner, der Landmann, welche von der Ernte des Jahres Brod für sich und ihre Familie erwarten, sehen mit stiller Ergebung durch einen späten Frost all ihre Hoffnungen vereitelt; ihr Murren wäre vergeblich, der Gewalt der Natur läßt sich nicht widerstreben. Mit Schmerzen sehen wir Andern an einem kalten Frühlingsmorgen den Blüthenschmuck der Bäume zerstört; wir sind dabey unbesorgt, und beklagen nur, daß ein so reiches, schönes Leben dahin ist; aber es ziemt uns stille, wehmüthige Ergebung. Ein Gewitter zieht über unserm Haupte hinweg, der Blitz fährt zerschmetternd auf den nahen Baum herab: kann er uns nicht eben so gut treffen? fühlen wir nicht, wie abhängig wir sind? Wir schwanken auf dem leichten Schiffe im sturmbewegten Meere; in diesem Augenblick kann uns eine Woge begraben, oder der Sturm an die Klippe schmettern: fühlen wir nicht, daß wir ein Theil der Natur, und ein schwacher, unvermögender, sind, und der Gewalt des Ganzen folgen müssen? Da wir den Elementen angehören, dürfen wir murren, wenn sie ihr Eigenthum zurückfodern, und uns in ihren Schooß begraben? Doch in solchen Augenblicken schlägt vielleicht unser Herz zu ängstlich, oder ist von der Gewohnheit zu sehr verhärtet, um von einem reinen, frommen Gefühl der Abhängigkeit durchdrungen zu werden. Mehr dazu geeignet, ein solches Gefühl zu erwecken, ist die unbesorgte, ruhige Anschauung gewaltiger, erschütternder Natur-Erscheinungen. Treten wir hin vor den Rheinfall, und vernehmen wir in seinem Donner die mahnende Stimme, die uns an unsere Kleinheit und Vergänglichkeit erinnert! Seit Jahrtausenden stürzt er seine Wogen über die Felsen herab: wie Viele haben schon vor ihm gestanden, als wir noch nicht waren, und wie Viele werden vor ihm stehen, wenn wir längst nicht mehr seyn werden! So braust und donnert seit Ewigkeiten der Strom der Zeit; wir sind ein Tropfe in ihm, und folgen der hohen Gewalt, die uns jetzt im ruhigen, klaren Flusse fortzieht, bald aber auch hinab stürzt, daß wir zerstieben. Treten wir auf eines jener Alpenhörner, von welchem wir herab auf die Eismeere und Gletscher schauen. Da stehen wir allein in der unermeßlichen Einöde, in der schauerlichen Stille, im kalten Reiche des Todes, erhaben über der lebendigen Schöpfung. Alles starrt um uns her, nur unser Herz schlägt; aber könnte es fortschlagen, abgerissen vom warmen Mutterbusen der Natur, in diesem weiten Grabe? O was bin ich allein in der unermeßlichen Schöpfung? was kann ich fodern und ertrotzen? Dank der Gnade des Schöpfers für alles, was er mir zutheilt, für jeden Athemzug, für jeden Sonnenblick, für jedes Wonnegefühl! Und Ergebung, stille Ergebung, wenn sich seine Huld von mir wendet, und Andern schenkt, was sie mir entzieht. Nimm hin, was ich habe, denn es ist ja doch nur dein!

Von solchen Gefühlen erhebt sich das Herz leicht zum höchsten, zur Ahnung und Anbetung Gottes in der Natur. Wer hat diese himmelhohen Berge aufgethürmt, diese gewaltige Massen geordnet? Es war eine Zeit, wo Alles auf der Erde, wie aufgelöste Stoffe im Tiegel des Scheidekünstlers, floß und gährte und brauste. Wer aber warf den Funken in dieses Chaos, daß die Krystalle anschossen und sich zum festen Erdkern verbanden? Wer entzündete die unterirdischen Flammen, welche die harte Rinde durchbrachen, und die Gebirge, wie Blasen im gährenden Teig, in die Höhe trieben? Wer brach ihre Gipfel ab, und streute die Trümmer über Länder und Meere? Wer goß die Fluthen aus, welche sie Jahrhunderte lang umherrollten, und dann die runden Kiesel in die Massen der Nagelflue zusammenschwemmten? Wer hemmte die gewaltige Bewegung, und bannte den Ocean in seine Grenzen? Wer warf den Funken organischer Kraft in den Schlamm der Erde, daß er die Pflanzen und Thiere gebar? Und ich Mensch, woher stamme ich? konnte mich die Erde gebären aus ihrem kalten Schooße? Begraben kann sie mich, aber nicht gebären, und meinen Geist kann sie nicht fesseln, der sich, vom Leibe befreyt, empor zu seinem Schöpfer schwingt. Erhebe dich, unsterbliche Seele, von der kleinen, engen Erde zu deiner Heimath, blick empor zum gestirnten Himmel! Sieh, wie Stern an Stern sich drängt! Auch das sind Erden, die sich um unsere Sonne drehen, es sind Sonnen, um welche sich Erden drehen, und die sich wieder um ihre höheren Sonnen drehen. Wo aber finde ich die Sonne aller Sonnen, den Lichtquell alles Lichts? Wo finde ich den Himmel, den Sitz der ewigen Ruhe und Seligkeit, wohin sich meine Seele sehnt? Jene Welten mögen wohl schöner seyn, als unsere dunkle Erde; aber ach! sie haben auch ihren Kreislauf, ihren Auf- und Niedergang, ihre Morgen- und Abendröthe, Hoffnung und Sehnsucht und keine Erfüllung; sie haben auch Thränen und Gräber; denn sie gehören ins Reich der Vergänglichkeit. Vergebens suchst du den Schöpfer in der Schöpfung, den Ewigen in der Zeit; er ist nur über ihr. Schließe das irdische Auge, das nur Irdisches schaut, thu auf das Auge des Geistes, schwinge dich im Glauben empor, der nicht siehet, und doch erkennt, dann wirst du finden, was du suchst! Die Natur ist der Tempel Gottes, die Berge dessen Säulen, der Himmel dessen Kuppel; aber Gott wohnt weder in Tempeln von Händen gemacht, noch in solchen, die aus irdischem Stoff erbaut sind; wir beten ihn nur in seinem Tempel an; die Schönheit und Erhabenheit seiner Bauart, die feierliche Stille, die darin herrscht, erhebt und sammelt den Geist, daß er sich im andächtigen Gebet zu ihm aufschwingt.

Die Lebenskraft, die in der Natur in geschlossenen Kreisen, nach nothwendigen Gesetzen, webt und bildet, bewegt sich auf der Bahn der Freyheit in der menschlichen Geschichte. Diese Kraft ist unserm Geiste zunächst verwandt: es ist der Geist der Menschheit, deren Glied wir sind. Ein natürliches Mitgefühl rückt uns alles, was in der Geschichte sich entwickelt, näher, unser eigenes Leben spiegelt sich darin. Die fromme Betrachtung der Geschichte ist daher noch anregender und fruchtbarer, als die der Natur. Auch hier wiederholen sich die drey Gefühlsstimmungen der Begeisterung, Selbstverleugnung und Andacht.

Die Bedingung einer begeisterten Ansicht der Geschichte ist das Gefühl der allgemeinen menschlichen Gemeinschaft und die daraus fließende Theilnahme an allem Menschlichen, eine Empfänglichkeit, eine Liebe, welche nichts Menschliches, in welcher Gestalt es erscheine, kalt und stolz von sich abstößt, eine dadurch belebte Einbildungskraft, die sich in alle menschlichen Lagen versetzen kann.

Wie wir im Moos und in der Ceder die Weisheit des Schöpfers bewundern sollen: so sollen wir in der Geschichte dem Kleinsten und Größten, dem Einfachsten und Reichsten unsere Theilnahme widmen. Bald sollen wir in Arabiens Steppen, in das Zelt des Nomaden einkehrend, an der patriarchalischen Einfalt seines Lebens uns erfreuen, bald uns unter die lärmende Menge mischend, welche in der weltherrschenden Rom um stolze Paläste und Tempel wogt, und den Triumphzug eines siegreichen Feldherrn erwartet, diesen zum Kapitol begleiten und mit ihm das stolzeste Gefühl irdischer Größe theilen; bald sollen wir mit dem Fetischanbeter in dunkler Gottesahnung vor einer heiligen Schlange knieen, bald uns an den heitern Opferzug anschließen, der zu einem griechischen Tempel führt, bald am Niagarafall mit einem nordamerikanischen Wilden den Schauer der Ehrfurcht vor dem großen Geist empfinden, bald uns zum Pilgerzug frommer Muhammedaner gesellen und mit ihnen zur großen Moschee von Mekka wallen; bald sollen wir mit dem Ostindier vor seinen hundertarmigen, wunderlichen Götzen, mit dem Sachsen vor seiner Irmensäule, mit dem Griechen vor dem die Locken schüttelnden Jupiter, vor dem im Siegesmuth prangenden Apollo, vor der aus Meeresschaum auftauchenden Anadyomene anbeten; bald mit dem Germanen in seine heiligen Haine, mit dem Aegypter in seine Riesentempel, mit dem Griechen unter die heitern Säulenlauben seiner Götter treten, bald mit dem Hebräer im Vorhof seines Tempels weilen; bald sollen wir Pans ländlicher Flöte lauschen, bald auf die Harfentöne Davids, bald auf die Kriegslieder des Tyrtäus und die Siegsgesänge Pindars horchen.

Heil uns, daß wir einem Volke angehören, in welchem diese allseitige Empfänglichkeit lebt, dessen vieltönige Sprache die Weisen aller Völker nachbildet, und sich in den Rhythmen jeder Dichtkunst bewegt! Schon darum verdienen die Deutschen das frömmste Volk der Erde zu heißen, wenn sie es auch sonst nicht durch die vollbrachte Glaubensreinigung verdient hätten. In keinem Geist aber hat diese allseitige Empfänglichkeit tiefer und umfassender gelebt, als in Herder, dessen Schriften ein schwellender, duftender Kranz aus allen Blüthen menschlicher Bildung sind, dessen reiche und darum nur desto sehnsuchtsvollere Seele, wie eine Biene, an jeder Blume im Garten der Menschheit liebend und saugend hing, der uns den tiefen Sinn der hebräischen Dichtkunst aufschloß, die einfachen Weisen der Volkslieder von der Vergessenheit und der Verachtung eines verwöhnten Geschmacks rettete, und den spanischen Heldengesang in unsere Sprache verpflanzte; der in den Geist des Alterthums eingeweihet und einweihend, das verkannte Mittelalter schätzte und schätzen lehrte; der in die Verworrenheit der menschlichen Geschichte das Licht des Seherauges warf, und dem Gange der Menschenbildung ahnungsreich zu folgen wußte; der den Sinn für Menschlichkeit so warm und innig pflegte, und ihm eine so reiche und frische Nahrung zuführte; der mit Begeisterung die großen Männer aller Zeiten bewunderte und pries, und das Gedächtniß manches vergessenen Edeln der Dunkelheit entzog. Er sey uns der Priester der Frömmigkeit in diesem Gebiet, nie müsse es ihm an Jüngern fehlen, nie erlesche dieser Sinn der Betrachtung in unserm Volke!

Begeisterung ist die Ahnung der Menschenbestimmung; hüten wir uns aber, diese in der Betrachtung der Geschichte mit anmaßlichem Verstande klar erkennen und nachweisen zu wollen; denn sie liegt über dessen Begriffen, und schließt sich allein dem ahnenden Gefühl auf. Wir vermeiden diesen Fehler am leichtesten, wenn wir alles Menschliche, jedes Streben und Erzeugniß des Geistes, zunächst für sich als Ausdruck und Bild seines innern, tiefern Wesens auffassen, und gleichsam nur die einzelnen Blumen auf der Flur der Geschichte betrachten, wenn wir nicht fragen, wozu dieses diente, wohin jenes führte, wenn wir in einem Jeglichen schon ein Ziel und einen Zweck finden. Was wollten die ägyptischen Herrscher, als sie die Riesengebäude der Pyramiden aufführten? Ihr Zweck war der nichtige einer eiteln Selbstsucht, indem sie sich in ungeheuern Grabmählern verewigen wollten; aber sehen wir davon ab, fassen wir die gewaltige Thätigkeit, die sie entwickelten, in sich selbst auf, betrachten wir ihr Streben als das bewußtlose Spiel von Riesenkindern der Vorwelt, die ihre Kraft versuchen wollten, und es noch nicht auf eine wohlthätige, heilsame Weise zu thun verstanden. Wozu die vielen Kriegs- und Eroberungszüge der alten Völker? In ihnen tobt sich die jugendliche Kraft der Menschheit aus; es ist ein ungeheurer Kampfplatz, auf welchem sich die turnende Jugend der Vorwelt herumtummelt, um ihre Stärke zu erproben. So betrachten wir die Kriege der Griechen und Perser; in ihnen erwachte zuerst das hohe Selbstgefühl jenes geistreichen Volkes. Die Römer wissen nicht, warum sie den Weltkreis erobern: aber bewundern wir in ihnen die hohe Krafentwickelung, als einen für sich schon geltenden Ausdruck der menschlichen Thätigkeit. Vieles in der Geschichte spiegelt nur Eine und oft eine dunkle Seite der Menschheit ab: hier in den orientalischen Reichen und ihren alten Hierarchieen starrt uns das Riesenbild der Gewohnheit entgegen; dort im launischen Despotismus der römischen Kaiser tritt die Willkür in colossalen Zerrbildern auf; in dem reißenden Flammen- und Lavastrom des Islam erscheint die glühende Begeisterung der Leidenschaft. Mehr Nahrung findet das Herz bey Betrachtung der Sitten, der häuslichen und öffentlichen Lebensweise, der Gesetze, des Gottesdienstes, der Weisheit, der Dichtung, der Kunst der Völker; in dieser oder jener Farbe tritt da der Geist der Liebe, der Gerechtigkeit, der Frömmigkeit hervor, und erfreut und erhebt uns; wie unbeholfen und unbewußt er sich regen, wie unvollkommen er sich aussprechen mag, es ist der Geist der Menschheit, der uns erscheint; und wo und wie er erscheint, umgibt ihn der Schimmer der Schönheit, höhere Ahnungen umleuchten ihn, er ringt nach demselben Ziele, nach welchem auch wir streben, ohne es je auf dieser Erde zu erreichen. Indem wir uns aber alle verschiedenen Erscheinungen und Gestaltungsformen gefallen lassen, erheben wir uns eben über unsere eigenen engen Bestrebungen, über jedes Ziel des Strebens zum reinen Streben, über jeden Gegenstand der Liebe zur reinen Liebe, und darin ahnen wir die Bestimmung der Menschheit.

Wir dürfen und sollen aber auch ein Ganzes in den Bestrebungen der Völker finden, einen Bildungsgang, der sich durch Alles hindurchzieht. Es ist der Gang der aufstrebenden Freyheit, der Herrschaft über die Natur und der Selbstherrschaft im Leben der Völker. Betrachten wir, wie sich der menschliche Geist immer mehr losmacht von den Fesseln der Natur und ins Reich der Freyheit emporhebt, wie der Mensch Elemente und Thiere beherrschen lernt, wie er die Meere überschreitet, und in die Tiefen der Erde gräbt; wie er seine Kenntnisse erweitert, die Sprache bildet und von höherer Weisheit stammeln lernt; wie die Völker, nachdem sie lange vor der Zuchtruthe der Despoten gezittert, endlich sich selbst durch weise Gesetze beherrschen lernen; wie die Gerechtigkeit und gute Sitte immer mehr die Oberhand im Volksleben gewinnt; wie sich der Mensch von dunklen Gottesahnungen zu einem Dienst im Geist und in der Wahrheit erhebt; und wie ein Geschlecht und Zeitalter dem andern die Hand reicht, wie das jüngere vom älteren lernt, und der Lebensgeist immer geläuterter von Zweig zu Zweig emporsteigt und sich endlich in der Blüthenknospe zu entfalten verspricht. So entwickelt sich vor unsern Augen ein großes Bild des Lebens, das, wie ein schönes, großes Gewächs, auf jeder Entwickelungsstufe schon erfreut, aber die Hoffnung eines schöneren Wachsthums fortwährend nährt und steigert. Die Menschheit strebt, und erreicht nie das Ziel; es weicht immer weiter vor ihr, je höher sie steigt; und wenn sie noch Jahrtausende strebt, so wird sie es nie erreichen. Diese Betrachtung aber erhebt uns, und erinnert uns an das unendlich hohe Ziel unseres eigenen Strebens. Sie ermuthigt uns; denn unaufhaltsam ist der Gang der Bildung, der Geist der Freyheit sprengt alle Fesseln, und wirft alle Schranken nieder; sie erweckt und nährt unsere Hoffnungen, denn so, wenn in uns der Geist der Freyheit lebt, können und werden auch wir siegen; folgen wir seinem gewaltigen Zuge, so dringen wir mit ihm unaufhaltsam vor zum Ziele.

Treten wir auf diesen Standpunkt, und überblicken das Gemälde des Lebens der Menschheit: so sinken tief unter uns hinab die gemeinen Sorgen, Freuden und Schmerzen des Lebens, so wie uns von einem hohen Berge die Hütten der Landleute mit dem engen Schauplatz ihrer Arbeit und ihren kleinen Ruheplätzen kaum bemerklich sind. Wir fühlen uns nicht von der Armuth Phocions gedrückt, aber wohl durch den Stolz erhoben, mit welchem er Philipps Geschenke abwies; wir fühlen nicht mit Lucretia und Arria den Schmerz des Dolches in der Brust, aber wohl mit der einen den edlen Stolz der Scham, mit der andern die hohe Wollust, mit dem geliebten Gemahl zu sterben. Leichter erheben wir uns über die Jammerscenen der Schlachtfelder, als über den Schauder, den uns die Marterkammern der Despoten erregen, weil dort der Anblick der Tapferkeit erhebt, hier das verletzte Gefühl der Gerechtigkeit uns beugt. Uns wird lebendig klar, daß Schmerz und Lust nichts, die Würde des Geistes aber alles ist, daß jene vergehen, diese aber bleibt; daß die sittliche Bedeutung des Lebens sowohl der Einzelnen als der Völker, alles gilt, und von der Geschichte mit goldenen Buchstaben in ihre Tafeln eingegraben, alles Uebrige aber von ihr der Vergessenheit überliefert wird. So laßt uns denn auch im Leben über alle diese Dinge erhaben bleiben, laßt uns den Blick über die gemeinen Angelegenheiten empor zu demjenigen richten, was für alle Zeiten und für die Ewigkeit gilt!

Vieles ist in der Geschichte und mehr, als in der Natur, was uns Selbstverleugnung, Demuth und Ergebung lehrt. Sie führt so viele herrliche Gestalten, so viele Helden, zu denen wir bewundernd aufblicken, auf, sie meldet so viele große Thaten der Begeisterung und Ruhmliebe: aber aller Glanz, der solche Größe umstrahlt, bedeckt nicht die Flecken, die daran haften, und an die menschliche Schwachheit erinnern; und wie hoch ein Held, ein tapferes, edles Volk gestiegen war, so tief stürzte es bald wieder hinab, und stürzte durch Uebermuth, Mangel an Mäßigung und Thorheit. Alexander der Große überlebte seine Heldentugend, die griechische Freyheit ging unter, und Roms Größe sank unter der eigenen Schwere zusammen. So demüthigt uns die Geschichtsbetrachtung, indem sie uns erhebt.

Die Geschichte gibt uns Kunde von allem Großen und Herrlichen; aber wie vieles Schöne ist spurlos hinabgesunken, wie manches Herz ist zerfallen, ohne vielleicht auch nur von einem Einzigen erkannt zu seyn! Wir bewundern die großen Bauwerke und Kriegsthaten der Herrscher, aber wie viele Geschlechter der Menschen opferten dafür ihren Schweiß und ihr Blut, und von ihren Thränen und Seufzern spricht die Geschichte nicht. Millionen sind in jeder Zeit wie Nullen, welche hinter Eine Zahl gestellt sind, um ihren Werth zu vergrößern, sie sind die Stufen, auf welchen sich der Thron des Ruhmes von Wenigen erhebt! Ja, was sind die früheren Geschlechter anders, als die Stufen, auf welchen die Bühne unseres Lebens ruht, die Dammerde, in welcher unsere Bildung wurzelt? Sie erreichten die Höhe nicht, auf welcher wir stehen. Ist es die Bestimmung jener Millionen, einem Einzigen zur Folie seiner Herrlichkeit zu dienen, rief Gott die früheren Geschlechter ins Daseyn, um unsere Bildung vorzubereiten? Fern sey von uns dieser vermessene Gedanke! Wir selbst stehen ja noch weit vom Ziele ab, und auf unsere Schultern werden künftige Geschlechter treten. Erkennen wir, daß der Mensch auf Erden seine Bestimmung nicht erreicht, und ergeben wir uns in das Schicksal, wenn es unsere Plane zerstört, wenn es uns dem Ganzen unterordnet, und uns im unwiderstehlichen Strome der Geschichte mit fortreißt, ohne uns den erwünschten Standpunkt des ruhigen Glückes finden zu lassen. Blicken wir um uns her, um dieselbe Erfahrung zu machen! Sind die Esquimos in ihren Schneehütten, die Buschmänner in ihren Thierlagern, nicht auch Menschen? aber in welcher Niedrigkeit und Verworfenheit erscheinen sie! Warum ist auf sie nicht auch das Licht menschlicher Bildung gefallen? Ganze Völker und Reiche liegen noch im Todesschatten der Barbarey, der Geistesdumpfheit; nur wir Europäer und unsere Pflanzer in andern Welttheilen erfreuen uns der Bildung. Wer von uns könnte darin die Berechtigung des Stolzes finden? wessen Herz durchdränge nicht eine unendliche Wehmuth bey dem Gedanken, wie wenig die Menschheit dem Urbilde entspricht, das wir von ihrer Bestimmung in uns tragen? Ach! und nicht bloß Rohheit und Barbarey begegnet uns überall, auch das Böse, der Haß im Undank gegen die Liebe, die Selbstsucht in der Verhöhnung edler Begeisterung, die Grausamkeit und Wollust in der Mißhandlung der Unschuld, die Verstocktheit dem Licht der Wahrheit gegen über, die Gottlosigkeit das Heilige entweihend, das Laster triumphirend über die Tugend! Ach! an allen diesen Sünden haben auch wir unsern Theil; die bösen Lüste, die dort so scheußlich hervortreten, schlummern auch in uns. Und dürfen wir klagen, wenn wir im Kampfe mit der Bosheit unterliegen, in welchem so viele edle, tugendhafte Menschen erlegen sind? Verdienen wir ein besseres Schicksal, als so viele unschuldige Schlachtopfer, welche ihr Leben in Seufzern verhaucht haben? Wir sind nicht besser, als sie, haben nicht mehr Anspruch auf irdisches Glück, als sie. Ja, lebt in uns soviel Glaube, Liebe und Begeisterung, wie in den Opfern, welche der Freyheit, der Gerechtigkeit, der Wahrheit fielen, welche eben darum bluteten, weil sie erhaben über ihrer Zeit standen, und von ihr nicht begriffen wurden? O heiliges Schicksal! foderst du auch uns zu Opfern: wohlan! wir murren nicht, wir folgen still, wie das Lamm, das zur Schlachtbank geführt wird; und möchten wir auch nur so unschuldig bluten, und nicht unsere, sondern fremde Sünde tragen!

Nacht und Licht steht in großen Massen mit einander streitend in der Geschichte, und oft vermischt es sich zur trüben Verworrenheit; kein menschlicher Blick durchschaut den Gang der göttlichen Vorsehung; aber es waltet eine heilige, weise, liebende Vorsicht über der Geschichte, an sie glauben wir, sie ahnen wir im heiligen, tröstenden Gefühl der Andacht. Es ist Vermessenheit, einen Plan der Vorsehung entdecken und nachweisen zu wollen; denn wer hat des Herrn Sinn erkannt, und wer ist sein Rathgeber gewesen? Was man für einen solchen Plan ausgibt, ist nichts als jener Bildungsgang der menschlichen Freyheit, welcher aber selbst wieder ein Geheimniß ist, und nicht das Räthsel der Welt löst. Gottes Hand ist sichtbar in der Leitung desselben, und alle gute Kraft, welche sich darin entwickelt, ist eine Gabe von oben. Was kann der Mensch ohne göttliche Gaben, was kann er ohne Führung und Leitung? Aber er selbst kann sich die

Führer nicht geben, sie werden ihm von oben gesendet. Wer erweckte den Geist des Sokrates, und entzündete in ihm das Licht der Weisheit, das sich von ihm aus über alle Geschlechter ergießt? Wer sandte Mosen und die Propheten? Und stieg nicht selbst der Sohn Gottes herab, um die Menschen zu erlösen? Wie oft erschien im Augenblick der Noth, wo die wichtigsten Angelegenheiten der Menschheit auf dem Spiele standen, der Retter und Heiland, und einen solchen sendete Gott. Er stellte Karl Martell dem Strome des, Europa mit Barbarey drohenden Muhammedanismus als einen Damm entgegen, an welchem sich die brausenden Wogen brachen. Er rief den Helden des Glaubens, Gustav Adolph, über das Meer herüber, um die evangelische Kirche zu retten. Solche Lichtpunkte fasse die gläubige Ahnung, darin erscheint uns das höhere Licht, das unbegreiflich für unsere schwache Erkenntniß über allem Dunkel in ewiger Klarheit strahlt. Zwar läßt Gott die Finsterniß in einer Zeit, in einem Volke über das Licht siegen, die hoffnungsvollsten Saatfelder des menschlichen Strebens vom Strome der Verwüstung überschwemmen, Völker in Barbarey versinken, das Laster und die Bosheit über die Tugend herrschen; aber wir glauben fest an den Sieg des Guten in der Welt, den Er, der Heilige, hält die Zügel in seiner allmächtigen Hand.

Gottes Weltregierung ahnen wir nicht bloß in der Beförderung des Guten, sondern auch in der Bestrafung des Bösen. Ein frommer Glaube der Alten war, daß die Nemesis allen Uebermuth strafe; und in der That, wie jede stolz einherfahrende Woge sich am felsigen Ufer bricht oder von einer andern, größern verschlungen wird, so beugt sich alle übermüthige menschliche Größe unter das Richtmaß dieser rächenden Göttin. Das stolze Assyrien wird von Medien gebeugt, Babels Uebermuth demüthigten die Perser, und an diesen rächte Alexander den Frevel, den sie an den Griechen und andern Völkern verübt. Rom büßte seine Herrsch- und Raubsucht unter den verwüstenden Einfällen der germanischen Horden, und was von seiner Größe im Osten noch stehen blieb, sank vor der stürmenden Begeisterung des Islam zusammen. Aber oft zögert die Rächerin lange, und läßt die Räuber ruhig ihre Beute verzehren; die gedrückten und geplagten Geschlechter seufzen vergebens nach Rettung, ganze Völker gehen ungerochen unter, in Seufzern haucht die Unschuld ihr Leben aus. Oft trift auch die späte Rache die unschuldigen Nachkommen. Darius büßte, was Xerxes verschuldet, Ludwig XVI. fiel als ein Opfer der Ungerechtigkeit seiner Vorfahren. Vergebens mühen wir uns, den Gang der Vorsehung zu erspähen; die Wage der göttlichen Gerechtigkeit schwankt vor unsern kurzsichtigen Blicken. Hier kann wieder nur der Glaube trösten und beruhigen. Ist doch unsere Erde nicht die Welt, sie schwimmt als ein kleiner Punkt im unermeßlichen All; ist doch die Spanne Zeit, in welcher wir leben, nicht die Ewigkeit. Was hier dunkel ist, wird dort einst klar werden; was wir hier in Thränen säen, werden wir dort in Freuden ernten. In der Natur ist das Geheimniß nicht gelöst, und nicht in der Geschichte; hoch über dem Strome der Zeiten schwebt der ewige Wohllaut, an welchem sich die seligen Geister laben.

In der Kunst geht die Geschichte gleichsam in die Natur zurück; in ihrer geschlossenen, harmonischen Darstellung erscheint uns das sonst immer unvollendete Streben der Menschen im Bilde der Vollendung; was in die Bewegung fortgerissen ist, erscheint in Ruhe, und was sich vor der Anschauung in der unendlichen Zeitreihe verliert, wird im Rahmen des Gemäldes abgeschlossen und zu einer Einheit begrenzt. Schon die Naturbetrachtung wird stetiger und sicherer mit Hülfe der Landschaftsmalerey, welche den umherschweifenden Blick auf ein abgeschlossenes Ganzes heftet, so wie eine Landschaft, durch ein Thor oder ein Fenster in bestimmter Begrenzung erscheinend, einen bestimmteren Eindruck macht. Und doch erscheint uns die Natur an sich schon viel ruhiger, als die geschichtlichen Erscheinungen, welche stets im Ablauf, im Entstehen und Vergehen begriffen sind. Die ruhige Betrachtung der Geschichte stören die unruhigen Bewegungen des theilnehmenden Herzens, welches entweder von Hoffnung oder Furcht, von Liebe oder Haß schlägt, die Fragen der Erwartung, was der Erfolg seyn werde, die auf ein höheres Ziel gerichteten Blicke oder die Berechnungen des Eigennutzes. Ruhiger betrachten wir noch die Vergangenheit, als die Gegenwart, weil diese unsere selbstische Theilnahme in Anspruch nimmt; und Gegenstände, die wir auf Reisen sehen, stellen sich bedeutungsvoller in der Erinnerung, als in der Anschauung, dar. Diese fehlende Ruhe gibt nun die Kunst, welche Alles gleichsam als vergangen und doch als gegenwärtig darstellt. Aber die Kunstbetrachtung ist auch reiner, als die Betrachtung der Geschichte und des Lebens. Selbst die Naturbetrachtung wird gereinigt durch die Landschaftsmalerey, weil beym Anblick einer gemalten schönen Gegend die sinnliche Empfindung des Genusses, das Wohlbehagen an der freyen, warmen Luft, in der wir uns bewegen, das Vergnügen der Erholung und Zerstreuung, das reine Gefühl des Schönen und Erhabenen nicht stört. Und doch ist der Naturgenuß viel unschuldiger und harmloser, als oft unsere Stimmung bey der Betrachtung einer geschichtlichen Erscheinung oder eines Vorfalls im Leben ist. Selten sind wir bey diesen ganz unpartheiisch. Der Christ kann aus Vorurtheil die Größe Muhammeds nicht erkennen, der Katholik mäkelt am Charakter Luthers, der Königlichgesinnte läßt nicht der republikanischen Tugend eines Revolutionsmannes Gerechtigkeit wiederfahren. Die Kunst nun ist es, welche uns über alle diese Befangenheiten ins heitere Reich der reinen Betrachtung erhebt, und uns das Reinmenschliche von allen selbstsüchtigen Beziehungen frey in seinem ungetrübten Glanze darstellt.

Die Kunst ist daher die reinste Priesterin der Frömmigkeit, welche die heiligste Weihe an uns vollbringt. Jedes andere Priesterthum wird den befangenen Begriff oder die entweihende Leidenschaft mit in den Dienst des Heiligen mischen. Der Gottesdienst der Griechen kann uns nicht rein erfreuen, weil sich die Wollust in denselben mischte; aber ihre Götterbilder und Tempel sind noch für uns Musterbilder der Schönheit. Der Katholicismus erscheint uns als ein verunreinigtes Christenthum; aber die Bilder der Maria und des Christkindes betrachten wir mit frommer Rührung. Die Wirkung einer Predigt ist zweifelhaft, und die trockene Reflexion oder der falsche Feuereifer des Predigers kann unser Gemüth erkälten oder verletzen; aber der heilige Gesang wird uns immer erheben. O verachte die Kunst nicht, wer sich der Frömmigkeit befleißigt, und verschließe sein Herz nicht dem Himmelslicht, das uns aus ihr entgegenstrahlt, dem Wohllaut, den sie über uns ausgießt! Sie ist die blühende Oase in der Wüste des Lebens: zu ihr laßt uns fliehen, um uns zu erquicken! Sie ist die Sonne, die auf das dunkle Gewölk unserer Tage den heitern Regenbogen wirft; zu ihr laßt uns den Blick erheben! Sie ist der gestirnte Himmel, an welchem die irdischen Gestalten als strahlende Sternbilder erscheinen: laßt uns bey ihr Ruhe und Erhebung suchen! Für die Kunst ist auch kein Frommer ganz unempfänglich; und verachtet er Gemälde, Bau- und Bildwerke und Musik, so erhebt sich sein Gemüth doch an den Psalmen Davids, welche eben das Werk der erhabensten Dichtkunst sind. Aber laßt uns nicht mit engherziger Wahl von den mannichfaltigen Gaben der Kunst nur die eine ergreifen, laßt uns den Reichthum, den sie uns so freygebig spendet, dankbar benutzen! Die Fülle ihres Lichtes muß sich in verschiedenen Farben brechen, in unzähligen Blumen offenbart sich die Schöpferkraft ihres Frühlings. Alle frommen Gefühle der Begeisterung, Selbstverleugnung und Andacht finden in ihr den reinen Ausdruck, die lichte Gestaltung oder wenigstens die ahnungerweckende Andeutung. Bald erheitert sie uns in lieblichen Gemälden sanfter, ruhiger Schönheit, in den Bildern eines idyllischen Lebens; führt uns die Helden- und Göttergestalten in der Erhabenheit des Sieges, in der Glorie persönlicher Vollendung, vor; breitet vor uns die großen Bilder eines siegreichen Ringens nach erhabenen Zielen und jubelnder Triumphzüge aus. Bald löst sie in den sanften Tönen der Flöte und der Elegie den

Schmerz in süße Wehmuth, läutert unsere Trauer über den Untergang menschlicher Größe und Schönheit durch fromme Ergebung, und faßt in den Hohlspiegel der Komik die verzerrten Gestalten der Thorheit, um unsern Unmuth in heiteres Lächeln zu verwandeln. Dann führt sie uns im Geistertanze der Töne und Rhythmen über das mißhellige Geräusch des Lebens, über das Toben der Leidenschaften hinweg, in die Sphären der ewigen Harmonie; hebt uns auf den Schwingen des Hymnus in den reinen Aether, in welchem die Tonwellen himmlischer Sehnsucht, wie weiße Schwäne, nach der ewigen Heimath ziehen.

Ihr Eltern, Erzieher, Pfleger der Bildung in kleinen und großen Kreisen, ihr erkennt die Erziehung zur Frömmigkeit als die höchste Aufgabe eures Strebens; aber erkennt auch, daß sie der vielseitigsten Erregung und Nahrung bedarf, und verschließt euren Pfleglingen nicht den Tempel der Natur, der Geschichte und der Kunst! Führt sie an den krystallenen Quell, der ewig frisch und erfrischend im heiligen Haine der Natur entspringt, und laßt sie darin die junge Brust baden! Führt sie in das Pantheon der Geschichte von Heldengestalt zu Heldengestalt, nennet ihnen die großen Namen, erklärt ihnen die goldenen Inschriften, welche das Gedächtniß ihrer Thaten verewigen, und begeistert ihre jungen Herzen zur Nacheiferung! Führt sie in den heiligen Dom der Kunst, durch dessen bunt gemalte Fenster sich ein farbiges Licht ergießt, und die Bilder der Heiligen magisch beleuchtet, zu dessen erhabenem Gewölbe sich der Blick mit Andacht erhebt, in welchem auf den Wogen des Orgeltons heilige Gesänge aufschweben.

Durch die Tempel der Natur, der Geschichte und Kunst führt dann der andächtige Umgang zum Allerheiligsten der christlichen Frömmigkeit, des Dienstes im Geist und in der Wahrheit; nur wer Gott in der Natur, Geschichte und Kunst zu ahnen weiß, schaut ihn in der Menschwerdung des Sohnes Gottes.

Achte Vorlesung.

Die Frömmigkeit in der Ueberzeugung und Gemeinschaft; Verbindlichkeiten gegen diese.

Die fromme Betrachtung, wie wir sie in der vorigen Vorlesung dargestellt haben, als Betrachtung der Natur, Geschichte und Kunst, würde allerdings, sich selbst überlassen, schwanken. Damit sie nicht auf Abwege gerathe, und in Irrthümer verfalle, muß das Gemüth schon in der wahren Gefühlsstimmung befestigt seyn. Natur, Geschichte und Kunst sind ein reiches, wogendes Meer, auf welchem der betrachtende Geist, wenn er nicht sicher das Steuerruder zu führen weiß, hin und her geworfen wird. Sie sind ein unendlich reiches Farbenspiel, in welchem sich das reine Licht gebrochen offenbart: leicht kann nun das Gemüth von der bunten Mannichfaltigkeit verwirrt, von der einen glänzenden Erscheinung geblendet, und von den übrigen abgezogen werden. Das zeigt in der That die Geschichte der Religionen. Anstatt in der ganzen Natur eine Offenbarung Gottes zu schauen, wählten sich die Einen die Sonne und Sterne zu Gegenständen der Verehrung; Andere betrachteten den Stier als Sinnbild der Naturkraft, Andere den Fisch, oder die Schlange.

Allgemein war der Fehler bey den alten heidnischen Völkern, daß sie die Natur nicht vom Schöpfer unterschieden, und jene selbst vergötterten. Zu einer umfassenden Geschichtsbetrachtung erhob sich kein altes Volk, schon darum, weil damals die Geschichte sich überall nur auf das eigene Volk beschränkte; und, anstatt die Idee einer Vorsehung zu fassen, erhob man sich kaum zu einzelnen Ansichten, wie die des Schicksals und der Nemesis war. In der Kunst und Dichtung legt der Mensch nur seinen Glauben und seine Weltansicht nieder; und ist seine Frömmigkeit noch unausgebildet, so ist es auch mehr oder weniger seine Kunst. Das Gefühl ist allerdings das erste und höchste im Menschen; allein es ist doch leicht zu verwirren und zu verunreinigen; denn es mischt sich darein die sinnliche Empfindung und Leidenschaft, und so war das Naturgefühl der Alten fast durchgängig ein wollüstiger und berauschender Enthusiasmus. Das Gefühl bedarf der Aufklärung und Prüfung des Verstandes und der festen Willensrichtung, um nicht auf solche Abwege zu gerathen.

Der Naturbetrachtung, wie wir deren Grundzüge entworfen haben, liegt durchaus die Idee eines Schöpfers zum Grunde, oder eines freyen Willens, der sie durch seine Allmacht hervorgebracht hat. Nun liegt zwar diese Idee im Gefühl des Menschen als ursprüngliche Offenbarung, und keine lebendige fromme Betrachtung der Natur ist ohne sie möglich; aber sicher, rein und klar kann sie nur dann werden, wenn sie der Verstand zugleich mit auffaßt. Indem nämlich das Gefühl in der Natur ein geistiges Leben ahnet, so ahnet es auch eine freye Schöpferkraft desselben, weil nur dasjenige lebt, was frey ist und durch Freyheit geworden ist und besteht. Diese Ahnung aber klärt der Verstand dadurch auf, daß er von der Wirkung zur Ursache und endlich zu der höchsten Ursache aufsteigt, welche wir Gott nennen. Dieselbe Bewandtniß hat es mit der göttlichen Vorsehung, die wir in der Geschichte ahnen; auch diese wird erst durch den Verstand festgestellt und aufgeklärt. Aber der Verstand begreift darum dasjenige nicht, was das Gefühl ahnet; er sondert nur ab, was nicht dem reinen Gefühl angehört, was Sinnlichkeit und Einbildungskraft hineingemischt haben, wenn z. B. das Gefühl sich an einen Gegenstand der Natur besonders heftet, und davon festgehalten sich nicht zum Ganzen erheben kann. Wenn der heidnische Naturbetrachter in solcher Befangenheit das Meer anschaut, und ihm die Einbildungskraft die Vorstellung eines Meergottes vorgaukelt, worin er die Idee eines Schöpfers und Herrn der Natur nur theilweise anschaut: so kann der aufgeklärte Verstand den Irrthum darin erkennen und nachweisen. Aber die wahre, höchste Idee des Schöpfers kann er selbst nicht begreifen, für ihn bleibt sie stets ein trockner, kalter Begriff, dessen lebendigen Gehalt nur das Gefühl erfaßt. Hat nun auch der Mensch die Idee des höchsten Gottes ergriffen, so kann sich selbst in diese wieder manches Sinnliche einmischen; die Einbildungskraft stellt ihn vielleicht als ein Wesen von menschlicher Gestalt, von menschlichen Eigenschaften und Begierden vor, und auch diese Irrthümer hat der Verstand wegzuräumen.

Für die Idee der Unsterblichkeit bietet die Natur nur Bilder und Analogieen in der Entwickelung und Verjüngung ihres Lebens; hier ist der Geist des Menschen fast ganz auf sich verwiesen, und findet das Wahre nur in sich selbst. Eine Ausdeutung und Bestimmung der Idee der Unsterblichkeit nach Natur-Analogie ist die Vorstellung der Seelenwanderung; aber diese kann die Prüfung des aufgeklärten Verstandes nicht aushalten; denn sie spricht das reine Gefühl der Unwandelbarkeit unseres Wesens nur sehr unvollkommen aus, indem eine wandernde Seele immer in den Wechsel der Vergänglichkeit hineingezogen wäre. Allein der Irrthum sinnlicher Vorstellungen heftet sich auch an die reine Idee der Unsterblichkeit, wie wir Christen sie haben; und auch an deren Reinerhaltung muß der prüfende Verstand stets arbeiten.

Der Grundausspruch des Gefühls über unser Verhältniß zur übersinnlichen Welt heißt **Glaube**, darum weil er uns durch sich selbst für wahr gilt, weil wir der Wahrheit desselben unbedingt glauben oder vertrauen, und dafür keines Beweises bedürfen, auch dafür keiner gegeben werden kann. Wie der Geist mit seinen Kräften und Trieben rein auf sich selbst steht, und in sich frey ist, so auch sein innerstes Bewußtseyn von Gott und göttlichen Dingen. Nicht die Erfahrung sagt es ihm, nicht die überredende Weisheit eines Andern, sondern er trägt es in sich selbst zugleich mit dem unbedingten Glauben daran. Aber nicht sich selbst glaubt er, sondern Gott, der es ihm eingepflanzt, dem höheren Lichte, das sich aus dem Urquell aller Wahrheit in ihn ergießt. Eine **göttliche Offenbarung** liegt in jeder Menschenbrust, und ihr gehorchen wir, wenn wir unser recht bewußt sind, mit kindlicher Treue.

Aber ein solches Bewußtseyn gehört allerdings dazu, damit der Glaube unser eigen und in uns klar werde;

sonst schlummert er in uns, oder das Licht desselben dämmert in den trüben Bildern des Aberglaubens. Wir nennen alles dasjenige Aberglauben, was zwar mehr oder weniger mit dem Glauben verwandt ist, und aus ihm fließt, aber durch sinnliche Vorstellungen und Zusätze vermischt ist. Der Glaube der Heiden an Nymphen, Wald-, Berg- und Flußgötter gilt uns mit Recht für Aberglauben; und so lieb er den Dichtern seyn mag, so kann ihn doch der durch Weltweisheit und Naturforschung erleuchtete Verstand nicht vertheidigen; aber eben das Dichterische darin, die lebendige, geistige Ansicht der Natur, gehört dem wahren Glauben. Die Vorstellungen der Griechen von der Unterwelt, von Tartarus und Elysium, sind irrig und abergläubig; aber die wahren Ideen der Unsterblichkeit und Vergeltung liegen darin in unreinen, menschlichen Bildern.

Der Verstand ist es, der den Glauben vom Aberglauben reinigt oder vor der Verunreinigung bewahrt, indem er zu dem frommen Gefühl das klare Bewußtseyn hinzu bringt, uud es mit dem ganzen innern und äussern Leben in Uebereinstimmung setzt. Er weist die Einbildungskraft mit ihren bunten Bildern ab, oder schränkt die Bedeutung derselben auf eine bloß bildliche ein, und führt den denkenden Geist auf die reine, unbildliche Wahrheit zurück.

Der Verstand bewahrt uns zweytens vor der Schwärmerey, welche aus dem Uebergewicht des Gefühls und dessen sinnlicher Lebhaftigkeit entspringt, und uns entweder vom thätigen Leben in die Einsamkeit der Beschauung führt, oder uns mit einem thörichten, gewaltsamen Eifer erfüllt, der uns zu unbesonnenen, verderblichen oder fruchtlosen Unternehmungen fortreißt, daß wir uns mit der Welt in Zwiespalt setzen, und unsere Kräfte vergeblich verschwenden.

Die Auffassung, Zusammenstellung und Aufklärung der Aussprüche des Glaubens durch den Verstand nennen wir Ueberzeugung, so wie wir auch die verständige Erkenntniß des sittlichen Gefühls Ueberzeugung nennen.

Ohne Ueberzeugung sind wir unseres Glaubens nicht anders, als in Gefühlen und Einbildungen bewußt; aber sie ist nicht die Quelle und der Grund des Glaubens, sondern umgekehrt, sie setzt denselben voraus, und ist nur die Deuterin und Auslegerin desselben. Der Glaube ist unmittelbar, die Ueberzeugung mittelbar; jener ist Geschenk der Natur, diese Werke der Bildung; alle Menschen haben von Natur denselben Glauben, aber ein Jeder hat seine verschiedene Ueberzeugung.

Durch das verständige Bewußtseyn von den Ansprüchen des frommen Gefühls wird die Erregung und Stimmung desselben in der Betrachtung der Natur und Welt reiner und sicherer. Aber wir dürfen nicht die fromme Natur- und Weltbetrachtung in ihrer Reinheit und Sicherheit geradezu mit der frommen Ueberzeugung verwechseln. Diese hat es nur mit den Grundsätzen zu thun, jene mit der Anwendung; diese ist mehr Sache der verständigen Erkenntniß, als jene, welche in der Ahnung des Gefühls lebt. Die Grundsätze der frommen Ueberzeugung über die göttliche Vorsehung könnten dieselben seyn, und die Betrachtung der Geschichte im Ganzen oder in einzelnen Theilen doch verschieden ausfallen. Es kommt nämlich bey der Betrachtung darauf an, wie lebhaft und in welcher Stimmung das Gefühl ist, und auf welchem Standpunkt der Betrachtende steht; auch gehört dazu ein gewisser dichterischer Schwung der Einbildungskraft und eine gewisse Verknüpfungs- und Unterordnungsgabe des Urtheils. Es hat damit eine ähnliche Bewandtniß, wie mit der Kunstbetrachtung. Um ein Gemälde schön zu finden und den Sinn desselben zu verstehen, reicht nicht die Einsicht in die Gesetze der Kunst hin; es gehört auch eine warme Gefühlsstimmung und eine lebendige Empfänglichkeit, auch ein gewisser dichterischer Sinn dazu. Dagegen wird jene Einsicht das Gefühl vor unreinen Eindrücken schützen, und dem Betrachter wehren, das Unschöne und Geschmackswidrige schön zu finden.

Den Gehalt der frommen Ueberzeugung können wir im Allgemeinen die religiöse Wahrheit nennen, und die Lehre der Weisheit, welche die Grundgesetze für jede richtige Ueberzeugung aufstellt, religiöse Wahrheitslehre.

Wie aber kommt nun eine solche Ueberzeugung und eine solche Wahrheitslehre zu Stande? Sind wir mit unserm Glauben ganz an den Verstand gewiesen, und ist es ihm überlassen, denselben aufzuklären oder zu verwirren? Wir wissen ja, daß der Verstand vermöge seiner Willkür des Irrthums fähig, ja alles Irrthums Vater ist. Aller Aberglaube und falsche Gottesdienst entsteht unter der Herrschaft eines sinnlichen oder halbgebildeten Verstandes, der noch nicht zur vollkommenen Freyheit gelangt ist, und daher das, was Sinnlichkeit und Einbildung in den wahren Glauben mischen, nicht davon zu trennen vermag. Wird unsere Ueberzeugung also nicht die Beute des willkürlichen, irrendes Verstandes werden?

Wir wissen, daß die Ausbildung des Verstandes vom Willen abhängt: in welchem Menschen ein guter, reiner Wille ist, in dem wird auch der Verstand zur vollkommenen Erkenntniß der Wahrheit gelangt seyn. Auch unmittelbar auf das Gefühl wirkt der Wille ein. Ein guter, reiner Wille schlägt die unreinen Gefühle nieder, und öffnet nur den reinen das Herz; hingegen ein lasterhafter Wille begünstigt unreine, wollüstige, eigensüchtige Begierden, und läßt ihnen das Herz zur Beute. Was aber bildet und reinigt den Willen, was löst ihn von den Banden der Sinnlichkeit und Leidenschaft? Wir können antworten: eine gute Erziehung; aber diese fodert weise, tugendhafte Erzieher, und diese setzen wieder eine gute Erziehung voraus, so daß wir von Voraussetzung zu Voraussetzung fortgehen müssen. Hier stoßen wir wieder auf die menschliche Abhängigkeit von der Gemeinschaft und den göttlichen Fügungen in der Geschichte, worüber wir früher gesprochen haben. Alle menschliche Bildung ruht auf der Gemeinschaft, und so auch die Ausbildung der Frömmigkeit.

Schon die Ausbildung der Erkenntniß, für sich genommen, beruht auf Lehre und Unterricht, welche wir in der Gemeinschaft empfangen. Keiner ist in seinen Ueberzeugungen ganz unabhängig von den Andern, und Alle theilen ein gemeinschaftliches Licht mit einander. Und so können wir die verständige Erkenntniß der religiösen Wahrheit als eine Frucht der gemeinschaftlichen Geistesbildung ansehen, und auf diese als ihre Quelle zurückführen. Aber die Einsicht in diese Wahrheit hängt noch mehr, als alle übrige Erkenntniß, von der Richtung des Willens und der Beschaffenheit des sittlichen Lebens ab, und steht damit in allernächster Verbindung, wie denn frommes und sittliches Gefühl im Grunde eins und dasselbe ist: demnach müssen wir die letzte und oberste Quelle der frommen Erkenntniß und Ueberzeugung in der Gemeinschaft des sittlichen Lebens aufsuchen.

Ein Volk, das in Unsittlichkeit lebt, wird zu keiner reinen Ausbildung der frommen Ueberzeugung und zu keiner richtigen Wahrheitslehre der Frömmigkeit gelangen. Lebt es noch in roher Sinnlichkeit und Wollust, so werden auch seine Vorstellungen von Gott und göttlichen Dingen die sinnliche Farbe tragen, und sein Gottesdienst wird unkeusch und wollüstig seyn. Ist es kriegerisch und blutdürstig, so wird auch sein Gott an blutigen Opfern, vielleicht selbst an Menschenopfern, Wohlgefallen haben. Man glaubt nur an das, was man liebt; und so wie sich der Glaube in Liebe thätig erweist, so entspringt er auch mit ihr aus derselben Quelle. Ein Mensch, in welchem der innere Richter verstummt ist, der gewissenlos und verstockt in Sünden lebt, wird auch nicht an das ewige Gericht glauben, und was man ihm davon sagt, als Mährchen verachten. Nur die reines Herzens sind, werden Gott schauen. Um das vorige Beyspiel wieder aufzunehmen, das aber mehr als Beyspiel ist: ein Mensch ohne Liebe und Begeisterung wird ein Gemälde, welches den Ausdruck und die Handlungen dieser Gesinnung darstellt, nicht verstehen, und mit kalter Gleichgültigkeit betrachten. Man mag ihm die besten Grundsätze über die Kunst beyzubringen suchen, sie werden bey ihm nicht haften, oder als unfruchtbare Begriffe in seine Erkenntniß eingehen; nur dem liebenden und begeisterten Herzen wird sich der Sinn eines von Liebe und

Begeisterung beseelten Bildes aufschließen. Die Liebe gibt nicht nur zu Allem Lust und Kraft, und beseelt zu allen schönen und großen Handlungen; sie gibt auch der Erkenntniß die rechte Richtung, und schließt uns alle Geheimnisse auf; ihr ätherisches Feuer zündet uns das Licht des Glaubens an. Mit Recht sagt der Apostel: die Liebe glaubet Alles und hoffet Alles. Ohne Liebe ist unsere Erkenntniß von den höheren Dingen nicht nur leer und eitel, sondern auch unlauter und irrig.

Damit also ein Volk zur Erkenntniß der religiösen Wahrheit gelange, muß es in eine sittliche Gemeinschaft vereinigt seyn, in welcher der Geist der Liebe herrscht. Diese sittliche Gemeinschaft ist nun in ihrem Mittelpunkt selbst nichts als die religiöse Gemeinschaft; denn das Heilige haben die Völker von jeher als Sache der Religion behandelt, und die gute Sitte durch die Frömmigkeit geweihet. Diese sittliche Gemeinschaft ist nämlich immer mit gewissen Andachtsübungen, mit der Beobachtung heiliger Gebräuche, mit dem, was wir Gottesdienst oder Cultus nennen, verbunden, wodurch die gemeinschaftliche Erregung und Nahrung des frommen Gefühls oder der frommen Betrachtung bezweckt wird. Zugleich wird sich daran auch eine Gemeinschaft der Erkenntniß anschließen; es wird sich irgend eine religiöse Wahrheitslehre als Gesammtüberzeugung des Volkes geltend machen. Diese wird um so vollkommner seyn, als jene sittliche Gemeinschaft dem reinen frommen Gefühl entspricht, und die Verstandesausbildung des Volks überhaupt zur Freyheit und Klarheit gelangt ist.

Von dieser dreyfachen Gemeinschaft in Sittlichkeit, Gottesdienst und Erkenntniß hängt die religiöse Ausbildung jedes Einzelnen ab, und Keiner wird ganz auf seinen eigenen Füßen stehen; selbst wenn er sich über sein Volk und seine Zeit erhübe, würde er die vorhandene Bildung als Unterlage seines Emporsteigens gebraucht haben. Der Einfluß aber, den die Gemeinschaft auf ihn ausübt, beginnt von einem gewissen Glauben, den wir zum Unterschied des vorhin betrachteten angebornen oder natürlichen den geschichtlichen nennen wollen, weil er sich geschichtlich ausbildet. Ein Jeder glaubt der frommen Gemeinschaft, in welcher er lebt, glaubt an die Wahrheit, an welche Alle glauben, glaubt an den sittlichen Geist, der unter ihnen herrscht. Wenigstens hat er in seiner Jugend diesen Glauben gehabt, und in demselben den ersten Unterricht empfangen. Man kann nichts lernen, ohne Glauben; der Glaube ist die Muttermilch des Geistes.

Aber auch die Gemeinschaft selbst besteht nur durch den Glauben; sie glaubt entweder alten Ueberlieferungen und Gebräuchen und den Priestern, die diese bewahren und verwalten; oder sie glaubt einem Stifter ihres religiösen Lebens, einem Propheten, Gottgesandten. Die Hebräer glauben ihrem Mose, die Chinesen ihrem Confucius, die Muhammedaner ihrem Muhammed, wir Christen glauben an Christum. Und an diesem Glauben nimmt jedes einzelne Mitglied der Gemeinschaft Theil. Wie das Kind, seinem Vater und seiner Mutter glaubend, an ihrem frommen Glauben Theil nimmt: so glauben wir mit unserer geistiger Mutter, der Kirche, an den, an welchen sie glaubt.

Wie verhält sich nun dieser geschichtliche Glaube zu dem natürlichen, zum frommen Gefühl, das uns von Natur in die Brust gepflanzt ist? Wir glauben einem

Religionsstifter, einer frommen Gemeinschaft nur in sofern, als das, was sie darstellen, unserm innersten Gefühl entspricht, unsere Sehnsucht befriedigt, unser Herz beruhigt und uns selig macht; denn der Glaube macht selig; selig aber ist, wer mit sich selbst, mit der Welt und Gott in Einklang lebt, wem alle Zweifel gelöst sind, wer im Lichte der Wahrheit wandelt, und sich auf dem Wege zum wahren Leben findet. Indem wir aber einem solchen Lehrer und Stifter glauben, glauben wir in ihm einer göttlichen Offenbarung. Denn einem Menschen, als Menschen, können wir nicht in dem, was uns das Höchste ist, glauben, so wenig als wir bloß unserm eigenen Herzen glauben; wir glauben immer nur Gott, als dem Urquell alles Guten und Wahren; und wenn ein Mensch uns die höchste, reinste Wahrheit bringt, so nehmen wir sie als göttliche Offenbarung auf. Eine solche so empfangene Offenbarung ist nichts als die Wiederholung jener ersten ursprünglichen in unserer Brust, und wir können sie auch die geschichtliche nennen, so wie wir den Glauben an dieselbe den geschichtlichen genannt haben.

Die meisten Menschen werden sich ihres natürlichen Glaubens gar nicht bewußt, sondern leben allein im geschichtlichen. Nur die Weisen und Denker, welche über die Natur des menschlichen Geistes forschen, gehen zu jenem zurück, aber doch nur an der Hand von diesem, mit welchem ihr religiöses Bewußtseyn beginnt. So wie kein Mensch zu der Grundidee des Staates aufsteigen könnte, ohne daß ihn das wirkliche Staatsleben, das ihn umgibt, darauf zurückführte: eben so wenig wüßten wir etwas vom ursprünglichen Glauben, wenn wir nicht in der kirchlichen Gemeinschaft glauben gelernt hätten.

Zu diesem geschichtlichen Glauben muß nun der Verstand ebenfalls aufklärend, reinigend, zusammenfassend hinzutreten, um denselben zur Ueberzeugung auszubilden. Es ziemt dem freyen, gebildeten Menschen, daß er sich selbst und Andern von seinem Glauben Rechenschaft zu geben wisse: und dazu setzt ihn ein vernünftiges Nachdenken in Stand. Aber der Glaube soll eben so wenig erst vom Verstande begründet und gestützt, als von ihm erschüttert und über den Haufen geworfen oder von seinen Klügeleyen verwirrt werden; der Glaube, auch der geschichtliche, ist dem Verstande nicht untergeordnet und nicht ein Werk desselben, sondern lebt im Gefühl. Die Ueberzeugung soll uns denselben nur klarer machen, unsere Gedanken und Gefühle mit ihm in Einklang bringen, und ihn vor Aberglauben und Irrthum bewahren. So wie aber ein jedes einzelne Mitglied der religiösen Gemeinschaft über die Wahrheiten der Religion nachdenken und sich selbst darüber verständigen soll: so wird es auch für die ganze Gemeinschaft überhaupt die Aufgabe seyn sich im Besitz einer klaren, verständigen, von Aberglauben gereinigten Lehre der religiösen Wahrheit zu behaupten, und die Pflege derselben wird denjenigen anvertraut seyn, welche den Beruf dazu haben.

Wenn also die Frömmigkeit nur durch die Ausbildung einer Ueberzeugung zur Sicherheit und Festigkeit in der Betrachtung der Welt gelangt, und wenn wir eine solche Ueberzeugung nur mit Hülfe der Gemeinschaft und eines gemeinschaftlichen Glaubens gewinnen können; wenn es aber unsere Pflicht ist, uns der Frömmigkeit zu befleißigen, und nach einer festen Ueberzeugung und klaren Verständigung über unsern Glauben zu streben:

so fließt daraus die Verpflichtung, uns an die Gemeinschaft des frommen Lebens, in welcher wir erwachsen sind, welcher wir alle fromme Anregung verdanken, und mit deren Hülfe uns die weitere Ausbildung gelingen kann, mit dankbarer, treuer Liebe anzuschließen.

O welche schöne, selige Pflicht, den Bund der Gemeinschaft zu suchen und zu bewahren in dem, wofür wir des Anhalts, der gemeinsamen Verständigung und Befestigung so sehr bedürfen! Alle edleren Angelegenheiten gedeihen nur in der Gemeinschaft; jeder Gedanke, jedes Gefühl läutert, verstärkt und verklärt sich in der Mittheilung und Erwiederung zwischen Freund und Freund. Wie fühlen wir uns einsam, wenn unsere liebsten, eigensten Gedanken und Gefühle unverstanden zu uns zurückkehren, wenn kein Herz mit uns übereinstimmt in dem, was uns bewegt und erhebt! Ach! wie unglücklich, wer sein Inneres vor den Andern verschließen muß, weil er fürchtet, entweihet zu sehen, was ihm als heilig gilt! Es betrübt und beengt uns, wenn wir den Eindruck eines schönen Gedichts oder schönen Gemäldes mit Niemanden theilen können; wie belebt sich dagegen unser Gefühl, wie wird uns Alles klarer und zuverläßiger, wenn Andere mit uns einstimmen, und das, was wir fühlen und erkennen, noch ergänzen und erweitern! Wie viel mehr aber ist dieß der Fall mit unserm Glauben! Er ist dasjenige, was Alle und zu jeder Zeit bedürfen, in Freud und Leid, in Kampf und Frieden, im öffentlichen und häuslichen Leben, und er sollte daher Gemeingut Aller seyn. Wie schön ist es, wenn Gatten, die ein geliebtes Kind verlieren, im Glauben an die Unsterblichkeit gleich fest stehend, sich einander trösten können, und ihre schmerzerfüllten Herzen in demselben Gefühl der Hoffnung zu einander neigen! Wie schön, wenn beyde nach der Genesung eines Kindes das gemeinschaftliche Opfer des frommen Dankes darbringen, und so ihr Glück verklärt und erhöht genießen! Wie stark ist ein Volk im Kampfe für sein Vaterland, wenn Alle das gleiche Gefühl der Begeisterung und des Gottesvertrauens beseelt, und Alle einander im Ausdruck dieses Gefühls begegnen, einander ermuntern und stärken! Nichts erhebender und begeisternder, als eine andächtige Versammlung, welche in dem gleichen Gefühl und Gedanken vereinigt, die Andacht, welche alle Herzen durchströmt, in heiligen Lobgesängen aushaucht! Wer könnte bey solchem Anblick und ergriffen von solcher Bewegung, an dem Daseyn Gottes, an Ewigkeit und Unsterblichkeit zweifeln? Wer fühlte nicht, daß es eine Gemeinschaft der Geister, erhaben über alles Irdische, ein Reich Gottes, ein Reich der Wahrheit und Liebe, gibt, daß in jeder Menschenbrust ein Glaube und eine Hoffnung lebt, und daß das Herz von einer höheren Liebe, als der Liebe des Weltlichen, schlägt? O selige Gemeinschaft des Glaubens, himmlischer Einklang der Herzen, Quelle des Trostes und Lichtes! Was wären wir, ständen wir allein mit unserm schwachen Herzen, dem Zweifel, der Furcht, dem Schmerze preisgegeben, könnten wir uns nicht an gleichgestimmte gläubige Herzen anschließen, und nicht aus einem reicheren, helleren Geist Nahrung und Licht schöpfen!

Aber noch eine andere Pflicht, als die, für unsere religiöse Ausbildung zu sorgen, fodert, daß wir uns an die fromme Gemeinschaft anschließen; es ist die Liebe zur

Wahrheit und Frömmigkeit, welche uns antreibt, die Gemeinschaft des religiösen Lebens durch unsre Theilnahme zu verstärken, zu fördern und zu vervollkommnen. Wir sollen auch unsern Theil zum allgemeinen Leben beytragen, das Licht, das in uns wohnt, die Wärme der Begeisterung, welche uns durchglüht, in dasselbe ausgießen. Nicht nur wir bedürfen der Gemeinschaft, sondern diese bedarf auch unser; denn wollten sich Alle zurückziehen, so würde sie zerfallen, das religiöse Leben sich auflösen, und die Menschheit in Barbarey versinken. Keiner kann wissen, wie viel er zur Vervollkommnung des frommen Lebens beytragen, welche wohlthätige Kraft sich in ihm durch die Berührung mit Andern entwickeln, welchen Einfluß er auf die Ausbildung der gemeinsamen Erkenntniß der Wahrheit, auf die Veredelung und Heiligung des öffentlichen Leben ausüben kann. Alles also, die Sorge für unser eigenes Heil, das Bedürfniß und die Sehnsucht des liebenden Herzens, der Eifer für die höchsten geistigen Angelegenheiten, die Liebe zu den Brüdern, ruft uns in die Gemeinschaft des Glaubens und der Andacht.

Beklagen und tadeln müssen wir diejenigen, welche durch eine unglückselige Verirrung dahin gekommen sind, sich von aller frommen Gemeinschaft sowohl im Glauben als im Leben abzutrennen. Ich meine die Deisten und Naturalisten, welche alle geschichtliche Offenbarung, alle Gemeinschaft der Andachtsübung verschmähend, sich auf sich selbst und ihre religiöse Ueberzeugung zurückziehen. Dieses Geschlecht ist, Gott sey Dank! unter uns Christen fast ganz ausgestorben, und es ist dieß ein Zeichen der Gesundheit unseres kirchlichen Lebens. Der Deismus war nämlich im

Gegensatz gegen eine steife, kalte Theologie, welche das Licht der Vernunft verschmähte und verdächtigte, entstanden. Die Denkenden, welche das Christenthum nicht aus der Quelle, sondern bloß aus der kirchlichen Theologie kannten, glaubten sich von ihm los sagen, und mit dem, was man natürliche Religion nennt, begnügen zu müssen. Aber sie irrten darin, daß sie diese natürliche Religion für das Erzeugniß der selbstständigen Vernunft, und sich selbst darin für unabhängig von aller geschichtlichen Offenbarung hielten. Die Vernunft ist nie ganz unabhängig von der geschichtlichen Ausbildung, und jene natürliche Religion war nichts als eine Sammlung von abgezogenen Wahrheiten aus dem Christenthum und den im Schooße desselben entstandenen philosophischen Systemen. Die Bekenner derselben hätten also Gott und Christo die Ehre geben, und ihre Weisheit als eine Frucht der christlichen Offenbarung anerkennen sollen; es war eine hochmüthige Verblendung, daß sie es nicht thaten. Diese natürliche Religion war aber auch nichts als Verstandessache, und ließ das Herz kalt; die Bekenner derselben bewiesen sich mithin als unfromm, weil die Frömmigkeit im Herzen leben muß. Sie war das trostlose Eigenthum Einzelner, und verstattete keine Gemeinschaft, ja war gegen jede feindlich gerichtet: die Bekenner derselben waren mithin lieblos, und entbehrten der schönsten Ermunterung und Stärkung, welche die Gemeinschaft des Glaubens gewährt, und der erhebenden Belohnung, etwas für die Vervollkommnung des gemeinsamen religiösen Lebens gethan zu haben; vielmehr schadeten sie demselben durch ihre Zurückgezogenheit, und störten den Glauben ihrer Brüder, anstatt sie darin zu bestärken und zu fördern. Mit einem Worte, der Deismus ist ein krankhafter Auswuchs des religiösen Lebens; es ist in ihm kein gesundes, warmes Leben, keine Liebe und kein Trost.

Am meisten scheint der Deismus heut zu Tage noch unter solchen Juden einheimisch zu seyn, welche zu aufgeklärt sind, um an ihren Moses und ihre Rabbinen zu glauben, und sich in der Gemeinschaft der Synagoge befriedigt zu fühlen, und die sich doch nicht entschließen können, zum Christenthum überzutreten. Aber wenn sie erkennten, daß ihr Deismus nichts als eine Frucht des Christenthums ist, von welchem sie, ohne es vielleicht zu wissen, gelernt haben, und wenn sie das Bedürfniß der Gemeinschaft fühlten: so würden sie nicht in diesem unseligen Mittelzustand zwischen beyden Kirchen bleiben, sondern sich an die christliche anschließen, welcher sie so nahe stehen. Das Judenthum ist durch die fortschreitende Geschichte überholt, und sein schwaches Licht vom Licht des Christenthums ausgelöscht worden; sich gegen das Christenthum verstocken, heißt Gott selbst widerstreben, der es uns gebracht hat. Die jüdischen Deisten schließen zwar das Auge für das neue höhere Licht auf, aber ihr Herz ist noch nicht erwärmt genug, um sich nach der Gemeinschaft der Liebe zu sehnen, und dieser vielleicht ein Opfer zu bringen.

Wir sind so von selbst zu der Frage geleitet worden, wie wir uns zu derjenigen religiösen Gemeinschaft oder Kirche zu verhalten haben, in welcher wir geboren und erzogen sind? Das erste und natürliche Gefühl, mit welchem wir uns an dieselbe anschließen, ist das des Vertrauens und der Liebe. Wehe dem, in welchem mit dem Erwachen des Bewußtseyns auch der Zweifel und

Spott über den Glauben und die Gebräuche seiner Väter erwacht ist! Er ist eben so zu beklagen, wie das Kind, welches nie die Liebe zum Vater und zur Mutter empfunden, nie mit Vertrauen zu dem liebenden Auge der Mutter, zu dem ehrfurchtgebietenden Angesicht des Vaters aufgeschaut, sondern in den Urhebern seines Lebens sogleich die Gegenstände seines Mißtrauens und Abscheus erblickt hat. Das Vertrauen und die Liebe gegen die angeborne Kirche wird sich persönlich an die Eltern, Erzieher, Lehrer heften, welche uns in dieselbe eingeweihet haben; und zu beklagen ist derjenige, der nie in diesen kindlich frommen Verhältnissen gestanden hat, sondern ohne alle Führer, seinem eigenen Herzen überlassen, in die Welt getreten ist. So wie es aber geschehen kann, daß der erwachsene Sohn sich über die Einsichten und die Lebensrichtung seines Vaters erhebt, daß der reife Schüler seinen Lehrer übersieht und überschreitet: so kann es auch geschehen, daß man sich über die angeborne Kirche erhebt, eine höhere Einsicht in die religiösen Wahrheiten gewinnt, die in ihr herrschende Lebensrichtung übersteigt, und sich nicht mehr durch die von ihr gebotenen Andachtsmittel befriedigt findet. In diesem Falle befinden sich viele Juden, und deren Verhältniß wollen wir zuerst betrachten.

Das Judenthum besteht nicht bloß in einer eigenthümlichen Wahrheitslehre und Andachtsübung, sondern auch in einer durch das mosaische Gesetz und die rabbinischen Ueberlieferungen bestimmten Gestalt des Lebens; und diese besteht nicht bloß in der Beobachtung gewisser Gesetze und Cerimonien, wie z. B. die Enthaltung von den unreinen Speisen ist, sondern ihre Wurzel ist die Volkseigenthümlichkeit und deren Behauptung gegen alle andere Volksthümlichkeit. Darin läuft auch das Eigenthümliche der Wahrheitslehre zusammen, welche auf der Idee eines besondern Verhältnisses des Volkes Israel zu Gott oder dessen Auswahl aus allen andern Völkern beruht. Diese Behauptung der Volkseigenthümlichkeit, dieser geistliche Volksstolz macht die eigentliche Krankheit des Judenthums aus. Die Juden wollen ein Volk seyn, und sind es doch nicht, sondern bloß zerstreute Fremdlinge; sie wollen das erste Volk der Erde seyn, und die andern Völker haben sie doch längst in sittlicher Bildung überschritten. Mit dieser falschen Volksthümlichkeit hängt auch das Verhältniß zusammen, daß sie theils aus eigener Abneigung gegen das Leben der Völker, theils durch das gerechte Mißtrauen derselben verhindert, am Staats- und Berufsleben, den Handel ausgenommen, keinen Theil nehmen, und gleichsam als Schmarozer-Pflanze auf unserm Leben wurzeln.

Wenn nun ein Jude aus den gewöhnlichen Schranken seines Glaubens heraustritt, so fragt sich, ob er sich bloß über die Wahrheitslehre oder über den Gottesdienst oder aber über das ganze Leben seines Volkes erhebt. Nur wenn er das letztere zugleich thut, erhebt er sich wahrhaft, weil das eine mit dem andern zusammenhängt; dann aber ist die natürliche Folge seiner Geistesrichtung, daß er seine Volksgemeinschaft, die für ihn aufgehört hat, verläßt, und als ein lebendiges Glied in das christliche Volksleben eintritt, dem er kraft seiner Gesinnung schon wirklich angehört. Er ist diesen Uebertritt sich selbst schuldig, um sich dadurch in seinem frommen Leben mehr zu fördern; er ist ihn aber auch der Wahrheit schuldig; denn wovon man überzeugt ist, das soll man bekennen, und man soll das Gute überall durch Theilnahme verstärken. Was sollte ihn von diesem Uebertritt abhalten? Etwa die Dankbarkeit und Treue gegen die ihm angebornen Genossen, mit denen er im Bunde des Vertrauens und der Liebe stand, und welche er durch seinen Austritt täuscht und betrübt? Diese Frage läßt sich nicht mit zwey Worten beantworten, und verdient genauer erörtert zu werden.

Der Religionsbund als solcher besteht nur unter der Bedingung der Glaubens- und Gesinnungs-Uebereinstimmung, und ist in der That schon getrennt, wenn der Mensch sich in seinem Glauben und seiner Gesinnung geändert hat. Ist diese Aenderung ein Werk des Leichtsinns und der Verschlechterung, so verdient sie Tadel; ist sie aber die Folge der fortschreitenden Ausbildung und gewissenhaften Selbstprüfung: so verdient sie Billigung und Lob; denn der Mensch soll ja immer nach dem Bessern streben. Ein Jude nun, der sich in Glauben und Gesinnung über seine Volksgenossen erhoben hat, kann die Treue gegen die angeborne Gemeinschaft nicht bewahren; sonst würde er in Heucheley verfallen, oder seine bessere Ueberzeugung unterdrücken müssen. Dankbar wird er immer seyn können für die Erziehung zur Religion, die er in diesem Kreise erhalten hat, ohne daß er deßwegen seine Ueberzeugung aufzuopfern braucht. Er wird diese Dankbarkeit dadurch beweisen, daß er alles Mögliche anwendet, um seinen Volksgenossen seine bessere Ueberzeugung mitzutheilen, und vielleicht seinen Austritt so lange verschiebt, als er mit Erfolg für diesen Zweck zu arbeiten hoffen darf. Er wird sie auch noch nach dem Austritt dadurch beweisen, daß er seinen ehemaligen Volksgenossen alles Gute erzeigt, was in seinen Kräften steht. Derjenige, der seine Abkunft ganz vergäße und verleugnete, und sich vielleicht in einen Feind seines Volkes verwandelte, würde die Schuld der schnödesten Undankbarkeit auf sich laden.

Aber der Bund der frommen Gemeinschaft ist auch noch ein engerer und innigerer, indem er uns erstens mit Erziehern und Lehrern, zweytens mit Eltern, Geschwistern, Verwandten und Freunden verknüpft. Tritt ein Jude zum Christenthum über, so zerreißt er vielleicht das Band des Vertrauens und der Liebe, in welchem er mit einem verehrten Lehrer steht, der ihn zuerst in den Glauben seiner Väter eingeweiht hat. Allein dieses Verhältniß ist ganz dem Zwecke und der Liebe der Wahrheit untergeordnet, und muß der bessern Ueberzeugung weichen; wie weh es dem Herzen thun mag, es muß sich doch losreißen. Auch die Freundschaft, die ja ohnehin nur bey gleicher Gesinnung bestehen kann, wird dem Drange des Herzens nach höherer religiöser Befriedigung kein Hinderniß entgegensetzen, und nur den Eifer erwecken, den Freund mit sich in den neuen Lebenskreis fortzuziehen. Den Bund der Geschwisterliebe, in welchem sich die Freundschaft mit der angebornen Neigung und der frühen Lebensgewohnheit zu einem unauflöslichen Bande webt, um einer Religionsänderung willen zu zerreißen, wird ein viel schmerzhafteres Opfer seyn; indessen wenn der Bruder nicht mit dem Bruder, die Schwester nicht mit der Schwester ein Gefühl der Frömmigkeit theilen, so wird ihr Verhältniß nicht das vollkommene der Geschwisterliebe seyn, mithin ebenfalls zurückstehen müssen. Anders aber ist es mit den Eltern, mit denen uns die heiligsten Bande verknüpfen, auch dann noch, wenn die vollkommne Uebereinstimmung der Gesinnung aufgehört hat. Der Vater fodert auch dann noch die Liebe und Schonung des Sohnes, wenn er sich dessen sittlicher Achtung verlustig gemacht, und ein Verbrechen begangen hat. Soll nun der Sohn nicht noch mehr dessen religiöse Vorurtheile schonen, soll er ihm den Kummer zufügen, in dem, welchen er gezeugt und erzogen hat, einen treulosen Abtrünnigen zu sehen? Und soll er sich von dem Busen losreißen, der ihn gesäugt, soll er das Herz betrüben, unter dem er gelegen hat? Elternliebe ist die erste und ursprüngliche aller Religionen; soll ich deren Heiligthum zerstören, um in ein anderes einzutreten? Kann das Opfer, das ich auf den Altar des bessern Gottesdienstes darbringen will, wohlgefällig seyn, wenn es von den Schmerzensthränen der Mutter benetzt ist?

Christus sagt: „Ich bin gekommen, den Menschen zu erregen wider seinen Vater, und die Tochter wider ihre Mutter. Wer Vater und Mutter mehr liebt denn mich, der ist meiner nicht werth." Er verlangt mithin, daß man selbst die Elternliebe dem Glauben an ihn zum Opfer bringen solle. Aber die Verhältnisse, in deren Beziehung er dieses sagte, waren sehr viel anders, als bey uns. Der Geist, den er auf Erden herabbrachte, ergoß sich mit mächtiger Gewalt in die Menschheit und löste alle Bande, um das eine, das Band der christlichen Bruderliebe, zu knüpfen; Alle fühlten sich von diesem Geist berührt und ergriffen, und es gehörte damals weit mehr Verstocktheit dazu, sich dagegen zu verschließen, als jetzt, wo leider der Geist in der Kirche nicht mehr so lebendig ist, und sich auch nicht mehr in solchen Werken der Begeisterung beweist, wie damals. Jetzt ist der Uebertritt vom Judenthum zum Christenthum mehr ein Werk der ruhigen Prüfung; damals zog der Geist unwiderstehlich fort. In dieser Stimmung der ruhigen Prüfung wird nun die Rücksicht auf die Pflichten der Familienliebe mehr Gewicht haben, als in jener begeisterten Bewegung. Damals war auch der Uebertritt des Einzelnen zum Christenthum wichtiger für den Sieg der Wahrheit, als jetzt, wo er gewöhnlich ohne Erfolg dafür bleibt, weil die Masse des jüdischen Volks gegenwärtig bey weitem nicht so bewegt ist, wie damals, und in viel größerer Verstockung verharrt. Es ist aber vorzüglich die Pflicht gegen das Reich Gottes und dessen Verbreitung, welche Jesus in jenem Ausspruch vor Augen hat. Endlich war auch damals der Uebertritt vom Judenthum zum Christenthum leichter, als jetzt. Die Christen empfingen den bekehrten Juden mit offenen Armen der Liebe als Brüder und Schwestern, und ersetzten ihm den Verlust der zurückgelassenen Eltern und Geschwister, er schloß sich als ein lebendiges Glied an eine neue Schöpfung an, und verwuchs mit ihr innig als zu Einem Leibe. Aber wie ganz anders ist es jetzt! Ein Jude, der zu uns übertritt, wird mit Mißtrauen anstatt mit Liebe empfangen; er tritt als ein Fremdling in eine neue Welt, wo ihn Alle mit forschenden Augen ansehen; Keiner reicht ihm die Hand, Keiner schließt ihn an sein Herz. Er ist wie eine Pflanze, der man die besten Wurzeln abgeschnitten hat, und die in einen fremden, kalten Boden verpflanzt, bald verwelkt. Ach! was ist der Mensch ohne Eltern, Geschwister, Verwandte, Freunde! Wie stark muß er seyn, um sich so einsam im Leben zu behaupten!

Entschuldigen wir daher den Juden, der, bey besserer Ueberzeugung, den Uebertritt zu uns nicht wagt, und klagen wir uns an, daß wir durch lieblose Gleichgültigkeit den schwachen Muth noch mehr einschüchtern. Ehren wir aber denjenigen, der den Drang nach einer besseren Gemeinschaft des frommen Lebens aus Liebe zu den Seinigen unbefriedigt läßt. Ein solcher kann ja doch an Christum glauben und in seinem Geiste leben, und wir dürfen ihn als unsern Bruder anerkennen. Können wir es auch nicht als allgemeingeltenden Satz aufstellen, daß man aus Liebe zu den Eltern das Bekenntniß des Glaubens an Christum unterlassen solle, weil ja diese Liebe selbst wieder ihre verschiedenen Grade hat, und stärkere oder schwächere Beweggründe aus ihr fließen: so glauben wir doch nicht gegen den Geist Christi, welcher ja der der Liebe und Milde ist, zu sündigen, wenn wir auch nicht die entgegengesetzte Foderung mit Strenge aussprechen, daß man schlechthin und unbedingt jene Liebe dem Bekenntniß Christi aufopfern müsse.

Für uns Christen kommt der Unterschied der verschiedenen christlichen Kirchen in Frage, in welchen wir geboren sind. Wir können durch den Gang unserer Ausbildung dahin kommen, daß wir in unserer Ueberzeugung mit der herrschenden Kirchenlehre in Zwiespalt treten, und uns die öffentliche Andachtsübung anstößig oder doch unbefriedigend wird, so daß wir also mit unserem Glauben und unserer Gefühlsstimmung aus der angebornen Gemeinschaft ausgeschieden sind. Sollen wir nun auch mit der That heraustreten, und uns zu einer andern bekennen? Diese Frage wollen wir nur in Beziehung auf die katholische und evangelische Kirche beantworten, indem der Unterschied der verschiedenen Confessionen der letztern unbedeutend und unwesentlich, auch meistens aufgehoben ist, die Sekten der Quäker, Mennoniten und andere aber zu wenig in Betracht kommen.

Es gibt viele, besonders evangelische Christen, welche es für gleichgültig halten, in welcher Kirche man lebe, denen die Geburt als ein Gottesurtheil darüber gilt, in welcher Art und Weise man Gott verehren solle. Sie meinen, man könne in jeder Kirche fromm und sittlich leben, und auf das letztere komme es vorzüglich an, nicht auf den Glauben und die Andachtsübung Diese Ansicht nennen wir Indifferentismus oder Gleichgültigkeit, und sie ist ein sittlicher Fehler, den wir hier rügen müssen. Die Quelle desselben liegt theils in einer kalten, todten Ansicht von der Sittlichkeit, welche man für unabhängig von der Frömmigkeit hält, da sie doch mit dieser eins ist, theils in dem Mangel an Sinn für die Gemeinschaft des frommen Lebens und die Erregung und Nahrung, die wir daraus schöpfen. Ist die Sittlichkeit nicht ohne Frömmigkeit, so ist es nicht gleichgültig, auf welche Weise man fromm ist; und ist die Frömmigkeit an die Gemeinschaft gebunden, so ist es nicht gleichgültig, von welcher Art diese ist. Hält man es wohl für gleichgültig, ob ein Kind eine gute oder schlechte Schule besucht? Aber in Beziehung auf die Frömmigkeit ist die Kirche dasselbe, was die Schule in Beziehung auf die Erkenntniß ist.

Es ist hier der Ort nicht, den Vorzug der evangelischen Kirche vor der katholischen ins Licht zu setzen, da wir Alle, wie ich hoffe, davon überzeugt sind. Aber sind wir dieß, erkennen wir den segensvollen, tröstenden, beruhigenden und erweckenden Einfluß des Evangeliums auf unser Gemüth und auf das gemeinschaftliche Leben unserer Brüder: so sollen wir auch nicht durch das Urtheil, daß es eben so gut wäre, wenn uns das Schicksal in der katholischen Kirche hätte geboren werden lassen, die Schuld der Undankbarkeit auf uns laden, und uns selbst und Andere gleichgültig und kalt gegen dasjenige stimmen, was den wichtigsten Einfluß auf das Heil unsrer Seele hat.

Vermöge einer solchen Gleichgültigkeit mißbilligen Viele ohne weitere Untersuchung und Prüfung der Beweggründe und Umstände den Uebertritt von der einen Kirche zur andern. Im Allgemeinen darüber für oder wider abzusprechen, würde entweder Strenge oder Leichtsinn verrathen: wir müssen daher in eine nähere Erörterung eingehen.

Ein Katholik kann durch das Lesen der Bibel und der religiösen Schriften evangelischer Lehrer oder auch altkatholischer Kirchenlehrer zur Einsicht gelangt seyn, daß der Lehrbegriff seiner Kirche wesentliche Irrthümer und Abweichungen von der Wahrheit des Evangeliums enthält; er kann dem zufolge an dem Hauptstück des katholischen Gottesdienstes, der Messe, als einem götzendienerischen Gebrauch, an der Entziehung des Kelchs im Abendmahl und überhaupt an der geistlosen, mechanischen Andachtsübung Anstoß nehmen, und anstatt der Erbauung Aergerniß und Störung dabey finden, und also in dieser doppelten Hinsicht mit der Gemeinschaft in Zwiespalt treten. In Ansehung der öffentlichen Sittlichkeit wird dieses nicht der Fall seyn; denn wenn auch, wie wir uns schmeicheln dürfen, die evangelischen Christen im Ganzen sich durch eine größere Sittenreinheit, durch ein lebendigeres Streben, durch Fleiß und Geistesbildung auszeichnen, so ist doch der Unterschied zwischen ihnen und den Katholiken nicht ein solcher, wie zwischen Christen und Juden; jeder Katholik erfreut sich eines Staats- und Volkslebens und aller der Anregungen und Unterstützungen, welche darin liegen; und der sittliche Geist des Christenthums lebt, wenn auch nicht so rein und lebendig, in jedem katholischen Volke. Hiernach fehlt schon für den Uebertritt aus der katholischen in die evangelische Kirche jener mächtige Beweggrund, welcher den Juden in die christliche Gemeinschaft treiben muß, damit er das Glied eines lebendigen Volkslebens werde. Lebte nun aber ein solcher evangelisch denkender Katholik mitten unter Katholiken und fern von der evangelischen Kirche: so könnte er den Drang nach einer bessern Gemeinschaft nicht anders befriedigen, als daß er Volk und Vaterland, Verwandte und Freunde, Bürgerrecht und Wirksamkeit verließe, und seinen Wohnsitz unter evangelischen Christen aufschlüge, und dieses Opfer ist offenbar zu groß. Selbst wenn er keine Pflichten verletzte, so könnte man ihm einen solchen Schritt darum nicht zumuthen, weil er zu viel wichtige Güter auf das Spiel setzte, und vielleicht sein ganzes Leben verscherzen könnte. Es ist auch die Frage, ob er unter ganz fremden Menschen jene Vortheile der frommen Gemeinschaft fände, welche er sucht, ob er sich warm und brüderlich an sie anschließen könnte. Wir müssen also den Fall so stellen, daß er nur die Kirchengemeinschaft, nicht die übrigen Lebensverhältnisse zu ändern brauchte. Lebt er ganz vereinzelt unter den Evangelischen, fern von seinen Glaubensgenossen, so ist der Uebertritt um so leichter; und wir würden diesen selbst dann billigen müssen, wenn ihn weniger die Ueberzeugung, als das Bedürfniß der Gemeinschaft, dazu bestimmte; wir würden unter solchen Umständen selbst den Uebertritt eines evangelischen Christen milder beurtheilen; denn der Mensch ist ein geselliges Wesen und fühlt sich in der Einsamkeit verlassen. In dem angenommenen Falle nun könnte einen von der Wahrheit der evangelischen Kirche überzeugten katholischen Christen nichts abhalten, zu ihr überzutreten, als die Pflichten der übrigen Gemeinschaft, der Familienliebe und Freundschaft, besonders die Pflichten gegen die Eltern. Diese aber haben hier offenbar noch mehr Gewicht, als im obigen Fall des Uebertritts eines Juden zum Christenthum, weil es hier nicht darauf ankommt, eine ganze Lebensrichtung und Lebensansicht, sondern nur die Vortheile einer erweckenderen und fruchtbarern Gemeinschaft zum Opfer zu bringen, weil man in der katholischen, wie in der protestantischen Kirche, Christ ist. Aber auch hier möchte kaum ein allgemeingeltender Satz aufgestellt werden können. Denn es kommt darauf an, aus welchen Gründen und in welchem Grade die Eltern einen solchen Uebertritt mißbilligen, und in welchem Grade das Verhältniß der Liebe zu ihnen dadurch gestört wird. Darüber müssen wir die Entscheidung dem Herzen eines Jeden überlassen, und ihn nur warnen, die Sache der Frömmigkeit, die ja mit der Liebe eins ist, nicht mit liebloser Härte und Leidenschaft zu betreiben. Kommen aber zu dem religiösen Bedürfniß gar noch Beweggründe der Liebe hinzu; thun mit dem Sohne Vater und Mutter, Brüder und Schwestern, denselben Schritt; tritt die Tochter zur Kirche des geliebten, mit Zustimmung der Eltern gewählten Mannes über, um mit ihm Gott auf die gleiche Weise zu verehren, und den Bund der Liebe durch die Einheit des Glaubens noch zu befestigen: was könnte an einem solchen Wechsel getadelt werden, wäre dabey nicht Alles im vollkommnen Einklang? Ja, wäre die Ueberzeugung noch nicht ganz fest, und das Verlangen nach einer neuen Gemeinschaft nicht entschieden dringend: so würden Beweggründe der Liebe mit Recht entscheiden können. Hätte auch diejenige, die ihrem Gatten zu Liebe ihre väterliche Kirche verläßt, ohne diesen Anlaß den Schritt nicht gethan: so kann sie deßwegen nicht getadelt, muß vielmehr gelobt werden, weil ja die Gemeinschaft des religiösen Lebens mit den übrigen Verhältnissen der Liebe in nothwendiger Verkettung steht.

Wenn wir aber den Uebertritt von einer Kirche zur andern, der aus Ueberzeugung und aus Beweggründen der Liebe geschieht, billigen und loben: so halten wir einen solchen, der wider die Ueberzeugung geschieht, aus Eigennutz, um Aemter und Ehren zu erlangen, oder um die Hand einer schönen, reichen Jungfrau zu gewinnen, und selbst einen solchen, mit welchem man sich das Leben erkauft, für ehrlos und schändlich, weil dem Menschen seine fromme Ueberzeugung für nichts Irdisches feil seyn soll. Thut aber Jemand einen solchen Schritt wider die Ueberzeugung aus Schwäche, um nicht allein unter fremden Glaubensgenossen da zu stehen, läßt er sich vom großen Strome fortreißen: so können wir ihn zwar entschuldigen, ihm nie aber unsern vollen Beyfall geben, weil der Mensch in seiner Frömmigkeit fest stehen und selbstständig seyn soll.

In jedem Fall sind diejenigen glücklich zu preisen, welche in der Kirche, in welcher sie geboren sind, auch in reiferen Jahren ihre volle Befriedigung finden, und den kindlichen Glauben mit der Ueberzeugung des selbstständigen Verstandes in Einklang bringen können. Die Eindrücke, welche das junge Gemüth empfängt, erlöschen nie, und kehren oft im Alter mit erneuerter Frische zurück; die Frömmigkeit, die Andacht lebt im Gefühl, und dieses ist um so sicherer und tiefer, je früher es angeregt worden, je inniger es mit dem ganzen Leben verwachsen ist; heilige Gebräuche erhalten einen Theil ihrer Weihe durch das Alterthum und für den einzelnen Menschen durch die frühe Gewohnheit; die Frömmigkeit ist der Einklang des Menschen mit sich selbst, mit der Welt, mit Gott, und dieser Einklang ist um so vollkommner, wenn nie der Mißklang des Zweifels störend dazwischen getreten ist; überhaupt ist das Menschenleben um so vollkommner und harmonischer, je mehr Natur, Gewohnheit und Freyheit unter einander übereinstimmen. Aber die Freyheit ist das erste und höchste; und wen Gott den Weg der freyen Prüfung und des Zweifels führt, soll sich muthig durchkämpfen, und der Stimme des Geistes, die ihn anderswohin ruft, folgen.

Willkommen sollen uns diejenigen seyn, welche aus Ueberzeugung von einer andern Kirche zu uns herübertreten; wir wollen gern mit ihnen den Segen theilen, dessen wir in unsrer Kirche genießen und uns mit frommer, dankbarer Zuversicht freuen; wir wollen uns nicht der Gleichgültigkeit schuldig machen; aber eben so fern sey von uns die Unduldsamkeit gegen die Mitglieder einer andern Kirche oder Confession. Die Strenge der Ueberzeugung von der Wahrheit unseres Glaubens läßt sich wohl mit der Duldsamkeit gegen die Bekenner einer andern Religion vereinigen. Man unterscheide die Person von der Sache: diese kann irrig und verwerflich seyn, unsern Tadel verdienen, und uns selbst, wenn wir durch Gabe und Amt dazu berufen sind, zum Widerspruch und Streit auffodern; aber jene sollen wir immer achten und lieben und schonen. Streit mit dem Irrthum, aber Friede mit dem Irrenden, sey unser Wahlspruch. Ach! sind nicht alle Menschen Irrende, sind wir nicht selbst noch weit von der vollkommnen Erkenntniß der Wahrheit entfernt? Und hier handelt es sich nicht bloß um die Erkenntniß, das Gefühl hat dabey seine Rechte, und dieses hängt so sehr von der angebornen Gemüthsbeschaffenheit und der Gewohnheit ab. Wir können mit dem Andersdenkenden sogar streiten und versuchen, ihn eines Andern zu überzeugen; aber stören wir ihn nicht vorwitzig in seinem Glauben, drängen wir uns nicht stürmisch in den Frieden seines Herzens ein, tasten wir nicht freventlich sein Heiligthum an! Nur wo die Empfänglichkeit für das Bessere schon da ist, sollen wir solches anbieten; wo der Zweifel schon Eingang gefunden, sollen wir den Irrthum vollends auszurotten suchen. Und nie werde der Streit persönlich, nie verwunde die Schärfe des Schwertes der Wahrheit das Herz dessen, der noch im Irrthum befangen ist! Fern aber sey vollends von uns die Unlauterkeit, Andere durch Mittel der Lockung oder des Zwanges zu unserm Glauben herüberzuziehen! Unsere Glaubensgemeinschaft sey eine freye Gabe des Geistes, um ihrer selbst willen aus freyer Bewegung empfangen; sie leihe nicht den Reiz der Erde, sondern ziehe durch sich selbst an; sie locke nicht die sinnliche Begierde, sondern die reine Liebe; und wie könnten wir vollends die Gabe der Liebe mit dem Schrecken und der Furcht umgeben? Wer mag mit dem Schwert in der Hand oder mit der Zuchtruthe um Liebe werben? Eine Kirche, die so sich geltend macht und ihre Herrschaft erweitern will, beweist dadurch, daß der Geist der Wahrheit und Liebe nicht in ihr wohnt.

Kein Irrthum ist ohne Wahrheit, und keine zumal christliche Kirche ist so ganz verderbt, daß nicht manches Gute in ihr wäre. Auch dieses sollen wir anerkennen, und uns wenigstens in der Betrachtung aneignen. Namentlich hat die katholische Kirche so manchen erwecklichen, sinnreichen Gebrauch, daß es lieblose Verblendung wäre, solches nicht anzuerkennen. Der fromme evangelische Christ, der Gelegenheit hat, den katholischen Gottesdienst zu beobachten, wird dagegen nicht nur schonende Achtung, sondern selbst ein gewisses Mitgefühl beweisen, und sich in die fromme Stimmung seiner immer doch christlichen Mitbrüder zu versetzen wissen. Er wird nicht ohne heiligen Schauer in ihre Tempel treten, und wo ihm etwas Ansprechendes begegnet, das Herz dafür aufschließen, die heilige Musik mit Andacht hören, die schönen Bilder aufmerksam betrachten, und wo ihm etwas störend auffällt, das Auge schonend wegwenden.

Die Verpflichtung, uns an eine fromme Gemeinschaft oder Kirche anzuschließen, bringt die Pflicht der Treue mit sich; denn die Treue ist nur die Fortsetzung der eingegangenen Gemeinschaft. Wer einen Vertrag geschlossen, muß ihn auch halten; wer in eine Gesellschaft getreten, muß sich ihren Gesetzen fügen, und mit ihrem Sinn und Geist in Einklang bleiben, oder er bricht die Treue. Die Treue gegen die Kirche beweist sich theils in der Ueberzeugung, theils in der Gemeinschaft der Andachtsübung.

Die Gemeinschaft des frommen Lebens ist nämlich erstens Gemeinschaft des Glaubens und der Ueberzeugung von den ewigen Wahrheiten. Diese Gemeinschaft soll aber keine knechtische seyn; die Freyheit des Einzelnen darf nicht darin untergehen. Die Freyheit zeigt sich in der Mannichfaltigkeit und Eigenthümlichkeit: mithin ist die Aufgabe, die Mannichfaltigkeit mit der Einheit in Einklang zu bringen. Dieß aber geschieht dadurch, daß Alle in den Grundgefühlen und den wesentlichen Wahrheiten, was den G l a u b e n im eigentlichen Sinne ausmacht, übereinstimmen, die Einzelnen aber ein Jeder sich seine eigenthümliche U e b e r z e u g u n g bilden, oder über den Glauben nach Maßgabe ihrer Verstandeskräfte und ihres Bildungsstandes nachdenken. Es darf von Jedem gefodert werden, sich über seinen Glauben zu verständigen, nicht knechtisch nachzubeten, sondern die Freyheit, die ihm als sittlichen Menschen gebührt, auch in diesem Stücke zu beweisen. Geistesdumpfheit ist nicht das, was das Christenthum will; wir sollen immer mehr an Licht und Erkenntniß zunehmen. Sobald aber Jemand seinen Verstand frey gebraucht, so wird er auch seinen eigenen Weg gehen, und seine eigene Ansicht fassen. Aber diese Eigenthümlichkeit darf ihn nicht aus der Einheit des Glaubens herausreißen: davor muß ihn die Demuth bewahren. Er erkenne an, daß ein Glaube, an welchem Alle festhalten, nicht ganz falsch seyn kann; und wenn er sich mit demselben in Zwiespalt findet, so nehme er solches als ein Warnungszeichen, daß er selbst auf dem falschen Wege ist, und kehre um, und schlage einen andern Weg ein. Auch hier muß Vertrauen und Selbstständigkeit mit Demuth und Selbstverleugnung verbunden seyn. Aber dieses Streben, mit dem gemeinschaftlichen Glauben in Einklang zu bleiben, kann allerdings in einen Zustand der Trübheit des Geistes, des Schwankens und des Zweifels führen. Wohl dem, der so glücklich war, von einem erleuchteten und doch gläubigen Lehrer früh in den Geist des Christenthums eingeweihet zu werden, und von ihm zu lernen, was dem Wesen des Glaubens, was dagegen der bildlichen Sprache der Bibel und dem unter dem Einfluß menschlicher Meinungen erwachsenen Lehrbegriff der Kirche angehört, dessen kindlichem Geiste schon die verklärte Gestalt des Erlösers in ihrem göttlichen Lichte erschienen ist, in dessen jugendliche Brust der wahre Glaube mit seiner befreyenden und erleuchteten Kraft Eingang gefunden hat!

Die Gemeinschaft der Kirche ist zweytens Gemeinschaft der Andachtsübung. Wer mit der Kirche glaubt, wird auch in ihrer Gemeinschaft Erregung, Nahrung und Stärkung seiner Andacht suchen. Wer da meint, er stehe zu hoch, um im öffentlichen Gottesdienst Erbauung zu finden, ist sicherlich auf einem Abwege. Es mag seyn, daß Jemanden der Prediger durch seinen Vortrag nicht erbaut; aber einem solchen bleibt ja noch Gebet, Gesang und Sakrament übrig, und er kann nicht wissen, welche fromme heilsame Erregungen ihm dadurch kommen können. Es ist Hochmuth, sich über alles Bedürfniß der frommen Gemeinschaft erhaben zu glauben, und Untreue, sie zu verlassen. Man sagt, wer nicht der eigenen Erbauung wegen in die Kirche gehen wolle, solle es wenigstens des guten Beyspiels wegen thun; aber auch dieß wäre Hochmuth und noch dazu Heucheley. Aus dem Bösen kann nichts Gutes kommen, mithin auch nicht aus der Heucheley; ein gutes Beyspiel kann man bloß durch eine Handlung geben, in welcher, wie es in jeder sittlichen der Fall seyn soll, Inneres und Aeusseres zusammenstimmt, und welche das Gepräge der Wahrheit trägt.

Einen andern Fehler begehen diejenigen, welche sich von der großen Gemeinschaft zurückziehen, und mit Gleichgesinnten eine engere schließen und einen eigenen Gottesdienst ausüben, ich meine die Separatisten. Diese erheben sich nicht ganz über alles Bedürfniß der Gemeinschaft, indem sie eine andere, als die allgemeine, suchen; aber sie sind ebenfalls hochmüthig und lieblos, weil sie sich von den Andern ausschließen. Es kann nicht getadelt werden, wenn Geichgesinnte ausser dem öffentlichen Gottesdienst, den sie nicht verlassen, noch eine besondere Andachtsübung suchen; denn die Theilnahme an einer großen Gemeinschaft schließt nicht das Recht aus, noch in eine besondere, untergeordnete zu treten; nur ist die Gefahr zu nahe, daß sich solche Christen für besser und frömmer halten, als die Uebrigen, und mithin durch geistlichen Stolz dennoch die Gemeinschaft stören. Leicht werden sich auch in solche besondere Gemeinschaften überspannte Grundsätze und eine düstere Stimmung einschleichen, welche den Riß noch schlimmer machen. Wer die hohe Wahrheit erkannt hat, daß die Liebe größer ist, als der Glaube und die Hoffnung, wird den Foderungen der erstern gern jedes Opfer bringen, und seine frommen Bedürfnisse nie auf Kosten derselben befriedigen.

Wer nun im aufrichtigen, treuen Einklang mit seiner Kirche steht, mit ihr gemeinschaftlich der Andacht pflegt, und aus ihr Belebung und Nahrung seines frommen Gefühls empfängt, der befleißige sich nun auch selbst an seinem Theile der frommen Betrachtung, und lebe darin auf eine eigenthümliche Weise. Es ist nicht genug, daß man von Andern empfange, man muß auch das Empfangene selbstthätig gestalten, und sich aneignen. Der Fromme wird daher ausser der öffentlichen Andachtsübung für sich selbst der Andacht pflegen, sey es nun, daß er sich vorzüglich mit den Erweckungsmitteln der heil. Schrift und christlicher Erbauungsbücher, oder auf eine freyere Weise mit der Erforschung und Betrachtung der Geschichte und Natur, des menschlichen Lebens und der Kunst beschäftigt, oder in den Stunden der Weihe sein Herz im Gebet zu Gott erhebt. Das Gebet ist der heilige Mittelpunkt des fromm betrachtenden Lebens, in welchem sich alle frommen Erregungen vor dem gesammelten und in sich geeinigten Geiste zusammendrängen; der lichteste und erhabenste Augenblick des Bewußtseyns, in welchem die Betrachtung wieder in das sprach- und ausdruckslose Gefühl, in ein höheres Bewußtseyn, in die Ahnung des Uebersinnlichen überschwebt. Jede Erhebung der Gedanken zu Gott, jede Beziehung des Irdischen auf das Ewige, jeder im Andenken an Gott und seinen Willen gefaßte Vorsatz, überhaupt jede fromme Betrachtung, durch welche uns Ermunterung, Trost und Beruhigung wird, ist schon Gebet. Man kann mit fremden Worten und Gedanken beten, oder in lebendigerer Erregung sein Gefühl in eigenen Worten ergießen, oder im innern Gespräch der Gedanken sich aussprechen; aber am freyesten schwingt sich das Herz empor, wenn es die Fesseln der Sprache und der Gedanken von sich wirft, und sich dem Zuge des Gefühls überläßt, welches vom Geiste Gottes gehoben und getragen, sich in das Meer der ewigen Liebe ergießt.

Das Gebet ist seiner Richtung nach immer ein Ausdruck des höchsten frommen Gefühls, welches wir Andacht genannt haben, dem Inhalt nach aber gehört es theils der Begeisterung, theils der Selbstverleugnung und Demuth an. Entweder bitten wir um Kraft zum Guten, um Erhebung des Geistes und Reinigung des Herzens, und um den Sieg des Guten, welchem wir unsere Gesinnung und Kräfte weihen, um das Gelingen des Werkes der Begeisterung. Um irdische Güter dürfen wir nur in sofern bitten, als sie uns zur Ausübung des Guten und zu unserer Vervollkommnung nothwendig sind; denn der Begeisterte hängt sein Herz nicht an irdische Güter, und im Gedanken an Gott muß alle irdische Liebe schweigen. Oder wir bitten, im Gefühl der Selbstverleugnung, um Trost im Kampfe des Lebens, im Kampfe mit der Sünde, mit der Bosheit der Menschen, mit dem widrigen Schicksal: dann sey unsere Sprache die der Ergebung, welche aus der Hand der ewigen Liebe Freud und Leid, Leben und Tod mit gleicher Fassung empfängt, und immer denkt: nicht mein, sondern dein Wille geschehe. Und beyde Gefühle der freudigen Begeisterung und der demüthigen Ergebung durchdringen sich in dem Gebete des Dankes, des Dankes für alles Gute, was uns Gott geschenkt, für das Gelingen jedes guten Unternehmens, für die Erfüllung jedes frommen, reinen Wunsches, und des Dankes selbst für das Leiden, das Gott über uns verhängt, das uns geläutert, gestärkt und erhoben hat, für jede Prüfung, die wir mit Gottes Hülfe bestanden haben.

Ist aber der Fromme so durch die Theilnahme am Kirchenleben und seine eigene fromme Uebung und Herzenserhebung dahin gelangt, daß er, in seiner Ueberzeugung von den ewigen Wahrheiten der Religion feststehend und die Welt mit dem Auge des Glaubens betrachtend, sich über das menschliche Leben zu verständigen weiß, und in jenem höheren Lichte und in jener Ruhe lebt, welche die fromme Weltbetrachtung gewährt: der soll nun auch Andern von seinem Reichthum mittheilen, und sein Licht leuchten lassen vor den Leuten. Geben und Empfangen, Empfangen und Wiedergeben macht den natürlichen Wechsel des Lebens; Wechselwirkung ist dessen ewiges Gesetz. Jedes Glied der frommen Gemeinschaft soll auch wieder Priester seyn. In der großen Kirchengemeinschaft sind alle Mitglieder empfangend, und nur die Geistlichen gebend; und obschon es bey den ersten Christen anders war, so muß doch bey uns der Unterschied der Lehrenden und Zuhörer streng bestehen. Aber um einen Jeden zieht sich ein Kreis von Freunden: in diesen ströme er das Licht aus, das er in sich trägt. Im vertrauten Gespräch über Welt und Leben, beym Lesen eines guten Buches, kann er ihnen manche Erweckung, manche Verständigung geben; in wichtigen Fällen des Lebens, in Unglück und Noth, kann er ihnen der Bote des Trostes und des Friedens werden; und der Bund der wahren Freundschaft wird auch der Bund des Glaubens seyn. Das häusliche Leben aber, in welchem ein Jeder die erste Weihe des jugendlichen Glaubens empfangen, sey das Heiligthum, wo er die Gaben des gereiften und geprüften Glaubens als Opfer des frommen Dankes niederlegt; der Vater, die Mutter seyen die Priester des heimlichen Dienstes der Hausgötter. Mögen sie den kirchlichen Gottesdienst im Kleinen wiederholend, dieselben Andachtsmittel des Gesangs, des Gebets, der geistlichen Betrachtung gebrauchen, oder sich freyer und eigenthümlicher bewegend, die fromme Betrachtung an diesen oder jenen Anlaß knüpfen, diese oder jene Form der Mittheilung und gemeinschaftlichen Erweckung wählen; immer wird im traulichen Kreise der Liebe, in der innigsten Gemeinschaft des Lebens, im Theilen der Freude und des Leides, im gemeinschaftlichen Streben, der Glaube frommer Herzen sein belebendes, erfreuendes, tröstendes Licht ergießen; im stillen Frieden des Hauses wird der selige Einklang wohnen, der draussen im bewegten, stürmischen Leben oft gestört nur in der unsichtbaren Gemeinschaft der Gläubigen lebt; hier, wo sich Herz an Herz liebend und vertrauend schließt, wird der Vorhof der Himmels seyn.

Neunte Vorlesung.

Ueber den angeblichen Widerstreit der Pflichten.

Die pflichtmäßige Gesinnung haben wir in ihrer Quelle und ihrem Mittelpunkt, in der Frömmigkeit, betrachtet. Wer diese im Herzen trägt als lebendiges Eigenthum, wird in jedem Falle pflichtmäßig handeln; sein Herz wird ihm allezeit sagen, was er zu thun habe; die Berührung mit den Menschen in den besondern Verhältnissen des Lebens wird jedesmal die geeignete Gefühlsstimmung und die daraus entspringenden Antriebe zum Handeln hervorrufen. Dem Bruder wird der Fromme brüderlich begegnen, dem Mitbürger mit bürgerlichem Gemeinsinn, dem Nothleidenden mit Erbarmen und hülfleistender Liebe, dem Feinde mit Großmuth und Friedensliebe. Er bedarf keiner Belehrung über seine Pflichten, als höchstens die der Klugheit, welche die besondern Verhältnisse des Lebens ordnet und gegen einander bestimmt und abwägt. Ihr Rath wird seinem warmen, liebevollen Herzen wohlthätig seyn; sie wird ihn, der den Blick nach oben gerichtet hält, in die irdischen Verhältnisse einführen; sie wird ihm zeigen, wie das Reich Gottes, dessen Urbild er im begeisterten Herzen trägt, auf Erden verwirklicht werden kann und soll, welche Bedingungen und Vermittelungen dazu erfodert werden.

Wir haben schon früherhin gezeigt, daß die Ausführung der Pflichtenlehre ins Einzelne und Besondere nur dadurch geschieht, daß wir zu den allgemeinen sittlichen Gesetzen die Anwendungen, welche davon die Klugheit im Leben macht, hinzu bringen; daß die Pflicht an sich, wie die sie ausübende Tugend, nur Eine ist, und alle Verschiedenheit nur von aussen, aus dem Gebiet der Klugheit, hinzutritt. Zugleich bemerkten wir, daß der Sittenlehrer bey dieser Ausführung nur in die allgemeinen, grossen Verhältnisse eingehen, nicht aber in die besondern Fälle, welche durch den Zusammentritt und die Verwickelung der Umstände entstehen, sich einlassen dürfe. Die Bestimmung des pflichtmäßigen Betragens in solchen ganz besondern Fällen hat man ehedem in der Casuistik behandelt; diese Wissenschaft aber verwerfen wir als in sich selbst nichtig, als unnütz und schädlich, weil sie das Allerbesonderste als etwas Abgezogenes behandelt, da es doch nur in seiner besondern Beschaffenheit behandelt werden soll; weil ihre Lehren doch nicht für alle besondern Fälle ausreichen, indem die Erfahrung des Lebens zu mannichfaltig ist, um unter Regeln gebracht zu werden, und weil sie den Gewissenhaften zu sehr auf das Aeusserliche hinrichtet, ihm das Vertrauen zu seinem sittlichen Gefühl schwächt, und ihn unsicher und ängstlich macht. Ein Jeder suche die sittliche Gesinnung in sich zu beleben, zu läutern und immer mehr zu stärken; er lerne an der Hand der Klugheit das Leben und dessen verschiedene Verhältnisse kennen, theils im Großen und Allgemeinen, theils in seiner besondern persönlichen Stellung; mit klarem Auge blicke er in die Welt, und erkenne, was sie von ihm fodert; zugleich vernehme er jede auch die leiseste Stimme seines Gewissens, und gehorche ihm in dem, was es in jedem Augenblick gebietet: und so handle er; aber er sey unbekümmert um die besondern Fälle, in die ihn vielleicht noch das Schicksal bringen kann. Auch hier heißt es: Sorget nicht für den andern Morgen. Heute habe ich genug mit meinen Pflichten zu thun; alle meine Aufmerksamkeit ist nöthig, um der Gegenwart pflichtmäßig genug zu thun: warum soll ich in die ungewisse Zukunft blicken, und mich ängstlich auf dasjenige vorbereiten, was da kommen kann, vielleicht aber auch nicht kommt?

Zu dieser unnöthigen, ja schädlichen und verwirrenden casuistischen Ansicht des Lebens gehört auch die Frage über die Aufhebung der einen Pflicht durch die andere im Fall ihres Zusammenstoßes und Widerstreites oder ihrer Collision. Es ist gewöhnlich, in der Sittenlehre davon zu handeln; und da wir jetzt im Begriff stehen, die einzelnen Pflichten des Lebens der Betrachtung vorzuführen, und Viele von Ihnen vielleicht Aufklärung über diesen Punkt erwarten: so wollen wir wenigstens so viel darüber sagen, als nöthig ist, um uns von der Furcht vor dem Schreckbild solcher Fälle, in welchen der Mensch bey aller Gewissenhaftigkeit und allem guten Willen der Gefahr, Unrecht zu thun, kaum entgehen könne, zu befreyen.

Wir gehen dabey von dem Grundsatz aus, daß die Pflicht nur Eine ist, und alle Verschiedenheit nur in den äussern Verhältnissen liegt. Der Stamm der Pflichten theilt sich in zwey große Zweige: die Pflichten gegen Andere und die Pflichten gegen uns selbst; aber diese sind an sich eins. Im Nebenmenschen soll ich, wie in mir selbst, die Würde des Menschen achten; ihm, wie mir selbst, soll ich die Stelle in der sittlichen Gemeinschaft erhalten und behaupten, die er so gut, wie ich, einnimmt; ich soll ihn, wie mich selbst, als unter dem Schutze der sittlichen Gesetze stehend achten. Wie ist nun unter diesen beyden, in sich so einigen Pflichten ein Widerstreit denkbar? Wie ist es möglich, daß die eine die andere aufhebe? Die Würde des Menschen ist nur eine; achte ich sie im Nächsten, so achte ich sie auch in mir selbst; sind mir die Gesetze der sittlichen Ordnung in Beziehung auf ihn heilig, so sind sie es mir auch in Beziehung auf mich selbst. Es sey der Fall, daß ein Dritter übermüthig und frevelnd mir und meinem Nächsten entgegentritt, und unser beyderseitiges Recht angreift, oder unsere Ehre antastet: so wird mich eben sowohl die Pflicht gegen mich selbst als die gegen den Nächsten zum Kampfe rufen; es ist dieß nur die Eine Pflicht, für die Aufrechthaltung der sittlichen Ordnung zu streiten, welche hier sowohl in Beziehung auf mich selbst, als auf den Andern verletzt zu werden in Gefahr ist. Schon die Klugheit müßte mich auffodern, den Streit als einen gemeinschaftlichen zu führen; denn lasse ich meinen Nebenmenschen unterdrücken, so kommt dann auch die Reihe an mich, und mein Widerstand wird, vereinzelt, vielleicht fruchtlos seyn. Bin ich verhindert, den Streit gemeinschaftlich zu führen, hält mich der Widersacher durch einen überraschenden Angriff ab, dem Nächsten in der gleichen Noth beyzuspringen: so vertheidige ich mich allein, aber immer nur in derselben Gesinnung der Gerechtigkeitsliebe, welche, wenn es möglich wäre, das Recht des Andern eben so gut vertheidigen würde, als das meinige.

Aber, kann man sagen, eben gegen diesen Dritten wird doch die Pflicht gegen den Nächsten durch die Pflicht der Nothwehr aufgehoben. Ich soll jeden Menschen als Menschen achten, und dieser Dritte ist auch Mensch; wenn ich ihn nun als Feind bekämpfe, so wird ja die Pflicht gegen ihn durch eine andere aufgehoben. Keineswegs! diese Aufhebung der einen Pflicht ist nur scheinbar. Der Friedensstörer, der Gewaltthätige, ist freylich auch ein Mensch, insofern er ein menschliches Antlitz trägt, Vernunft und Willen hat, und eine Stelle in der sittlichen Gemeinschaft einnimmt; ich werde ihn auch insofern achten und lieben: aber insofern er mich in meinem Rechte und meiner Stelle als Glied der sittlichen Gemeinschaft stören will, tritt er mir ausser dem sittlichen Verhältniß entgegen, empört sich gegen die sittliche Ordnung, und kann daher auf die Pflicht, die ich gegen diese habe, zu seinen Gunsten keinen Anspruch machen, vielmehr ruft er diese Pflicht zum Widerstande gegen sich selbst auf. Allerdings wird dieser Widerstand immer von der Achtung, die er im Allgemeinen als Mensch von mir fodert, begleitet seyn müssen, und ich darf ihn nicht geradezu wie ein vernunftloses Thier, das mir schädlich entgegentritt, behandeln. Der Angriff, den er gegen mich thut, die Empörung gegen das anerkannte Recht, ist nur aus einer Verwirrung der Vernunft in ihm erklärbar; insofern tritt er mir als ein Unvernünftiger entgegen; aber die Vernunft ist in ihm nicht vernichtet, sondern nur gestört und verwirrt, und fodert immer meine Achtung; hat er sich auch für den Augenblick durch seine Handlungsweise aus der schuldlosen Opfers schreit um Rache, und bringt Verderben auf das Haupt derer, die es mit ungerechter Willkür Preis gegeben. Die Liebe hingegen, welche sich selbst zum Opfer für das Heil des Ganzen dargibt, erhebt die Gemüther, entflammt zur begeisterten Nacheiferung, knüpft das Band der Liebe und des Vertrauens fester. Ein Thron, der auf unschuldigem Blute ruht, kann nicht feststehen, und muß früher oder später fallen: und so hat alle Tyrannen die Rache erreicht, und ihre Kinder wenigstens haben die Schuld des Vaters gebüßt. Selbst wenn der Usurpator die Schuld, durch die er sich zum Herrscher aufgeschwungen, durch Gerechtigkeit und Milde auszutilgen bemüht ist, wie Pisistratus: so bleibt die Rache nicht aus. Pisistratus Söhne mußten mit Tod und Verbannung die Schuld des Vaters büßen. Ein Gemeinwesen hingegen, für welches sich Bürger aufgeopfert haben, für welches die edlen Söhne des Vaterlandes stets bereit sind, sich aufzuopfern, steht unerschütterlich fest, und wird so lange nicht wanken, als der Geist der Gerechtigkeit und Liebe in ihm herrschend ist.

Anders ist es mit den Todesstrafen, welche das Gericht über diejenigen verhängt, welche die Gesetze übertreten haben: dadurch wird keinesweges die eine Pflicht der andern aufgeopfert. Das ist ein falscher Grundsatz, nach welchem es unbedingt verboten seyn soll, das Leben eines Menschen anzutasten, selbst wenn es von Rechtswegen geschieht. Nicht das Leben ist Gegenstand der unbedingten Achtung, sondern die persönliche Würde und das Recht des Menschen. Bestehen die Gesetze, nach welchen dieses oder jedes Verbrechen den Tod verdient, so haben diejenigen, welche ein solches Verbrechen begehen, sich freywillig den Tod zugezogen, und vollzieht man an ihnen zu Gebote steht, zu waffnen habe. Kann ich ihm das Eisen, das er gegen mich zuckt, aus der Hand schlagen, und so mich schützen: so werde ich es thun, um ein Menschenleben, dem ich Achtung schuldig bin, nicht vergeblich aufzuopfern; aber ist dieses nicht möglich, muß er oder ich unterliegen: so muß er erliegen, falls ich ihn überwinden kann, weil er die zerstörende Naturkraft gegen sich hervorgerufen hat, da er mir nicht als Mensch dem Menschen im rechtlichen Verhältniß, sondern in gewaltthätiger Einwirkung entgegengetreten ist. Wollte ich mich der Nothwehr begeben, und als schuldloses Opfer fallen: so würde ich nicht nur in Beziehung auf mich selbst das Recht unterdrücken lassen, nicht nur die Pflicht gegen die Meinigen verletzen, denen ich den Versorger und Beschützer entzöge, nicht nur der sittlichen Welt meine vielleicht heilsame Wirksamkeit rauben, und mich mitten in der Laufbahn eines edlen Strebens unterbrechen lassen; sondern ich würde, wenn ich den Gewaltthätigen gewähren ließe, auch das Blut anderer Unschuldigen, das er noch vergießen könnte, auf mich laden, und die Gelegenheit versäumen, einen Störer der öffentlichen Ruhe aus dem Wege zu räumen.

Hier ist also in der That keine Aufhebung der einen Pflicht durch die andere, sondern die eine findet ihren Fall der Anwendung gar nicht, und tritt gar nicht ein. Derjenige, der mich auf jene Weise zur augenblicklichen, gewaltthätigen Nothwehr zwingt, ist, insofern er es thut, in der That mein Nächster nicht, und setzt mich ausser Stand, die Pflicht der Nächstenliebe auszuüben. Hingegen wird ausser und nach jenem Augenblick der drängenden Noth diese Pflicht sogleich eintreten. Habe ich den Räuber, der mich meuchlings anfiel, durch eine Wunde niedergestreckt: so werde ich, falls ich nicht die Rache seiner Genossen zu fürchten und meine Flucht zu beschleunigen habe, alles Mögliche anwenden, um ihn zu retten, ihn auf den Rücken nehmen und zur nächsten menschlichen Wohnung tragen, ihn der Pflege eines Arztes übergeben, die Rache des Gerichts gegen den verirrten und verwilderten Menschen zu mildern und ihn, wo möglich, der menschlichen Gesellschaft wieder zu gewinnen suchen.

Immer wird es freylich dem friedlichen, edlen Menschen schwer werden, und sein Herz verletzen, in einem Nebenmenschen den Menschen nicht anerkennen zu dürfen, und ihn als ein wildes Thier behandeln zu müssen; aber zum Glück sind solche Fälle äusserst selten, und Unzählige vollenden ihren Lebensweg, ohne daß ihnen etwas der Art begegnet. Nur als Krieger können Viele in eine ähnliche Lage kommen, indem sie gegen den Nebenmenschen in das Verhältniß der Gewaltthätigkeit und Nothwehr versetzt werden.

Wenn zwischen zwey Völkern ein Rechtspunkt streitig geworden, und die gepflogenen Unterhandlungen, so wie die Vermittelung unpartheyischer Nachbarn, zu keiner friedlichen Ausgleichung geführt haben: so greifen sie zu den Waffen, damit das Gottesurtheil des Krieges zwischen ihnen entscheide. Die Bürger des einen und andern Reiches sind durch ihre Bürgerpflicht gehalten, das Schwert für die Rechte des Vaterlandes zu führen, und so treten sie einander feindlich gegen über; wollten sie gegen einander die Pflicht der Menschenliebe üben, und einander nicht bekämpfen so würden sie ihre

Bürgerpflicht verletzen. Aber jene wird nicht etwa durch diese aufgehoben, sondern sie kommt gar nicht in Anwendung. Die Wechselwirkung der beyderseitigen Krieger ist nicht die sittliche des Friedens, der gegenseitigen Anerkennung der Menschenrechte, sondern die natürliche der Naturkraft gegen Naturkraft; sie stehen einander nicht als vernünftige Menschen gegen über, die sich neben einander als gleich und gleich anerkennen, sondern wie Schwert gegen Schwert, nur daß beyde ihre natürlichen Kräfte mit Klugheit gebrauchen und erhöhen. Wenn ich nicht Alles anwende, um dem Feinde Schaden zu thun, so erliege ich nicht nur selbst, sondern verrathe auch die Sache meiner Mitbürger; der Feind kann und will meine Friedensliebe nicht achten, sondern wird mich darum um so leichter zu Boden werfen. Könnte man den Krieg mit Maschinen führen, so wäre das Verhältniß rein ausgedrückt; denn der Krieger ist gewissermaßen Maschine, und es wird auch von ihm ein maschinenmäßiger Gehorsam gefodert. Nur da, wo dieses Naturverhältniß feindlicher Gewalt gegen Gewalt aufhört, oder dem vernünftigen Willen unterworfen ist, kann das sittliche Verhältniß eintreten. Gegen den verwundeten, entwaffneten, gefangenen Feind, gegen den wehrlosen Bürger des feindlichen Reichs soll ich die Pflicht der Menschenliebe üben; und es ist unsittliche Rohheit, auch da noch das Schwert zu führen. Der Feldherr, dem die Führung des Kriegs anvertraut ist, kann und soll den Kampf so lenken, daß vergebliches Blutvergießen erspart werde, und in jeder Hinsicht ist der Gewinn einer Schlacht durch überraschende Bewegungen schöner, als durch blutiges Gefecht. Die Regierungen der kriegführenden Staaten haben die Pflicht, dem mörderischen Streit so bald, als es nur die Ehre erlaubt, ein Ende zu machen; sie haben die Pflicht, weil sie die Macht und das Recht haben, was kein einzelner Bürger hat, und weil sie zu einander in einem unmittelbaren sittlichen Verhältnisse stehen, das nur vor der Hand gestört ist, aber wieder hergestellt werden soll, während die beyderseitigen einzelnen Bürger gegen einander an das Verhältniß ihrer Staaten gebunden sind.

In der friedlichen Gemeinschaft des Menschen mit seinem Nächsten kann die Pflicht gegen sich selbst mit der Nächstenpflicht niemals in Widerstreit gerathen. Ich darf keinen, auch nicht den größten Vortheil für mich auf Kosten meines Nebenmenschen zu erlangen suchen; es gibt keinen Zweck, dessen Erreichung für mich erlaubt wäre, wenn demselben das Recht des Nebenmenschen als Opfer fallen müßte. Ich darf nichts mehr lieben und höher setzen, als die Gerechtigkeit; und nichts kann mir als ein sittliches Gut gelten, wodurch meine sittliche Würde gebeugt und mein Gewissen verletzt würde. Jene wird aber gebeugt und dieses verletzt, wenn ich das Recht des Andern aufopfere. Die Ehre soll uns über Alles theuer seyn; aber es gibt keinen Fall, wo wir sie auf Kosten der Gerechtigkeit zu schützen hätten; denn die wahre innere Ehre ist mit der Gerechtigkeitsliebe eins, und die äussere Unehre, bürgerliche Schmach und Verachtung, kann ich im Gefühl meiner Unschuld ertragen. Handelte es sich aber gar nur darum, eine äussere Ehre zu erlangen, nicht eine Schmach zu vermeiden: wie dürften wir da die Gerechtigkeit und mithin die innere Ehre, zum Opfer bringen? Könntest du den größten Thron der Welt ersteigen, fühltest du die

Kraft und den Muth in dir, Millionen zu beherrschen und zu beglücken, schmeicheltest du dir mit der Hoffnung, ein goldenes Zeitalter herbeyzuführen; du müßtest aber von der Stufe, die zum Throne hinaufführt, ein schlummerndes Kind, den Erben des Reiches, hinabstoßen: sprich, wolltest du wohl den Fuß aufheben, und den leichten Tritt versuchen? Das Kind weiß ja nicht, was es verliert; und stürzt es auch zerschmettert herab, so fühlt es nicht den Schmerz des Todes. Es ist die Frage, ob es einst den Thron seiner Väter mit Ehren einnehmen wird; und ehe es heranwächst, kann unter der Vormundschaft manches Unheil geschehen, manches Gute unterlassen werden. Also frisch hinan! Dich ruft der Muth, dich treiben die Freunde, dir lächelt der Augenblick. Du zauderst, du kehrst dich um? was ist es doch, was dich abhält, den höchsten Gipfel äusserer Ehre zu ersteigen? Es ist das wahre Ehrgefühl, die heilige Scheu vor der Gerechtigkeit. Triumph! du hast den größten Sieg erfochten, die schönste Königskrone dir aufs Haupt gesetzt! dich verlassen die ehrgeizigen Freunde, aber um dich sammeln sich alle Edlen, und verehren in dir die Stütze des Rechts; der Parthengeist wird durch deine Mäßigung bezähmt, der Friede erhalten, der wankende Thron gestützt, und du hast deinem Volke mehr geleistet, als durch eine lange, glorreiche Regierung. Der Weg, der über das Recht des Nebenmenschen führt, kann nicht zum Ruhm, nicht zum Wohlthun, sondern nur zur Schande und zu neuen Ungerechtigkeiten führen; aus dem Bösen kann nichts Gutes kommen.

Das Leben ist das höchste irdische Gut, und die Erhaltung desselben ist eine natürliche Pflicht, welche einem

Jeden durch den Trieb unmittelbar kund wird: darf ich nun nicht eine Lebensgefahr von mir abwenden, so daß ich sie auf meinen Nächsten lenke? Es reitet ein Feldherr in der Schlacht einen Schimmel, wodurch er den Feinden kenntlich wird, und ihr Feuer auf sich lenkt. Sein Stallmeister erbietet sich, mit ihm die Pferde zu tauschen, und jener nimmt es an. Thut er daran Recht? Eine der nächsten Kugeln trifft den großmüthigen Diener, und er wird durch dessen Aufopferung gerettet. Doch ist dieser Fall nicht ganz passend, weil hier der Zufall sein Spiel hat, und der Eine sich freywillig der Gefahr darbietet. Beyde waren dem feindlichen Feuer ausgesetzt, und der Eine konnte so gut, wie der Andere getroffen werden: es handelte sich bloß um eine Wahrscheinlichkeit, und der edle Diener setzte sein Leben auf das gefährlichere Spiel. Aber wüßte ich gewiß, daß der Andere der Gefahr, der ich ihn statt meiner bloß stellte, unterliegen würde, und geschähe noch dazu der Tausch ohne und wider seinen Willen: so dürfte ich dieses Mittel der Rettung nicht wählen. Das Schild darf ich nehmen und dem durchbohrenden Speere entgegenhalten, um meine Brust davor zu sichern; ich darf dem mich verfolgenden blutgierigen Tiger ein Thier zum Fraß hinwerfen, um mich vor seinem Anfall zu sichern; nicht aber darf ich meinen Nebenmenschen als ein Mittel meiner Rettung gebrauchen. Denn der Mensch soll nie Mittel seyn. Hat mich das Schicksal zum Opfer erwählt, so geschehe sein Wille; sollen meine Kinder Waisen werden, so empfehle ich sie der Obhut des Himmels und der Fürsorge guter Menschen. Wie könnte ich mein Leben mit einer Blutschuld erkaufen? denn eine solche würde ich auf mich laden, wenn ich meinen Nebenmenschen für mich aufopferte. Würde ich meinen Kindern den Vater erhalten haben, wenn ich mit beflecktem Gewissen zu ihnen zurückkehrte? Nein! das reine Andenken des Vaters ist ihnen mehr, als sein so erkauftes Leben.

Man hat, um die Pflicht der Selbsterhaltung mit der Pflicht gegen den Nächsten in entschiedenen Widerstreit zu bringen, folgenden Fall ersonnen. Zwey Schiffbrüchige retten sich auf einem und demselben Brete; aber es ist zu schwach, um sie beyde zu tragen: entweder müssen Beyde untergehen, oder es darf nur Einer darauf bleiben. Auf den ersten Anblick scheint allerdings die Pflicht der Selbsterhaltung mit der Nächstenpflicht in diesem Falle im Gleichgewicht zu stehen. Zwey Menschenleben sind in Gefahr, welche beyde dieselbe Achtung fodern; mir selber bin ich die Rettung schuldig, aber auch das Leben des Andern muß mir heilig seyn: wie soll ich nun in dieser Lage, wo gleichsam das Zünglein der Wage inne steht, zu einer Entscheidung kommen? Das einfachste wäre, sich gar nicht zu entscheiden: ohnehin würde es immer, wenn der Fall wirklich vorkäme, zweifelhaft seyn, ob nicht beyde zugleich gerettet werden könnten; wenigstens würde die Entscheidung darüber die wichtigste Vorfrage seyn, und ehe der Eine oder der Andere darüber mit sich ins Reine käme, würden die Wogen sie beyde verschlungen haben. Aber angenommen, die klar erkannte Nothwendigkeit foderte, daß der Eine oder der Andere das Bret verließe, so findet, genau betrachtet, kein reiner Widerstreit der Pflichten Statt. Die Pflicht der Selbsterhaltung ist nicht unbedingt, sondern auf gerechte und ehrliche Mittel eingeschränkt; ich darf mein

Leben durch kein Verbrechen retten, nicht mit dem Preis eines andern Menschenlebens erkaufen: wollte ich aber den Andern vom Bret hinabstoßen, so thäte ich ihm Gewalt an. Nur wenn er zuerst den Angriff auf mich thäte, könnte ich mich wehren, und ihn hinabstoßen; denn in diesem Falle hätte er das Recht der Achtung und Schonung verwirkt, und wäre mir als Feind entgegengetreten. Sein Leben darf ich nicht willkürlich opfern; aber das meine kann ich ihm zum Opfer bringen, weil ich darüber Herr bin. Dadurch wird jenes scheinbare Gleichgewicht ganz aufgehoben; es stehen zwar zwey Leben auf dem Spiele; aber Keiner von Beyden hat über das eine so gut, wie über das andere, sondern nur über seines zu schalten. Nur kann es Niemanden zur Pflicht gemacht werden, sein Leben für den Andern hinzugeben; aber edel ist es, solches zu thun, und wenn nicht das Pflichtgefühl dazu antreiben kann, so wird es die Liebe thun. Fassen wir den Fall so, daß ein Sohn mit seinem Vater, ein Schüler mit seinem Lehrer, ein Freund mit seinem Freunde das unglückliche Bret theilt: so wird der Sohn, der Schüler, der Freund, sich selbst und die Selbsterhaltungspflicht vergessend, sich in die Wogen stürzen, um dem Andern, den er mehr als sich selbst liebt, das Leben zu erhalten. So bietet uns der ängstliche Fall, der unser Gefühl auf eine peinliche Probe stellt, das erhebende Bild edler Selbstaufopferung dar, und bey diesem wollen wir stehen bleiben. Man sollte das sittliche Gefühl nicht durch die Betrachtung solcher Fälle quälen und foltern, und wir hätten diese Untersuchung lieber unterlassen, wenn nicht der Fall zu bekannt wäre, um nicht den Sittenlehrer zu einer Entscheidung zu veranlassen.

Wir haben gezeigt, daß die Pflicht gegen uns selbst nie in Widerstreit treten kann mit der Pflicht gegen den Nächsten; vielleicht aber hat ein solcher Widerstreit Statt zwischen den verschiedenen Pflichten gegen die Nebenmenschen unter einander? Vielleicht muß die Pflicht gegen einen Einzelnen der Pflicht gegen Alle, gegen das Vaterland, weichen? Wenn das Wohl des Ganzen nicht anders als durch das Opfer eines Mitbürgers begründet werden kann: hat dann die Regierung nicht das Recht, einen solchen aufzuopfern? Ist das Ganze nicht mehr, als dessen Theil? Ist das Wohl und Leben von Millionen nicht mehr werth, als das Leben und Glück eines Einzelnen? Mag der Eine bluten, mögen seine Waisen um ihn weinen; man kann sie versorgen, und ihr Jammer wird übertönt durch den Jubel der geretteten und beglückten Menge. So urtheilt der Mensch, der nicht in den Geist der sittlichen Welt eingeweihet ist. Der Hirt darf ein Schaf dem Wolfe hinwerfen, um die ganze Heerde zu retten, weil hier ein kleiner Verlust gegen den größern gar nicht in Betracht kommt, weil hier gerechnet und gewogen werden darf. Aber nicht so in der sittlichen Welt. Hier gilt Eine Seele so viel, als Millionen, und fodert dieselbe Achtung und Sorge, wie das Wohl des Ganzen. Denn der Werth des Menschen ist unvergleichbar, unbedingt und einzig, und läßt sich nicht an andere Werthe anreihen, um durch Zusammenzählen eine größere Summe herzustellen. Wer eine Perlenschnur besitzt, opfert vielleicht gern ein Stück, und wäre es eine Zahlperle, auf, um das Ganze zu behalten, das dann noch immer einen wenn auch etwas verminderten Werth behauptet; aber die sittliche Gemeinschaft ist eine Perlenschnur, welche, wenn eine Perle herausgerissen wird, sich auflöst und auseinander fällt. Machthaber, welche den Staat nur mit sinnlichem Auge ansehen, dessen Wohl und Sicherheit auf den äussern Grundlagen der Macht, der Furcht und Ruhe begründet glauben, und dessen Bestehen nur durch sinnliche Kräfte, nicht durch die der Gerechtigkeit, zu sichern suchen, urtheilen so, daß sie das Wohl des Ganzen nicht zu theuer durch das Opfer eines einzelnen Rechtes zu erkaufen glauben. Das ist die Staatsklugheit des Kaiaphas, welcher zum Tode Jesu durch einen Gerechtigkeitsmord rieth, damit nicht durch ihn Aufruhr entstünde, und die Römer dann kämen, und das Land sich unterwürfen. „Es ist uns besser," sagte er, „Ein Mensch sterbe für das Volk, denn daß das ganze Volk verderbe." Ja, wäre Christus ein Aufrührer gewesen, so hätte er den Tod verdient gehabt; aber ihn unschuldig hinzurichten, um der Möglichkeit eines Aufruhrs vorzubeugen, konnte nur eine teuflische Klugheit rathen. So verletzte Napoleon das heilige Recht des Gebiets eines friedlichen Nachbarstaates, ließ den Herzog von Enghien aufheben, von einem Blutgericht verdammen und schleunig hinrichten, weil er der Sicherheit seiner Herrschaft Alles, selbst ein Opfer der Gerechtigkeit, schuldig zu seyn glaubte. Der Fehler dieser unseligen Ansicht liegt im Mangel der Liebe und des Vertrauens zu der sittlichen Kraft. Der Staat ist kein Gebäude aus Holz und Steinen zusammengesetzt, das nur durch die physische Kraft der Schwere und Anziehung zusammenhält, sondern ein lebendiger Gliedbau, dessen Mark und Lebensgeist die Kraft der Liebe und Gerechtigkeit ist, und der aus einander fällt, wenn diese Kraft verletzt und aufgelöst wird. Das kleinste

Opfer der Gerechtigkeit ist dem größten gleich; es ist der Geist der Feigheit, der Selbstsucht, der Ungerechtigkeit, der das eine, wie das andere, bewilligt, und vom Kleinen zum Großen fortschreitet. Eine auch die kleinste Handlung der Ungerechtigkeit ist wie ein Tropfen tödlichen Gifts, der in das gesunde Blut des sittlichen Lebens eingedrungen, langsam vielleicht, aber mit sicherer Wirkung, den Tod herbeyführt. Eine Handlung der Ungerechtigkeit zieht tausend nach sich, so wie der Lügner durch eine Lüge sich in unzählige andere verwickelt; das Gebäude, einmal wankend gemacht, verlangt eine Stütze nach der andern, und in der Noth greift man dann nach jedem Mittel; man zieht hier eine Säule weg, um dort zu stützen, und zerstört hier, um dort für den Augenblick zu helfen. Die verderbliche Wirkung einer solchen teuflischen Staatsklugheit zeigt sich darin, daß dadurch das Vertrauen des Volks zur Regierung untergraben wird. Kann man eine Regierung lieben, welche, wie eine Medea, ihre Kinder opfert, und die Glieder derselben dem verfolgenden Feinde hinwirft, um ihn aufzuhalten? Kann man sich unter dem Felsen sicher und heimlich fühlen, der überhangend in jedem Augenblick den Einsturz drohet, um diejenigen, die unter seinem Schatten ruhen, zu begraben? Aber die Liebe und das Vertrauen des Volks erhält allein die Staaten; das ist die Kraft, aus welcher die großen Thaten der Aufopferung und des Heldenmuthes hervorgehen. Es ist wahr, Opfer müssen seyn; in dieser Welt des Kampfes muß Blut fließen, um den Frieden zu erkaufen. Aber die Opfer sollen freywillig seyn, um wahrhaft zu versöhnen. Der Mensch, als freyes Wesen, darf nicht von Andern, sondern nur von sich selbst geopfert werden. Das Blut des schuldlosen Opfers schreit um Rache, und bringt Verderben auf das Haupt derer, die es mit ungerechter Willkür Preis gegeben. Die Liebe hingegen, welche sich selbst zum Opfer für das Heil des Ganzen dargibt, erhebt die Gemüther, entflammt zur begeisterten Nacheiferung, knüpft das Band der Liebe und des Vertrauens fester. Ein Thron, der auf unschuldigem Blute ruht, kann nicht feststehen, und muß früher oder später fallen: und so hat alle Tyrannen die Rache erreicht, und ihre Kinder wenigstens haben die Schuld des Vaters gebüßt. Selbst wenn der Usurpator die Schuld, durch die er sich zum Herrscher aufgeschwungen, durch Gerechtigkeit und Milde auszutilgen bemüht ist, wie Pisistratus: so bleibt die Rache nicht aus. Pisistratus Söhne mußten mit Tod und Verbannung die Schuld des Vaters büßen. Ein Gemeinwesen hingegen, für welches sich Bürger aufgeopfert haben, für welches die edlen Söhne des Vaterlandes stets bereit sind, sich aufzuopfern, steht unerschütterlich fest, und wird so lange nicht wanken, als der Geist der Gerechtigkeit und Liebe in ihm herrschend ist.

Anders ist es mit den Todesstrafen, welche das Gericht über diejenigen verhängt, welche die Gesetze übertreten haben: dadurch wird keinesweges die eine Pflicht der andern aufgeopfert. Das ist ein falscher Grundsatz, nach welchem es unbedingt verboten seyn soll, das Leben eines Menschen anzutasten, selbst wenn es von Rechtswegen geschieht. Nicht das Leben ist Gegenstand der unbedingten Achtung, sondern die persönliche Würde und das Recht des Menschen. Bestehen die Gesetze, nach welchen dieses oder jedes Verbrechen den Tod verdient, so haben diejenigen, welche ein solches Verbrechen begehen, sich freywillig den Tod zugezogen, und vollzieht man an ihnen die Strafe, so geschieht ihnen ihr Recht. Hier handelt nicht die Willkür und anmaßliche Selbstsucht, sondern das Gesetz macht sich in seiner Nothwendigkeit geltend. Selten auch, daß die schuldigen Verbrecher ihren Tod nicht gerecht finden, und sich dadurch in ihrem sittlichen Gefühl beleidigt fühlen; vielmehr wenn das Gewissen aus der Verblendung und Betäubung der Leidenschaft, in welcher sie das Verbrechen begangen haben, erwacht ist, finden sie eine Beruhigung und Versöhnung in der Todesstrafe, mithin ein höheres Bewußtseyn ihrer sittlichen Würde; ja, in diesem Gefühl haben sich Manche freywillig der Rache des Gerichts gestellt. Wenn es aber unter Voraussetzung der bestehenden Strafgesetze gerecht ist, die Todesstrafe an Verbrechern zu vollziehen: so fragt sich, ob es gerecht sey, solche Gesetze zu geben, und aus welchem Grundsatz es gerecht sey? Weder aus dem Grundsatz der Sorge für die öffentliche Sicherheit, noch aus dem der Abschreckung läßt sich die Gerechtigkeit der Todesstrafe ableiten; denn nach beyden Grundsätzen wird der Mensch nicht als vernünftiges Wesen behandelt. Damit die Andern ruhig leben können, sollen die der Ruhe gefährlichen Menschen ausgerottet werden? Das ist gerade so, wie wenn man den Wolf erschlägt, damit er nicht in die Heerde einbreche; oder wie wenn man im Fall der dringendsten Nothwehr einen Räuber tödtet, den man in diesem Augenblick auch nur als ein unvernünftiges Thier betrachtet. Eine solche Strafgerechtigkeit aus bloßer Nothwehr trüge nicht das Gepräge vernünftiger Besonnenheit. Tödtet man den Verbrecher, bloß um Andere von dem, was er gethan, abzuschrecken: so macht man ihn zum Mittel für einen Zweck, der zwar sittlicher

Art und billigenswerth ist, aber doch nicht auf diese Weise erreicht werden darf, daß man einen Menschen, tödtet, ohne daß er zu sterben verdient hat. Sagt man, der Verbrecher hat den Tod verdient dadurch, daß er das Strafgesetz gekannt hat: so dreht man sich in einem Zirkel herum; denn es fragt sich eben, ob man solche Gesetze geben darf, welche den Tod als Strafe drohen. Der einzig gerechte Grundsatz der Todesstrafe ist der der Vergeltung oder Wechselwirkung. Wie man jedes dem Nebenmenschen zugefügte Unrecht zu vergüten, jeden Schaden zu ersetzen hat: so verlangt auch der Staat für die gegen seine Gesetze geübten Frevel Genugthuung. Diese Genugthuung aber darf er für gewisse Verbrechen in Blut fodern, für diejenigen nämlich, welche die rechtliche Ordnung in ihren Grundvesten antasten. Die Sicherung vor gewaltthätigen Eingriffen in den Besitz, vor mörderischen Anfällen, ist die erste Grundbedingung der sittlichen Gemeinschaft; wer sich nun solche Gewaltthätigkeiten erlaubt, empört sich geradezu gegen alle bürgerliche Ordnung und muß dafür die schwerste Buße bezahlen. Nun gibt es kein höheres irdisches Gut, als das Leben: mithin straft der Staat solche Verbrecher mit dem Tode. Ist das Verbrechen ein Mord, so ist die Strafe ohnehin durch das Vergeltungsrecht bestimmt; denn jenes Gesetz: wer Menschenblut vergießt, deß Blut soll wieder vergossen werden, ist tief aus dem menschlichen Gefühl geschöpft. Durch diese geleistete Genugthuung wird nun der Verbrecher nicht nur nicht sittlich verletzt und gebeugt, sondern vielmehr erhoben; indem er nämlich die Schuld der Vergeltung bezahlt, tritt er, obschon aus dem Kreise der Lebendigen ausgerottet, wieder in die sittliche Gemeinschaft, aus welcher er sich ausgeschieden hatte, ein, und fühlt sich mit der Welt versöhnt: und in diesem meist wohlthätigen Eindruck, den die Todesstrafe auf die Verbrecher macht, liegt ein überzeugender Beweis der Rechtmäßigkeit derselben.

Aber in gewissen blutigen Thaten, welche die Geschichte rühmt, und die auch bey uns fast allgemeine Billigung und Bewunderung finden, scheint doch eine niedere Pflicht einer höheren aufgeopfert zu seyn; und wenn wir sie billigen und bewundern, so scheinen wir auch eine solche Hintansetzung der einen Pflicht gegen die andere zu billigen. Ich meine die Thaten der Rache an Tyrannen und gemeinverderblichen Menschen. Die heil. Schrift selbst erzählt und billigt solche Thaten. Gott erweckte in Ehud dem unterdrückten Volk Israel einen Heiland, der erschlug den Moabiter König Eglon meuchlings, und befreyte Israel von dessen Tyranney. Pinehas, Aarons Enkel, ergrimmte über den Frevel, den ein Israelit mit einem fremden, götzendienerischen Weibe trieb, und ergriff den Spieß und durchstach beyde auf der Stelle. Dafür wurde ihm die göttliche Billigung und die Verheißung des ewigen Priesterthums in seiner Nachkommenschaft. Aristogiton und Hermodius tödteten Hipparchus, den einen Erben des Pisistratus in der Alleinherrschaft von Athen, und wurden in den Liedern der Dichter als die Wiederhersteller der Freyheit gepriesen. Marcus Brutus verschwor sich gegen das Leben Cäsars, welchem er kindliche Liebe und Dankbarkeit schuldig war, um Roms Freyheit zu retten; und er steht groß da in der Geschichte. Wilhelm Tell erschoß den übermüthigen Landvogt Geßler, und lebt im dankbaren Andenken seines Volkes. Charlotte Corday ermordete den scheußlichen Marat, und wer hat Jean Pauls begeisterte Ehrenrettung dieser Heldin ohne Rührung gelesen? Alle diese Thaten geschahen gegen das Gesetz: du sollst nicht tödten, und die Pflicht gegen den Einzelnen wurde, wie es scheint, einer höheren Pflicht nachgesetzt. Wir wollen alle diese Handlungen prüfen, ob sie die Billigung des Sittenlehrers verdienen, und die Beweggründe derselben beleuchten.

Was die Beyspiele aus der heil. Schrift betrifft, so gehören sie der Geschichte der Hebräer und deren roher Sittlichkeit an. Das göttliche Gesetz sah ihrer Herzenshärtigkeit Manches nach, und ließ sogar die Blutrache bestehen, vermöge deren der Verwandte das Blut des erschlagenen Verwandten mit eigener Hand rächen durfte, und milderte diesen barbarischen Gebrauch nur einiger Maßen. Ehud mordete den Feind seines Volkes meuchlings, da er ihn nicht in offener Feldschlacht überwinden konnte; diese That, welche immer roh und hart bleibt, gehört also dem Kriegszustand zwischen Volk und Volk an, und im Kriege ist leider der sittliche Verkehr unterbrochen. Die That des Pinehas ist ein Werk des Eifers, der die dem ordentlichen Gericht gehörende Ausübung der öffentlichen Strafzucht an sich riß, und auf der Stelle vollzog. Jener Israelit verdiente allerdings den Tod, aber er hätte ihn von dem öffentlichen Gericht, nicht von der Willkür eines Einzelnen empfangen sollen. Aber Pinehas wurde für diese That belohnt; denn damals befand sich das Volk Israel in einem Zustand der sittlichen Verwilderung, die Gesetze hatten noch nicht ihre volle Kraft, und es war eine Art von innerm Kriegszustand, in welchem der gute Eifer des Einzelnen gewissermaßen das

Recht der Nothwehr hatte. Wäre die That des Aristogiton und Hermodius von persönlicher Rachsucht frey, und rein aus Vaterlandsliebe geschehen: so würde man sie in demselben Lichte zu betrachten haben. Pisistratus hatte die Athenienser ihrer Freyheit beraubt, und sich durch Gewalt und Blutvergießen die Alleinherrschaft angemaßt: er war mithin ein Verbrecher gegen die Volksfreyheit, und des Todes schuldig. Seine Söhne folgten ihm in der angemaßten Gewalt, und theilten seine Schuld. Nun aber gab es kein Gericht, vor welches man die Tyrannen stellen konnte; das unterdrückte Rechtsgefühl des Volks hatte weder Sprache noch Schutzmittel: mithin übten die Mörder des Hipparchus gewissermaßen die öffentliche Strafgerechtigkeit aus, obschon sie keinen andern Beruf als den des Rachgefühls in ihrer Brust hatten. Brutus That läßt sich eben so betrachten, obschon an ihr ein Flecken haftet, welcher durch allen Glanz seines Charakters nicht bedeckt wird. Als Cäsar den Marcus Brutus, seinen Freund und Liebling, den er wie seinen Sohn liebte, unter den Verschwornen sah, rief er: „Auch du, mein Sohn?" und gab sich, in seine Toga gehüllt, ruhig den Dolchen Preis, gegen die er sich noch vertheidigt hatte. „Auch du, mein Sohn?" Diese Stimme hallt in jeder gefühlvollen Brust wieder; diese Verletzung des innigsten Vertrauens, deren sich Brutus schuldig machte, verletzt jedes sittliche Gefühl. In dieser That ist kein vollkommner sittlicher Einklang, wie denn auch Brutus lange geschwankt hatte, ehe er sich an die Verschwornen anschloß. Cäsar war nach der Ansicht eines republikanischen Römers Räuber der öffentlichen Freyheit und der größte aller Verbrecher; über ihn, den Mächtigen, sprach kein öffentliches Gericht: es konnten sich also die Verschwornen für berufen halten, den rächenden Dolch zu schwingen; in ihrem stolzen, freyheitliebenden Gemüth wenigstens konnte diese blutige That vollkommen sittlich begründet seyn: aber Brutus? — beklagen wir wenigstens den Edlen, daß ihn das Schicksal zwischen der Freundschaft und der Freyheitsliebe zu wählen zwang, und wenden wir uns von einer That ab, welche kein rein sittliches Wohlgefallen verdient. Wilhelm Tell handelte aus Nothwehr; und wenn das Volk seine That billigte, so geschah es nur, weil die öffentliche Gerechtigkeit in seiner Hand ein Werkzeug gefunden hatte; denn Geßler hatte die gerechte Rache des Volks auf sich geladen. In Charlotte Corday ist die Gesinnung, wenigstens so wie sie jener gefühlvolle Dichter zeichnet, untadelhaft, und ihr großes Herz fodert unsere innigste Theilnahme; die Zeit, in welcher sie sich das öffentliche Rächeramt anmaßte, war eine Zeit der Anarchie; die Regierung, wenn es eine solche gab, anstatt die Gerechtigkeit zu verwalten, war das bluttriefende Werkzeug der entfesselten Volkswuth geworden, und Marat, einer der scheuslichsten Volksaufwiegler und Bluthunde, hatte den Tod im Urtheil jedes Gerechten verdient: wenn ihn nun Charlotte opferte, so that sie nichts, als was der bessere Theil des Volks billigte.

Wir haben also gefunden, daß wenn dergleichen ausserordentliche Thaten Billigung erhalten haben und noch erhalten, der Grund dieses Beyfalls darin liegt, daß die Gegenstände solcher Rache den Tod verdient hatten, und es nur an einem Richter für sie fehlte. Es findet also hierbey nicht die Aufhebung der einen Pflicht, der Achtung vor dem Menschenleben, durch die andere, die Sorge für das Gemeinwohl, Statt; die Getödteten fielen nicht als unschuldige Opfer, welche die frevelnde Willkür auswählte; sie wurden nicht als Mittel gemißbraucht, wie man Menschen nie brauchen soll; sondern sie hatten als Empörer gegen die sittliche Ordnung, als Räuber der Freyheit, als Knechte des Zwingherrnthums und der Zügellosigkeit, die öffentliche Rache gegen sich aufgerufen, ihre Stelle in der sittlichen Gemeinschaft verwirkt und den Tod verdient.

Aber solche Handlungen haben doch meistens, neben der Billigung des einen Theils, den Widerspruch des andern Theils erfahren, und der Erfolg entscheidet gewöhnlich darüber, ob die billigende Stimme oder die tadelnde das Uebergewicht erhält. Wäre durch die Ermordung des Hipparchus nicht die Volksfreyheit in Athen gegründet worden, so stünden die so gepriesenen Freunde, Aristogiton und Hermodius, als gemeine Mörder gebrandmarkt da. Die Ermordung Geßlers hat nur durch den Sieg der Freyheit in den Thälern der Alpen ihre Rechtfertigung und ihren Glanz erhalten; hätte Oesterreich gesiegt, so wäre Wilhelm Tells Name nicht mit Ehren der Nachwelt überliefert worden. Cäsars Ermordung hat wegen ihrer unseligen Folgen keine allgemeine Billigung erhalten, Antonius wußte das Volk dagegen einzunehmen, und das Urtheil der Geschichte schwankt darüber. Was Charlotte Corday gethan, ist spurlos im Gedräng gewaltiger Bewegungen verschwunden, und nicht nur jacobinische Partheysucht, sondern auch die Freunde ruhiger Gesetzlichkeit haben sie verdammt. Wie darf aber der Erfolg über den Werth einer Handlung entscheiden, und darf der Sittenlehrer auf die Seite einer Parthey treten?

Der Erfolg entscheidet über solche Handlungen dadurch, daß er das Urtheil über die Strafbarkeit der Getödteten im Volke feststellt, und die Rechtmäßigkeit der an ihnen geübten Strafe zur Anerkennung bringt. Hipparchus und Hippias erschienen in den Augen der Freunde der Volksfreyheit strafbar; hätte aber nicht diese, sondern die Alleinherrschaft gesiegt, so wäre jenes Urtheil nicht im Volke herrschend geworden, sondern das entgegengesetzte, daß ein sonst milder Herrscher frevelhaft umgebracht worden sey. Geßlers Strafbarkeit kam ebenfalls nur durch den Sieg der Freyheit zur öffentlichen Anerkennung. Hingegen konnte das Urtheil der Freunde der römischen Freyheit über Cäsars Schuld darum nicht herrschend werden, weil ihre Sache unterlag und vielleicht überhaupt des Sieges nicht werth war, indem sie keine allgemeine Unterstützung beym Volke fand, und die Zeit der Freyheit vorüber war. Aus demselben Grunde hat die That der Charlotte Corday keine allgemeine Anerkennung gefunden; denn wird auch Marat allgemein verabscheut, so war doch durch seine Ausrottung der Herrschaft der Blutmenschen kein Ende gemacht, und der Republikanismus der Girondisten, von welchem die Mörderin begeistert war, konnte nicht zur Sache des Volks werden.

Die Mißbilligung aber, welcher solche Thaten ausgesetzt sind, hat noch einen andern Grund. Die Vollziehung des Todesurtheils geschieht dabey willkürlich, ohne eine andere als die selbstgegebene Vollmacht, und mit Unterbrechung der gewöhnlichen rechtlichen Ordnung, indem Einzelne dasjenige thun, was nur das von Allen anerkannte Gericht thun sollte, und indem sie den Frieden brechen, in welchem sich Alle unter dem Schutze der Gesetze für sicher halten. Da nun jeder Einzelne diesem Frieden heilige Achtung schuldig ist, da alle rechtliche Ordnung nur durch diese Achtung besteht: so kann man sagen, daß solche Thaten nicht ohne eine gewisse Pflichtverletzung geschehen. Wenn der Gerechte den Frieden stört und die Waffen ergreift, um einen Strafbaren auszurotten: so kann ja dasselbe auch der Ungerechte thun, und den Unschuldigen morden; die Losung des Kriegs ist gegeben, und es entscheidet nur die Gewalt der Waffen, wo die Stimme der Vernunft entscheiden sollte. Nun kann allerdings im Gewissen dessen, der aus gerechtem Zorneifer handelt, die Pflicht der Achtung der öffentlichen Rechtsordnung ganz verstummen, wenn diese nämlich dergestalt verwirrt und verkehrt ist, daß sie ihrem Zwecke nicht mehr entspricht. Eine Rechtsordnung, welche das größte Unrecht, die Quelle unzählicher Ungerechtigkeiten, die Unterdrückung der Freyheit, die Ausübung frevelhafter Willkür, ungestraft läßt, oder wohl gar begünstigt, ist keine Rechtsordnung, und wer sie über den Haufen stößt, frevelt nicht gegen das Recht an sich, sondern vernichtet nur eine unnütze und schädliche Form desselben. Solche Thaten geschehen auch gewöhnlich in Zeiten politischer Umkehrung und Zügellosigkeit, wo die alten heiligen Ordnungen schon erschüttert und eingerissen und die Gesetze ohne Kraft sind; und diejenigen, welche sie vollbringen, werfen sich zu Stiftern einer neuen Ordnung auf. Aber ihre Willkür verletzt immer einen Theil des Volkes, das mit Recht jede wenn auch noch so unvollkommne Rechtsordnung und jeden Schatten des öffentlichen Friedens achtet und ehrt. Ist nun vollends das Urtheil über die Strafbarkeit der Gefallenen nicht im Volke entschieden, und bildet sich nicht in Folge ihres Falles eine neue wohlthätige Rechtsordnung; siegt vielmehr die alte, und treten, was dann gewöhnlich der Fall ist, die Gegenwirkungen der Rache ein: so bleibt der Friedensbruch ein Friedensbruch, die der öffentlichen Friedensliebe geschlagene Wunde entbehrt des heilenden Balsams, und die willkürliche That, vom allgemeinen Urtheil verlassen, empfängt das Brandmal einer frevelhaften, empörerischen Willkür.

Endlich bieten die meisten solcher Thaten noch eine Seite dar, von welcher sie das sittliche Gefühl schmerzlich verletzen. Das öffentliche Gericht, mit der Macht des ganzen Staats bewaffnet, vollzieht seinen Spruch an den Schuldigen mit offener Gradheit; diese wissen, daß und warum sie den Tod leiden. Hingegen diejenigen, welche sich das Richteramt anmaßen, müssen sich gewöhnlich mit der Hinterlist waffnen, um zu ihrem Zwecke zu gelangen, weil sie einzeln stehen, und nicht mit entschiedener Uebermacht offen handeln können. Hinterlist aber täuscht das Vertrauen, und braucht das Mittel des Sprachverkehrs, in welchem die Wahrhaftigkeit herrschen, welcher zur Erhaltung des Friedens dienen soll, lügenhaft zu einem Zweck des Krieges. Ehud hatte mit andern Abgeordneten des Volks dem König Eglon Geschenke, mithin den Beweis der Huldigung und des Gehorsams, gebracht. Er ging mit den Andern fort, und kehrte dann zurück, und bat den König um eine geheime Unterredung, indem er ihm etwas zu sagen habe.

Dieser empfing ihn voll Vertrauen, und erwartete nichts weniger, als den Todesstreich. Wer fühlt sich dadurch nicht verletzt? Ehud behandelte den König, den er allerdings als den Feind seines Volkes hassen mußte, wie man einen Freund oder doch einen friedlichen Nebenmenschen behandelt, indem er sich ihm vertraulich näherte; und nachher behandelte er ihn, wie man ein Thier behandelt, das man schonungslos niederstößt. Hipparchus wurde bey einem öffentlichen Feste, unter dem Schutze des öffentlichen Vertrauens, ermordet. Charlotte Corday näherte sich Marat unter dem Vorwande, daß sie ihm Briefe mitzutheilen habe, und er empfing sie arglos im Bade. Dieser Abscheuliche bot ihr doch ein menschliches Vertrauen, und glaubte an menschliche Wahrhaftigkeit. Nicht nur Marcus Brutus täuschte das Vertrauen der Freundschaft, welches Cäsar gegen ihn trug, sondern auch die übrigen Verschwornen bedienten sich der Hinterlist. Als Cäsar von dem Traume seiner Gattin Calpurnia gewarnt, die angesagte Senatssitzung aufheben wollte, und die Verschwornen die Vereitelung ihres Mordanschlags fürchteten: ging einer derselben Decimus Brutus, zu ihm, und stellte ihm vor, daß er den versammelten Senat aufs äusserste beleidigen würde, wenn er ihn auseinander gehen lassen, und dann erst wieder versammeln wollte, wenn Calpurnia bessere Träume hätte; er solle wenigstens selbst hingehen, und die Versammlung in eigner Person aufheben; und als Cäsar schwankte, faßte er ihn bey der Hand, und zog ihn gleichsam wider seinen Willen fort: und so ging Cäsar an der Hand der Freundschaft in das Verderben. Allerdings darf man die Pflicht der Wahrhaftigkeit gegen den Feind beschränken;

die Nothlüge als Mittel der Vertheidigung ist erlaubt; schwerlich aber wird man ein edles Herz überzeugen, daß man die Zeichen der Freundschaft und des Vertrauens als Waffen der angreifenden Feindschaft gebrauchen dürfe. Darin liegt ein Widerspruch, und ein solcher Bruch des Friedens ist schlimmer, als der öffentliche Friedensbruch. Sehen wir auf denjenigen, der solcher Hinterlist als Opfer fällt, so kann er nicht anders als mit der tödlichen Wunde, die ihm das Leben kostet, auch die noch schmerzlichere des verletzten sittlichen Gefühls empfangen, und in Beziehung auf ihn, abgesehen vom Gefühl seiner Schuld oder Unschuld, bleibt die That immer ein sittlicher Frevel und unversöhnt. Der Ruf Cäsars: auch du, mein Sohn? durchschneidet wie ein Dolch unser Herz; und mehr als alle Dolchstiche mußte es ihn schmerzen, Brutus unter den Verschwornen zu erblicken.

Unser Endurtheil über solche Thaten ist nun dieses. Insofern wir sie billigen, sehen wir darin keine Hintansetzung der einen Pflicht gegen die andere; denn eine solche zu gestatten, ist gegen das wahre sittliche Gefühl. Namentlich dürfen wir nicht die Ansicht fassen, als wenn die Gemordeten als Mittel zu einem höheren Zwecke gedient hätten, weil der Mensch stets Selbstzweck, nie Mittel seyn soll, und als wenn der gute Zweck das schlechte Mittel heiligte, welcher Grundsatz ganz falsch ist. Die Billigung ist nur möglich von einem Standpunkt aus, der über dem gewöhnlichen Rechtszustand liegt, und von welchem aus solche Thaten als die Handlungen der öffentlichen Gerechtigkeit erscheinen. Aber eine vollkommene Billigung wird vielleicht keine derselben verdienen, zumal wenn wir auf die dabey angewendete Hinterlist sehen; und auch ohne diese sind sie nicht die Gegenstände eines rein sittlichen Wohlgefallens, weil sie die Frucht der rechtlichen Zerrüttung und rohen Gewaltthätigkeit sind. Schon die Thaten der kriegerischen Tapferkeit berühren eine Seite des Gefühls schmerzlich, obschon da der Krieg ausserhalb des heiligen Gebiets des innern Friedens geführt wird. Es ist hiermit nicht jene schwächliche Reizbarkeit des Gefühls gemeint, vermöge welcher man kein Blut sehen kann; aber ist es nicht beklagenswerth, daß Menschen der Bruderliebe vergessen und sich wie wilde Thiere anfallen, daß die Vernunft sich zwischen ihnen verwirrt, ihre Entscheidung verstummt und die blutigen Würfel über die wichtigsten Angelegenheiten den Ausschlag geben müssen? Mit reinem Wohlgefallen wendet sich das zartfühlende Herz zu den edlen Werken der friedlichen Tugend, der Mäßigung, der Selbstverleugnung, der Großmuth, der liebenden Hingebung. Da paart sich die Stärke mit der Sanftheit, die Kraft mit der Milde, da wird erbaut, nicht zerstört, da werden edle Bande geknüpft, nicht zerrissen, da fließen keine andern Thränen, als die der Dankbarkeit. O laßt uns Gott bitten, daß er uns vor einer solchen Zerrüttung des öffentlichen Rechts, wodurch dergleichen Gewaltthaten herbeygeführt werden, verschonen, und uns alle neuen Stiftungen und Verfassungen auf dem Wege des Friedens bringen möge!

Die Einführung neuer Verfassungen und Rechtsordnungen macht bisweilen die Aufhebung gewisser Rechte der Einzelnen nöthig. Als Solon das Gemeinwesen von Athen ordnete, hob er alle Schulden auf durch die berühmte Seisachthie; aber diese Maßregel kann nur nach den gewöhnlichen Rechtsbegriffen als ungerecht gelten. Das Verhältniß des Geldverkehrs war damals in Athen dermaßen zerrüttet, und die Bedrückung der Schuldner durch die Gläubiger hatte einen solchen Grad erstiegen, daß die gewöhnliche Ordnung des Mein und Dein nicht länger bestehen konnte. Wenn dasjenige, was der Gerechtigkeit dienen soll, dermaßen verkehrt ist, daß es nur der Ungerechtigkeit dient, so hat es sich selbst vernichtet. Angenommen, daß Einzelne, die sich keiner Ungerechtigkeit schuldig gemacht, unter dieser Maßregel litten: so muß man bedenken, daß der Besitz nur unter der Gewährleistung des öffentlichen Rechts gilt, daß Keiner einen unbedingten Rechtsanspruch an sein Vermögen hat, und es ihm gewissermaßen nur vom Staate geliehen ist. Selbst wenn er es durch eigene Thätigkeit erworben hat, so war ihm dieß nur unter dem Schutze einer Rechtsverfassung möglich, und ihr verdankt er es. Aehnliches gilt von der Maßregel der Nationalversammlung in Frankreich, wodurch alle Feudalrechte aufgehoben wurden. Diese Rechte waren nichts als Unrechte, und mußten schwinden; konnte man die einzelnen Besitzer, welche sie im Vertrauen zur bestehenden Verfassung erworben hatten, entschädigen, so war dieß freylich besser; aber dieses endlose Entschädigungswerk hätte vielleicht die ganze Aenderung unmöglich gemacht, und der Staat konnte seinen Bürgern wenigstens zumuthen, diese Entschädigungen nicht so genau abgewogen zu verlangen, wie man im gewöhnlichen Rechtsverkehr zu entschädigen pflegt, und ihnen ein geringeres oder größeres Opfer auflegen.

Nach dem Bisherigen haben wir noch keinen Widerstreit der Pflichten aufgefunden, keine sittlich reine That, in welcher die eine Pflicht auf Kosten der andern erfüllt wäre. Aber vielleicht gibt es einen Widerstreit zwischen den Pflichten der Gerechtigkeit und den Anfoderungen der Liebe. Es ist eine unzweifelhafte Pflicht der Treue gegen den Staat, eine Verschwörung, der ich auf die Spur komme, anzuzeigen und die Theilnehmer der Strafe zu überliefern; aber wie wenn nun mein Vater in die Verschwörung verwickelt ist? Er ist mir mehr, als ein bloßer Mitbürger, und fodert mehr von mir, als Gerechtigkeit; er ist der Urheber meines Lebens, der Versorger und Erzieher meiner Jugend. Ueberantworte ich einen Andern dem Blutgericht, so geschieht ihm, was er verdient hat: wie kann ich aber mit dem Vater nach dem strengen Rechte handeln? Auch dieser Fall ist so recht ersonnen, um das sittliche Gefühl auf eine peinliche Probe zu stellen. Um darüber zu entscheiden, müssen wir die Voraussetzung feststellen, daß das Unternehmen des Vaters dem Sohne als unzweifelhaft unrecht und verderblich erscheint. Wäre es von der einen Seite billigenswerth, zweckte es auf die Herstellung eines besseren öffentlichen Rechtszustandes ab, und wären nur die Mittel gewaltthätig und ungerecht: so könnte der Sohn schwanken, und die Kindesliebe könnte auf der Wagschale den Ausschlag dahin geben, die Entscheidung dem Schicksal zu überlassen. Will hingegen der Vater sich nicht nur an der bestehenden Verfassung gewaltthätig vergreifen, sondern auch dasjenige antasten, was dem Rechtsgefühl eines reinen Herzens widerstrebt: so wird der Sohn kaum anders handeln können, als daß er das

Unternehmen obschon auf die schonendste Weise zu hintertreiben sucht. Kaum zu ertragen würde es für ein kindlich liebendes Herz seyn, wenn dabey das Leben und die Freyheit des Vaters in Gefahr käme; aber der Sittenlehrer müßte doch den Gehorsam gegen den Staat mit unerbittlicher Strenge fodern. Denn so wie die Familie nicht ohne den Staat ist, so kann auch die Liebe gegen den Vater nicht ohne die Gerechtigkeit bestehen. Der Sohn kann den Vater, wenn er als Opfer der Gerechtigkeit fällt, beweinen, und sein eignes Loos beklagen, daß er zum Fall des Vaters beyzutragen bestimmt war; es kann ihm der Schmerz vielleicht das Herz brechen: aber dieß wäre doch Schwäche; und diejenigen, welche ihn tadelten, versündigten sich an der Sache der Gerechtigkeit. Hingegen würde auch niemand auf den Sohn, der nicht die Kraft hätte, die harte Pflicht zu erfüllen, den ersten Stein werfen wollen; denn seine Schwäche verdiente Nachsicht. Nicht Allen hat die Natur eine solche Stärke verliehen, wie dem Junius Brutus, der das Richteramt an seinen Söhnen, welche sich gegen die junge Freyheit Roms und das Leben der Consuln verschworen hatten, mit unerbittlicher Strenge vollzog. Als die Verschwörung entdeckt war, ließen die Consuln das Volk zusammenrufen, setzten sich auf die Richterstühle, und foderten die Verbrecher vor sich. Brutus fragte seine Söhne, was sie zu ihrer Vertheidigung vorzubringen hätten, und als sie nur mit Thränen antworteten, befahl er den Gerichtsdienern, sie mit Ruthen zu geißeln und zu tödten. Dieß geschah; und der strenge Vater sah dem grausamen Schauspiel zu, ohne seine Miene zu ändern. O unseliger Zwiespalt zwischen Vater und Söhnen, heilloser Widerstreit der heiligsten Gefühle! Und waren die Söhne ohne die Schuld des Vaters dahin gekommen, die Zügellosigkeit mehr zu lieben als die Freyheit, und sich gegen das theuerste Leben zu verschwören? Oder war es die Mutter, welche das Herz der Söhne von dem des Vaters abgewendet hatte? Ein solcher sittlicher Zwiespalt kann nicht ohne vorhergegangene Schuld erklärbar seyn, und nur die Unsittlichkeit kann in das Reich der Sittlichkeit, in welcher der Einklang herrscht, solche grelle Mißtöne bringen.

Die Pflichten der Gerechtigkeit und Ehre dürfen den Anfoderungen der Liebe und Freundschaft niemals weichen. Für den Freund darf ich mein Leben opfern, aber nicht meine Ehre; denn diese gehört nicht mir selbst, sondern der Menschheit. Für das Wohl meiner Familie darf und soll ich keine Anstrengung und Aufopferung scheuen, aber auch nicht eine Handvoll ungerechten Gutes um ihretwillen an mich reißen. Könnte ich dem Vaterlande durch eine ungerechte Handlung den größten Dienst leisten und es von dem grausamsten Feinde befreyen: so würde ich Unrecht thun. Fabricius konnte den König Pyrrhus durch dessen Leibarzt vergiften; aber er verabscheute diese Verrätherey, und entdeckte sie dem König. Eben so wenig darf ich meiner Vollkommenheit meine Ehre oder das Recht des Andern zum Opfer bringen. Der Dieb, welcher Bücher und Gemählde stiehlt, ist nicht besser als der, welcher für die Befriedigung seines Hungers stiehlt; und wer aus Eifer zu wirken ein Amt durch Bestechung gewinnt, wird durch alles Gute, was er stiftet, das begangene Unrecht nicht wieder gut machen.

Treten wir ganz in das freye Gebiet der Liebe ein, wo nur das Gefühl des Herzens entscheidet, und dieses seine Gaben frey ausspendet: so ist gar kein Widerstreit denkbar. Nicht Alle sollen wir im gleichem Grade lieben, mithin dürfen wir unsere Liebe nach Verhältniß unserer Kräfte und nach unsrer Neigung vertheilen. Kann ich mehreren Hülfsbedürftigen nicht zugleich helfen, so wende ich mich zu denen, die mir am nächsten stehen, und mein Mitleid am meisten in Anspruch nehmen. Fällt mein Kind mit einem andern ins Wasser, und ich kann nicht beyde zugleich retten: so werde ich das meinige, das ich am meisten liebe, zuerst ergreifen, und, wenn dieses gerettet ist, auch das andere zu retten suchen. Unter den Verwundeten, welche die Hülfe der Barmherzigkeit begehren, werde ich für den Verwandten, den Mitbürger, den Volksgenossen am ersten sorgen, und die Andern wo möglich nicht vernachläßigen. Für den Freund werde ich vielleicht das Leben aufopfern da, wo ich den Fremden seinem Schicksal überlassen muß, weil ich nur ein Leben aufzuopfern habe. In Rücksicht auf mich selbst und meine Vollkommenheit werde ich von zwey Vorzügen, die ich mir nicht zugleich aneignen kann, den einen dem andern aufopfern; ich werde meine körperliche Ausbildung der geistigen, Geld und Gut dem Reichthum des Geistes nachsetzen, und lieber Glück und Leben aufopfern, als der Wahrheit untreu werden. An meine Lieben werde ich immer zuerst, und an mich zuletzt denken, lieber meine fernere Ausbildung, als die Erziehung meiner Kinder, vernachläßigen, und in der Sorge für ihre Gesundheit die meinige in Gefahr setzen. In dieser Vertheilung und Abstufung der Liebe gehorche ich nur der äussern

Nothwendigkeit, welche mich die Kräfte zu vertheilen zwingt; aber die Liebe ist stets dieselbe, und in ihr selbst ist kein Widerstreit. Ihr Strom fließt immer gleich stark; aber da er nicht unendlich ist, wie die göttliche Liebe, so bricht und theilt er sich an äussern Gegenständen, und lenkt sich bald dahin, bald dorthin.

Diese ganze Betrachtung soll dazu dienen, uns den freudigen Muth zur Ausübung unserer Pflichten zu bewahren, und die vergebliche Sorge abzuwehren, als sey dieselbe dem Zweifel unterworfen, und als könnten wir in die Nothwendigkeit versetzt werden, unserm Herzen untreu zu werden. Die sittliche Gesinnung ist nur eine, und bloß die äussern Verhältnisse sind verschieden. Bewahren wir nun die Einheit in uns selbst, liebt unser Herz ungetheilt und rücksichtlos das Gute: so wird uns die äussere Verschiedenheit und Mannichfaltigkeit nicht verwirren. Fälle, wo ein reines Herz mit sich selbst in Zwiespalt kommen kann, sind selten, und laßt uns Gott bitten, daß er uns nicht über unsere Kräfte versuche. Aber kommen wir wirklich in zweifelhafte Lagen, so befolgen wir die Regel, daß wir nicht der Selbstsucht Gehör geben, sondern aus reiner Achtung und Liebe handeln: dann, sollten wir auch aus Mangel an Klugheit nicht das Beste und Richtigste getroffen haben, wenn wir nur aus reinem Herzen gehandelt haben, so wird uns die Beruhigung nicht fehlen: unser Herz wird uns Zeugniß geben, unsere Freunde, die uns kennen, werden uns mit Liebe beurtheilen, und auch bey dem ewigen Richter dürfen wir hoffen Gnade zu finden.

Zehente Vorlesung.

Die Pflicht der Gerechtigkeit, zuerst als Rechtspflicht, dann als diese ergänzende Tugendpflicht der Gerechtigkeits- und Friedensliebe.

Entwickeln wir die Grundpflicht der Frömmigkeit in ihre einzelnen Theile: so scheiden sich als die beyden großen Hauptstämme der Pflicht, die Pflichten der Gerechtigkeit und Ehre oder der Achtung der Menschenwürde in Andern und in uns selbst. Nun scheint es, als ob die letztere, als uns am nächsten liegend, sich zuerst zur Behandlung darböte; das Gefühl der Menschenwürde liegt in uns selbst, in unserm sittlichen Triebe, und es scheint, als müßte sich dasselbe zuerst und am bestimmtesten in Beziehung auf uns selbst ankündigen, und in dieser Beziehung am besten in der Sittenlehre behandeln lassen. Allein neben dem sittlichen Triebe liegt in uns auch der sinnliche, thierische Trieb, und beyde vermischen sich mit einander; ja, der letztere erwacht im Menschen zuerst; der Mensch ist zuerst Thier, und wenn er keine sittlichen Eindrücke von aussen empfängt, so wird die Selbstsucht in ihm den Meister spielen. Damit er diese bezähmen und beschränken lerne, damit der sittliche Trieb, das reine Gefühl der Menschenwürde, in ihm zum Bewußtseyn komme, müssen ihm von aussen Beschränkungen, Mahnungen, Auffoderungen, und nöthigen Falls zwingende Gewalten entgegentreten. Dieß geschieht durch die rechtliche Gemeinschaft. Ohne Gemeinschaft, wissen wir, kann der Mensch überhaupt nicht zum Menschen werden. So wie wenn zwey einander nahe treten, sich eines Jeden Bild in dem Auge des Andern spiegelt: so empfängt auch ein Jeder in der Berührung mit dem Andern das innere Bild der Menschheit im Bewußtseyn. Ohne diese Begegnung und Berührung würde der Mensch in dumpfem, selbstsüchtigem Bewußtseyn vor sich hinleben, und nie seiner selbst, geschweige einer sittlichen Gesetzgebung, inne werden.

Dieser menschliche Verkehr, durch welchen wir erst zu Menschen gebildet werden, hat verschiedene Stufen und Kreise. Der erste empfängt uns beym Eintritt ins Leben in der Familie. Hier wirkt die sanfte Liebe auf uns ein, und erfüllt unser Herz mit menschlichen Gefühlen; zugleich gewöhnt uns die strenge Zucht des Vaters an Ordnung und Gesetz. Aber das häusliche Leben würde vielleicht entweder in sich selbst zerfallen, oder sich in gewaltthätigen, selbstsüchtigen Bewegungen nach aussen richten, wenn es nicht von den wohlthuenden Schranken der größeren menschlichen Gemeinschaft umgeben wäre. Auch könnte der wohlerzogene Jüngling, wenn er im Alter der aufbrausenden Leidenschaft aus dem häuslichen Kreise hinaus ins Leben träte, ohne diese Schranken den stürmischen Begierden der Selbstsucht folgen, und eine zerstörende, unterdrückende Wirksamkeit ausüben. Der höchste Kreis der Gemeinschaft ist der sittlich fromme im Austausch der Liebe und des Glaubens; aber in diesen können die rohen Selbstlinge nicht eintreten; wer ins Reich Gottes eingehen will, muß das Schwert der Gewalt mit allen Leidenschaften, die es führen, hinter sich lassen. Es muß also zwischen die Familie und die höhere geistige Gemeinschaft eine Ordnung treten, welche die rohe Leidenschaft bändigt, und der Selbstsucht wenigstens äussere Schranken anweist, bis es dem Menschen gelingt, sie innerlich in der Gesinnung zu bezähmen. Diese Ordnung ist die rechtliche, welche im Staatsleben durch Gesetz und Gericht hergestellt und bewahrt wird. Durch sie wird nun dem Menschen die Pflicht der Gerechtigkeit gegen seine Nebenmenschen zuerst zum Bewußtseyn gebracht; das richterliche Schwert wird ihm vorgehalten, wenn er seine Schranken überschreiten will; mit Zwang wird er zur Ordnung gewiesen: und hat er sich so durch die Gewohnheit des Lebens geübt, das heilige Recht zu achten, so erwacht dann auch in ihm das freye sittliche Gefühl der Gerechtigkeit und mit diesem das der Ehre; wie er Andere achtet, so fodert er auch für sich selbst Achtung, und bewahrt diese selbst als ein heiliges Gut. Die Pflicht der Gerechtigkeit also, als die erste im Leben, verdient auch, daß wir sie zuerst in der Pflichtenlehre betrachten. Und zwar betrachten wir sie zuerst auf ihrer untersten Stufe, als Rechtspflicht, wie sie durch die Rechtsverfassung im rechtlichen Verkehr durch Gesetz und Zwang geltend gemacht wird, und dem sittlichen freyen Leben in der Gesinnung als Grundlage dient. Wer die Gerechtigkeit üben will, muß vor allen Dingen dasjenige achten, was als deren nothwendige Bedingung gilt; wer sich im freyen, sittlichen Verkehr gegen die Nebenmenschen gerecht beweisen will, muß ihnen ihr bürgerliches Recht lassen; die Tugendpflicht der Gerechtigkeit setzt die Rechtspflicht der Gerechtigkeit voraus.

Die Rechtspflicht der Gerechtigkeit werden wir nun richtig entwickeln, wenn wir den Bedingungen nachgehen, unter welchen die Entstehung und Erhaltung einer Rechtsverfassung möglich ist. Wir wissen, daß aller rechtliche Verkehr unter den Menschen durch die Sprache eingeleitet wird; nur durch sie kann ich dem Andern meinen Willen kund thun. Durch die Handlung zeige ich nur unmittelbar und augenblicklich, was ich jetzt will, nicht aber was für die Folge meine Willensmeinung ist. Fremde Seefahrer nähern sich der Küste, um zu landen; in banger Erwartung eines feindlichen Anfalls stehen die friedlichen Einwohner am Ufer. Kommen nun jene in friedlicher Absicht, so genügt es nicht, um eine solche zu beweisen, daß sie eben keinen Streit anfangen, und durch die That den Frieden ungestört lassen; denn es könnte ja seyn, daß sie den feindlichen Angriff nur auf einen günstigern Augenblick verschöben. Es bedarf daher einer Erklärung des Friedens, eines Zeichens, daß derselbe immerdar soll gehalten werden. Und verstehen beyde Theile gegenseitig ihre Sprache nicht, noch auch eine dritte: so muß ein grüner Zweig, den man vor sich herträgt, das Bild der friedlichen Gesinnung werden: diesem glauben die Andern, und so ist der Bund des Friedens geschlossen. Bloße Handlungen bezeichnen auch dann nicht den Willen des Handelnden ganz sicher, wenn sie sich oft wiederholen. Es kann Einer neben dem Andern Jahre lang friedlich wohnen, ohne ihn in seinem Besitze zu stören; wenn er dem Andern keine ausdrückliche Erklärung über seine friedliche Gesinnung gegeben hat: so wird dieser, obschon ihn die Gewohnheit zutraulich gemacht hat, doch nie vollkommen beruhigt seyn; denn Jener kann ja heute oder morgen den Frieden brechen. Alle rechtliche Ordnung beruht auf der gegenseitigen Anerkennung der gegenseitigen Rechte, diese Anerkennung geschieht aber nur durch die Erklärung in der Sprache, weil diese das einzig sichere Zeichen der Gesinnung ist. Die Menschen begegnen einander, wie die Masken auf einem Maskenball. Der Mensch ist nur Mensch in seinem Innern, aus welchem seine Handlungen entspringen; dieses Innere aber ist durch seinen Leib verhüllt; vor seinem Gemüth liegt die Larve des Gesichts, welche bald diesen, bald jenen Ausdruck heucheln kann. Spähend betrachten wir die uns begegnenden vermummten Gestalten, ob es Freunde oder Feinde seyen, aber wir erkennen sie nicht eher, bis sie die Larve abnehmen, oder ihre wahre Gestalt und Sinnesart sonst wie verrathen. So wird uns das Innere des Menschen nur kund durch die Sprache, in welcher sich sein Gemüth enthüllt. Wir betrachten ihn so lange mit zweifelhafter Furcht, bis er uns sagt, er sey unser Freund. Macht er uns eine freundliche Miene, so fühlen wir uns angezogen; aber wissen wir auch, ob er sie nicht im nächsten Augenblick ändert? Erst wenn wir seine Rede vernehmen, so glauben wir ihm, und sind beruhigt.

O göttliches Geschenk der Sprache, durch welche der Geist dem Geiste sich kund gibt! O süßer Ton der Stimme, in welchem sich die Liebe in das offene Herz ergießt! Aus dem Innern der Brust geht die Rede auf den Wellen des Athems hervor als Bote des Friedens, und lockt den

Entfremdeten und Verschüchterten zu sich heran. Wie die freundliche Iris vom Himmel zur Erde steigt, und die Versöhnung des vorher Erzürnten verkündigt, und mit ihr zugleich die Sonne durch das gebrochene Gewölk lächelnd blickt: so eilt die geflügelte Rede von Mund zu Ohr, knüpft ein versöhnendes Band, und hinter ihrem freundlichen Tonbild blickt der Geist mit dem Lichtstrahl der Liebe aus der geöffneten Brust. Und o himmlisches Vertrauen, das der menschlichen Rede entgegenkommt, dem Geistesgruß mit Geisteszuversicht glaubt! Das ist eine Erinnerung aus jener Welt, wo sich Geist und Geist liebend begegnen, wo sich die Verwandten mit dem klaren Geistesblick erkennen, und dem innern Zuge folgend sich an einander schließen. Auf die Erde versetzt, sehen sich die Seelen von einander geschieden durch die Hülle des Leibes; sie blicken sich durch das Auge an, und eine dunkle Ahnung zieht sie zu einander: da vernehmen sie den Ton der Stimme, und die Hülle fällt; die Entfremdeten erkennen sich wieder, fließen in den melodischen Tonwellen in einander über, und der alte, innige Bund ist erneuert.

Das Vertrauen ist das Band, durch welches aller vernünftige Verkehr unter den Menschen gestiftet wird; das ist die Anziehungskraft der sittlichen Welt. Vertrauen ist das erste und letzte im Menschenleben. Mit dem Vertrauen erheben wir uns zu Gott, und treten in Verein mit den Menschen; Vertrauen knüpft die Freundschaft, den schönsten Bund des Lebens, und Vertrauen webt die ersten Fäden des rechtlichen Verkehrs. Das menschliche Leben ruht auf einer göttlichen, heiligen Grundlage; es ist nicht, wie ein irdisches Gebäude, das oben mit Marmor und Gold prunket, und unten im Schlamme der Erde ruht; wie das himmlische Jerusalem ist es auf Edelsteinen gegründet, und diese Edelsteine sind das Wort der Wahrhaftigkeit und der treue Glaube, dieselben Edelsteine, welche oben die herrliche Kuppel zieren. Mag im Staatsleben das Mißtrauen neben dem Vertrauen im Hinterhalte lauern, weil dieses oft ist getäuscht worden; das Vertrauen ist doch die Seele alles menschlichen Verkehrs, und selbst der Richter erkennt, trotz seiner vielen betrübenden Erfahrungen, den Satz an, daß, von einem Jeden das Beste so lange zu erwarten ist, bis das Gegentheil bewiesen wird. Wo das Mißtrauen die Oberhand gewonnen, wo es zumal zwischen das Volk und die Regierung eingedrungen ist: da muß Alles aus einander fallen, die Lebenskraft ist entwichen.

Durch die Sprache vernehmen die Menschen ihre gegenseitige Willensmeinung, durch sie erkennen sie ihre gegenseitigen Rechte und Pflichten an, und schließen Verträge. Alle Rechtsverfassung ruht auf Verträgen, sie mögen ausdrücklich oder stillschweigend geschlossen seyn. Selbst das Gewohnheitsrecht ruht auf einem Vertrage der Anerkennung, und wenn es an der Bestimmung darüber fehlt, was zu dessen Begründung gehört, so bleibt es immer unsicher und schwankend. Das Recht des Eigenthums auf den Besitz, d. h. auf eine Thatsache, zu gründen, widerspricht der Idee des Rechts, welches dadurch zu einem Werke des Zufalls gemacht würde; denn die Thatsache der Besitznahme ist zufällig, kann geschehen und auch nicht geschehen. Allerdings werde ich den Besitzstand eines Menschen nicht ohne weiteres stören dürfen, weil sich in der Besitznahme eine Willensmeinung desselben kund thut, und ich den Willen des Andern so lange achten werde, als ich mich nicht dadurch beeinträchtigt fühle. Wollte ich es nicht thun, so würde ich mich mit ihm in Kriegsstand versetzen, und wie ich ihn feindlich behandle, so auch seiner Feindschaft gewärtig seyn müssen. Werde ich auf eine Insel verschlagen, und finde daselbst einen Menschen, der schon von einem Theil derselben Besitz genommen hat: so werde ich seinen Besitzstand achten, und mir einen andern Theil des Eylandes zueignen. Ich würde mir selber Schaden thun, wenn ich einen nutzlosen Streit mit ihm anfangen wollte; besser also ich lasse mich neben ihm friedlich nieder. Hätte er hingegen die ganze Insel schon eingenommen, und verweigerte mir einen Antheil daran: so würde ich seinen Besitzstand nicht achten, weil ich das Recht hätte, meinen Lebensunterhalt zu fodern, und ich ihn nicht anders als durch Bebauung des Landes, Jagd und Fischerey finden könnte. Wollte er mir die Zumuthung machen, ihm als Knecht oder Lehenmann unterwürfig zu werden: so würde ich ihm das Recht der Freyheit und Gleichheit entgegensetzen, und darauf dringen, daß er mit mir seinen Besitz theilte. Man sieht also, daß die Achtung des Besitzes nicht unbedingt und ursprünglich ist; sie gründet sich vielmehr auf die menschliche Wechselwirkung und einen stillschweigenden Vertrag, ich lasse den Andern in seinem Besitzstand ungestört, damit er auch mich nicht in dem meinigen störe.

Verträge können nicht bestehen, wenn nicht die vertragenden Theile mit Wahrhaftigkeit und Vertrauen handeln; drückt der Eine nicht seine wahre Willensmeinung aus, und traut der Andere seiner Erklärung nicht, so können sie sich nicht vereinigen. Nun aber ist dem Menschen das Vertrauen natürlich, und das Mißtrauen wird erst durch den Betrug hervorgerufen; es bedarf also nur der Wahrhaftigkeit, um jenes zu erhalten, und die Menschen zu vereinigen. Wahrhaftigkeit ist daher die erste aller Rechtspflichten: ich soll dem Andern nichts versprechen, was ich nicht zu halten gedenke, und überhaupt über Alles im Handel und Wandel meine wahrhafte Meinung sagen, damit er wisse, wie er mit mir steht, und damit ein sicherer, zuverlässiger Verkehr zwischen uns beyden Statt finde. Verstelle ich mich gegen ihn und betrüge ihn, so verleite ich ihn zu falschen, nutzlosen oder ihm verderblichen Handlungen; er wird, einmal betrogen, mich fliehen, und den Verkehr mit mir abbrechen, oder auf Rache denken und mich ebenfalls zu betrügen suchen.

O Lüge, Betrug, Hinterlist, Verräther des heiligen Vertrauens! ihr stammt aus dem finstern Abgrund, wer hat euch hervor an das Licht des Himmels gerufen? Mußtet ihr den Bruder mit dem Bruder entzweyen, und die schwarze Wolke des Argwohns zwischen sie werfen? Mußtet ihr den klaren Spiegel der Sprache, in welchem Geist und Geist ihr Bild beschauen, durch euern Gifthauch trüben? — Durch die Lüge ist eine neue Scheidewand zwischen die Geister gezogen, hinter der trügerischen Maske des Gesichts lauert ein zweytes Trugbild; aus dem Herzen geht täuschende Unwahrheit hervor, und mischt sich verwirrend mit der Wahrheit; und woran soll die eine von der andern unterschieden werden? Der Lügenhafte versündigt sich nicht bloß an dem Einzelnen, den er betrügt, sondern an der ganzen Gesellschaft, indem er das Element der Sprache, in welchem wir uns gegen einander bewegen, trübt und verwirrt, das Mißtrauen hervorruft und so Alle gegen einander in Kriegsstand versetzt. Hätte Keiner jemals gelogen, so würden wir das Mißtrauen nicht kennen, so wie Kinder uns Alles aufs Wort glauben, und keinen Begriff von der Lüge haben.

Die Wahrhaftigkeit ist nur dann vollkommen, wenn sie sich durch die Treue bewährt. Nicht genug, daß ich aufrichtig die Absicht habe, das zu halten, was ich versprochen; ich muß es auch wirklich halten, und auf so lange Zeit halten, als ich es zu halten versprochen. Die Treue ist nur die fortgesetzte Wahrhaftigkeit durch standhaftes Verharren bey der ausgesprochenen Willensmeinung. Sie schließt die Veränderlichkeit und Wandelbarkeit aus, welche dem selbstständigen Wesen des Menschen und dem Zwecke des rechtlichen Verkehrs widersprechen. Durch Versprechen und Vertrag sollen sich feste Verhältnisse bilden, in welchen die Menschen mit einander verkehren; schwanken diese Verhältnisse, so wird der Verkehr unsicher und geräth in Verwirrung. Untreue ist die Lüge durch die That.

Aus Verträgen bilden sich besondere bürgerliche Rechte und Gesetze, welche durch die Regierung und Gesetzgebung gewährleistet, bestätigt und zum Theil neu geordnet werden. Eine Regierung anzuerkennen, ist einer der ersten Schritte zur Bildung einer Rechtsordnung, und auch das geschieht durch einen Vertrag. Es mag seyn, daß ein Nimrod die Stämme sich mit Gewalt unterwirft, und zu einem Reiche vereinigt: so lange die Furcht bloß dieses zusammenhält, besteht kein rechtliches Verhältniß zwischen Regierung und Volk; sobald aber jene gerecht regiert, und dieses zu ihr Zutrauen gewinnt, und gern gehorcht: so hat sich das Verhältniß rechtlicher Wechselwirkung zwischen beyden Theilen gebildet, und es besteht zwischen ihnen ein stillschweigender Vertrag, der der Regierung die Pflicht auflegt, gerecht zu regieren, und dem Volke, willig zu gehorchen. So tritt zu der Rechtspflicht der Treue die des Gehorsams gegen die Gesetzgebung und Regierung. Ueber diesen Gehorsam bildet sich unter den Bürgern eine gegenseitig verpflichtende Voraussetzung, welche auch als ein Vertrag anzusehen ist; Alle erwarten, daß ein Jeder dem Staat und dessen Gesetzen gehorsam sey, und in dieser Voraussetzung vertraut ein Jeder dem Andern, und versieht sich zu ihm eines friedlichen Betragens. So durchdringt also das Vertrauen die ganze Gesellschaft und hält sie zusammen, wie die Kraft der Anziehung Stein und Stein, Balke und Balke zum festen, dauernden Gebäude verbindet. Alle die bisher angegebenen Theile der Rechtspflicht der Gerechtigkeit, die Wahrhaftigkeit, die Treue und der Gehorsam, setzen das Vertrauen voraus, indem sie es erwecken. Der Wahrhafte gibt seine Willensmeinung aufrichtig zu erkennen, indem er erwartet, daß der Andere ihm mit gleicher Aufrichtigkeit begegnen werde; der Treue erwartet von dem Vertragsgenossen ebenfalls Treue; der Gehorsame erwartet von der Regierung Treue und von allen Bürgern denselben Gehorsam. Wie sich die Hände beym Abschluß eines Vertrags in einander fügen, und die eine die andere faßt; wie die Genossen eines Bundes Hand in Hand einen Kreis schließen: so schließt und kettet sich die ganze Gesellschaft an einander, und das Vertrauen ist es, was sie verknüpft.

Was nun durch Verträge und Gesetze geordnet und durch die Regierung als die Wächterin des öffentlichen Rechts gewährleistet wird, haben wir früher schon bey der Grundlegung der allgemeinen Pflichtenlehre im Allgemeinen angedeutet. Das erste ist die Scheidung und Bestimmung des Mein und Dein, des eigenthümlichen Besitzes und Wirkungskreises, der einem Jeden zukommenden Mittel des Genießens und Handelns, oder des sachlichen Rechts. Der Mensch findet sich von Dingen umgeben, die er genießen und gebrauchen will, die er begehrt, nach denen er greift. Darin kommt er am ersten mit seinem Nächsten in Berührung, und es trifft sich wohl, daß zwey zugleich etwas begehren und sich zueignen wollen: darüber müssen sie sich nun vertragen und einigen, auf daß der Streit verhütet werde. Auf diese Weise theilen sich die Menschen in den Boden, den sie bewohnen und bearbeiten: das ist die erste und natürliche Art des Besitzes; ein Jeder erhält einen Fleck, auf dem er ruhig sitzt, ohne gestört zu werden. Die einfachen Rechtsverfassungen sind auch wirklich auf eine gleiche Vertheilung der Ländereyen gegründet gewesen: so die mosaische und lykurgische; nur kann eine solche nicht in die Länge behauptet werden, weil der Genuß und Fleiß unter den Menschen verschieden sind, und eine Verschiedenheit des Besitzes mit sich bringen. Je regsamer die Betriebsamkeit der Menschen, je mannichfaltiger die Mittel des Genießens und Handelns werden, desto mehr erweitert sich das Eigenthumsrecht; und während der Eine Ländereyen besitzt, sind dem Andern Geld und Kostbarkeiten, Lebensmittel und andere Güter eigen. Einer der wichtigsten Kreise des Eigenthums ist das Geschäft und was dadurch hervorgebracht wird; der

Eine darf den Andern nicht in seiner Arbeit stören und ihm nicht rauben, was er sich selbst bereitet hat. Der Ackersmann muß den Schmid neben sich ruhig arbeiten lassen, und ihm nicht die gefertigten Pflugschaaren rauben; und so muß der Schmid auch den Zimmermann gewähren lassen. So zieht sich durch die Scheidung des Mein und Dein um einen Jeden eine heilige, unüberschreitbare Sphäre des Eigenthums, in welcher er allein schaltet. Die Größe der Gebiete ist verschieden, wie die Menschen an körperlicher Größe und Stärke verschieden sind; aber gleich ist das Recht, das einen Jeden in seinem Gebiete schützt. — So geordnet, läßt sich das Leben einem wohleingerichteten Garten vergleichen, wo jeder Baum, jeder Strauch, jedes Kraut seine Stelle, in welcher jedes sich nähren und ausbreiten kann, behauptet, wo Erde, Luft und Sonne nach Matzgabe des Bedürfnisses vertheilt sind, und kein Gewächs das andere hindert und unterdrückt.

Aber dieser Kreis des Eigenthums umgibt nur, wie ein Gehege, die wahre Freystätte des Rechts, die persönliche Freyheit. Alles, was ein Mensch besitzt, dient nur als Mittel der Person, welche der wahre Gegenstand unverbrüchlicher Achtung ist. Sie soll sich selbst angehören, sich selbst Zweck seyn und als Selbstzweck von Andern anerkannt werden. So wie die Sachen nur von demjenigen genossen und gebraucht werden dürfen, dem sie eigen sind, so soll dem Menschen sein Leib, seine Kraft, sein Leben eigen und nicht der fremden Willkür unterworfen seyn. Der Mensch ist von Natur ein sich selbst bestimmendes Wesen: und so soll er im menschlichen Verkehr nur von seinem eigenen, nicht einem fremden

Willen abhangen. Bloß den Gesetzen soll er unterworfen seyn; diese aber sind in einem richtigen Rechtszustand nichts als ein Theil seines Willens, indem er sie selbst mit gegeben, oder doch frey anerkannt hat. Ist ein Mensch der Willkür eines Andern unterworfen, muß er thun, was dieser will, liegen die Beweggründe seiner Bewegungen und Handlungen nicht in seinem Willen, wird er entweder gerade zu durch äussere Mittel, durch Bande, die seine Glieder fesseln, oder durch die Furcht und Noth dahin gebracht, zu thun, was er thut: so ist er nicht als Person, sondern als Thier oder Sache behandelt, wie dieß in der Sklaverey der Fall ist. Es soll aber auch dem Uebermuth, der Rachsucht verwehrt seyn, auf die Freyheit des Andern einen augenblicklichen Angriff zu machen, ihn in irgend einem Streite gefangen zu nehmen, und dadurch zu irgend etwas zu zwingen. Es muß demnach in einer gerechten Verfassung das Recht der persönlichen Freyheit anerkannt seyn. Dazu gehört aber auch die Heiligkeit des Menschenlebens, die Unverletzlichkeit des Leibes, und die Unantastbarkeit der Ehre. Niemand soll die mörderische, gewaltthätige Hand gegen den Andern erheben; nicht das Recht oder vielmehr Unrecht der Faust soll gelten, sondern aller Streit friedlich geschlichtet werden; und ein Jeder soll die ihm als Bürger gebührende Achtung empfangen.

Damit aber die persönliche Freyheit vollkommen sey, muß sie nicht nur vor der Willkür der Einzelnen, sondern auch der Regierung gesichert seyn, werde nun diese von einem Einzigen, oder von Mehrern oder vom Volke selbst verwaltet. Die Regierenden können theils aus eigennützigen Beweggründen, theils aus leidenschaftlichem Eifer für das angebliche gemeine Beste über Leben und Freyheit der Einzelnen willkürlich schalten. Die Persönlichkeit der Regenten schützt nicht hinreichend, jeder Mensch ist dem Irrthum und der Leidenschaft unterworfen, nur Gesetze schützen. Es gehört also zur persönlichen Freyheit noch die bürgerliche Freyheit oder die Unabhängigkeit des Bürgers von der Willkür des Regenten. Wo noch der Grundsatz gilt, daß das Volk des Herrschers Eigenthum sey, und dieser darüber, wie über eine Schafheerde, schalten könne, wo willkürliche Verhaftungen, Beraubungen, Entehrungen Statt finden, wo der Befehl des Machthabers den Urtheilsspruch des Richters ersetzt oder doch bestimmt: da ist noch eine der ersten und wesentlichsten Rechtsfoderungen unerfüllt, da herrscht noch die Barbarey.

Aber wenn auch das Recht des Eigenthums und der persönlichen und bürgerlichen Freyheit festgestellt ist: so fehlt noch ein drittes, nothwendiges Recht, das der persönlichen Gleichheit und Unabhängigkeit. Daß Alle vor dem Gesetze gleich seyn sollen, daß das Recht unpartheyisch verwaltet werde, versteht sich von selbst; denn ein partheyisches Recht ist keines, sondern Willkür. Das Eigenthumsrecht sichert den ruhigen Besitzstand, das persönliche Recht die Unabhängigkeit der Person an sich; aber der Mensch ist ein thätiges, wirksames Wesen, und tritt zu dem Andern in das Verhältniß der Wechselwirkung, der Theilnahme am Geschäft oder der Geschäftsberührung; wird nun darin nicht auch seine Unabhängigkeit von dem Andern anerkannt, ruht die Wechselwirkung nicht auf der Grundlage der Gleichheit und Gegenseitigkeit: so unterliegt er dem Andern, und seine Freyheit geht verloren.

Alle Thätigkeit des Menschen geht von den Antrieben des Bedürfnisses aus; er will leben, und zunächst zu leben haben, sich sättigen, sich kleiden und bequem wohnen; dann verlangt er auch Erholung und Vergnügen. Sind diese Bedürfnisse befriedigt, dann treten die Anfoderungen der höheren, rein menschlichen Triebe hervor, vermöge deren der Mensch auch sein geistiges Leben entfalten will. Daß Jeder ein Eigenthum habe, ist in einem zusammengesetzteren, künstlicheren Lebenszustand nicht zu verwirklichen. Der Besitzstand ändert sich jeden Augenblick durch die lebendige Bewegung des Verkehrs, und das Erbrecht, dessen Vernunftmäßigkeit anerkannt ist, befestigt und erhöhet die sich natürlich ergebende Ungleichheit des Besitzes. Der Besitz ist aber auch verschieden der Beschaffenheit nach; der Eine besitzt Aecker, der Andere Heerden, der Dritte Häuser, und keiner ist dadurch unmittelbar in Stand gesetzt, alle seine Bedürfnisse zu befriedigen, indem dem Einen Kleidung, dem Andern Brod, dem Dritten beydes anderswoher kommen muß. Ein Jeder muß auch sein Eigenthum bearbeiten und verwalten, damit es ihn ernähre. Die Thätigkeit und Betriebsamkeit ist die einzige Ernährerin der Menschen. So wie nun das Loos des Eigenthumsrechtes verschieden fällt, so auch das der Thätigkeit. Keiner kann Alles thun, die Arbeit muß gemeinschaftlich seyn, und an die Einzelnen vertheilt werden. Das ist der große Kreis des B e r u f s l e b e n s. Nun aber ist der Beruf eben so sehr verschieden, theils durch die Naturgaben, theils durch die Zufälligkeiten der gesellschaftlichen

Verhältnisse, und durch beydes zusammen. Der Landmann ist meistens an seinen Besitz gefesselt, und verläßt ihn selten, um, dem innern Berufe folgend, eine andere Lebensart zu wählen. Der arme Handwerker muß sein Geschäft im Kleinen treiben, oder sich gar als Gehülfe an den Reichen anschließen, der es vortheilhafter im Großen treibt. Viele können keine Gaben ausbilden, sich keine Fertigkeit erwerben, wodurch sie sich selbstständig nähren könnten. So entsteht die Abhängigkeit des Einen von dem Andern im Geschäft, das Verhältniß des Dieners und Herrn, des Gehülfen und Brodherrn. Aber auch sonst ist ein Beruf von dem andern abhängig; der Bauer bedarf des Bürgers und umgekehrt, derjenige, der rohe Stoffe erzeugt, dessen, der sie bearbeitet u. s. w. In diesem Verkehr der Wechselwirkung soll nun das Gesetz der Gleichheit hergestellt und erhalten werden, einmal dadurch, daß Keiner in der Theilung der Arbeit leer ausgehe, und nicht ein Zustand eintrete, wo Viele ungeachtet ihrer Lust und ihres Geschicks zur Arbeit keine erhalten können, und zweytens dadurch, daß einem Jeden seine Arbeit nach Verdienst und Bedürfniß bezahlt werde. Die Theilung der Arbeit bringt die Foderung einer gerechten Vertheilung der Früchte der Arbeit mit sich, und diese wird allein durch den Geldverkehr möglich. Nun besteht in jedem gesitteten Volke das Recht der Bezahlung für gethane Arbeit, und der Arbeiter kann seinen vorenthaltenen Lohn vor Gericht fodern. Aber den Preis der Arbeit bestimmt nicht der Richter, sondern der Markt, und auf diesem waltet gewöhnlich die Freyheit des Verkehrs, und bestimmt oft den Preis der Arbeit so, daß der arme

Arbeiter kaum sein trockenes Brod davon hat. Oft auch stocken die Gewerbe, so daß Tausende ohne Arbeit und entweder dem Hungertode oder der Barmherzigkeit der Menschen Preis gegeben sind. England hat eine allgemein gepriesene Gesetzgebung, und der Bürger erfreut sich durch die Habeascorpus-Akte einer vollkommnen bürgerlichen Freyheit. Aber im dortigen Verkehr herrscht die größte Ungerechtigkeit; der achte Mensch, sagt man, lebt von der Armensteuer, ist also nicht unabhängig, der fleißigste Handarbeiter kann sich nicht vollkommen ernähren, und die Kornpreise müssen künstlich in der Höhe gehalten werden, damit die Pächter der Ländereyen bestehen können. Wer kann läugnen, daß dieser Zustand ungerecht sey? Ist es gerecht, daß Einer an der vollen Tafel sitzt und schwelgt, während ihm acht Andere hungrig zusehen, und nach den Brocken schnappen, die er ihnen zuwirft?

Wie ist aber einem solchen Zustand zu helfen? Viele erwarten alles Heil von der Freyheit des Verkehrs, und dem dadurch herzustellenden Gleichgewicht der Bedürfnisse und der Befriedigungsmittel: daß dieß aber irrig sey, läßt sich leicht zeigen. Der Handelsverkehr entspricht im Volksleben dem sinnlichen Triebe, dem er auch meistens dient; denn die Hauptgegenstände des Handels und der Betriebsamkeit sind die Mittel des Lebensgenusses, Naturerzeugnisse, roh und verarbeitet, Erzeugnisse des Gewerbfleißes; was der Geistesbildung und dem Geschmacke dient, kommt dabey wenig in Betracht. Wie nun der Zweck des Handelsverkehrs sinnlich und vom sinnlichen Triebe gefodert ist: so ist auch die Triebkraft desselben eine sinnliche, aus dem sinnlichen Triebe entspringende. Im Kreise des Handels- und Gewerbs-Verkehrs ist ein Jeder zunächst in der Absicht thätig, um zu erwerben, seinen Lebensunterhalt zu gewinnen, sein Vermögen zu vermehren, und thut recht daran. Die edlern Triebfedern der Thätigkeitsliebe, der Gemeinnützigkeit sind deßwegen nicht auszuschließen; aber wenn von der Gewerbfreyheit die Rede ist, kommen sie nicht in Betracht. Denn man versteht darunter die äussere, ungehemmte Bewegung der hervorbringenden und verkehrenden Thätigkeit, und beruft sich dabey nicht auf die sittlichen Gesinnungen, auf die Gerechtigkeit, den Gemeinsinn, die Großmuth der Gewerb- und Handeltreibenden. In sofern wir uns rein im Gebiet des Verkehrs halten, und diesen auf sich allein stellen, besteht für jeden Gewerbs- und Handelsmann der Grundsatz, daß er so viel und so wohlfeil als möglich hervorbringe und verkaufe, um so viel als möglich zu gewinnen. Dieser Grundsatz aber ist rein selbstsüchtig, wie der Trieb, aus welchem er entspringt, und die Selbstsucht weiß nichts von Gerechtigkeit und gerechter Vertheilung; sie ist eine Naturkraft, eben so blind, wie die Kräfte der Elemente, und eben so gewaltthätig, wie diese. Man nimmt an, daß der freye Verkehr sich eben so ins Gleichgewicht setzen werde, wie die Luft und das Wasser; aber so wie hier Berge und Thäler und andere Ursachen hemmend einwirken; wie jede Naturkraft dem Zufall preisgegeben ist: so gibt es auch zufällige Umstände, welche das Gleichgewicht des Verkehrs stören. Zum Gewerb und Handel gehören Hülfsmittel, Geldkräfte, Schifffahrt u. dgl.; wo nun durch Natur und Zufall solche Hülfsmittel im Uebergewicht aufgehäuft sind, da entsteht ein natürliches Monopol, welches der Freyheit des Handels schädlich werden muß Dazu kommen die Hindernisse, welche der Krieg und andere politische Verhältnisse mit sich führen. Aber die innere Triebkraft des Verkehrs selbst, die Begierde des Gewinns, leistet gar keine Gewähr des Gleichgewichts, welches man sucht; ihre Richtung geht nicht auf eine gleichförmige Wechselwirkung, sondern gerade auf das Gegentheil, auf die Auszeichnung des Einzelnen. Allerdings mag durch die freye Concurrenz dem Mangel und der Uebertheuerung der Waaren vorgebeugt werden, obschon das Preisverhältniß der einen Waare gegen die andere dem Zufalle unterliegen kann; aber das richtige Verhältniß zwischen dem Arbeitslohn und der Arbeit wird durch die Freyheit des Verkehrs gar nicht hergestellt werden können. Der Fabrikherr muß seine Arbeiter so wohlfeil als möglich zu haben suchen, damit er den möglich wohlfeilsten Preis für seine Waaren stellen könne; aber die Concurrenz des Verkehrs erstreckt sich nicht auf die Arbeiter selbst, die mehr oder weniger an ihre Heimath gefesselt sind, und nicht wie Waaren auf dem Weltmarkt dem Meistbietenden feil geboten werden können. Wenn nun die Waaren, mit deren Erzeugung eine gewisse Volksklasse ihren Unterhalt verdient, wohlfeiler werden, so wird auch ihr Arbeitslohn geringer und vielleicht so gering, daß sie nicht mehr davon leben können, und der Hungertod ist ihr Loos. Die Erwerbsthätigkeit hat nicht minder Elend unter den Menschen verbreitet, als Krieg und Landplagen, und verfallene Fabrikstädte bieten für den, welchem sittliches Elend mehr als körperliches gilt, einen beklagenswerthern Anblick dar, als Schlachtfelder.

Nur die sittliche Kraft des Geistes kann hier heilend, ordnend, abwägend eintreten; denn mit ihr ist das

Bewußtseyn und die Uebersicht, die Liebe und die Mäßigung. Zunächst liegt nun Jedem Einzelnen die Pflicht der Vergeltung ob, vermöge deren er jedem Arbeiter seinen richtigen Lohn bezahlen soll. Aber jeder Einzelne ist vom Strome des Verkehrs fortgezogen, und muß sich in die bestehenden Verhältnisse fügen, obschon sie ungerecht sind. Daher muß über das Ganze selbst die vertheilende und vergeltende Gerechtigkeit des gemeinen Wesens walten; aber diese Aufgabe der Gesetzgebung und Verwaltung ist kaum anerkannt, geschweige gelöst. Erwarten Sie von mir keine Vorschläge dafür: solche zu geben geziemt nur der umfassendsten, erfahrensten Klugheit, und wir sind vielleicht noch gar nicht so weit in der Gesittung vorgeschritten, daß wir in dieses Gebiet des Lebens, wo noch die rohe Naturkraft waltet, eine feste, sittliche Ordnung bringen könnten. Nur das ist entschieden, daß man dessen Anordnung dem sinnlichen Triebe, der Gewinnlust, nicht allein überlassen kann, sondern daß die Gerechtigkeit auch in ihm, wie in jedem andern Kreise des Lebens, walten soll. Ein Mittel, der Brodlosigkeit zu wehren, bietet sich leicht dar; es ist die Verhütung der allzugroßen Bevölkerung durch Auswanderungen: solche anzuordnen, zu leiten und zu unterstützen, scheint eine unerlaßliche Pflicht der Regierungen volkreicher Länder zu seyn. Der Bienenstock sendet die junge Brut aus; der Gärtner lichtet die dichtgedrängte Blumensaat, und verpflanzt sie auf geräumige Beete; die alten Staaten entluden sich von Zeit zu Zeit der überflüßigen Volksmenge durch Entsendung von Colonien: nur wir lassen das Volk sich zusammendrängen, und einander das Leben verkümmern. Unsere Staaten gleichen

Wäldern, wo sich einzeln stehende Eichen in üppigem Wuchs ausbreiten, und dann wieder im undurchdringlichen Dickicht Tanne an Tanne sich drängt, und unzählige Sämlinge ersticken, oder in schmächtigem, schwächlichem Wuchse sich durstig nach Luft und Licht emporstrecken. Die Auswanderer müßten mit allem unterstützt werden, was zur Stiftung eines neuen Volkslebens in andern unbebauten Ländern nothwendig ist. Woher aber die Mittel dazu nehmen? Diese sind die Reichen schuldig zu geben; denn ihren Ueberfluß verdanken sie nur der schlechtbelohnten Arbeit der Armen. Zu dieser Aufopferung hat der Staat das Recht sie zu zwingen, aber auf diesem Wege würden sich viele Hindernisse darbieten: sie sollten sich daher freywillig dazu verstehen, der Geist der Gerechtigkeit, ja die Klugheit sollte sie dazu bestimmen. Denn ein solches Mißverhältniß des Besitzes, eine solche Verwirrung des Verkehrs, wie in England Statt findet, kann nur zu gewaltsamer Umwälzung führen, in welcher dann die Reichen Alles verlieren. Die Achtung vor dem Sonderbesitz ist bey uns zum Aberglauben gesteigert, den die Selbstsucht geflissentlich nährt. Der Volksreichthum ist Volkseigenthum, und Alle haben daran einen Anspruch, nämlich den, daß es ihnen nicht am nothwendigsten Unterhalt fehle. Die Wohlthätigkeit, welche die Reichen üben, gründet sich auf denselben Anspruch; aber durch die Wohlthätigkeit wird den Armen keine Unabhängigkeit gesichert, und diese dürfen sie von Rechts wegen fodern. Man sey im Großen wohlthätig, und lindere und beschwichtige nicht bloß, sondern heile von Grund aus. Wie die Gesundheit oft schmerzhafte Operationen fodert, so auch das Volksleben, und die Sorge für dessen Heil verpflichtet einen Jeden, sein Opfer dafür zu bringen.

Der Hunger ist der beste Zuchtmeister der Sklaverey, und wo er herrschet, da besteht auch diese, wenn auch nicht dem Namen nach. Abhängigkeit im Geschäft streitet nicht mit der persönlichen Gleichheit; der Eine muß gehorchen und der Andere befehlen. Aber der Diener sey nicht, wie der Leibeigene an die Scholle, durch die Furcht vor dem Hunger an den Brodherrn gekettet, und nicht genöthigt, dessen Launen oder ungerechtem Geize sich zu fügen. Der Arme verliere nicht im kummervollen Drange der Arbeit das freye Ehrgefühl des Bürgers, nicht den Sinn der Theilnahme am öffentlichen Leben. Die arbeitende Klasse fließe nicht durch ihre knechtische Abhängigkeit in eine willenlose Masse zusammen, welche sich der Ruthe des Treibers geduldig fügt, oder wie eine hungrige Heerde sich an jede Krippe stellt, welche ihr Futter bietet. Ein Staat, in welchem nicht durch eine gerechte Vergeltung die persönliche Unabhängigkeit der Bürger hergestellt und gesichert ist, wird nicht zu einer freyen, sey es republikanischen oder monarchisch-verfassungsmäßigen, Regierungsform gelangen und eine solche nicht behaupten können. Die alten Freystaaten hatten den Vortheil, daß die Sklaverey als solche anerkannt und vom Bürgerthum geschieden war; bey uns sind die Sklaven unter die Freyen gemischt, und verkümmern auch diesen den Genuß der Freyheit. Roms Freyheit ging unter durch die Charakterlosigkeit eines brodlosen Pöbels; die französische Revolution verfehlte ihren Zweck durch die käufliche Verworfenheit der Volksmasse von Paris, deren sich die Leidenschaften als ihres Werkzeuges bedienten. In den Thälern der Schweiz hingegen wird der Republikanismus ewig wohnen, weil da jeder Landmann auf seinem Erbe, jeder Hirt auf seiner Alpe unabhängig lebt. In den Städten des Mittelalters waren die Zünfte die schützenden Dämme gegen die gesetzlosen Wogen eines brodlosen Pöbels. Ein Staat ohne solche Schutzwehren, mit einem offenen Bürgerrecht für Alle, einer unbedingten Gewerbfreyheit preisgegeben, ohne das ordnende Walten der vertheilenden und vergeltenden Gerechtigkeit, wird bald der Oligarchie oder dem Despotismus erliegen. Wie soll auch da die Vaterlandsliebe herrschen? Der Reiche liebt nur sein Geld, und wagt es nicht für die Unabhängigkeit zu opfern, weil er es durch Ungerechtigkeit erworben hat; der Arme schreit nach Brod, und beugt sich vor Jedem, der es ihm verheißt.

Alle diese Aufgaben müssen vorerst gelöst seyn für die bürgerliche Gerechtigkeit, ehe sich die sittliche Gerechtigkeit im Leben entfalten kann. Durch die Staatsklugheit, welche Gesetze gibt nnd Verfassungen stiftet und vervollkommnet, muß das Recht des Eigenthums und der Vergeltung geordnet, die persönliche und bürgerliche Freyheit gesichert, und dadurch die Selbstsucht in ihre Schranken gewiesen seyn, ehe sich die Liebe frey bewegen kann: sonst fällt die zarte Taube in die Klauen des Geyers, die rohe Gewaltthätigkeit, der Uebermuth des Stärkern herrscht, und wer nicht Gewalt mit Gewalt vertreiben kann, ist unwürdiger Knechtschaft hingegeben.

Die bisher aufgestellten Pflichten der Gerechtigkeit, die Pflicht der Wahrhaftigkeit, der Treue, des Gehorsams gegen die Gesetze und der Vergelrung entspringen aus der Gesinnung, aus der Liebe zur Gerechtigkeit, aus der Achtung der Person und der vernünftigen Wechselwirkung; aber sie beziehen sich nur auf die Herstellung und Erhaltung äusserer Verhältnisse, und betreffen noch nicht unmittelbar das sittliche Verhältniß. Alle diese Pflichten können auch aus bloßer Klugheit geübt werden, aus Liebe zur Ruhe und zum eignen Vortheil; dem Mitbürger, als solchem, liegt nicht daran, aus welchem Beweggrund ich ihm sein Recht lasse, wenn ich es ihm nur lasse; es kommt hier alles auf die äussere That, nicht auf die Gesinnung an; der Richter richtet nur jene, nicht diese. Daher nennen wir diese Pflichten Rechtspflichten, und deren Erfüllung macht noch nicht die Tugend, sondern die Gesetzlichkeit aus.

Dieser Unterschied der Rechtspflicht und Tugendpflicht ist sehr wichtig, und fodert die bestimmteste Anerkennung. Wir sollen genau unterscheiden, was wir mit der äusseren That dem äussern rechtlichen Verkehr, und was wir mit der Gesinnung der Gerechtigkeit an sich schuldig sind, theils damit wir uns nicht mit jener befriedigen, und nicht genug gethan zu haben glauben, wenn wir die Rechtsfoderung erfüllt haben, theils damit wir die Gesinnung nicht an die Verhältnisse gefangen geben, sondern sie davon unabhängig in ihrer innern Freyheit behaupten.

Die Rechtspflicht der Gerechtigkeit kann nie die Tugendpflicht der gerechten Gesinnung selbst erschöpfen, nie vollkommner Ausdruck der in einem edlen Gemüth lebenden Achtung der Person werden, so wenig als die sittliche Gemeinschaft in den bloßen Rechtsformen des

Verkehrs dargestellt werden kann. Eigenthum, Arbe und Lohn, persönliche Freyheit sind wichtige Dinge, und die Achtung derselben wird einem Herzen, das die Gerechtigkeit liebt, heilig seyn. Aber im Besitz irdischer Güter, in der äussern Freyheit und Ehre des Bürgers besteht nicht die wahre Menschenwürde, sondern es sind nur die Rahmen des kostbaren Gemäldes, das ich beschmutzen und verderben kann, während ich jenen schone. Ich kann meinem Nebenmenschen alles gewähren, was ihm die Gesetze zuerkennen und die Rechtsverhältnisse fodern, kann wahrhaft, zuverlässig und billig im Geschäft mit ihm seyn, und ihm alle äussere Ehre erzeigen, und doch im Herzen gegen ihn Feindschaft und Verachtung nähren; ich kann den Haß gegen ihn, den übermüthigen Spott in den Busen des Freundes ausgießen, und auf mannichfaltige Weise die feinere Achtung gegen ihn verletzen. Dazu kommt, daß die bürgerlichen Gesetze fast in allen Stücken noch unvollkommen sind, und die Ungerechtigkeit von dieser oder jener Seite begünstigen. Von der Seite des Verkehrs haben wir sie beleuchtet, und gefunden, daß sie einen großen Theil des Volks ohne Schutzwehr gegen die Reichen lassen. Auch das Eigenthumsrecht ist noch sehr unvollkommen, weil das falsche Prinzip des Besitzes in der Rechtskunde anerkannt ist. Weil das Eigenthum eines Buches, das ich geschrieben und herausgegeben habe, nicht in die Hand genommen, nicht mit Grenzsteinen umzogen werden kann: so erkennen es die Rechtsgelehrten nicht an, und schützen mich nicht gegen den Nachdruck, ja Manche vertheidigen sogar denselben. Wäre das Prinzip der Wechselwirkung anerkannt, so bestände wenigstens die Rechtsanalogie, daß der Schriftsteller und Verleger in einem eingegangenen ehrlichen Geschäft nicht durch einen Dritten, der sich unberufen eindrängt, gestört werden dürfen. Die Gleichheit der Wechselwirkung fodert, daß Keiner den Andern in dem Kreise seiner Thätigkeit, wenn diese nicht selbst für ihn oder Andere störend ist, stören dürfe. In dieser friedlichen Voraussetzung, gleichsam kraft eines stillschweigenden Vertrages mit der Gesellschaft, wird das Schriftsteller- und Buchhändler-Geschäft unternommen. Der Schriftsteller geht an die Abfassung eines Buches unter der Voraussetzung, daß er durch einen dafür empfangenen Ehrensold für die aufgewandte Zeit und Mühe werde entschädigt werden. Der Verleger zahlt diesen Ehrensold in der Voraussetzung, daß er diese Summe, deren Zinsen und die Entschädigung für seine Wagniß und seine Mühwaltung aus dem ungestörten Verkauf des Werkes wieder gewinnen werde. Diese Voraussetzungen gelten auch in der öffentlichen Meinung mit Ausnahme einiger räuberischen Buchdrucker und engherzigen Rechtsgelehrten: demungeachtet findet man ohne Privilegium keinen Schutz gegen den Nachdruck. In meinen Garten darf kein Dieb einsteigen, und meine Pflanzungen verwüsten; niemand darf mir wehren, meine Erzeugnisse zu verkaufen: was ist aber das Schriftsteller- und Verleger-Geschäft anders als ein Garten, in welchem für den geistigen Verkehr des Volks gesät, gepflanzt und die gewonnenen Früchte dann verkauft werden? Wird der Gärtner in seinem Geschäft gestört, so kann er nichts mehr erzeugen, und der Markt leidet dann Mangel; werden Schriftsteller und Verleger gestört, so liefern sie entweder gar nichts oder schlechtere und theurere Erzeugnisse, und die Gesellschaft trägt davon den Schaden. Denn von der gestörten Wechselwirkung der Einzelnen fließen die nachtheiligen Folgen immer auf das Ganze über.

Die Rechtspflicht ist nun allerdings nicht auf die bloß buchstäbliche Haltung der bestehenden Gesetze beschränkt; sie hat das Rechts-Verhältniß im Auge und was aus der Natur desselben und aus den Grundsätzen der Gesetzgebung hervorgeht; und sobald ich die Einsicht habe, daß die Gesetzgebung unvollkommen sey, bin ich rechtlich, wenn auch nicht gesetzlich, verpflichtet, mehr zu thun, als das Gesetz gebietet, wenn nicht etwa durch dieses ein Mißverhältniß hergestellt ist, dem ich mich fügen muß. Es ist gegen die Rechtspflicht, den Nachdruck zu treiben, und Nachgedrucktes zu verkaufen und zu kaufen; aber wenn, wie in Oesterreich, die rechtmäßigen Ausgaben nicht zu haben oder nicht zu bezahlen sind, so befinde ich mich im Stande der Nothwehr, und muß am Unrecht Theil nehmen. Der Fabrikherr kann einsehen, daß er seine Arbeiter zu gering bezahlt; aber wenn sein Geschäft nicht anders bestehen, und er kein anderes unternehmen kann: so muß er sich in den Nothstand fügen. In den meisten Fällen aber wird die bestehende Gesetzgebung die Einsicht in das Recht und das Gefühl desselben binden und trüben. Viele werden sich an dasjenige halten, was die Gesetze fodern, und darüber hinaus weder mit ihrem Gewissen, noch mit ihren Handlungen gehen. Von solchen müssen wir nun fodern, daß sie sich eine immer freyere Einsicht in die Rechtsverhältnisse an sich zu verschaffen suchen, und die Foderungen der Gesetze durch ihr Gewissen ergänzen.

damit sie an ihrem Theile zur Vervollkommnung des Rechtsverkehrs beytragen. Diese über die bestehenden Gesetze hinausgehende Gerechtigkeit ist Sache der Gesinnung und Tugendpflicht und die Quelle aller Rechtspflichten; wir können sie Billigkeit oder Gerechtigkeitsliebe nennen. Wie aus derselben alle Gesetzgebung hervorgegangen ist: so soll aus ihr auch das Bestreben fließen, sie immer mehr zu vervollkommnen. Diese bildende, vervollkommnende, schaffende Gerechtigkeitsliebe müssen wir vorzüglich den Gesetzgebern, Richtern und Regenten empfehlen. Sie fehlt in Deutschland gerade denen, in welchen sie recht lebendig seyn sollte, den Rechtsgelehrten, weil sie ihre Geistesfreyheit an das geschichtliche Recht verkauft, und ihren Beruf vom Volksleben abgetrennt haben. Eine lebendige Rechtsgelehrsamkeit sollte speculativ-historisch, nicht bloß historisch seyn, d. h. sie sollte von den ewigen Rechtsgrundsätzen ausgehen, und darnach die gesetzlichen Ueberlieferungen beurtheilen, sich aber nicht darauf beschränken, diese zu sichten und zu ordnen. Sodann sollten sich die Rechtsgelehrten nicht von der Gemeinschaft des Volks trennen, sich nicht in die Studier- und Gerichtsstuben verschließen, die Oeffentlichkeit der Gerichte nicht verdächtigen und verhindern, sondern empfehlen und befördern; die Rechtsverwaltung sollte nicht bloß auf die Gelehrten beschränkt, und das Rechtsverfahren öffentlich geführt seyn. So würde sich die Kenntniß der Gesetze und das Urtheil über dieselben im Volke verbreiten, und von dessen natürlichem Rechtsgefühl könnten dann die Rechtsgelehrten mehr lernen, als von der Spitzfündigkeit ihrer alten Römer. Vielleicht wäre es auch gut, in den Kreis des Schulunterrichts die ersten Anfangsgründe der Rechtskunde mit aufzunehmen, und dadurch die Aufmerksamkeit und Theilnahme für die Rechtsverfassung im Volke zu wecken; diese Saat könnte sehr heilsame Früchte tragen. Auf jeden Fall müßte die Anwendung und Ausbildung der Gesetze in lebendiger Wechselwirkung mit dem Geiste der Gerechtigkeit im Volke geschehen, um sie mit demselben, in Einklang zu setzen. Auch von dieser Seite scheint das Volksleben in England zu kränkeln; ungeachtet der Oeffentlichkeit der Gerichte kann der Geist der Gerechtigkeit nicht im Volke lebendig seyn, weil die Gesetzgebung in solcher Verwirrung liegt, daß die Kenntniß derselben äusserst schwierig ist, und man doch zu keiner Bearbeitung derselben schreitet, und weil die buchstäbliche Auslegung der Gesetze besteht, welche aller Vernunft widerspricht.

Dieser lebendige Geist der Gerechtigkeit muß aber auch zu Opfern bereit machen. Es ist eine niederschlagende Erfahrung, daß in unserer Zeit keine neue Einrichtung, welche für einen Theil des Volks mit Verlust verbunden ist, ins Werk gesetzt wird, ohne daß die Verletzten klagen und murren, und daß noch häufiger solche Einrichtungen eben deßwegen nicht ins Werk gesetzt werden können. Wie ganz anders war es bey den alten Völkern! Freylich die römischen Patricier hielten auch hartnäckig an ihren Vorrechten, und haben schon früh durch ihren Kastengeist den Grund zum Verderben des Gemeinwesens gelegt. Aber mit welcher Leichtigkeit vollführte Lykurg die gleiche Vertheilung des Eigenthums in Sparta, welche ohne viele Opfer gar nicht möglich war! Sollten diese Heiden nicht uns Christen beschämen, die wir uns des Glaubens rühmen und kraft desselben nicht unser Herz an die Schätze dieser Erde hängen sollten? Lykurgs gesetzgeberisches Ansehen wurde durch den Glauben an das Delphische Orakel befestigt, welches ihn wie einen Gott verehrte und den Plan seiner Gesetzgebung gut hieß: fehlt es uns an einem solchen abergläubigen Hebel, um unsere Trägheit in Bewegung zu setzen?

Die Rechtsverhältnisse sind oft so unvollkommen, oder so sehr verwirrt und gestört, daß die Ausübung der Rechtspflicht theils beschränkt, theils ausgesetzt werden muß: und das ist der Hauptunterschied zwischen ihr und der Tugendpflicht, welche der Gesinnung unter allen Umständen unbedingt vorgeschrieben ist. Die Rechtspflicht muß, in ihrer Ausübung wenigstens, beschränkt werden, wenn wir zwar unter dem Schutze der Gesetze stehen, aber in Lagen kommen, wo sie uns nicht gegen die Ungerechtigkeit und Hinterlist böser Menschen schützen können, so daß wir gegen diese gewissermaßen in den Zustand der Nothwehr versetzt sind. Gegen einen Menschen, der entweder schon mein eigenes Vertrauen gemißbraucht oder Andere getäuscht hat, kann ich nicht vollkommen wahrhaft seyn, und muß ihm dasjenige verbergen, was er zu meinem Schaden benutzen könnte. Ganz aufgehoben, wenigstens für den Augenblick, ist die Rechtspflicht gegen einen Räuber, der mich in meiner friedlichen Wohnung überfällt, und mich zwingen will, ihm den Ort anzuzeigen, wo ich meine Schätze aufbewahre: einen solchen werde ich so gut als möglich zu täuschen suchen müssen, ja wenn ich mich nicht anders schützen kann, ihm sogar das Leben nehmen dürfen. Er hat alles Rechtsverhältniß zwischen sich und mir aufgehoben, und mich rein in den Zustand der Nothwehr versetzt. In einem Verhältniß, das aller rechtlichen Verfassung und Gewährleistung entbehrt, stehen die Staaten gegen einander; es finden Verträge zwischen ihnen Statt, und diese legen gewisse Verbindlichkeiten auf, welche die Rechtspflicht pünktlich zu erfüllen fodert; auch fodert diese, alles dasjenige zu achten und zu schonen, was durch stillschweigende Uebereinkünfte oder durch das sogenannte Völkerrecht bestimmt ist: aber ist durch die Verblendung des einen Theiles der friedliche Verkehr aufgehoben, und der Zustand der Gewaltthätigkeit eingetreten: so darf der angegriffene Theil Gewalt mit Gewalt vertreiben, und sein Verfahren darf nicht nach dem Maßstabe des gewöhnlichen Rechts gemessen werden.

In solchen Verhältnissen des aufgehobenen Friedens, wo die Ausübung der Rechtspflichten nicht Statt findet, tritt nun die Tugendpflicht der Gerechtigkeit als Friedensliebe oder Friedfertigkeit ein, welche mit jener Billigkeit oder Gerechtigkeitsliebe eins ist, und, wie jene die bestehende Rechtsverfassung zu vervollkommnen strebt, deren Herstellung und Heilung versucht. Die Friedensliebe bin ich auch dem Räuber schuldig, der alles Recht gegen mich verletzt, und vermöge derselben werde ich alle Mittel der Vorstellung und Ueberredung, der Großmuth und Versöhnlichkeit versuchen, um ihn von der gegen mich versuchten Gewaltthat abzubringen. Friedensliebe bin ich demjenigen schuldig, der das ihm ehedem bewiesene Vertrauen benutzt, um mich zu beschädigen, und ich werde seine feindselige Gesinnung selbst durch ein Opfer zu versöhnen suchen. Friedensliebe sind die entzweyten Regierungen einander schuldig; sie müssen den Ausbruch des Kriegs durch alle Mittel, welche die

Ehre erlaubt, zu verhindern suchen; der Sieger darf die Gewalt, welche ihm der Sieg verleiht, nicht weiter benutzen, als die Herstellung eines gerechten, friedlichen Zustandes erheischt; er darf den Besiegten nicht zu einem Vertrag zwingen, welcher den Grund zu neuen Streitigkeiten legt, indem er dessen nothwendige Rechte, dessen Unabhängigkeit und Ehre angreift. Als Pontius, der Feldherr der Samniter, das Römische Heer in den caudinischen Päßen eingeschlossen hatte, ließ er seinen Vater Herennius, einen einsichtsvollen Greis, um Rath fragen. Er antwortete: Laßt alle Römer frey und ungekränkt abziehen! Pontius wunderte sich über diese Antwort, glaubte, daß der Bote falsch gehört hätte, und ließ zum zweyten Male fragen. Jetzt antwortete Herennius: Tödtet die Römer sammt und sonders! Pontius wußte sich in diese verschiedenen Antworten nicht zu finden, und ließ daher den Greis selbst herbeyholen, der nun seine Meinung deutlich sagte. Ihr müßt, sprach er, entweder alle Römer tödten, damit ihre Kraft geschwächt werde, oder sie alle verschonen, um sie euch durch diese Wohlthat zu verbinden. Pontius verwarf beydes, und drang den Römern einen schimpflichen Frieden auf, indem er das ganze Heer durchs Joch gehen ließ. Aber der kluge Greis hatte recht gerathen. Die Römer brachen den Frieden, und löschten bald ihre Schande im Blute der Samniter aus; hingegen würden sie, großmüthig behandelt, gewiß auch Großmuth geübt haben.

Man hat Unrecht, wenn man die Staatsklugheit an die Regeln des gewöhnlichen Rechtsverkehrs bindet. Nicht nur müssen den Streitigkeiten der Völker oft die Rechte der Einzelnen weichen, und das Glück derselben als Opfer fallen; selbst die im bürgerlichen Leben geltende Achtung für Verträge und Besitzstand kann nicht in voller Strenge den Regierungen zur Pflicht gemacht werden. Befindet sich ein Staat durch alte ihm abgezwungene Verträge und durch einen verjährten Besitzstand in einer solchen abhängigen Lage, daß die wichtigsten Zwecke des Volkslebens nicht erreicht werden können: so hat die Regierung das Recht, den Frieden zu brechen und ihre Unabhängigkeit zu erkämpfen. Hingegen wenn man die Staatsklugheit sogar von der Sittlichkeit selbst unabhängig machen will, so versündigt man sich an der Würde der Menschheit. Kann in einem Volke Sittlichkeit herrschend werden, wenn es sich nicht auch nach aussen hin sittlich beträgt, wenn seine Stellvertreter und Häupter im Völkerverkehr alles sittliche Gefühl aus den Augen setzen? Allerdings waltet die Vernunft zwischen den Völkern noch nicht mit vollkommner Besonnenheit, oft erhitzt sie die Leidenschaft gegen einander; aber diesem Zustand der Verwirrung soll eben immer mehr gesteuert werden. Ohne den Frieden zwischen Volk und Volk können die schönen Tugenden des Friedens sich nicht entwickeln; der Friede wird aber nicht anders als durch Gerechtigkeit und Friedensliebe behauptet werden. Ungerechte Eroberungs- und Raubsucht, die sich gegen die Nachbarn feindselig wendet, trägt auch gewöhnlich das Verderben in den Schooß des Volkes selbst, führt die Ueppigkeit und den Uebermuth ein, und die unterdrückte Freyheit des Nachbarvolkes rächt sich durch den Verlust der bürgerlichen Freyheit des Siegervolkes. Die sittliche Welt ist ein Ganzes, und verlangt die Gerechtigkeit in jedem Verhältniß: Freyheit und Recht ist nicht das Sondergut eines Standes, nicht eines Volkes, sondern das Gemeingut der Menschheit; und ist das Gleichgewicht irgendwo aufgehoben, so stellt es sich durch rächende Gegenwirkung wieder her.

Das bürgerliche- und Staatsleben ist der Vorhof des Heiligthums der Sittlichkeit; wenn in jenem noch nicht der vollkommne Friede hergestellt ist, und noch das Toben des Uebermuths, das Klaggeschrei der Unterdrückten gehört wird: so kann in diesem der reine Dienst nicht verwaltet werden. Die Priester der Gerechtigkeit müssen hinaustreten unter die lärmende Menge, in der einen Hand die Palme des Friedens, in der andern das Schwert, und dieses müssen sie schwingen gegen die Unbändigen und Rohen, welche nicht ihren sanften Mahnungen Gehör geben, die Andern aber müssen sie durch verständiges Schlichten ihrer Händel zur Ruhe bringen. So traten unter die rohen Völker der Vorwelt die Gesetzgeber, die Staatenstifter, und brachten ihnen die heilsamen Ordnungen des Friedens. O Gerechtigkeitsliebe, Friedensliebe, Richterin, Versöhnerin, Schöpferin! Dir verdanken wir jede gute Ordnung, jede schützende Schranke, jedes Gleichgewicht und Ebenmaß im Leben; du schirmest den heiligen Heerd des häuslichen Lebens, die Einfriedigungen des Besitzes, das heilige Recht der Person, ihrer Freyheit und Ehre; du wachest über die Unverletzlichkeit der Verträge, strafest die Untreue und den übermüthigen Frevel; dir verdanken wir die milde Ruhe des bürgerlichen Friedens, welchen einst das wilde Faustrecht von unsern väterlichen Fluren verscheucht hatte; du hast die Raubschlösser zerstört, und der Handel zieht ruhig seine Straßen; du hast die Richterstühle festgestellt, vor welchen der Schwache und Mächtige Schutz findet. Aber dein Werk ist noch nicht vollendet: noch schmachtet hier die Armuth im Sklavendienst des übermüthigen Reichthums, dort schaltet in einem gesitteten Volke die Willkür der Herrscher und Machthaber über die Freyheit der Bürger, dort dient die Rechtspflege den Leidenschaften der Parthеysucht; der Krieg herrscht noch oft mitten im Frieden, in dessen Gewand verkleidet, mit den Waffen der Hinterlist gerüstet, und überfällt die Unschuldigen, welche unter dem Schutze der Gesetze vertrauensvoll wohnen. Und draussen, im Verkehr der Völker, herrscht noch ganz die rohe Gewalt, kein Richter schlichtet zwischen den erhitzten Streitern, statt des Blutes eines Verbrechers fließt das Blut der Unschuld in Strömen, statt der Scheiterhaufen, auf welchen die Mordbrenner ihre böse Lust büßen sollten, rauchen Städte und Dörfer, und begraben tausend Unschuldige unter ihren Trümmern. Wo weilst du, Gerechtigkeit, Tochter des Himmels? hast du unsere Erde verlassen, hat dich das Klirren der Schwerter verscheucht? O kehre wieder! und findest du nirgends eine Freystätte, so sey dir unsere Brust geöffnet: komm, bewohne sie, und erfülle uns mit dem Geist des Friedens, der Versöhnlichkeit, des Bürgersinnes, daß wir in unserm Kreise, so klein er sey, deinen Dienst verrichten, um uns her gerechte Ordnung, Sicherheit und Ruhe verbreiten, die Bande, welche das Leben unserer Brüder drücken, lösen helfen, die Schwachheit, die noch ohne gesetzlichen Schutz dasteht, mit unserm Arm beschirmen, und die wankenden Gesetze stützen. Heilige Gerechtigkeit! du wohnest nur in reinen Herzen: wir wollen unser Herz läutern, daß es deiner würdig sey; fromme Liebe soll dir in unserer Brust einen Tempel gründen!

Eilfte Vorlesung.

Die Tugendpflicht der Gerechtigkeit in engerer Bedeutung, als Rechtlichkeit und Billigkeit, als Bescheidenheit, als Friedfertigkeit, Versöhnlichkeit und Gemeinsinn.

Nachdem wir in der Rechtspflicht der Gerechtigkeit die Grundlage der sittlichen oder Tugendpflicht der Gerechtigkeit betrachtet haben, gehen wir nun zu dieser selbst fort, und zeichnen das Betragen des gerechten Menschen innerhalb der Schranken eines geordneten Rechtsverkehrs. Immer werden wir uns dabey auf die Rechtsverhältnisse beziehen müssen; aber die sittliche Gerechtigkeit erhebt sich über dieselben. Wie ein Kunstwerk nothwendig gewissen äussern Verhältnissen unterworfen ist, welche vor Allem richtig bestimmt und geordnet seyn müssen, damit keine Störung und Verwirrung entstehe; wie in einem Gemälde die Licht- und Farben-Verhältnisse, in einem Gedicht die Gesetze der Wahrscheinlichkeit als solche äussere Bedingungen gelten; wie aber der Geist der Kunst und Dichtung sich über alle diese Verhältnisse und Gesetze frey erhebt, und die Schönheit in denselben nur erscheint, aber nicht darin besteht: so sind auch die äussern Rechtsordnungen nur die Schranken, in welchen der Geist der Gerechtigkeit sich frey entfaltet.

Die Gerechtigkeit in engerer Bedeutung von welcher wir heute handeln wollen, ist die Achtung der fremden Person in der gleichen Würde mit der unsrigen und in der freyen, gleichen Wechselwirkung, in welcher wir mit ihr stehen; die Gesinnung, vermöge deren wir dem Andern die gleiche Stelle und die gleichen Rechte in der sittlichen Gemeinschaft zugestehen, die wir für uns selbst fodern; die Beobachtung jenes Gebotes: Was ihr wollt daß euch die Leute thun, das thut ihr ihnen auch. Wechselwirkung ist das Grundgesetz der sittlichen Welt, und zwar eine Wechselwirkung, welche das Gleichgewicht nicht aufhebt, sondern erhält.

Da die sittliche Gemeinschaft der Menschen zunächst durch die Gesetzgebung und Rechtsordnung bestimmt und gewährleistet ist: so bringt die Gerechtigkeit zuvörderst die gewissenhafte Beobachtung der Gesetze oder die Gesetzlichkeit und Rechtlichkeit mit sich, und zwar nicht bloß als äussere Form um des Scheines willen oder aus Klugheit, sondern als die Frucht der Gesinnung. Die Tugendpflicht fodert die Ausübung der Rechtspflicht als Tugendpflicht; das Recht ist dem Herzen des Gerechten um der Gerechtigkeit willen heilig. Aber die wahre Gerechtigkeit beschränkt sich nicht nur nicht, wie es die bloße Gesetzlichkeit thut, auf die Beobachtung des Buchstabens der Gesetze, welcher oft unrichtig ausgelegt werden kann, sondern auch nicht auf den strengen

Sinn derselben, wie es die Rechtlichkeit thut; denn die Gesetze sind immer unvollkommen, und lassen der Ungerechtigkeit mehr oder weniger Raum. Die wahre Gerechtigkeit geht über das Gesetz hinaus, und unterwirft sich dem Gefühl der Billigkeit. Billig ist dasjenige, was sich nicht streng aus den Gesetzen erweisen und nach ihrem Maßstabe bestimmen läßt, was sich aber der Natur der Sache nach und nach Maßgabe der Verhältnisse gebührt, um Schaden, Verlust und Kränkung zu verhüten. Der Lohn des Arbeiters ist gesetzlich bestimmt theils durch Vertrag, theils durch den im Verkehr geltenden Preis; wo aber diese Bestimmungen fehlen oder unpassend sind, da muß die Billigkeit eintreten, und dem Arbeiter das Gebührende zuerkennen.

Durch die Gesetze sind die sachlichen und persönlichen Rechte der Menschen bestimmt, und alle sittliche Gemeinschaft bezieht sich zunächst auf diese Rechte: in der Achtung derselben wird sich nun die Rechtlichkeit und Billigkeit beweisen müssen. Was das Eigenthum betrifft, in so weit es durch Erbschaft und Kauf bestimmt ist, so wird sich daran nur die frechste und niedrigste Ungerechtigkeit durch Betrug, Rechtsverdrehung und Erbschleicherey vergreifen können; und Gewaltthätigkeiten, durch welche dem Andern sein Eigenthum entrissen wird, Raub und Diebstahl, finden bey uns Gottlob! nur selten Statt; und davon reden wir nicht. Aber die Unredlichkeit wird sich unter der Maske der Klugheit in den Handel und Wandel einschleichen, und sich durch allerley feine Künste mit dem Raube des Nächsten bereichern. Es sey z. B. Jemand genöthigt, schnell ein Grundstück oder ein Hausgeräth zu verkaufen, und verhindert, die günstige Gelegenheit abzuwarten; wenn nun ein Anderer Lust und Mittel hätte, das Feilgebotene zu kaufen, und die Verlegenheit des Eigenthümers benutzte, um es tief unter dem Werthe zu erhandeln: so würde man ihn nach den gewöhnlichen Begriffen nicht der Unredlichkeit zeihen; und doch würde er mit Hülfe eines Nothfalls den Andern eines Theils seines Eigenthums berauben. Die Gesetze verbieten die Beschädigung über die Hälfte des Preises; die Billigkeit aber wird weiter gehen, und jede Beschädigung vermeiden. Etwas Anderes wäre es, wenn der Käufer dem Verkäufer durch diesen Handel einen Dienst leistete, oder erst durch die Wohlfeilheit bestimmt und in Stand gesetzt würde, die Erwerbung zu machen, mithin ohne ungerechte Gewinnsucht handelte. Anerkannt schändlich würde es seyn, durch gewisse Kunstgriffe den Verkäufer auf einen niedrigen Preis herabzudrängen, die Concurrenz zu verhindern, oder sich gar mit den Mitbewerbern zu verabreden. Im gewöhnlichen Handelsverkehr ist es eine entschiedene Ungerechtigkeit, wenn Jemand durch die ihm zu Gebote stehenden Mittel, auf den Markt und die Preise einzuwirken, den Andern zwingt, seine Waaren unter dem Werthe loszuschlagen; oder wenn ein Staats-Papierhändler durch Verbreitung einer falchen Nachricht über Krieg und Frieden das Sinken der Papiere veranlaßt, und davon für sich Nutzen zieht. Im Handel soll man sich nicht überlisten und beschädigen, nicht einen tückischen Krieg gegen einander führen, sondern nur wetteifern, wer es einander in nützlicher Klugheit, in Betriebsamkeit und Unternehmungsgeist zuvorthun kann. Es ist fast Niemand, dem sich nicht entweder selbst irgend ein Spielraum für feinere Bevortheilung und Beschädigung des Mitbürgers und Handelsgenossen darböte, wovor ihn nur ein rechtlicher Sinn bewahren kann, oder der nicht zu seinem Schaden von fremder Unredlichkeit dieser Art die Erfahrung machte. Besonders ist der Betrug, wie ein feines Gift, in den Handels- und Gewerbsverkehr verbreitet, und Verkäufer und Käufer sind fast anerkannterweise mit einander im ewigen Kriege. Davon noch später ein Wort. Unrechtlichkeit und Unredlichkeit, Betrug und Veruntreuung werden, sobald sie entdeckt sind, von Jedem verachtet und verabscheut, und vertragen sich auch nicht mit einem redlichen Charakter; Unbilligkeit hingegen pflegt man wohl zu tadeln, aber nicht zu verachten und zu verabscheuen; sie ist nur ein Zeichen von Rohheit und Lieblosigkeit. Viele sind genöthigt, unbillig zu seyn, weil man sie selbst unbillig behandelt und in Nothstand versetzt; sie müssen Unbilligkeit mit Unbilligkeit erwiedern. Fast allgemein ist man allzu nachsichtig gegen die Unbilligkeit der Käufer, und hält es für erlaubt, eine Waare so wohlfeil als immer möglich zu erhandeln, indem man annimmt, der Kaufmann werde sich schon auf andere Weise schadlos zu halten wissen. Allerdings muß dieser auf einen augenblicklichen Verlust gefaßt seyn, und das Glück wird ihn ein ander Mal begünstigen; doch ist ein Unterschied zwischen Schaden und Schaden, und das Gefühl der Billigkeit wird dem Käufer nicht jeden Vortheil zu benutzen erlauben. Hart ist es besonders, die Arbeiter im Handel zu drücken, und ihnen von ihrem sauer erworbenen Verdienst etwas abzudingen.

Rechtlichkeit im Verkehr ist eine äusserst wohlthuende Erscheinung im Leben. Begegnen wir im Geschäft einem rechtlichen Manne, so ist uns, wie wenn wir aus einem dunkeln, verwachsenen Wald, wo uns Räuber und wilde Thiere auflauern, in die lichte Ebene treten, wo uns der gebahnte Weg empfängt. Billigkeit aber ist noch wohlthuender; aus ihr bricht schon die Wärme der Liebe und des Wohlwollens hervor. Es ist uns, wenn wir ihr begegnen, wie wenn wir auf dem lärmenden Markt einer fremden Stadt unter lauter fremden Menschen auf einmal einen Landsmann treffen, an den wir uns mit Vertrauen anschließen.

Die wichtigeren Rechte des Menschen sind sein Leben, seine Freyheit und Ehre, und Viele besitzen ja auf dieser Erde nichts, als diese; Manchen hat die Natur selbst die Gaben und Kräfte versagt, welche dazu gehören, um sich andere Güter zu erwerben. Um so heiliger seyen uns diese unveräusserlichen Rechte, welche dem Armen trotz seiner Armuth gebühren, und denen der Reichthum keinen Zuwachs zuführen sollte. Sich am Leben des Menschen zu vergreifen, ist in unsern Verhältnissen nur die Sache der Räuber und der rohen Menschen, die sich in der Hitze der Leidenschaft oder in der Verblendung der Begierde zu Verbrechen hinreißen lassen, oder der Machthaber, welche, von unvollkommenen Gesetzen und bürgerlicher Zerrüttung begünstigt, ihrem Argwohn oder ihrer Partheysucht unschuldige Opfer schlachten. Auch Leibesverletzungen erlauben sich nur die rohesten Menschen in der Hitze oder Trunkenheit. Gegen solche Gewaltthätigkeiten schützen uns meistens die Gesetze, und die Polizey verhütet sie. Der Rachekrieg, den in Italien die Bürger unter einander durch Banditen führen, ist in Deutschland Gottlob! nie zu Hause gewesen. Die Freyheit ist am wenigsten den Angriffen Einzelner ausgesetzt; keine Raubritter lassen mehr Gefangene im Burgverließ schmachten, und nur der Polizey ist es in manchen Ländern erlaubt, Verdächtige ohne Urtheil und Recht ihrer Freyheit zu berauben. Aber die Unabhängigkeit, ohne welche die Freyheit nichts ist, wird häufig dem Uebermuth und der Willkür zur Beute. Wir haben keine Sklaven; aber von manchem Herrn wird der ihm durch Noth und Gewohnheit verkaufte Diener schlimmer als ein Sklave behandelt. Er muß alle Launen des Hausdespoten tragen, sich in die peinliche, eigensinnige Lebensordnung desselben fügen, stets seines Winks gewärtig seyn, und ist nie, auch nicht einen Augenblick, sein eigener Herr. Eine gewisse Abhängigkeit im Geschäft streitet nicht mit der Würde der Person; aber ein Geschäft, dessen Ordnung nicht durch die Natur desselben, nicht durch die Einsicht dessen, der es treibt, vorgeschrieben ist, in welchem der Arbeitende stets dem Willen eines Andern folgen muß, ist rein unrechtlich. Eine solche Bedienung ist auch höchstens dem Kranken Bedürfniß, welchem man seine Launen verzeiht; wer ihrer aber stets bedarf, ist sittlich krank. Billige Herren und Frauen lassen ihrem Gesinde in irgend einem ihnen angewiesenen Geschäftskreise freyen Spielraum, sehen nur auf das Geleistete, und nicht auf die Art, wie es geleistet wird, und erleichtern den harten Stand der stets Angebundenen auf jede Weise. O ihr Armen, Geplagten! welcher Menschenfreund fühlte nicht mit euch den Druck, unter dem ihr seufzet! Ihr habe selten den Trost, daß euch der Reiz der Arbeit, die Freude, etwas vollendet zu haben, die Last erleichtert, ihr wälzet den Stein des Sisyphus, ihr füllet das Faß der Danaiden, ihr dreht euch im ewigen Kreise herum, ohne je zu einem Zeile zu gelangen. Nur das Glockengeläute des Sonntags verkündigt euch das kurze Jubelfest, wo eure Ketten gelöst werden; ach! und wäre nur jeder Sonntag ein Sonnentag, wo ihr die grüne Flur begrüßen, und der Natur frey ins mütterliche Angesicht schauen könntet! Nie ist das Regenwetter trauriger, als an einem Sonntag, wo es so vielen Dienstboten, Handwerkern und andern Fröhnern des bürgerlichen Lebens die seltene Erholung verderbt. O Moses! hättest du auch nur das Gesetz des Sabbaths gegeben, so wärest du schon darum ein Gottesbote der Gerechtigkeit! Der Sabbath war vorzüglich auch darum gestiftet, damit die Knechte und Mägde einmal frey athmen sollten. Wir Christen haben den Sabbath angenommen, und auf den Sonntag verlegt, wo Christus siegreich dem Grabe entstiegen ist. Ja, für jene Armen ist es ein Tag der Auferstehung aus dem Kerker der Sklaverey, wo sie die gepreßte Brust lüften können, wo sie sich als Menschen fühlen, wo sie sich mit ihren Herren in christlicher Gleichheit im Tempel versammeln, um das Wort des Evangeliums, das auch ihnen die Freyheit der Kinder Gottes verkündigt, zu vernehmen. Aber dem Juden war der Sabbath auch ein Freudentag; da wurden Opfermahlzeiten angestellt, und die Sklaven, Fremdlinge und Armen dazu geladen. Die Römer hatten wenigstens ihre Saturnalien, wo die Sklaven alljährlich einmal die Lust des Lebens fühlten. Aber eine mißverstandene, abergläubige Heilighaltung des Sonntags versagt bey uns den gedrückten Menschenklassen fast jede gesellige Freude, welche für sie nur in Spiel und Tanz bestehen kann. Man sollte ihnen diese nicht nur unter der nöthigen Aufsicht erlauben, sondern auch noch zur Erhöhung ihrer Freude beytragen, indem man für sie, wenigstens von Zeit zu Zeit, öffentliche Feste und Spiele anordnete. Es ist ungerecht, ganzen Menschenklassen den Antheil an der Lebensfreude zu versagen, auf welchen jeder Mensch Anspruch hat. O ihr Reichen, ihr wißt oft nicht, in welcher Ungerechtigkeit ihr lebt, ihr wißt nicht, wie viele Blumen des Menschenglückes ihr auf eurem Lustwege zertretet!

Es liegt eine ganz falsche Ansicht und eine lieblose Gesinnung zum Grunde, wenn die Herren ihre Härte gegen ihre Diener damit beschönigen, daß sie sagen: wir bezahlen sie für ihre Dienste, und schließen mit ihnen einen Vertrag: was können wir dafür, wenn sie das Schicksal in dieses Verhältniß der Abhängigkeit gestellt hat? Man soll nie die Noth eines Menschen benutzen, um ihm etwas Ungerechtes zuzumuthen; Noth begründet kein Recht. So wenig es die Gesetze erlauben würden, einen Menschen, auch wenn er es selbst wollte, als Sklaven zu kaufen: eben so wenig erlaubt es die Sittlichkeit, einen Vertrag zu schließen, durch welchen die Freyheit eines Menschen beeinträchtigt und er in den Zustand der Knechtschaft versetzt wird.

Was im Verhältniß der Diener zu ihren Herren am stärksten hervortritt, findet auch mehr oder weniger Statt im Verhältniß der Lohnarbeiter zu ihren Brodherren, der Beamten zu ihren Vorgesetzten. Rein unrechtlich ist das

Verhältniß des unbedingten Gehorsams der Ordensbrüder zu ihren Obern, indem es jene zu willenlosen Werkzeugen macht, was nie ein Mensch seyn soll: daher ist es auch gekommen, daß sich die Herrschsucht des unrechtlichen Verhältnisses zu den abscheulichsten Bubenstücken bedient hat. Wo der Freye durch den Freyen handelt, da findet die Bosheit immer Hindernisse; durch Sklaven hingegen kann sie Alles vollbringen. Nur im Kriegsdienst ist der unbedingte Gehorsam nothwendig, aber auch der Natur der Sache nach bloß auf das Geschäft selbst eingeschränkt, welches eigentlich ausser den Lebenskreisen des Friedens bleiben sollte.

Selbst das schöne Verhältniß der Liebe in der Ehe, wo die Unterordnung des Weibes unter den Mann nur als das letzte Mittel der Erhaltung der Eintracht gelten sollte, wird dazu gemißbraucht, den Gatten oder die Gattin einer unwürdigen Sklaverey zu unterwerfen. Wir wollen nicht auf die Fälle sehen, wo die Rohheit des Mannes oder die Leidenschaftlichkeit des Weibes sich der Gewalt, der List und der bösen Zunge bedient, um sich eine Art von Zwingherrschaft anzumaßen; wir wollen den Fall setzen, daß sich beyde Gatten aufrichtig lieben: aber selbst die Liebe kann despotisch seyn, indem sie sich gegen über keine freye Eigenthümlichkeit verträgt, oder eifersüchtig jeden Schritt des Andern belauert, oder sich mit eigensinniger Liebe zur Ordnung und Bequemlichkeit verbindet, um den andern Theil in unerträgliche Fesseln zu schmieden. Das Weib ist oft nicht besser, als eine Sklavin; sie muß den Launen des Mannes dienen, und seines Winkes gewärtig seyn; oder sie trägt das Joch einer strengen Hausordnung, ohne je eines freyen Athemzugs zu genießen; oder sie darf keiner Lieblingsneigung, keinem eigenen Geschmack folgen, darf keine eigenthümliche Meinung haben, und nur das Echo ihres Mannes seyn. Ach! und die Ketten dieser Sklaverey muß die Arme noch sorgfältig verdecken, und darf ihren Kummer nicht einmal in den Busen einer Freundin ausgießen; denn sie liebt ihren Mann, und will das Verhältniß, das ihr heilig ist, durch keinen fremden Blick entweihet sehen! Seltener, daß der Mann der Zanksucht und Eifersucht des Weibes aus Schwachheit oder übertriebener Friedensliebe seine Freyheit zum Opfer bringt, indem er den Freuden der Geselligkeit und Freundschaft oder einer Lieblingsneigung entsagt, und sich in düsterer Fühllosigkeit seinen Geschäften hingibt. Ja, sogar die Freundschaft, welches doch die freyeste Verbindung ist, kann durch den Mißbrauch, den der Eine von seiner Ueberlegenheit über den Andern macht, zum Mittel des Uebermuths und der Ungerechtigkeit werden, so daß an die Stelle einer freyen Wechselwirkung das Verhältniß der Abhängigkeit tritt, und der Schwächere an den Stärkern seine freye Meinung und Handlungsweise verliert. — Kann sich aber der Uebermuth in Verhältnisse drängen, welche der freyen Liebe angehören, so müssen wir uns um so mehr hüten, ihn nicht in diejenigen zu tragen, welche schon an sich eine Abhängigkeit des Einen von dem Andern mit sich bringen.

Ein gewöhnlicher Fehler, der unser geselliges Leben drücket, ist die Uebertragung der Geschäftsunterordnung auf das ganze Leben, wodurch die Sitte ein steifes, knechtisches Gepräge erhält. Ausser dem Geschäft sollen Herr und Diener, Vorgesetzter und Untergeordneter einander gleichstehen, und ein Jeder seine bürgerliche und menschliche Würde behaupten; aber ganz anders bey uns, wo gleichsam gewisse Kasten-Unterschiede bestehen, wo der Adel auf den Bürgerlichen stolz herabsieht, der Vorgesetzte sich ungern mit seinem Untergebenen in Gesellschaft findet, der Officier den Soldaten stets als seinen Unterwürfigen behandelt, wo die im geselligen Verkehr beybehaltenen und selbst auf die Frauen übergetragenen Titel stets an die Rangverhältnisse erinnern, und der leidige Unterschied des Sie, Er und Ihr in der Anrede gewisse Klassen scheidet. Viel hat schon unsere Sitte in dieser Hinsicht gewonnen; man betitelt den Adligen nicht mehr mit Ihro Gnaden, wirft sich ihm nicht mehr als unterthänigen Diener zu Füßen, und ist freygebiger mit dem Sie, welches freylich immer die Ausgeburt eines sklavischen, heuchlerischen Sinnes bleibt, und ganz abgeschafft werden sollte. Schlimm ist es, daß unsere Höflichkeit Namen und Gepräge vom Hofe erhalten hat, wo von Menschengleichheit nie die Rede gewesen ist; wir sollten dafür Bürgerlichkeit sagen, und nur bürgerlich, nicht höfisch, sollte unsere Artigkeit seyn. Richtig fühlten die französischen Revolutionsmänner, als sie anstatt des Titels Herr die Anrede Bürger einführen wollten. Denn wenn das leidige Herr etwas mehr heißen soll, als Selbstherr, was es aber nicht heißt: so widerstreitet es der wahren Bürger- und Menschengleichheit, nach welcher Niemand ausser dem Geschäftsverhältniß des Anderen Herr seyn und heißen soll.

Mit der Unabhängigkeit geht in diesen Verhältnissen oft auch die Ehre verloren. Der Dienstbote muß den kränkenden Tadel, die Ausbrüche der Heftigkeit von seinem Herrn tragen, und sich eine Unterordnung gefallen lassen, welche über das Geschäftsverhältniß hinausgeht, und seine Person selbst betrifft; er muß fühlen, daß jener sich für persönlich besser hält, und auf einer höheren Stufe der Menschheit zu stehen glaubt. Dieser für Andere entehrende Wahn des persönlichen Vorzugs ist unter dem Adel herrschend, und war es ehedem noch mehr. Da in rein monarchischen Staaten der Thron der Ausfluß aller Ehre ist, so dürfen sich diejenigen wohl für persönlich besser als Andere halten, welche allein das Recht haben, sich persönlich in freyer Geselligkeit dem Herrscher zu nahen. Dem Fürsten thun es dann Andere nach, und umgeben sich auch nur mit ihres Gleichen; und wo kein Unterschied der Geburt und des Standes besteht, da bestimmt das Geld den persönlichen Vorzug. O welch ein kümmerlicher Stolz, sich wegen äusserlicher Vorzüge zu blähen, und nie der reinen Menschenwürde, des Vorzugs persönlicher Vollkommenheit, im Verhältniß von Mensch zu Mensch bewußt zu werden! Wie ehrlos und erbärmlich ist es aber vollends, einen Haufen von Metall zum Fußgestell seiner Würde zu machen! Wenn nun das rollende Geld unter den Füßen schwindet, so liegt das elende Götzenbild zerschmettert zu Boden. Wie ehrlos, einem Andern wegen seines Geldes einen persönlichen Vorzug zuzugestehen, und vor dem Mammon seine Kniee zu beugen! Gegen solchen Standesübermuth und Geldstolz schützt kein Gericht, ja, es gibt Gesetze, welche die Beleidigungen nach dem Unterschiede der Stände härter oder milder bestrafen: gegen solche Anmaßung schützt nur das Rechtsgefühl der Einen, und das Ehrgefühl der Andern, und eine Sitte, in welche der gerechte, freye Geist des Bürgerwesens eingedrungen ist.

Ausser dem Uebermuth des Standesgeistes und Geldstolzes ist es der Uebermuth persönlicher Ueberlegenheit an Naturgaben und erworbenen Vorzügen, welcher der Ehre gefährlich wird, und gegen dessen Frevel es keinen gesetzlichen Schutz gibt. Schönheit, Geistesgaben, Kenntnisse, Fertigkeiten sind allerdings persönliche Vorzüge, aber sie erhöhen die Menschenwürde dessen, der sie besitzt, nicht über die des Andern, der sie nicht besitzt, und die Ausgezeichneten sollen darum den Andern nicht mit verachtendem Uebermuth begegnen. Gewöhnlich sind es die Waffen des Witzes und Spottes, mit welchen dieser Uebermuth seine Unterdrückung ausübt. Manche machen sich ein grausames Vergnügen daraus, Andere zum Besten zu haben und zum Gegenstand des Gelächters zu machen. Freylich verwirrt oft die falsche Eitelkeit und Empfindlichkeit derer, die sich zurückgesetzt sehen oder in den Scherz gezogen werden, das Urtheil über das Recht und Unrecht in diesem Punkt; aber ein reines Gefühl wird immer das richtige Maß treffen. Eine besondere Rüge verdient der Gelehrtenstolz, der sich in der Gesellschaft zwar oft linkisch und lächerlich ausnimmt, und Andere selten verwundet, immer aber in einem ungerechten Wahn des eigenen Vorzugs seine Quelle hat, und sich über Andere erhebt. Im Reiche der Gelehrsamkeit selbst übt dieser Stolz oft den schnödesten Frevel gegen angehende Schriftsteller, denen man einen absprechenden, wegwerfenden Tadel als Empfang entgegenbringt. Man kann zwar sagen, daß der Tadel des Buchs nicht die Person betreffe; aber erwägt man auch wohl die Kränkung, die man dieser zufügt, und fließt der ungerechte Tadel nicht aus einem ungerechten, übermüthigen Herzen? Selbst das Gefühl sittlicher Vorzüge und der Tadel fremder Fehler kann in unmilden, schneidenden Aeusserungen der persönlichen Ehre feindlich entgegentreten. Schon die Gesetze erlauben es nicht, demjenigen, der sich eines Verbrechens schuldig gemacht hat, solches auf eine beleidigende Weise vorzuwerfen. Ich darf den, der gelogen hat, nicht einen Lügner schelten, sondern ihm bloß vorwerfen, daß er die Unwahrheit gesagt habe. Weiter, als die Gesetze, geht die Billigkeit des Gerechten, des Christen, der des Spruches Christi eingedenk ist: „Wer zu seinem Bruder sagt: du Narr, der ist des höllischen Feuers schuldig." Der Gerechte wird sich nicht nur kein Schimpfwort, sondern auch kein Urtheil erlauben, welches auf den Charakter des Andern ein nachtheiliges, ihn in den Augen der Uebrigen herabsetzendes Licht wirft; seine Handlungen wird er tadeln, nicht aber seine Gesinnung, und selbst jene mit schonender Milde beurtheilen. Der geistliche Stolz ist in jeder Hinsicht unerträglich, am meisten aber, wenn er das heiligste Ehrgefühl, das Gefühl der sittlichen Würde, antastet. Mag er seine Verachtung gegen die Andersdenkenden noch so geflissentlich in den Mantel der Demuth kleiden; der reißende Wolf, das ungerechte, lieblose Gemüth, blickt immer darunter hervor.

Vor diesem verachtenden Uebermuth bewahrt allein die Gesinnung der Bescheidenheit, welche sich eben so wenig der Glücksgüter und Standesvorzüge, als der persönlichen und sittlichen Vollkommenheit überhebt. Es sey aber die wahre Bescheidenheit, welche nicht durch eine erkünstelte und übertriebene Demuth die Huldigung der Andern zu erzwingen sucht, und nur darum die eigenen Verdienste herabzusetzen sich mühet, damit sie die

Andern bemerken sollen. Sie gebehrde sich auch nicht mit langweiligen und Zeitraubenden Höflichkeitsbezeugungen, welchen eben so sehr der Geschmack als die Herzlichkeit fehlt. Der wahrhaft Bescheidene drängt sich nicht nach dem Platze, dem man seinem Verdienste zugesteht, macht aber auch nicht viel Umstände, ihn einzunehmen, indem er darauf keinen hohen Werth legt, und durch ein ungezwungenes Betragen zu erkennen gibt, daß er Andere nicht herabsetzt, welche eine niedrigere Stelle einnehmen. Die wahre Bescheidenheit ist mit Einfachheit und Gradheit verbunden, und wird immer auch von einer natürlichen Anmuth begleitet seyn, so daß es Allen in ihrer Nähe wohl wird, weil ein Jeder sich an seinem Platze findet, und sich als Mensch fühlen darf. Sie löst jede Fessel falscher Furcht und Schüchternheit, entbindet jedes ächte Selbstgefühl, weckt das schlummernde Vertrauen; der Arme fühlt sich nicht mehr gedrückt, der Niedrige wagt das Auge aufzuschlagen, der Unbegabte und Ungebildete freut sich fremder Auszeichnung ohne ein niederschlagendes Gefühl. In der Bescheidenheit tritt die Gerechtigkeit persönlich und gleichsam in lebendiger Gestalt auf, und drückt ihr göttliches Siegel auf das menschliche Antlitz; zugleich thut sie sich im unmittelbar persönlichen Verhältniß kund, und stellt Person zu Person in das Verhältniß des Ebenmaßes, während sie sonst nur die mittelbaren Verhältnisse ordnet und abmißt. Die ächte Bescheidenheit ist eine kostbare Perle, um so kostbarer, als uns statt ihrer nur zu oft die unächte, erheuchelte geboten wird, welcher ein offener Uebermuth beynahe vorzuziehen seyn möchte, so wie die Rohheit immer besser ist, als die Heucheley.

Vor den bisher bemerkten Verletzungen der Ehre kann kein anderer Gerichtshof als der der öffentlichen Meinung und der geselligen Sitte schützen, und leider fehlt uns noch zu sehr jener Geist der Gerechtigkeit, der sich des Unterdrückten in der Gesellschaft annimmt und den Uebermuth in die Schranken weist. Andere Angriffe auf die Ehre aber werden von den Gerichten bestraft, oder wenigstens von der öffentlichen Meinung entschieden gemißbilligt: ich meine die eigentlichen sogenannten Beleidigungen oder Injurien durch Wort oder That. Worin die Ehre und deren Beleidigung bestehe, sagt uns die Sitte und das Gefühl; diese Sache ist so wenig unter einen bestimmten Begriff zu bringen, daß selbst die Gerichte als Merkmal der Injurie nur den animum injuriandi, die Absicht zu beleidigen, oder die verachtende Gesinnung des Beleidigenden, anerkennen. Die höchste Rohheit ist es, wenn man, ohne irgend gereizt zu seyn, aus bloßem Uebermuth die Verachtung des Andern durch Reden oder Handlungen, welche seine Ehre antasten, ausspricht. Gemeiniglich werden Beleidigungen durch Reizungen hervorgerufen, indem man glaubt, daß einem der Andere zu nahe trete, und man seine Ehre schützen müsse. Mäßig sind noch diejenigen, welche bloß die gleiche Beleidigung zurückgeben; aber sie haben Unrecht, wenn sie damit das Gebührende zu thun glauben. Denn die sittliche Wechselwirkung erlaubt nicht, die unsittliche Handlung zu erwiedern, sonst wäre sie nicht sittlich; ihr zufolge soll nicht Leidenschaft der Leidenschaft, nicht Unvernunft der Unvernunft entgegensetzt werden; man beleidigt auch immer den Andern durch die zurückgegebene Beleidigung, weil er doch immer, obgleich er als der zuerst Beleidigende im

Unrecht ist, die ihm als Menschen zukommende Achtung fodern kann; was auch der Erfolg zeigt, indem solche Erwiederungen gewöhnlich die Erbitterung steigern; endlich setzt man die Achtung gegen den rechtlichen Verkehr aus den Augen, indem man sich Beleidigungen erlaubt, und dadurch den öffentlichen Frieden mit brechen hilft. Schlimmer ist es, wenn man die Beleidigung verstärkt zurückgibt, oder sich durch etwas zur Beleidigung reizen läßt, was der Ehre keinen Eintrag that. Die Quelle aller solchen Handlungen liegt theils in der natürlichen Heftigkeit des Gemüths und im Mangel an Mäßigung, und dann verdienen sie noch am ersten Entschuldigung, wiewohl die Rohheit immer Tadel verdient; theils entspringen sie aus der Selbstsucht und dem Mangel an Achtung des Nebenmenschen, und sind dann ganz eigentlich die Früchte der Ungerechtigkeit. Es gibt Menschen, die sich als den Mittelpunkt von Allem ansehen, und Jeden, der sich ihnen nur einigermaßen friedlich zu nähern, oder eines ihrer Rechte anzutasten scheint, gleich mit Heftigkeit zurückstoßen, die jedes Mißverständniß als eine Beleidigung ansehen, und ihrer Ehre etwas zu vergeben glauben, wenn sie sich in Erläuterung einlassen, die jedes Unrecht, das ihnen widerfährt, als ein Majestäts-Verbrechen betrachten, und dem Beleidiger eine Verachtung entgegen setzen, als wäre er gar kein Mensch mehr, und als hätte er dadurch mit Einem Mal alle Achtung verscherzt, da doch selbst der größte Verbrecher noch unsere Schonung fodert.

So wie Betrug und Hinterlist schändlicher sind, als gewaltthätige Ungerechtigkeit, weil sie die offene Gegenwehr unmöglich machen: so ist auch die Verleumdung der schändlichste Angriff auf die Ehre des Nebenmenschen, und man zählt sie mit Recht zu den schwärzesten Lastern. Sie ist um so schändlicher, weil sie nicht die Entschuldigung gereizter, augenblicklicher Heftigkeit hat, und nicht bloß das eigene verachtende Urtheil über den Verleumdeten ausspricht, sondern auch das Urtheil der Andern gegen ihn zu stimmen sucht. Sie ist nicht wie die gereizte Schlange, welche wüthend ihren Feind anfällt und in die Wunde ihr Gift ausgießt, sondern sie ist eine Giftmischerin, welche mit arglistiger Kunst und Berechnung den verderblichen Trank bereitet, und dem Sorglosen in seinen Becher mischt.

Die Ehre ist das heiligste Recht des Menschen, heiliger als sein Leben und seine Freyheit. Ohne Selbstachtung kann kein Mensch leben, mit ihr dagegen alles Unglück, und selbst den Verlust der Freyheit ertragen. Die Selbstachtung ist allerdings an sich unabhängig von der Ehre, die uns durch die von Andern bezeugte Achtung wird, und beruht auf dem Gefühl des eigenen Werthes und dem Zeugniß eines guten Gewissens. Aber so wie der Mensch ohne die Gemeinschaft nichts ist, und nicht einmal zum vollen Bewußtseyn seiner selbst gelangen könnte: so ist auch die Selbstachtung in gewisser Hinsicht von der fremden Achtung abhängig. Wenn Jemand von Allen Verachtung erführe, und sich von Allen zurückgestoßen sähe: so gehörte eine große Stärke des Gemüths dazu, um nicht den Glauben an sich selbst zu verlieren, und die wahrscheinliche Folge einer solchen Behandlung würde Wahnsinn und Selbstmord seyn. Zu der öffentlichen Achtung, die ein Mensch genießt, trägt nun jedes Glied der Gesellschaft bey, und wenn Jemand seinen Nebenmenschen beleidigt, so zieht er seinen Theil davon zurück, verringert die Summe der allgemeinen Achtung, welche jener besitzt, und da die Selbstachtung von derselben abhängt, so vermindert er auch diese. Wenn aber der Mensch nur in der Selbstachtung lebt, so begeht der Beleidiger durch Verletzung derselben einen Mord, und stößt den Dolch in das innerste Herz des Menschen. Es ist eine gemeine, rohe Ansicht der Sittlichkeit, wenn man das Leben des Menschen für das höchste seiner Güter hält. Ein Mord ist etwas Häßliches und Abscheuliches, aber der Mord der Ehre ist etwas Teuflisches; denn es ist Geistesmord. Darum sind Ehrenstrafen schlechthin unrechtlich und unsittlich; man stößt dadurch die Gefallenen in den Abgrund der Vernichtung hinab, aus welchem sie selbst der Glaube nicht retten kann. Ich habe einmal einen Verbrecher am Pranger gesehen, und noch schaudert mich, wenn ich daran denke; nicht das Gefühl des Mitleids und des Jammers zerriß mein Herz, sondern der Blick in das schreckenvolle Nichts, in die ewige Nacht, in den innern Tod, erfüllte mich mit Entsetzen. Was hatte der Elende den ihn durchbohrenden Blicken der Menge entgegenzusetzen? Nicht das Gefühl der Unschuld, denn er war schuldig; nicht die Hoffnung der Besserung, denn wie kann man sich unter der allgemeinen Verachtung bessern? und hätte er es auch gekonnt, würde er den Flecken haben auswaschen können? Da stand er da, mit zerknickter Seele, auf ewig aus der Gesellschaft ausgestoßen, an sich selbst und am Leben verzweifelnd, in eine dunkle Zukunft hinstarrend. O der Verbrecher, der lebendig mit zerschmettertem Gebein auf das Rad geflochten, der am Spieß in den schrecklichsten Qualen seinen Tod erwartet, ist nicht so bejammernswürdig; denn er büßt am Leibe, findet Mitleid, und hat die Hoffnung der Erlösung durch den Tod. — Ehrenstrafen sind rein ungerecht, weil sie eine einzelne oder mehrere bürgerlich ehrlose Handlungen mit dem Verlust der ganzen bürgerlichen Ehre bestrafen; denn daß diese unwiederbringlich verloren geht, zeigt die Erfahrung. Diese Strafen vernichten aber auch die sittliche Ehre und Würde; denn für den Entehrten ist keine Besserung möglich indem er nirgends Aufnahme, Vertrauen, Freundschaft findet, sich mithin nicht ehrlich durchbringen kann, und ihm aller Muth und alles Selbstvertrauen genommen wird, ohne welches keine Besserung denkbar ist. Welches Verbrechen aber kann so groß seyn, daß dafür die Vernichtung des innern Menschen als Vergeltung gefodert würde? Gewöhnlich bestraft man gerade die kleinen Vergehen an der Ehre, gleich als wenn Ehrenstrafen die gelindesten wären. O mussen wir noch immer diese Ueberbleibsel der Barbarey fortschleppen, und dadurch die Rohheit und Unsittlichkeit im Volke verewigen?

Die Ehre des Menschen ist, wie die Unschuld, leicht zu verletzen, aber entweder gar nicht oder schwer zu heilen. Der Verlust der bürgerlichen Ehre ist nie wieder gut zu machen; für persönliche Beleidigungen gibt es zwar Genugthuungen, aber in gewissen Fällen bleibt doch ein Flecken hangen, und am schwersten ist die Verleumdung auszulöschen, weil sie, wie die Ansteckung, im Verborgenen fortschleicht. Der Grundsatz der Verleumder ist: Es bleibt immer etwas hangen; und sie haben darin vollkommen Recht, und kennen die Sinnesart des großen Haufens. Um so mehr aber hüte sich, wer noch einige Achtung für die Ehre des Nächsten in sich trägt, einen so schändlichen und schwer wieder gut zu machenden Angriff auf dieselbe zu thun, und halte seine Zunge im Zaum, wenn es den Leumund des Nebenmenschen gilt.

Die Gerechtigkeit schützt sich selbst und das Recht des Nebenmenschen durch die Tugend der Friedfertigkeit. Gemeine Habsucht und Bosheit, rohe Heftigkeit, welche sich an der Ruhe der Andern vergreifen, liegen gleichsam ausser der Sphäre der Sittlichkeit, und wer noch darin lebt, ist für das reine Gefühl der Menschenachtung und die Lehren der Weisheit unempfänglich. Aber Menschen von sittlicher Gesinnung fehlen oft durch überspannte Begriffe von Ehre und Recht, und verfehlen das richtige Maß, weil sie die Pflicht der Mäßigung in gewissen Fällen nicht anerkennen. Solchen mag denn die Lehre dienen, daß die Gerechtigkeit, weit entfernt, das strenge Recht zu suchen, es vielmehr oft aufopfert, um den Frieden zu erhalten, und daß ihr kein einzelnes Recht so viel gilt, wie das Rechtsverhältniß selbst, gegen das sie die zarteste Schonung gebietet.

Wir bemerkten schon, daß die Selbstsucht dadurch zur Friedensstörerin wird und sich die Beleidigung des Nebenmenschen erlaubt, daß sie sich selbst als den Mittelpunkt betrachtet, und alles Uebrige ihrem vermeintlichen Recht und ihrer eingebildeten Ehre als Opfer fallen läßt. Dahin gehört nicht nur die allzugroße Reizbarkeit in Ehrensachen, sondern auch die unglückselige Händelsucht, welche einen eiteln Ruhm der Herzhaftigkeit und Tapferkeit darin sucht, Andere zum Streite aufzureizen. Diese sittliche Krankheit herrschte ehedem unter den

Jünglingen auf deutschen Hochschulen. Man nannte solche Händelsucher Renommisten, welche ihre Renommee, d. h. ihren Ruhm, dadurch verbreiten wollten, daß sie sich allezeit schlagfertig bewiesen. Es war dieß freylich eine Kinderey, aber man sieht daraus, wie weit die Selbstsucht führen kann. Es gibt auch eine feinere Selbstsucht, welche sich als die strenge, unversöhnliche Rächerin wirklicher Rechtsverletzungen gebehrdet, und aus dem Grundsatz der strengen Rechtsgelehrten handelt: es müsse die Gerechtigkeit gehandhabt werden, und wenn die Welt darüber unterginge. Menschen solcher Gesinnung sind gleich zum Streite gerüstet, wenn Jemand eines ihrer Rechte antastet, sie sind wie ein zweyschneidiges Schwert, das bey der leisesten Berührung aus der Scheide fährt und verwundet, und sie verfolgen jeden Streit bis ans äusserste Ziel. Dahin gehören die Proceßsüchtigen, welche stets mit ihren Mitbürgern im Streite liegen, und deren Leidenschaft in solchen Staaten recht genährt wird, wo durch die Unvollkommenheit der Gerichte und die Ränke der Sachwalter die Rechtshändel in die Länge gezogen werden. Es kann seyn, daß solche Menschen oft Recht haben, und daß die Triebfedern ihres unglückseligen Bestrebens in einem lebendigen Rechtsgefühl liegen, was sie auch dadurch beweisen, daß sie sich gern in die Streitigkeiten Anderer mischen, und dem unschuldigen Theile mit Rath und That beystehen. Manche finden auch im Streite eine Art von Unterhaltung und Geistesbeschäftigung: an solchen sind gute Sachwalter und Richter verdorben, oder es hat sich in ihnen der Gemeinsinn für öffentliche Angelegenheiten krankhaft ausgebildet. Andere, denen ihr Stand eine strengere Sorge für ihre Ehre auflegt, sind unerbittlich bey empfangenen Beleidigungen, und lassen sich nur durch vollgültige Genugthuung besänftigen. Eben so streng sind sie in den Ehrensachen ihrer Freunde und Genossen; sie wägen die Ehrenpunkte mit der Goldwage ab, hingegen Blut ist ihnen eine leichte Scheidemünze, die sie mit freygebiger Hand vergeuden. Aber gleich kostbar, ja kostbarer, als das auf ein leichtsinniges Spiel gesetzte Leben der Menschen, ist der durch eine gespannte, reizbare Stimmung stets gefährdete Friede, welcher eher dem Kriegsstande des sich gegenseitig belauernden Mißtrauens gleicht, und keine freye, sittliche Wechselwirkung erlaubt. Verwerflich ist in dieser ehr- und rachsüchtigen Gesinnung der Mangel an wahrer Achtung gegen den Nebenmenschen und die sittliche Gemeinschaft überhaupt. Wir müssen zeigen, wie aus dieser Achtung die Pflicht der Friedfertigkeit, als ein nothwendiger Theil der Gerechtigkeit, fließt.

Die Achtung gegen den Nebenmenschen, welche die Gerechtigkeit fodert, gründet sich nicht auf diesen oder jenen Werth, welchen uns die Erfahrung an ihm kennen gelehrt hat; (diese Art von Achtung, welche dem Verdienste gebührt, oder die Schätzung, ist etwas anderes, und gehört nicht unmittelbar zur Gerechtigkeit;) sie gründet sich noch weniger auf die Vortheile und Wohlthaten, die wir von ihm empfangen; (die Dankbarkeit ist auch Pflicht, aber nicht gegen Alle ohne Unterschied, wie die Gerechtigkeit;) sie gründet sich auch nicht auf dieses oder jenes Verhältniß, in welchem wir zum Nebenmenschen stehen; sondern sie ist rein auf die Person und die sittliche Gemeinschaft, in welcher wir mit ihr stehen, gerichtet. Es ist die ursprüngliche, unwandelbare Idee des Menschen, die wir im Nebenmenschen anzuerkennen haben, das, was er unabhängig von seiner Erscheinung ist, und die Idee der Gemeinschaft selbst, die wir im Verhältniß zu ihm achten sollen. Wir sollen gegen denjenigen, der aller persönlichen Vollkommenheit entbehrt, nicht weniger gerecht seyn, als gegen den, welchen wir wegen seiner Vorzüge schätzen und bewundern; denn die Vollkommenheit macht nicht die wahre Menschenwürde aus. Wir sollen auch gegen denjenigen gerecht seyn, der durch seine Unsittlichkeit unsern Unwillen und Tadel verdient; denn ungeachtet derselben bleibt er Mensch; nur in der Erscheinung oder in der einen oder andern Beziehung hat er die Würde des Menschen in sich verletzt, und in unsern Augen erniedrigt, aber an sich bleibt sie ihm, und er kann, was er an ihr verloren, wieder gewinnen, er kann sich bessern. Wenn uns nun Jemand beleidigt, und hat in unsern Augen entschieden Unrecht: so erscheint er uns freylich unsittlich; aber darum hat er nicht die Achtung verletzt, welche wir ihm schuldig sind; nur seine Handlung verdient vielleicht Verachtung, nicht er selbst. Wollten wir ihn nun deßwegen wieder beleidigen, so vergäßen wir über der einzelnen Handlung den ganzen Menschen, und begingen ein Unrecht. Davor muß uns aber vorzüglich die Achtung vor der sittlichen Gemeinschaft bewahren. Jener hat sie freylich durch seine ungerechte Handlung gestört, aber nicht schlechthin aufgehoben; sie besteht noch, und soll ganz wieder hergestellt werden. O könnten die Menschen nur immer die Handlung von der Person unterscheiden, und ihr Herz, das von Unwillen gegen jene erglüht, von Haß gegen diese frey erhalten! Könnten sie den befangenen Blick über ein gestörtes Verhältniß, über eine augenblickliche Verwirrung, zu einer freyen Ansicht des Lebens erheben! Hinterher beurtheilen wir die feindselige Handlung, die uns verletzt hat, viel milder als im Augenblick, weil uns die Zeit von der augenblicklichen Befangenheit befreyt, und die Sache von einem höheren Standpunkt ansehen gelehrt hat.

Die Achtung vor der stets unwandelbaren Menschenwürde und vor der sittlichen Gemeinschaft muß uns aber nicht bloß abhalten, die Feindschaft gegen den Beleidiger zu erwiedern; sie muß uns auch geneigt machen, aus Liebe zum Frieden ein kleines Recht fahren zu lassen, um ein größeres Unrecht zu verhüten. Kein Recht gilt an sich so unbedingt, wie die Würde der Person und die Heiligkeit des Friedens der sittlichen Gemeinschaft. Achte ich irgend ein Gut höher, als diese unverletzlichen Güter, so versündige ich mich an der Menschheit, und verrathe eine unsittliche Gesinnung. Man kann freylich nicht fodern, daß man jedes angetastete Recht dem Frieden zum Opfer bringen solle; denn man ist sich selbst und den Seinigen die Pflicht der Erhaltung schuldig. Es läßt sich auch sonst keine unbedingte Regel für die Friedfertigkeit vorschreiben; hier kommt Alles auf die Verhältnisse und das sie richtig beurtheilende Rechtsgefühl an. Der Zweck der Friedfertigkeit ist die Erhaltung des Friedens, nur diesem soll ich Opfer bringen, nicht aber sie nutzlos verschwenden. Hätte ich mit einem rohen Menschen zu thun, der die Großmuth, mit der ich nachgeben wollte, nur dazu benutzen würde, mich noch mehr zu bedrücken und zu beschädigen: so hieße das die Perlen vor die Säue werfen. Ein edler Mensch dagegen, den bloß die Leidenschaft hingerissen hat, mir wehe zu thun, oder der nur aus Mißverständniß mein Feind geworden ist, würde durch die großmüthigen Aufopferungen, welche ich mir dem Frieden zu Liebe auflegte, gerührt und ebenfalls zur Großmuth und Versöhnlichkeit gestimmt werden. Je näher ich dem mit mir Verfeindeten sonst gestanden habe, je mehr Zutrauen ich zu seiner guten Gesinnung hege: desto größere Opfer werde ich dem Frieden zu bringen verpflichtet seyn; je entfernter ich dagegen von ihm stehe, je wilder und roher er sich mir darstellt: desto eher werde ich gegen ihn mein Recht auf dem Wege des Streites suchen dürfen. Gegen Freunde und Verwandte werde ich milder und großmüthiger seyn, als gegen Andere; denn die Erhaltung des friedlichen Verhältnisses mit jenen muß mir besonders angelegen seyn: auch Mitbürger werde ich durch Großmuth zu gewinnen suchen, weil ich hoffen darf, daß sie dafür empfänglich sind, und mir der Friede mit ihnen werth seyn muß. Hingegen mit Fremden, die sich feindlich gegen mich benehmen, muß ich mehr auf meiner Hut seyn; auch kann mir der Friede mit ihnen nicht so kostbar seyn, daß ich ihn mit großen Opfern erkaufen müßte. Von der Friedensliebe gegen solche, die mit uns in keinem geordneten Rechtsverhältniß stehen, oder mit uns in das Verhältniß roher Gewalt getreten sind, haben wir schon gesprochen. Es ist die gleiche Gesinnung, die ich im Streite mit dem Freunde, dem Mitbürger, dem entschiedenen Feinde zu beweisen habe: in jedem Fall soll mir der Friede theuer, und jedes billigen Opfers werth seyn; aber aus dieser Gesinnung werde ich in verschiedener

Fällen verschieden handeln müssen. Kann ich nicht durch Nachgiebigkeit den Frieden erhalten, ohne mir selbst und dem Rechte zu viel zu vergeben: so werde ich den Streit mit Nachdruck führen, und selbst nöthigen Falls das Schwert zücken, aber auch im Streite selbst die Friedensliebe bewahren, und in jedem Augenblick bereit seyn, die Waffen niederzulegen. Es ist gewiß kein Widerspruch, daß man aus und mit Friedensliebe Krieg führen kann; denn die Rohheit kann oft nicht anders als mit Gewalt zur Ordnung gewiesen werden.

Das ist der wahre Geist christlicher Friedfertigkeit und Feindesliebe. Man hat die Worte Christi über diese Pflicht buchstäblich genommen, und dadurch mißverstanden. Er sagt: man solle dem Bösen nicht widerstehen, und sich der Gewalt leidend hingeben; aber er spricht gegen die rohe Rachsucht im schneidenden Gegensatz, in der Weise der morgenländischen Spruchweisheit, und deutet nur dasjenige an, was wir, von seinem Geist erleuchtet, nach den Umständen in verschiedenen Beziehungen und Graden anwenden sollen. Wenn jetzt aus Asiens Steppen sich ein wilder Volksschwarm daher wälzte, und unsere friedlichen Fluren überschwemmte: würden wir seinem wilden Gelust alles, was wir lieben, Preis geben, Haus und Hof verlassen und ins Elend wandern? Kann das Christenthum, die Lehre der Liebe, fodern, daß wir den Gefühlen der edelsten Liebe, die uns zum Kampfe treiben, untreu werden? Allerdings sollen wir die Feinde lieben; aber lieben wir nicht auch das unartige Kind, das wir züchtigen, und selbst indem wir es züchtigen? Wir sollen segnen, die uns fluchen; allerdings sollen wir ihnen Gutes wünschen, vor allen Dingen aber, daß sie von ihrer leidenschaftlichen Verblendung zurückkommen, in welcher sie uns fluchen; und sie davon zurückzuführen suchen durch Wort und That, durch Ernst und Milde, wird unsere Pflicht seyn. Wer im Streite selbst die Milde und Friedensliebe bewahrt, und durch edle Mäßigung sich stets in den Schranken der Billigkeit erhält, beweist die reinste Gesinnung. Im Frieden friedliebend seyn ist leichter, als in der Hitze des Kampfes das Herz von Zorn und Haß rein erhalten.

Es ist nichts widerwärtiger als die Zank- und Streitsucht; sie gönnt nie den ruhigen, sichern Genuß des Friedens, zwingt die Andern beständig auf ihrer Hut zu seyn, erhält sie in einem gespannten, ängstlichen Zustand, und scheucht jede freye Bewegung, jede arglose Aeusserung zurück. Der Streitsüchtige, wenn er auch nicht Schwert und Lanze führt, ist dem Räuber und Wegelagerer zu vergleichen, und übt eine feine Art des Faustrechts. Mag er den Streit ohne Ursache, oder nur, wenn er gereizt ist, beginnen; er stört immer den Frieden. Er stiftet mehr Unheil, als der Uebermüthige, gegen welchen die stille Geduld wenigstens einigermaßen schützt; denn gegen ihn kann man sich in kein ruhiges Verhältniß setzen. Kaum ist der eine Streit geschlichtet, so beginnt er einen neuen; kaum ist das eine Verhältniß geordnet, so tastet er das andere an; und so unterhält er eine ewige Reibung, durch welche alle Geduld und Nachgiebigkeit ermüdet wird. Ach! daß so oft die häusliche Ruhe von diesem bösen Geist zerrüttet wird, und daß selbst das zarte, sanfte Geschlecht, welches die Natur zur stillen, geduldigen Friedfertigkeit bestimmt hat, das Laster der Zanksucht kennt. Es mag seyn, daß der rauhe Gatte das schwache Weib zur

Erbitterung reizt; aber ein edles, sanftes Herz wird ihm duldendes Stillschweigen entgegensetzen, und in der einsamen Kammer den Schmerz in stillen Thränen ergießen. Ein Schandfleck ihres Geschlechts ist ein zanksüchtiges Weib einem friedliebenden Manne gegen über, dessen Schritte sie mit ängstlicher Eifersucht bewacht und bekrittelt, dessen Fehler sie schonungslos rügt und ihm bey jedem neuen die alten unversöhnlich vorwirft. Wehe dem Hause, wo eine solche Furie wüthet, wehe dem unglücklichen Manne, dessen Lebensglück verloren ist, wehe den Kindern, welche von solchen Eltern nur schlecht erzogen werden können! Höllischer Geist der Streitsucht, darfst du selbst die heilige Freystätte des Friedens, das häusliche Leben, zerrütten? Geh hin auf die Schlachtfelder, und tränke dich mit Blut, um deinen Grimm zu stillen, aber laß den Frieden des Hauses, das Heiligthum der Liebe, ungestört! — Heil dem Friedfertigen! Er verbreitet Ruhe und Sicherheit um sich her; er entwaffnet jede auffahrende Heftigkeit, löst jedes Mißverständniß, verscheucht jede Wolke des Argwohns; er entbindet aller lästigen Zurückhaltung, gibt jeder Eigenthümlichkeit ihren Spielraum, und läßt jedem Streben seine Bahn; und ist Hemmung und Reibung entstanden, so weiß er bald Alles mit sanfter Hand wieder zu ordnen. Heil der friedfertigen Ehefrau, welche mit dem heitern, sanften Blicke der Geduld und Seelenruhe die Wolken von der Stirne des Gemahls verscheucht, die Aeusserungen seines Unmuths überhört oder milde deutet, und der tobenden Heftigkeit stille Fassung und Mäßigung entgegen setzt! O Friedfertigkeit, Engel des Friedens mit dem lächelnden Blicke himmlischer Milde! glückselig der Mensch, über welchen du deinen

Palmenzweig schirmend hältst, daß er Frieden um sich her und Frieden in sich selbst findet, und ruhig sein Tagwerk vollbringt! Glückselig das Volk, in welchem dein sanfter Geist waltet, glückselig das Haus, das du dir zum Sitz erkoren, in welchem die Bewohner, aus dem Kampfe des Lebens zurückkehrend, die verlorene Ruhe wieder finden, und aus welchem sie, wieder ins Leben hinaustretend, den Geist der Milde mit sich nehmen!

Großmuth gegen Feinde ist eine der erhabensten Tugenden. Großmüthige Hingebung für liebende Freunde hat etwas Rührendes und Ergreifendes, es ist der warme Hauch der Liebe, der uns daraus entgegenwehet; hingegen die Großmuth gegen die Feinde erweckt das Gefühl des Erhabenen, der reinen Achtung, es ist die Geistesgröße, die uns darin entgegentritt; denn es ist mit ihr zugleich die großartige Ruhe der Mäßigung. Als Scipio Neu-Karthago in Spanien erobert hatte, brachten ihm seine Soldaten eine vornehme Gefangene von ausnehmender Schönheit. Der junge Held erglühte von Leidenschaft gegen sie; aber er hörte, sie sey die Braut eines celtiberischen Fürsten mit Namen Allucius, und bekämpfte seine Neigung. Er ließ die Eltern und den Bräutigam kommen, welche sich ihm in banger Ungewißheit naheten. Er aber gab ihnen die Jungfrau zurück, indem er zum Bräutigam sagte: Hier ist deine Braut, nimm sie unverletzt und ohne Lösegeld zurück, und werde ein Freund der Römer! Allucius war tief gerührt, ergriff Scipios Hand, und bat die Götter, den edlen Römer würdig zu belohnen. Die Eltern boten ein großes Lösegeld; der großmüthige Römer schlug es aus: sie drangen es ihm auf; er aber schenkte es dem Allucius zu seiner Hochzeit. Voll freudiger, dankbarer Bewunderung kehrte dieser in seine Heimath zurück, verkündigte überall Scipios Lob, und gewann den Römern die Freundschaft seines Volkes. „Ein Jüngling, sagte er, ist nach Spanien gekommen, ganz den Göttern ähnlich, der nicht bloß mit den Waffen, sondern auch durch Liebe und Wohlthun Alles besiegt.“

An die Tugend der Friedfertigkeit schließt sich die der Versöhnlichkeit. Das ist kein wahrer Friede, der nicht innerlich im Herzen geschlossen wird, so wie die Wunde schlecht geheilt ist, die noch unter der Haut fortfrißt. Herz gegen Herz soll der Mensch gegen den Menschen stehen, nicht bloß in Handlungen, sondern in der Gesinnung gegen ihn Gerechtigkeit beweisen. Man hört oft die Rede: „Vergeben will ich es ihm wohl, aber vergessen kann ich es nicht.“ Das ist keine Versöhnlichkeit. Das Gefühl des erlittenen Unrechts soll aus dem Herzen ausgelöscht werden, wie die erlassenen Schulden aus der Schreibtafel, damit ein neues, reines Verhältniß beginne in Liebe und Vertrauen; die Folgen einer bösen That sollen ausgetilgt werden, wie man die Wurzeln eines schädlichen Baumes ausrottet, damit sie nicht neue Sprößlinge treiben. Die Unversöhnlichkeit hat ihre Quelle in der Selbstsucht, in der Strenge des Urtheils und im Mangel an Vertrauen. Der Selbstsüchtige mißt Alles nach sich, und bezieht Alles nur auf sich; die Verletzung seines Vortheils, seines Stolzes, betrachtet er als etwas Unersetzliches; das Unrecht des Andern erscheint ihm nicht als eine Störung des gegenseitigen Verhältnisses, das ihm von seiner, wie von des Andern Seite theuer seyn muß, dem er die Wiederherstellung schuldig ist, und das sobald wieder hergestellt ist, als der Andere um Verzeihung bittet oder Genugthuung gibt; er sieht nur sich in dem Verhältniß, er hat nur Rechte, keine Pflichten; er hat das Gift der Beleidigung tief ins Herz eingesogen, und kann es nicht wieder der Liebe öffnen. Der Unversöhnliche beurtheilt seine Feinde zu streng, indem er aus Bosheit ableitet, was theils die Frucht der Uebereilung und Aufwallung, theils des Irrthums ist, und nicht bedenkt, daß er selbst durch dieselben Schwachheit vielleicht alltäglich fehlt, und eben so der Verzeihung bedarf, wie der von ihm so streng Gerichtete. Er ist endlich auch mißtrauisch; er traut dem, der ihm einmal Böses erzeigt hat, nichts Gutes mehr zu, und hält entweder dessen Reue nicht für aufrichtig, oder spricht ihm die Kraft der Besserung ab. Alles dieses ist ungerecht; der Mensch soll nie auf sich allein sehen, und nie den Andern so beurtheilen, als gehöre er nicht mehr in die sittliche Gemeinschaft, als habe er sich durch Bosheit aus derselben ausgeschieden, als könne er nicht mehr den Gesetzen derselben gemäß handeln, und als sey er gleichsam sittlich null.

Eine edlere Unversöhnlichkeit ist die des Unwillens über die Verletzung des allgemeinen Rechts oder des Rechtes der Freunde, deren Quelle nicht die Selbstsucht, sondern nur jene Strenge des Urtheils und jenes Mißtrauen, mit einem an sich löblichen Abscheu vor dem Bösen verbunden, ist. Aber man kann das Böse verabscheuen, und doch die Person, welche es begangen hat, milde beurtheilen und durch Vertrauen ehren. So edel es ist, sich des Beleidigten anzunehmen, und mit ihm gemeinschaftliche Sache gegen den Ungerechten zu machen, oder von uneigennützigem Zorn gegen das Unrecht überhaupt zu erglühen; so nothwendig ist doch die Billigkeit im

Urtheil. Würde nach der Strenge des Gesetzes gerichtet, so wäre kein Mensch gerecht. Alle haben ihre Schwachheiten und Fehler, und derjenige selbst, der so streng richtet, muß, wenn ihn nicht Stolz und Eitelkeit blendet, seine Schwachheit eingestehen. Richtet nicht, so werdet ihr nicht gerichtet. Diese Billigkeit des Urtheils über den sittlichen Charakter Anderer bewahrt auch vor der Splitterrichterey oder der kleinlichen, hämischen Tadelsucht, mit welcher lieblose Menschen jeden Fehler des Andern, wie unbedeutend er sey, bemerken und bemerklich machen, und ein Vergnügen darin finden, dessen Charakter zu mäkeln und anzuschwärzen. Auch dieß ist eine Art von Streitsucht, und wenigstens leidet darunter der allgemeine Friede, der nur durch das Vertrauen und die Achtung bestehen kann.

Die Versöhnlichkeit ist eine göttliche Tugend; denn Gott ist erhaben über das Böse: er läßt seine Sonne aufgehen über Böse und Ungerechte, er ist der Vater aller seiner Kinder, der gehorsamen und ungehorsamen, er vergibt die Sünde, und versagt keinem reuigen Sünder seine Gnade. Es ist eine wohlthätige, heilende Tugend: sie legt auf die Wunde, welche die Leidenschaft, die gereizte Selbstsucht geschlagen, den lindernden, heilenden Balsam der Vergessenheit, der Verzeihung, des Vertrauens; sie verbindet sie mit sanfter, warmer Hand. Auch darin ist sie gottähnlich. In Gottes Natur ist eine heilende Kraft verbreitet, welche jeder Krankheit, jeder Verletzung widerstrebt, nichts Todtes leidet, und stets das gestörte Gleichgewicht wiederherzustellen sucht. Die dem Baum geschlagene Wunde verharscht bald, und schließt sich mit der darüber wachsenden Rinde; der geknickte Zweig wächst in anderer Richtung fort, und der Keim durchbricht die harte Scholle, um ans Licht zu kommen. Aus dem verwesenden Körper ziehen andere Thiere ihre Nahrung, oder er verwandelt sich in fruchtbare Dammerde, um ein frisches Pflanzenleben zu nähren. So seyen auch wir bemüht, das sittlich Kranke und Todte zu heilen, und in Leben zu verwandeln! Helfen wir durch Nachsicht und Milde die schwache Kraft aufrichten, die fehlende Richtung zum Ziele lenken, den Irrthum zur Erkenntniß zurückführen! Was würde aus unserm Leben werden, wenn wir das Böse und den Irrthum nicht nur sich selbst überlassen, sondern auch einen beständigen Krieg dagegen führen wollten? Wir würden uns untereinander selbst aufreiben, und die Kraft des Lebens zur Zerstörung desselben anwenden. Wie könnte eine Gesellschaft bestehen, wenn nicht Einer des Andern Schwachheiten und Fehler übersehen und bedecken, sondern vielmehr hervorziehen und der Strenge nach richten wollte? Sie würde das, was den Zweck ihres Bestehens ausmacht, sey es die Unterhaltung, sey es die Berathung oder eine gemeinschaftliche Arbeit, nicht vollbringen, mithin sich selbst zerstören. Der Unversöhnliche reißt die geschlagenen Wunden, anstatt sie zu heilen, immer von neuem auf, und träufelt Gift hinein. Indem er das, was das Leben stört, das Böse und Ungerechte mit unerbittlichem Hasse verfolgt, verewigt und verstärkt er dessen Folgen, und thut mithin selbst Böses.

Das Verderblichste ist die Rachsucht, welche nicht nur die Wunden nicht heilen läßt, sondern auch neue schlägt, und jede Beleidigung, wenn auch erst spät, erwiedert, und den scheinbar hergestellten Frieden auf einmal von neuem unterbricht. Wie die Großmuth gegen die Feinde zu den erhabensten sittlichen Erscheinungen gehört, so verdient die Rachsucht unsern größten Abscheu. Sie ist eben so selbstisch, wie die Streitsucht, und handelt noch dazu mit boshaftem Vorbedacht, weil sie ihre Befriedigung gewöhnlich auf eine gelegnere Zeit verschiebt, und ihre Opfer erbarmungslos aufspart. Keine häßlichere Erscheinung in der römischen Geschichte, als der Bürgerkrieg des Marius und Sulla, welche, einer nach dem andern, wie die wilden Thiere, im Blute ihrer Feinde schwelgten, und von denen der letztere sich gar nicht damit sättigen konnte. Cäsar erscheint groß gegen beyde durch die versöhnende Großmuth, die er übte. Er schenkte vielen seiner Feinde das Leben, und verband sie sich durch Wohlthaten; er stellte die umgestürzten Bildsäulen des Pompejus wieder auf; und hätte er sich dieser Großmuth ganz überlassen, nicht über Pompejus Söhne einen Triumph gefeyert, der jedes römische Gefühl beleidigen mußte, und zugleich seinen herrschsüchtigen Stolz gemäßigt: vielleicht hätte er seinem Schicksal entgehen können.

Die Selbstsucht ist die Wurzel aller Ungerechtigkeit weil sie die gleiche Wechselwirkung und die Gemeinschaft aufhebt: die Gerechtigkeit wird daher vollendet durch den G e m e i n - und B ü r g e r s i n n, welcher die Achtung der Gemeinschaft selbst ist, und deren Heilighaltung zum Ziel seines schonenden, ordnenden, mäßigenden und heilenden Bestrebens macht. Die Tugend des Gemeinsinnes ist mit der Bescheidenheit, welche sich nie ungerechte Vorzüge anmaßt, und mit der Friedfertigkeit, welche selbst ein anerkanntes Recht zum Opfer bringt.

nahe verbunden: sie ordnet stets das eigene Recht der allgemeinen Gerechtigkeit unter, und sucht nicht das Ihre, sondern was des Andern ist. Sie ist noch nicht jene aufopfernde, begeisterte Liebe, welche alles, was sie hat, für die Geliebten opfert; sie ist die ruhige, sich stets gleich bleibende Tugend und gegen Alle, Freund und Feind, dieselbe; auch ist sie für einen Jeden Pflicht, weil ohne sie kein gerechtes Leben im Großen besteht. Der Gemeinsinn beweist sich aber nicht bloß im Verhältniß des Einen zum Andern und zum Ganzen der Gemeinschaft; er nimmt sich auch fremder und öffentlicher Angelegenheiten an, und wird in Augenblicken der Störung des Gleichgewichts und des Friedens, Ordner, Schiedsrichter, Friedensstifter. Er hält die unpartheyische Wage, welche Allen das gleiche Recht mißt, er führt den weißen Stab, welcher die erhitzte Partheysucht zur Ruhe und Ordnung verweist. Es ist die eigenthümliche Tugend der Staatsmänner, welche ihr Beruf zu Wächtern der öffentlichen Ordnung macht; aber auch jeder einzelne Bürger kann sie in seiner Stellung zum Ganzen beweisen. Es ist die republikanische Tugend, und die Schutzwächterin gegen den Uebermuth, welcher der gefährlichste Feind der republikanischen Freyheit ist. Aber diese ächt republikanische Gesinnung kann und soll sich auch in monarchischen Staaten beweisen, wenn nur in diesen die Gerechtigkeit und Bürgergleichheit besteht. Doch nur zu leicht gewinnt in solchen Staaten der Standesgeist gewisser begünstigter Klassen, welche sich allein zum Herrschen und die Andern zum Gehorchen bestimmt glauben, die sich allein Rechte, den Andern aber nur Pflichten beylegen, und den Herrscher, an welchen sie sich kriechend drängen, durch Schmeicheley verderben, die Oberhand. Freylich auch in Freystaaten hebt dieser ungerechte Geist nicht selten sein trotziges Haupt empor. Gewisse Geschlechter reißen die Gewalt an sich, und unterdrücken das Volk; nur sich unter einander messen sie ein gleiches Recht zu, das Volk aber speisen sie mit den Brocken ab, welche sie ihm aus Gnade zuwerfen. Dieses oligarchische Junkerthum ist noch verderblicher als das monarchische; es zieht eine feste, dicht verschlungene Kette um das Volk, welche nur durch Aufruhr gesprengt werden kann, während ein erleuchteter, volksliebender Allein-Herrscher einmal das übermüthige Gezücht demüthigen, und, wie jener eiserne Landgraf Thüringens, der den übermüthigen Adel an den Pflug spannte, den Unterdrückern selbst das Joch auflegen kann, das sie bisher nur Andern auflegten. Es ist ein armseliger Stolz, der sich in der Unterdrückung freyer Bürger gefällt; er sucht eine Ueberlegenheit, welche nur der Tugend und Geistesgabe gebührt, und nur durch Anstrengung gewonnen werden kann, auf dem Wege feiger Tücke; er will lieber edel geboren, als edel seyn; in seiner innern Leerheit fühlt er sich nur groß, wenn Andere vor ihm im Staube liegen; ohne alles Gefühl wahrer Menschenwürde, setzt er den Fuß auf den Nacken des Freyen, und blähet sich mit seiner eigenen Schande; denn Schande ist es, die Würde des Menschen zu schänden. Und welche Thorheit, Auszeichnung zu suchen, indem man Alles um sich her niederwirft, von der Dumpfheit und Knechtschaft eine armselige Huldigung zu empfangen, während die Brust des Freyen Verachtung nährt, in der allgemeinen Nacht als schwaches Licht zu schimmern Aber die Thoren bereiten sich selbst ihren Lohn. Indem sie sich der Trägheit preisgeben, versinken sie in den Schlamm der Ueppigkeit und des Lasters; indem sie den Wettstreit vermeiden, ist Geisteserschlaffung und Geistesleerheit ihr Loos; sie zittern vor jeder aufstrebenden Kraft im Volke, jedes aufblitzende Geisteslicht erschreckt sie, denn sie fühlen, daß das Ende ihrer ohnmächtigen Herrschaft nahet. Und es kommt, es kommt früher oder später; ein gewaltiger Strom rauscht daher, und wirft ihre Raubschlösser über den Haufen, bedeckt sie mit ihren Trümmern, und der Fluch des Volks weihet ihr Andenken dem Abscheu.

Der ist der größte im Himmelreich, der seinen Brüdern am meisten dienet: das thut der gerechte, freye Bürger van gerechtem Gemeinsinn, der sich und seinen Vortheil und Ruhm dem gemeinen Besten unterordnet, der sich nur groß fühlt in dem allgemein verbreiteten Gefühl der Bürgerwürde, der nur seine Auszeichnung darin sucht, daß er einem Jeden die Stelle sichert, die ihm in der Gesellschaft gebührt, und das Gleichgewicht unter Gleichen herstellt. Der ist groß als Bürger und groß als Mensch, der, wie Cincinnatus, vom Stuhl der Dictatur herabsteigt, um an seinen ländlichen Heerd zurückzukehren. Dieser Gemeinsinn kann sich in gar manchen Verhältnissen beweisen, und ist keineswegs auf das öffentliche Leben beschränkt. Wo eine Ungleichheit, ein drückendes Uebergewicht entstehen will, da waltet er mit dem Geist der Mäßigung; wo sich ein Streit entzündet, da tritt er als Friedensstifter und Versöhner ein; er nimmt sich jedes Schwachen und Verletzten an, widersetzt sich allem Gemeinverderblichen im offenen, ehrlichen Kampf, und vereinigt die guten Bürger zum Widerstand gegen die schlechten.

In anmuthiger, liebenswürdiger Gestalt tritt diese Gesinnung im geselligen Kreise auf, als Geist der freyen, rein menschlichen Geselligkeit, welcher alle falschen Unterschiede des Ranges, des Dünkels, der Anmaßung aufhebt, einem Jeglichen seine Stelle anweist, jede Geistesgabe und Eigenthümlichkeit ins freye Spiel setzt, und jede Auszeichnung nur in so weit begünstigt, als das Vergnügen und die Zufriedenheit Aller dabey gewinnt. Schon der Bescheidene wirkt durch seine Erscheinung in der Gesellschaft ermunternd, befreyend und ordnend, indem er sich selbst in seinen Schranken hält. Aber derjenige, der mit geselligem Gemeinsinn nicht nur selbst jede Anmaßung unterläßt, sondern auch jeder fremden wehrt, und jede Schüchternheit in Schutz nimmt, verbreitet schöpferisch und befruchtend den Geist des Frohsinns und Behagens, des freyen Austausches, des edlen Wettstreites in der Gesellschaft; und indem er sich selbst eine bescheidene Stelle anweist, und, was er thut, hinter dasjenige verbirgt, was er Andere thun läßt, steht er als unsichtbarer Schöpfer in seinem Reiche, und je weniger man ihm Dank schuldig zu seyn glaubt, desto mehr wird ihm gedankt; denn jedes frohe Auge lächelt ihm, ohne es zu wissen, Belohnung.

Kolibri 360 GmbH
Ferdinand-Jühlke-Straße 7
99095 Erfurt, Deutschland
produktsicherheit@kolibri360.de